中国物流职业经理资格证书考试
全国高等教育自学考试物流管理专业
指定教材

库存管理（一）（二）
Kucun Guanli（Yi）（Er）

（附：库存管理（一）（二）考试大纲）

（2013 年版）

组编／全国高等教育自学考试指导委员会
　　　中国交通运输协会

主编／赵启兰　刘宏志

扫描微信二维码
关注自考教材服务

图书在版编目（CIP）数据

库存管理.1~2 / 赵启兰，刘宏志主编；全国高等教育自学考试指导委员会，中国交通运输协会组编. -- 北京：高等教育出版社，2013.3（2020.3重印）
ISBN 978-7-04-036888-8

Ⅰ.①库… Ⅱ.①赵…②刘…③全…④中… Ⅲ.①库存-仓库管理-高等教育-自学考试-教材 Ⅳ.①F253.4

中国版本图书馆 CIP 数据核字（2013）第 018010 号

策划编辑	雷旭波	责任编辑	何新权	版式设计	范晓红
责任校对	刘丽娴	责任印制	耿 轩		

出　版	高等教育出版社	咨询电话	400-810-0598
社　址	北京市西城区德外大街4号	网　址	http://www.hep.edu.cn
邮政编码	100120		http://www.hep.com.cn
印　刷	北京市鑫霸印务有限公司		
开　本	787mm×1092mm　1/16	版　次	2013年4月第1版
印　张	20.75	印　次	2020年3月第8次印刷
字　数	430 千字	定　价	37.00元

本书如有质量问题，请与教材供应部门联系。

版权所有　侵权必究

中国物流职业经理资格证书考试
全国高等教育自学考试物流管理专业
系列教材编委会成员名单

编委会主任

钱永昌　　中国交通运输协会会长　　　　　　　　教授

编委会副主任

刘军谊　　教育部考试中心　　　　　　　　　　　副主任
王德荣　　中国交通运输协会常务副会长　　　　　教授

编委会委员

王　文　　大连锦程国际物流集团股份有限公司　　总裁
王之泰　　北京物资学院　　　　　　　　　　　　教授
王增东　　北京中交协物流人力资源培训中心　　　总经理
叶伟龙　　中国远洋运输集团　　　　　　　　　　副总经理
黄远成　　远成集团有限公司　　　　　　　　　　董事长
刘秉镰　　天津南开大学物流研究中心主任　　　　教授
宋修德　　中铁快运有限公司　　　　　　　　　　总经理
张文杰　　北京交通大学　　　　　　　　　　　　教授
王　彪　　中国邮政速递物流有限责任公司　　　　总经理
杨东援　　同济大学　　　　　　　　　　　　　　教授
杨　赞　　大连海事大学校长助理　　　　　　　　教授
洪水坤　　中国物资储运总公司　　　　　　　　　总经理
梁刚锐　　香港物流与运输学会会长　　　　　　　教授
黄有方　　上海海事大学副校长　　　　　　　　　教授

组 编 前 言

随着经济全球化步伐的加快,我国经济社会快速发展,我国的物流业发展十分迅速。为解决目前物流人才不足的矛盾,多渠道、多层次、多方面加快复合应用型人才的培养,使我国物流行业尽快与国际接轨,促进我国物流行业持续、健康发展,全国高等教育自学考试指导委员会与中国交通运输协会研究决定,在全国合作实施中国物流职业经理资格证书教育。

中国物流职业经理资格证书分为初级、中级、高级三种,对应各级证书规定了不同的考试课程。初级证书包含四门课程:"物流基础"、"物流信息技术"、"物流案例与实践(一)"以及在"库存管理(一)"、"采购与供应管理(一)"、"运输管理(一)"、"仓储管理(一)"四门中任选一门课程;中级证书包含四门课程:"物流企业管理"、"物流案例与实践(二)"以及在"库存管理(二)"、"采购与供应管理(二)"、"运输管理(二)"、"仓储管理(二)"四门中任选两门课程;高级证书包含四门课程:"物流企业管理"、"供应链管理"、"物流战略管理"、"业务考评"。参加高级证书考试的考生必须有五年以上的物流管理工作经验。考生通过规定课程的考试后,由全国高等教育自学考试指导委员会办公室和中国交通运输协会共同颁发"中国物流职业经理资格证书"(初级、中级、高级),该证书将与相应的国际证书接轨。取得中国物流职业经理资格证书单科合格证书,可以在全国高等教育自学考试物流管理专业(专科、独立本科段)中顶替相应课程的学分。

为便于考生系统学习课程知识,帮助考生自学成才,全国高等教育自学考试指导委员会与中国交通运输协会共同组织编写了配套的课程考试大纲和教材。本着"培养理论知识够用、职业技能实用的物流管理应用型人才"的目标,我们特聘请了一批既有教学经验,又有物流实践经验的学者承担了本套考试大纲、教材的编写工作。根据物流行业的发展,新的管理理念和技术的不断创新,为此我们组织了专家修订教材,将相关的知识与技能补充到教材中,以适应行业发展对人才培养的要求。在此谨向他们付出的辛勤劳动致以衷心的感谢。

由于时间仓促,书中难免有不足之处,欢迎读者提出意见和建议。

全国高等教育自学考试指导委员会
中国交通运输协会
2011 年 10 月

目 录

库存管理（一）（二）

编者的话 ··· 2

第 1 章 库存管理概述 ·· 3
第 1 节 库存管理的基本概念 ·· 4
一、库存理论的产生与发展 ·· 4
二、库存的定义 ·· 5
三、库存的作用与弊端 ·· 6
四、库存管理的基本目标 ··· 9
第 2 节 库存分类与库存成本 ·· 10
一、不同企业中的库存问题 ·· 10
二、库存的分类 ·· 11
三、库存成本的构成 ··· 13
第 3 节 库存管理的主要内容 ·· 15
一、库存系统的性质* ·· 15
二、库存管理与控制问题分类 ·· 17
三、库存控制系统要素* ··· 18
四、库存管理的过程 ··· 19
五、库存基本决策及其影响因素 ······································· 23
六、库存管理与控制的意义 ··· 25

第 2 章 库存需求预测 ·· 31
第 1 节 预测 ·· 32
一、预测及其分类 ·· 32
二、需求的性质 ·· 34
三、影响需求预测的因素 ··· 37
四、预测步骤及应注意的问题 ·· 38
第 2 节 定性预测方法 ··· 40
一、市场调查 ··· 40
二、小组共识 ··· 40

I

三、历史类比 …… 41
四、德尔菲法 …… 41

第3节　定量预测方法
一、时间序列分析法 …… 43
二、季节性预测* …… 49
三、线性回归分析* …… 50
四、预测模型与技术* …… 56

第4节　预测监控 …… 56
一、产生误差的原因 …… 57
二、误差精度测量 …… 57
三、对预测模型误差的监控* …… 58

第3章　库存控制模型 …… 65

第1节　定量订货系统 …… 66
一、定量订货系统的运行机制 …… 66
二、定量订货系统模型 …… 67
三、定量订货系统的应用范围* …… 67

第2节　定期订货系统 …… 69
一、定期订货系统的运行机制 …… 69
二、定期订货系统模型 …… 70
三、定期订货系统的应用环境 …… 71
四、最大最小系统* …… 71
五、不同库存系统的比较* …… 72

第3节　随机型库存控制系统* …… 73
一、假设条件 …… 73
二、随机型库存系统模型 …… 73
三、描述需求函数的常用概率分布 …… 74

第4节　一次性订货量系统* …… 76
一、一次性订货量系统的特点 …… 76
二、一次性订货量系统的分类 …… 77
三、一次性订货量系统的适用范围 …… 78

第4章　库存控制决策的定量分析 …… 82

第1节　ABC分类法 …… 83
一、ABC分类的原理、依据及库存策略 …… 84

  二、ABC 分类步骤 ………………………………………………………… 86
  三、ABC 分类的应用* ……………………………………………………… 88
 第 2 节 经济订货批量 ………………………………………………………… 91
  一、经济订货批量的确定及其敏感性 …………………………………… 91
  二、保存地点变化对经济订货批量的影响* ……………………………… 95
  三、考虑价格折扣的经济订货批量* ……………………………………… 96
 第 3 节 经济订货间隔期 …………………………………………………… 98
  一、经济订货间隔期的概念 ……………………………………………… 98
  二、单项物品的经济订货间隔期 ………………………………………… 98
  三、多项物品的经济间隔期* …………………………………………… 100
 第 4 节 安全库存与订货点 ………………………………………………… 102
  一、安全库存及其作用 ………………………………………………… 102
  二、对安全库存量的确定* ……………………………………………… 103
  三、对订货点的确定 …………………………………………………… 106
 第 5 节 一次性订货量* ……………………………………………………… 108
  一、已知需求量与可变前置时间的一次性订货量 …………………… 108
  二、已知前置时间与可变需求量的一次性订货量 …………………… 108
  三、需要说明的问题 …………………………………………………… 111

第 5 章 库存管理的相关问题 …………………………………………… 119
 第 1 节 新设备备件的库存管理 …………………………………………… 119
  一、新设备备件库存特点 ……………………………………………… 120
  二、新设备备件库存的确定* …………………………………………… 120
 第 2 节 多余物品的处理 …………………………………………………… 123
  一、多余物品 …………………………………………………………… 123
  二、多余物品的识别 …………………………………………………… 124
  三、如何降低库存 ……………………………………………………… 125
 第 3 节 库存精度与循环盘点 ……………………………………………… 126
  一、库存精度 …………………………………………………………… 126
  二、评估库存精度 ……………………………………………………… 127
  三、循环盘点检查精度* ………………………………………………… 128

第 6 章 相关需求的库存管理 …………………………………………… 136
 第 1 节 MRP 概述 …………………………………………………………… 137
  一、相关需求与 MRP …………………………………………………… 137

二、MRP 的产生与发展 ……………………………………………………… 139
三、MRP 的基本原理 ………………………………………………………… 141

第 2 节　MRP 系统的计算过程及订货批量 ………………………………… 145
一、MRP 系统的计算 ………………………………………………………… 145
二、MRP 系统中的订货批量* ……………………………………………… 149
三、影响 MRP 计划过程的因素* …………………………………………… 155

第 3 节　MRP 的发展——MRP Ⅱ、ERP …………………………………… 156
一、MRP Ⅱ 的结构及功能* ………………………………………………… 156
二、MRP Ⅱ 的特点* ………………………………………………………… 157
三、ERP* ……………………………………………………………………… 158

第 7 章　JIT 及其库存管理 …………………………………………………… 174

第 1 节　JIT 概述 ……………………………………………………………… 175
一、JIT 的提出 ……………………………………………………………… 175
二、JIT 的理念 ……………………………………………………………… 176
三、JIT 的目标 ……………………………………………………………… 177

第 2 节　JIT 的基本构成要素 ………………………………………………… 177
一、JIT 基本构成要素之一：消除浪费 …………………………………… 177
二、JIT 基本构成要素之二：全面质量 …………………………………… 180
三、JIT 基本构成要素之三：人员素质准备 ……………………………… 181

第 3 节　JIT 库存 ……………………………………………………………… 184
一、JIT 是库存管理的发展趋势 …………………………………………… 184
二、看板与看板管理 ………………………………………………………… 185
三、JIT 库存管理的效果* …………………………………………………… 188
四、MRP 与 JIT 比较* ……………………………………………………… 190

第 8 章　生产过程中的物料控制 ……………………………………………… 201

第 1 节　作业计划与作业排序 ………………………………………………… 202
一、作业计划的内容和目标 ………………………………………………… 202
二、作业计划的影响因素 …………………………………………………… 203
三、生产控制部门的责任* ………………………………………………… 204
四、作业排序及其评估准则 ………………………………………………… 205

第 2 节　生产物料控制 ………………………………………………………… 207
一、生产物料控制的概念 …………………………………………………… 208
二、生产物料控制需要基础数据* ………………………………………… 209

  三、生产物料控制内容与方法* ·· 210
 第 3 节 限额发料 ·· 212
  一、物资消耗定额 ·· 212
  二、限额发料的作用、依据与流程 ·· 213
  三、限额供料的组织方式* ·· 216
  四、限额供料执行情况的对比分析* ······································ 216

第 9 章 供应链中的库存管理与控制 ·· 222
 第 1 节 供应链中的库存 ·· 223
  一、供应链中的库存概述 ·· 223
  二、利用库存获得竞争优势 ·· 224
  三、供应链中的生产库存* ·· 229
  四、牛鞭效应 ·· 233
 第 2 节 VMI 与 JMI ·· 236
  一、供应商管理库存的含义 ·· 236
  二、VMI 的原则和形式* ·· 238
  三、VMI 的实施* ··· 239
  四、联合库存管理（JMI） ··· 241
 第 3 节 供应链配送网络中的库存 ·· 243
  一、配送网络的重要性及其选址 ··· 243
  二、多重配送系统中的库存* ·· 248
  三、均分法* ·· 252
  四、全球化物流的评估* ·· 253

第 10 章 库存绩效与标杆管理 ·· 263
 第 1 节 库存绩效评价 ·· 263
  一、绩效评价指标及评价原则 ·· 263
  二、库存绩效评价指标体系 ·· 264
 第 2 节 标杆管理 ·· 273
  一、标杆管理概述 ·· 273
  二、标杆管理流程 ·· 276
  三、标杆管理俱乐部 ··· 281
  四、供应链标杆管理* ··· 283
  五、成功的标杆管理对企业的基本要求 ································ 285
 第 3 节 通过变革改善库存绩效* ·· 285

  一、新环境中的人力资源 …………………………………………… 285
  二、有效物流部门的组织 …………………………………………… 288
  三、团队对库存绩效的好处 ………………………………………… 289

参考文献 ………………………………………………………………… 295
后记 ……………………………………………………………………… 297

库存管理（一）（二）考试大纲

 Ⅰ．课程性质与课程目标 ……………………………………………… 301
 Ⅱ．有关说明与实施要求 ……………………………………………… 302
 Ⅲ．课程内容与考核目标 ……………………………………………… 304
 Ⅳ．题型示例与参考答案 ……………………………………………… 315

库存管理(一)(二)

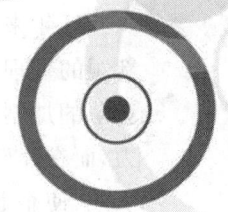

- 第1章 库存管理概述
- 第2章 库存需求预测
- 第3章 库存控制模型
- 第4章 库存控制决策的定量分析
- 第5章 库存管理的相关问题
- 第6章 相关需求的库存管理
- 第7章 JIT及其库存管理
- 第8章 生产过程中的物料控制
- 第9章 供应链中的库存管理与控制
- 第10章 库存绩效与标杆管理

编 者 的 话

近年来,科学技术的飞速发展促使库存管理发生了巨大的发展和变革,产生出众多新颖的管理理念和先进的方法。库存管理是企业管理的重要组成部分。随着国际市场竞争的加剧,企业面临着愈来愈严峻的压力与挑战。企业的生存能力取决于它的竞争能力,而在经营过程中库存管理的有效性是形成企业竞争能力的基础。正是通过库存管理实践,使企业库存资源转换为具有顾客所需要经济价值的产品和服务。

《库存管理(一)(二)》是中国物流职业经理资格证书考试与自学考试物流管理专业指定教材。本书编写的依据是《库存管理(一)(二)考试大纲》,既为应试考生总结了教材中的考核知识点,又提供了大量的考试辅导内容。本书的特点是:

1. 在第一版的基础上结合库存管理理论与实践的最新研究成果,编写完成第二版的编写。在编写过程中,以考试大纲为依据,注重基本理论、基本概念的讲解及基本技能的培训;通过实例阐述有关概念和方法,并根据各章节内容增加了相应的案例,调整了部分内容;在充分体现考查课程主体知识的同时,注重考查能力尤其是应用能力的命题指导思想。

2. 全书依照指定教材的结构,以章为单位。每章根据考试大纲对各知识点不同能力层次的要求,对该章内容进行了总结归纳,将知识点及知识点下的细目进行了讲解分析,着力于对重点和难点内容的辅导,同时对教材中部分内容进行了必要的补充与修订,便于考生掌握考核知识点。

3. 每章包含的"自学时数"部分是根据章节内容给出的自学所用时间的参考时数;"教师导学"是作者根据多年教学经验从教师的角度出发,说明本章内容在本课程中的地位、作用,并阐述本章学习中的重点、难点、学习方法以及应注意的问题;在每章后的"自学指导"部分给出了学习重点与难点;"复习题"部分综合了考试大纲和教材对应试者的要求,选题重点突出,针对性强,可用于检验应试者的学习效果。

4. 本书覆盖全部考核内容,适当突出重点章节,并且加大了重点内容的覆盖密度,可供参加中国物流职业经理资格证书与物流管理专业自考(本科/专科)的"库存管理"课程的考试学习使用,也可供相关专业人士系统学习库存管理理论与实践知识所用。

本书由赵启兰教授、刘宏志教授主编。肖艳、徐丽、魏小兵、刘艳楠、白鸽、滕岚、杨世龙、张海洋、黄国军等参加本书部分资料的收集工作。本书由北京交通大学博士生导师王耀球教授主审。本书参考和引用了所列参考文献中的某些内容,谨向这些文献的编著者以及在编写过程中给予帮助的所有领导和专家致以诚挚的感谢。

由于编者水平有限、时间仓促,书中难免会有错误与不足之处,殷切希望广大读者批评指正,以利日后改进。

编　者

2012 年 5 月于北京

第 1 章 库存管理概述

自学时数

4 学时。

教师导学

通过学习本章内容使读者对库存管理涉及的内容有一个整体的概念，因此，在辅导学员学习时，应注意以下几点：

（1）应让学员掌握有关库存管理的基本概念；

（2）在掌握一定概念的基础上，理解库存的作用，既有正面的作用，又有负面的影响。对库存管理所涉及的内容不仅有定性的分析方法，而且有许多定量的分析方法。在以后的章节中，将对这些分析方法进行详细的阐述，为学员学习后续章节奠定基础。

（3）本章的重点是库存的定义、库存的作用、库存的弊端*；按不同标准对库存进行分类；库存成本的构成（订货成本、储存成本、购置成本、缺货成本*）；库存管理与控制问题分类（单周期与多周期库存；独立需求与相关需求库存*；确定型与随机型库存*）；库存控制系统要素*。

（4）本章的难点是库存管理的基本目标，库存成本的构成，库存管理与控制问题分类，库存管理过程，库存时间曲线*，库存控制基本决策以及影响库存控制决策的因素*。

（5）通过本章的学习，学员应对库存管理涉及的内容有一个整体的概念。

案例 1-1

BJ 空调批发公司的库存管理①

BJ 是一家空调批发公司，它的客户既有大商场，也有街头比较多见的空调专卖店，大致有几十家，大商场的销售占主要部分。公司批发出售的空调产品主要有：美的、

---

① 资料来源：根据豆丁网资料整理 http://www.docin.com/p-132691976.html

日立和三菱的空调,其中美的的空调产品占绝大部分。公司经营批发的空调品种涉及50多种,年销售空调的数量大致为5万台,销售额达到了1亿。空调绝大部分集中在1年的3个月或更短时间中销售。公司的采购与库存部有6位人员,他们的主要业务就是核算与供应商及客户的往来账和库存商品的明细账。

公司的仓库较小,仅有2位库管员。面对公司的库存管理,经理非常着急。由于5万台空调集中在比较短的时间里采购与销售,如果采购入库的空调较少时,则会影响销售。如果库存空调过多,热销季节往往销售不出去,则会产生库存积压,而来年这些旧款式就可能销售不出去。面对50多种空调,其库存量不尽相同,应如何分类管理?一个完整的空调是由室内机、室外机和其他的零部件组成,在热销季节每天出入库量特别大,加上公司的人手少,所以当公司经理想知道哪种空调库存还剩多少的时候,库管员经常不能提供准确信息。

如何进行库存管理与控制?库存管理的目标是什么?库存应如何分类?库存管理的基本问题是什么?这些问题经常困扰着该公司的库存主管。

第1节 库存管理的基本概念

一、库存理论的产生与发展

库存现象由来已久,但是把库存问题作为一门学科来研究,还是20世纪以来的事情。习惯上,人们总认为库存多一些会比较好,例如案例中的BJ公司,如果多一些空调库存,在热销时就不会由于库存数量不足发生缺货,影响销售。但是如果库存空调过多,在热销季节若销售不完,剩下的空调就会产生库存积压。这些积压的库存不仅要占用过多流动资金使资金周转变缓,而且由于来年这些旧款式有可能销售不出去而造成经济损失。人们遇到的库存问题是复杂的,以致在许多具体问题上不得不否定所谓"多多益善"的观点。

那么,库存是否越少越好呢?同样以案例中的BJ公司为例,如果少进一些空调,就不会由于库存数量过多卖不出去而发生积压。但是,在热销季节如果库存空调不足,就会产生缺货损失,使公司的销售收入及利润减少。

又如,食品厂加工蛋糕需用鲜蛋作原料。如果鲜蛋存量过少,会产生停工待料而使蛋糕加工开工不足而造成损失。如果存储鲜蛋过多,不仅要支付较多的冷冻保鲜费用,当鲜蛋存放时间过长时,遇到一些意外的因素使鲜蛋变质则无法作为蛋糕原料使用就会损失更大。在这种情况下,最好存储多少鲜蛋?

再如,在机器制造厂中,加工一个零件常常需要经过许多工序。一道工序完工后即成为下道工序的生产备件,在这种由前道工序转入下道工序的环节中就会产生存储问题。每台机器由许多部件装配而成,每个部件又由许多零件组成,每个零件又需要许多工序才能制成。因此发生在每个环节中的存储问题,总起来看就不是可以忽略不计的问题了。如果各个环节生产备件的存储量安排得合理,既可避免因停工待料造成经济上的损失，又可以少占用流动资金，加速周转，增加利润。

诸如此类与库存量有关的问题，需要人们作出抉择，在长期实践中人们摸索到一些规律，也积累了一些经验。

在库存理论研究方面，对于在什么时间、以什么数量、从什么来源补充库存，可使得保持库存和补充采购的总费用最少等问题，哈里斯早在1915年就提出了"经济批量"的设想，他研究的是如何从经济的角度确定最佳的库存数量。"经济批量"的提出，从根本上改变了人们对库存问题的传统认识，是对库存理论研究的一个重大突破，可以说是现代库存理论的奠基石。

第二次世界大战之后，由于运筹学、数理统计等理论与方法的广泛应用，特别是20世纪50年代以来，人们开始应用系统工程理论来研究和解决库存问题，从而逐步形成了系统的库存理论，亦称"存储论"。主要方法包括经济批量模型（EOQ）和对库存分类管理的方法（ABC分类）等。

随着计算机的广泛应用，库存问题的控制效率得到了大大提高。20世纪70年代的物料需求计划（MRP）、80年代的制造资源计划（MRPⅡ）以及90年代的企业资源计划（ERP），这些系统借助于计算机解决了相关物料的需求、库存管理和控制问题，并取得了令人满意的效果。

几乎与此同时，JIT（及时制）成为企业降低库存水平的重要方式，零库存成为企业库存管理追求的目标。近年来，各种不同的理论、方法与技术如模糊集理论、最优控制理论和Internet技术等被引入到库存管理研究中，使得库存物品的分类更科学、建模更方便、管理更有效，从而提高了库存管理的效益。

20世纪90年代以来，随着经济的全球化与网络经济的发展，企业之间的竞争模式发生了根本改变，不再只是企业靠自身力量与本行业的对手竞争，而是靠增强与所有在供应链上的批发商、制造商以及供应商的联盟来实现的竞争，通过这一链条上的企业共同努力最终实现为客户提供满意服务的目标。供应链理论的产生与发展，对库存管理理论也产生了很大的影响，人们开始从供应链的角度来研究在整个供应链上的库存问题，研究如何利用供应商管理库存（VMI）以达到降低库存的目的，研究利用信息技术与网络技术建立基于企业资源计划（ERP）的库存管理与控制技术，使库存理论得到了进一步的完善和发展，并使库存理论成为一门比较成熟的学科。

二、库存的定义

何谓库存？"库存"（Inventory）是指暂时闲置的用于将来目的的资源。在一般情况下，人们拥有库存的目的是防止短缺，起到"蓄水池"的作用。

这里所说的资源，不仅包括工厂里的各种原料、材料、毛坯、工具、半成品和产成品，而且包括银行里的现金，医院里的药品、病床，运输部门的车辆等。资源的闲置就是库存，库存物品不一定就得放在仓库（或堆场）中。例如，汽车运输的货物处于运动状态，但这些货物是为了未来需要而暂时闲置的，这就是库存，是一种在途库存。

　　库存无论是对制造业还是对服务业都十分重要。传统上，制造业的库存是指生产制造企业为实现其产成品生产所需要的暂时闲置的资源，如原材料、产成品、备件、低值易耗品以及在制品。在服务业中，库存一般指用于销售的有形商品以及用于管理的日常耗用品。

　　无论是在生产制造企业还是在商业企业的经营中，尽管库存是出于种种经济考虑而存在，但是库存也是一种无奈的结果。例如，火电厂要保障发电的正常生产，需要保有一定量的煤炭（原料）库存以保障发电的需要和应付煤炭供应市场的波动。电厂不希望储煤量太多也不希望太少，储煤量太多时则占用大量的流动资金；而储煤量太少时，一旦煤炭供应不上就会使发电中断造成严重的不良影响。库存是由于人们无法准确预测未来的需求变化，才不得已采用的应付需求变化的手段。

三、库存的作用与弊端

（一）库存的作用

　　关于库存，有这样一种说法："库存是一个必要的恶魔。"也就是说，库存有利也有弊。不同的企业持有库存的理由不尽相同。库存的作用主要表现为如下几点：

1. 库存使企业能够实现规模经济

　　库存使企业能够实现规模经济。如果一个企业想要实现采购、运输和制造方面的规模经济，那么就需要设立库存。大批量的采购可以获得价格折扣，减少采购次数，因为当采购的数量足够大时，采购合同是根据年采购量来谈判的，而不是根据每个订单的采购数量来确定的。这样，为获得价格折扣，采购时就会加大采购批量，造成采购后的入库量大于出库量，形成库存，企业为获得规模经济大多持有库存。

　　再者，如果采购的量较大，那么采购物料的单位运输成本就比较低。单位运输成本较低的原因在于：整车装载运输收取的运输费率要比零担运输收取的费率低。如果多家供应商都在同一地理区域内，那么还可能将从每家供应商采购的少量货物合并起来形成大量运输，以减少运输成本。当货物运输量达到一定程度时，就可以实现运输环节的规模经济。

　　最后，产成品库存也有可能实现制造的规模经济。如果一个企业采用大批量少品种的生产方式，那么单位产品的制造成本是比较低的。而小批量多品种的生产方式则会导致较高的生产和设备调整成本。这样，为实现生产的规模经济降低单位产品的生产制造成本，企业就会采用大批量少品种的生产方式，而大量生产同样品种的产品，使得该品种的产成品库存增加。

2. 库存能够平衡供应与需求

　　持有库存可以平衡需求与供应的波动。产成品库存能够平衡产成品供应与销售需求。当销售需求增大而又不能及时增加生产量以适应这种变化时，如果持有产成品库存就可以直接利用库存来满足客户的需求，以提高对于客户的服务水平。许多企业产成品销售常常具有季节性，而对于季节性的供应或需求，企业有必要持有库存。例如，高档盒装巧克力的市场需求在圣诞节、元旦、春节等节假日会明显增加。为满足这些高峰期的需求量，生产高档盒装巧克力的企业建立相应的生产能力的成本是巨大的。也就是说，生产巧克力的企业通过购买设备扩大生产能力来满足高峰时期的市场需求，这样做的成本是巨大的，而且还会造成许多时候的生产能力的闲置。生产企业一般会在淡季多生产一些巧克力，这些多生产的巧克力就放在仓库中形成库存。这样对于企业来说，总成本是相对比较低的。

与此相反的一种情况是，在一年中的不同时期，产品的需求相对比较稳定，但是原材料的供应只有在一年中的某些时期才能采购到。例如，生产罐装水果和蔬菜的制造商就属于这种情况。因而，除非能够从具有不同生长季节的地方采购到原材料，否则对于该制造商来说，有必要在原材料供应季节大量采购原材料（新鲜的水果和蔬菜），存储在保鲜库中，以备生产所需。同时，也会在水果和蔬菜上市季节生产超出当前需求量的产成品，并将产品储存在仓库中，以满足不同季节的需求。

3. 库存能够预防供应与需求的不确定性

库存可以作为预防不确定性的保护措施。为预防供应的不确定性，我们会增加原材料库存，使之超出为满足生产所必需的原材料库存量，以防止由于采购的不确定性而可能造成的缺货。采购的不确定性原因可能是未来原材料价格要上涨，或者可能要发生市场短缺，或者是订货周期的不确定性，等等。例如，当预计未来某种材料的市场价格要上涨时，就可以加大采购批量，多买进一些材料放在仓库中，以备将来使用，这样就可以减少由于价格上涨而造成的成本增加。不管持有原材料库存的原因是什么，库存成本应该与持有库存所实现的成本节约或机会损失成本相比较，以确定是否增加库存量以及增加多少。

库存还能够预防需求的不确定性。原材料库存可以预防下料车间需求的不确定性；在制品库存可以预防生产中的不确定性，如在企业的生产过程中，一旦关键设备出故障，如果在制品库存不足则引起停工，而设备的故障具有不确定性。另外，为了实现均衡生产（因为并不是所有的制造作业环节都是以同一速度生产的），在各车间的生产制造环节之间经常需要保持在制品库存。在不出现生产停顿的情况下，由于生产制造过程中的在制品库存的存在，有可能使生产制造过程实现最大的经济性。在制品库存对保持生产的连续性是必要的，但过量的在制品库存会增加库存成本，从而降低利润。

产成品库存可以预防市场需求或交货提前期的不确定性。持有产成品库存可以降低由于无法预料的市场需求或交货提前期的变动所引起的缺货概率，可作为一种提高客户服务水平的手段。例如，当企业接到客户订单后，可以直接利用产成品库存来满足客户的订单，以实现快速交货。如果没有产成品库存，那么，当接到客户订单后再组织产品的生产，这时交货期就会比直接利用产成品库存的交货期长，在某种情况下还可能失去客户的订单。

4. 库存在供应链中起缓冲器作用

供应链是围绕核心企业,通过信息流、物流、资金流的控制,从采购原材料开始,制成中间产品以及最终产品,最后由销售网络把产品送到消费者手中的将供应商、制造商、分销商、零售商直到最终用户链成一个整体的功能网链结构模式。在供应链的不同环节中,库存有许多不同的表现形式:上游的供应商持有其产成品库存;作为供应链核心企业的制造商持有其原材料库存、在制品库存以及产成品库存;批发商则持有商品(从制造商手里采购的产品进入流通领域后成品就称为商品了)库存;零售商也会持有商品库存。这样,库存就在"供应商—采购"、"采购—生产"、"生产—销售"、"分销—零售"、"零售—消费者"等不同的界面之间起着缓冲器的作用(如图1-1所示)。库存管理水平的高低将直接影响整个供应链是否能够达到预期的目标。

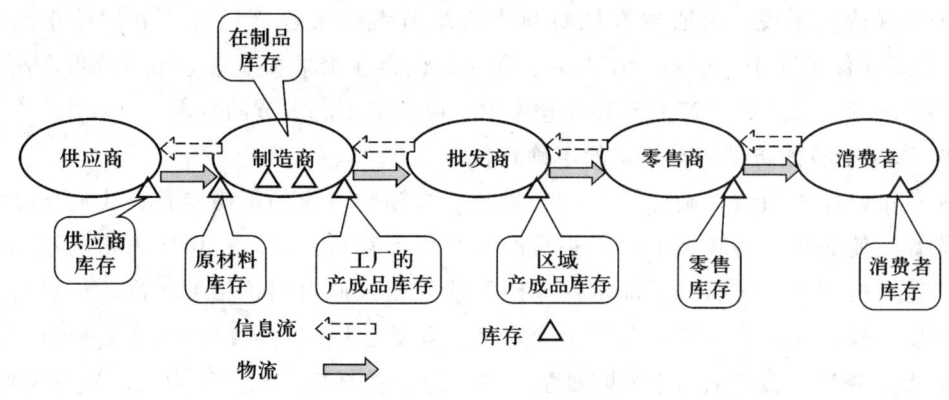

图1-1 供应链中的库存

图1-1表示在一条由"供应商—制造商—批发商—零售商—消费者"构成的供应链中库存的典型位置。因为在大多数的供应链中,其成员在地理位置上是相互分离的,因此,为了成功地实现产品的时间和空间效用,有必要将库存存放在整个供应链中。原材料必须从供应源运送到制造地,在制造地(工厂中),原材料将被投入到制造过程中。在许多情况下,这将要求持有原材料库存与在制品库存。

一旦制造过程完成,产品必须被送到工厂所在地的产成品库中存放。接下来则要对产成品库存进行调度,分配到各区域,可能是公司自有的或租赁的配送中心、公共仓库以及批发商的仓库或零售连锁企业的配送中心。与此相类似的,客户也持有一定的库存来维持个人或组织的消费。因此,在整个供应链中库存起着缓冲作用。

5. 库存能够消除供需双方在地理位置上的差异

在途库存是根据产成品从供应者到需求者手中所需要的时间及数量而确定的库存。由于供应者与需求者常常不在同一地理位置,因此需要有在途库存来消除供需双方在地理位置上的差异。

(二)库存的弊端[*]

库存是一把双刃剑,有利也有弊。库存除了起到上述有利的作用外,库存也会给企业带来弊端，主要表现为如下几个方面：

1. 占用大量资金

仓库中存放的物品越多，能够满足需求的可能性就越大，但与此同时，占用企业的资金也就越多。库存中的每一个物品根据其价值的高低都会或多或少地占用资金。在一般情况下，库存资金可能占流动资金的比例在40%，甚至可能达到60%。因此，从占用资金的角度来看，由于库存的存在，使得资金的占用大大增加。如果没有库存或实现零库存则可节省大量的资金占用。

2. 发生库存成本

库存成本是指企业为持有库存所需花费的成本。库存成本包括：占用资金的利息、保管费（仓库费用、搬运费用、管理人员费用等）、保险费、库存物品价值损失费用（丢失或被盗、库存物品变旧、发生物理化学变化导致价值的降低）等。

3. 带来其他一些管理上的问题

由于库存的存在，使得许多问题不能及时暴露，因而不能及时解决，这样会带来一些管理上的问题。例如，掩盖经常性发生的产品或零部件的制造质量问题。当废品率和返修率很高时，一种很自然的做法就是加大生产批量和在制品、产成品库存，掩盖供应商的供应质量、交货不及时、生产过程中以及销售过程中存在的问题等。

总之，持有库存要消耗一定费用，还会带来其他一些管理上的问题，因此，库存的作用及其弊端之间有一个折衷、平衡的问题，这也就是库存管理所要研究和解决的问题。

四、库存管理的基本目标

以上介绍了库存的功能及其弊端。为了保证企业正常的经营活动，库存是必要的，但同时库存又占用了大量的资金。怎样既能保证经营活动的正常进行，又使流动资金的占用达到最小，即在期望的服务水平和相关的库存成本之间寻找平衡，是库存管理人员关注的问题。如果对库存不予以控制，可能会产生既满足不了经营的需要，同时还可能造成大量的库存积压，占用大量的库存资金。

库存管理的基本目标就是防止超储和缺货，以最合理的成本为用户提供所期望的服务水平，即在达到顾客期望的服务水平下，尽量将库存成本减少到可以接受的水平。

对任何一种物品来说，这两者之间往往是相互矛盾的，为了提高对顾客的服务水平，就需要保持相当多的库存以防需求的不确定性，这就需要增加库存成本。最好的库存管理就是平衡库存成本与库存收益的关系，确定一个合适的库存水平，使库存占用的资金比投入其他领域的收益更高。

库存成本是一个财务上的目标，它将随经济和企业状况的变化而变化。例如，如果企业的现金流紧缺，那么企业就可能需要对库存成本予以严格的控制。在平衡库存成本与顾客期望服务水平时，应该注意这里提到的是顾客"期望"的服务水平，而在确定"期望"值是多少时，最好的办法是亲自询问他们。

第2节 库存分类与库存成本

一、不同企业中的库存问题

不同类型的企业有不同类型的库存问题。为确定各类企业所涉及的库存问题，可以将企业划分为零售企业、批发企业和生产制造企业。从零售企业到批发企业再到生产制造企业，库存的种类与数量增多，库存问题的复杂程度也依次增加。表1-1为各类企业所遇到的库存问题。

表1-1 各类企业所遇到的库存问题

企业类型	库存类型			
	消耗品	原材料	在制品	产成品
零售	√			√
批发	√			√
制造	√	√	√	√

销售商品的零售企业所遇到的是与消耗品和成品有关的库存问题。典型的零售企业包括经营日用百货、五金交电产品、家用电器和食品的商店等。零售企业从批发企业或直接从生产厂得到其所经营销售的商品，这些商品形成了零售企业的产成品库存（在零售业中称为零售商品库存）。同时零售企业为了进行正常的经营活动所需要的消耗品则构成了消耗品的库存。

对于零售企业来说，库存管理基本上属于买进和卖出之类的事务。零售企业购进各种各样的商品然后销售给顾客，在市场营销过程中零售企业承担着一定的库存风险。零售企业承担的库存风险较多，但风险级别不高。例如，零售企业购进的商品，如果销售不出去，则会占用零售商的资金，同时也增加库存成本。由于零售企业的库存租金很高，零售企业主要强调库存周转时间和周转速度，因此加快零售商品库存的周转就可以获得更多的商业利润。

批发企业从制造企业买入大批商品并把它分销给零售企业，这些商品构成成品库存。批发企业承受的风险与零售商相比虽然较少一些，但其风险级别高于零售企业，时间也较长。批发企业的经济合理性来自其有无能力以小批量向零售顾客提供来自不同制造企业的不同类型的商品。当产品具有季节性时，批发企业也会被迫在销售给零售企业前就购进商品并拥有大量库存，因而增加了库存风险和风险持续时间。

批发企业一般不向最终消费者零售商品，他们大量购进商品，并按小批量分销给零售企业。同样，批发企业在正常的经营活动中也产生对消耗品的需求，从而涉及有关消耗品的库存问题。

对于生产制造企业来说，它们从批发商那里或直接从生产制造厂家手里购入原材料，经过各种生产工艺的加工使之形成特定的产成品。因此，生产制造企业的库存从原材料和零部件开始,其中包括处于生产过程中尚未完工的制品,形成了在制品库存,直至产成品。例如,在啤酒生产企业内,为满足啤酒的生产需要持有麦芽、啤酒花、酵母等原材料;在啤酒生产过程中,为保持啤酒生产的连续性,还会持有啤酒的半成品库存;在生产出啤酒后很难完全立刻销售出去,同时为缓解生产能力与市场需要的不平衡问题以及啤酒热销期的需求,也需要持有一定量的成品啤酒库存。

此外,在销售前,产成品往往必须被运送到靠近批发企业和零售企业的仓库中去。虽然生产制造企业拥有的产品品种可能要比零售企业或批发企业少,但是,生产制造企业的库存承担较大的风险,既有持有原材料库存带来的风险,也有持有在制品库存以及产成品库存带来的风险。生产制造企业涉及全部四类库存问题,其库存种类、数量较多,库存问题也最复杂。

二、库存的分类

从不同的角度可以对库存进行多种不同的分类。

(一)按其在生产过程和物流过程中所处的状态分类

按其在生产过程和物流过程中所处的状态进行分类,库存可分为原材料库存、在制品库存、维修库存和产成品库存。如图1-2所示。

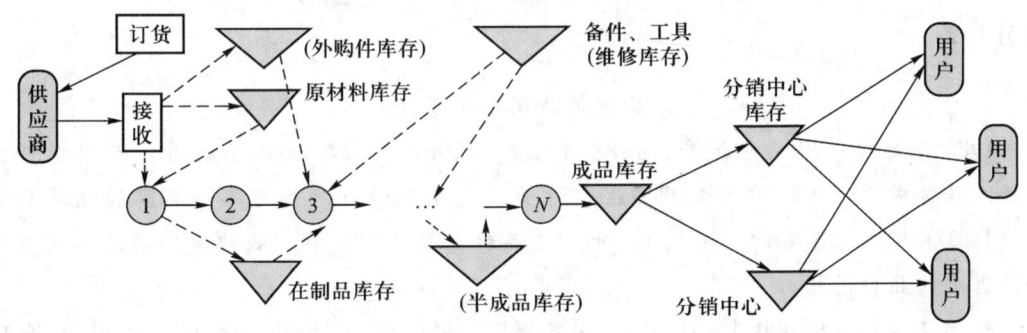

图1-2 库存的分类

1. 原材料库存

原材料库存是指企业在生产过程中所需要的各种原料、材料,这些原料和材料必须符合企业生产所规定的要求。有时,也将外购件库存划归为原材料库存。在生产制造企业中,原材料库存一般由供应部门来管理控制。

2. 在制品库存

在制品库存包括在产品生产过程中不同阶段的半成品。在制品库存由生产部门来管理控制。

3. 维修库存

维修库存包括用于维修与养护的经常消耗的物品或备件,如石油润滑脂和机器零件。不包括产成品的维护活动所用的物品或备件。维修库存一般由设备维修部门来管理控制。

4. 产成品库存

产成品库存是准备运送给消费者的完整的或最终的产品。这种库存通常由销售部门或物流部门来管理控制。

生产制造企业有原材料库存、在制品库存、维修库存和产成品库存。生产制造企业的原材料库存用以提供原材料、零部件来生产出最终产品；存在于生产过程中的在制品库存，是产成品生产过程中不可缺少的一部分；同时，生产制造企业还要有用于维修与养护生产机器设备的一些零备件而形成的维修库存，以及作为生产过程最终结果的产成品库存。流通企业如储运、配送、批发与零售企业，通常只有产成品库存。公用事业单位一般是提供公用服务的，因此比较常见的是维修库存（如用于地铁列车的车辆零配件）。

这几种库存可以存放在一条供应链上的不同位置。原材料库存可以放在两个位置：供应商或生产商之处。在原材料进入生产制造企业后，将依次通过不同的工序，每经过一道工序，附加价值都有所增加，从而成为不同价值水平的在制品库存。当在制品库存在最后一道工序被加工完后，形成产成品。产成品也可以放在不同的储存点，即生产制造企业、配送中心、零售点以及最终消费者手中。

案例 1-2

红云红河集团红河卷烟厂

1985 年筹建，1987 年试产，1988 年投产，2007 年红河烟草（集团）有限责任公司正式挂牌成立。1993 年起实现单品牌生产，是全国唯一只生产单一品牌的烟草工业企业。目前形成一个品牌（红河），十三个品种，兼顾高、中、低档次，满足不同层次消费需求的品种结构。

红河厂拥有 8 000 kg/h 制丝线两条（可处理白肋烟、薄片、香料烟等），1 140 kg/h 干冰膨胀线一条，卷接包线 32 条。为满足生产与销售的需要，红河厂设立了原料、材料、配件和成品库存，形成了涵盖原料、材料、配件、成品管理的库存管理体系。

（二）按库存的作用分类

按库存的作用分类，库存可分为周转库存、安全库存、调节库存和在途库存 4 种。

1. 周转库存

周转库存的产生是基于这样的思想：采购批量或生产批量越大，单位采购成本或生产成本就越低（节省订货成本，得到数量折扣），因而采用批量形式购入。这种由批量周期性形成的库存就称为周转库存。这里有两个概念，一个是订货周期，即两次订货之间的间隔时间；另一个是订货批量，即每次订货的数量，这二者之间的关系是：当总需求量一定时，每次订货批量越大，两次订货之间的间隔就越长，周转库存量也就越大。当每次的订货批量为 Q 时，平均周转库存量则为 $Q/2$。由于周转库存的大小与订货的频率成反比,即订货频率越高,周转库存量就越小。

2. 安全库存

由于需求、订货提前期和交货期等方面存在着不确定性,需要持有超过周转库存的安全库存。安全库存是为了应付需求、订货提前期、生产周期、交货期或供应周期等可能发生的不测变化而设置的一定数量的库存。

需求变动需要持有安全库存。例如,某企业的周转库存为20天(即库存中的物品可以满足20天的用量),订货提前期为10天(即当给供应商发出采购订单10天后,对方就可以收到这批所采购物品)。在正常情况下,平均每天需求该物品2件,而在订货提前期内当实际需求变为每天需要4件时,如果仍按原有的库存策略订货,库存中的物品只够5天的用量。由于订单发出10天后这批货物才能入库,这样就会出现5天的缺货。为避免缺货的发生,就得持有安全库存。在上述例子中,如持有20件安全库存,就可避免由于需求从平均每天2件增加为4件时所产生的缺货问题。

订货提前期的变化也需要持有安全库存。当供应商没有按预订的时间供货时,如果没有安全库存,就会出现缺货。例如,假设采购的提前期仍为10天,而由于某种情况的发生使得本次采购的提前期变为12天,如果没有安全库存,就会发生2天的缺货。

要确定安全库存量,就需要预测需求和提前期的变化(有关预测的内容将在第2章中阐述)。需求是变化的,供应商的运输延误和生产问题都会使提前期的变动成为不可避免的事情。因此,需求和提前期的变化导致了安全库存。尽管完全消除这些变化是不可能的,但是可以通过预测来把握变化趋势,进而减少安全库存。另外,通过采用能够准时交付的运输服务,以及通过选择具有可靠提前期的供应商,也有可能减少甚至消除与提前期变动有关的安全库存。

3. 调节库存

调节库存是用于调节需求或供应的不均衡、生产速度与供应速度不均衡、各个生产阶段的产出不均衡而设置的。例如,生产季节性需求产品的企业(如空调、啤酒等生产企业),为了保持生产能力的均衡,将淡季生产的产品置于调节库存,以备旺季的需求,即用调节库存来缓冲生产能力与需求之间的矛盾。有些季节性较强的原材料,或供应商的供应能力不均衡时,也需设置调节库存。

4. 在途库存

在途库存是指从一个地方到另一个地方处于运输过程中的物品。即使在途库存在没有到达目的地之前,还不能用于销售或发货,但仍然可以将在途库存看作是周转库存的一部分。这种库存是一种客观存在,而不是有意设置的。在途库存的大小取决于运输时间以及该期间内的平均需求。

三、库存成本的构成

库存成本是在建立库存系统时所产生的成本,主要有购入成本、订货成本、储存成本及缺货成本。

（一）购入成本

购入成本是指入库采购时所支出的购买费，即采购单价与采购数量的乘积。购入成本有两种含义：当物品从外部购买时，购入成本指单位购入价格与购入数量的乘积；当物品由企业内部制造时，指单位生产成本与生产数量的乘积。单位成本始终要以进入库存时的成本来计算。对于外购物品来说，单位成本应包括购价加上运费（即落地价）。对于自制物品来说，单位成本则包括直接人工费、直接材料费和企业管理费用等。

（二）订货成本

订货成本（或称订货费用）是从采购需求的确认到最终到货，通过采购或其他途径获得物品或原材料的时候支出的费用。订货成本包括提出订货申请单、分析货源、填写采购订货单、来料验收、跟踪订货等各项费用，具体包括：

（1）采购部门的相关人员费用，如计划、采购、验收及仓库管理人员的工资等。

（2）管理费用，如应用办公用品、电话、计算机系统所支付的管理费用。

当从供应商那里采购货物时，所有上面提到的成本都应该包括在订货成本内。但是，当货物来源于组织内部生产时，则包括生产准备成本等。

需要说明的是：① 订货成本与采购次数直接有关，而与订货量的大小几乎无关。因为不论是订购1吨货物还是订购100吨货物，都要发生订货申请单、分析货源、填写采购订货单、来料验收、跟踪订货等各项成本。订购次数越多，发生的订货成本就越高。如果每次订货成本为100元，若订购10次，则订货成本为1 000元；而订购100次，则订货成本为10 000元。

② 不同企业的平均订货成本相差很大，有的企业平均订货成本较低，而有的企业平均订货成本较高。例如，A企业的平均订货成本为100元，而B企业的平均订货成本为50元。

③ 确定订货成本并不是一件容易的事情。由于订货成本涉及的因素较多，有时需要利用大量的历史统计数据来计算。在实际中，一般用估算的方法来确定订货成本，即采购部门的总成本除以每年订货的次数就得到了采购部门订货成本的估算值。

（三）储存成本

储存成本（也称为保管费）是指物品在仓库储存过程中所发生的各种成本，包括收货、存储和搬运费用等。

储存成本主要包括：

（1）存储费：取暖、照明以及仓储建筑物的折旧。

（2）人员费：仓储管理人员的各项费用。

（3）库存记录的保存费用：库存管理和库存系统费用，包括盘点和检查库存的费用。

（4）安全与保险费：物品在储存过程中所需支付的安全与保险费。

（5）库存物品变质、损坏和过时所需支付的成本费。

储存成本是可以控制的费用,可用来衡量库存管理的效率。储存成本(保管费)通常可以用物品单位成本的百分比来表示。

(四)缺货成本*

缺货成本是由于外部或内部中断供应所产生的成本。当企业的用户得不到他们的全部订货时,叫做外部缺货;而当企业内部某一个班组或一个部门得不到它的全部订货时,叫做内部缺货。外部缺货可导致延期付货成本、当前利润损失和未来利润损失。内部缺货则可能导致停工待料损失和完工日期的延误。

缺货成本的大小取决于对缺货状况的反应,如果当某项物品缺货时,则经济损失要根据这种缺货是延期付货、用其他替代物品来补偿或是取消订货而定。在第一种情况下,用户耐心等待货物的到达,并用它满足其需求。在延期付货情况下,通常公司将进行加速订货以取得该物品,从而导致加速费(如从铁路运输改为航空运输,运输时间得到节省,但运输费用就会增加很多)、手续费和专门的装运和包装费等。而在失销的情况下,用户转向其他货源去使其需求得到满足。在这种情况下,缺货成本包括销售利润的损失直至难以估计的商誉损失。商誉损失对于零售企业来说,可能导致用户以后不再来购买其物品。对于制造企业而言,如果某项物品内部缺货而引起整条生产线的停工,这时缺货成本就可能很高。显然,用户的反应和企业内部所采取的策略对物品的缺货成本有很大影响。

第3节 库存管理的主要内容

一、库存系统的性质*

虽然不同的库存系统可能各有其特点,但也有其共性。需求、补充订货、约束和成本是所有库存系统的共同组成部分。需求是指从仓库中提取物品以满足用户的需求;补充订货是指根据需求从供应商处订货并将物品存入仓库;约束是指由管理或实际环境施加给库存系统的限制;成本是在建立库存系统时所产生的库存成本,主要有购入成本、订货成本、储存成本及缺货成本,有关库存成本的界定已经在上节讨论过,本节对需求、补充订货、约束加以阐述。

(一)需求

我们知道,需求是指从仓库中提取物品以满足用户的需求。需求可按需求量、需求率和需求模式进行分类。需求量是指需求的数量,且有数量的量纲。

需求有时是不变的,有时则是可变的,如果不同时期的需求量相同,则为不变需求,否则为可变需求。例如,A企业采取均衡生产方式,每周都从原料仓库领取100 t物料,投放到下料工序进行零件的生产,这种需求就是不变需求。B企业采取按订单生产方式,每周所用原料则根据订单而定,订单多时每周从原料仓库领取200 t物料,订单少时每周只从原料仓库领取20 t物料,这种需求就是可变需求。

需求量可以是已知的,也可以是未知的。当需求量已知时,便称该库存系统为确定型系统；而当需求量未知，但可以确定其概率分布时，称该库存系统为概率型系统。需求量的概率分布可以是不连续的或连续的。不连续的需求量只能取其某些特定的值，如在购买汽车时的需求量只能取整数值。而连续分布的需求量却可以取任意值，如购买某种液体物品时购买量可以不限于整数值。需求率就是单位时间内的需求量。

需求模式是指物品的出库方式。物品可以在期初出库（间断出库）、在整个期间均匀出库（连续出库）或按其他形式出库，如图1-3与图1-4所示。

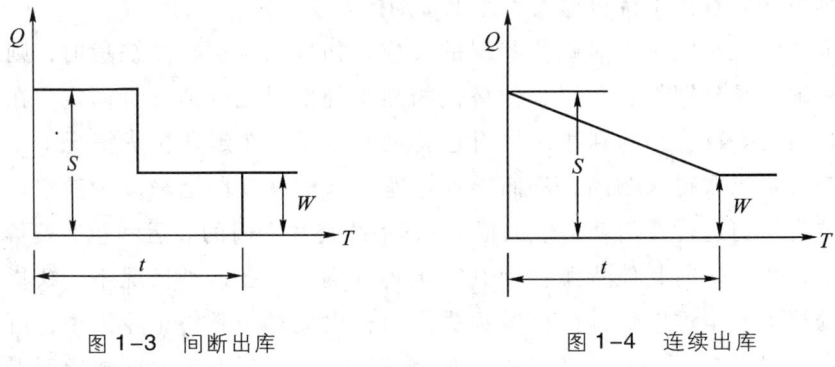

图1-3　间断出库　　　　　　　图1-4　连续出库

图1-3、图1-4分别表示t时间内的出库量皆为$S-W$，但两者的出库方式不同。图1-3表示出库是间断的，图1-4表示出库是连续的。

需求还可以分为独立需求和相关需求两种。独立需求是指该物品的需求与其他种类的物品无关，而相关需求是指与其他需求有内在相关性的需求，如汽车制造厂对轮胎的需求就是相关需求，因为轮胎的需求与汽车的需求直接相关，而市场对汽车的需求则为独立需求。

（二）补充订货

补充订货是指根据需求从供应商处订货并将物品存入仓库。库存量由于需求而不断减少，必须加以补充，否则最终将无法满足需求。补充订货（或补充生产）就是库存的输入。补充的办法可能是向其他工厂购买（或自己安排生产，若是自己安排生产，则称为补充生产），从订货到货物进入仓库往往需要一段时间，将这段时间称为订货提前期或前置期。

补充订货可以按补充数量、补充模式和前置时间进行分类。补充数量是指被接受入库的订货量。根据库存系统的不同类型，订货量可以是不变的或可变的。当补充订货到达时，通过验收进入库存，从而成为企业库存的已有部分。所谓补充订货模式是指物品的入库方式。如果整批物品在同一时间入库（整批入库），则属于瞬时补充供应模式。但物品也可以采用其他补充供应模式，如均衡或分批加入库存。

前置时间有时是不变的，有时是可变的。当前置时间可变时，可以用某种概率分布来描述它。前置时间由5部分组成，包括花费在企业内部的订购准备时间、订单传送时间、供应商准备物品时间、运输物品的时间以及入库前验收物品等活动所占用的时间。

（三）约束

库存系统不是孤立存在的一个系统，它往往受到许多管理上的约束，如规定平均库存资金限额、对某些物品采取不准缺货的库存策略等。实际环境也会对库存系统施加约束，例如，仓库的容量就限制了库存物品的数量，仓库地坪的承载能力限制了单位面积存放物品的重量。

二、库存管理与控制问题分类

（一）单周期与多周期库存

根据对物品需求的重复次数可将物品分为单周期需求与多周期需求。所谓单周期需求即偶尔发生的对某种物品的需求，仅仅发生在比较短的一段时间内以及库存时间不可能太长的需求，或经常发生的对某种生命周期短的物品的不定量需求。单周期库存一般只存储一次，这些库存消耗完了之后不再重新补充，因而也被称为一次性订货量问题。例如，奥运会组委会发行的奥运会纪念章；邮政部门发行的新年贺卡；企业为圣诞节生产的圣诞礼物、圣诞树；报童卖报时要进多少张报纸等，这些奥运会纪念章、新年贺卡、圣诞树和报童进报都属于单周期库存问题。

多周期需求则指在足够长的时间里对某种物品的重复的、连续的需求，其库存需要不断地得以补充。多周期库存需要多次存储，即前一批货物用完之后，还需把下一批货物重新入库，在一定时期内周而复始地存储同样的物品。例如，整车生产制造企业，在汽车生产中需要从供应商手中采购轮胎，每当库存中的轮胎量降低到订货点时就会给供应商发出订货请求，周而复始地出库、采购轮胎。在多周期库存中，库存的数量和补充时间可以根据对需求的响应程度不同而不同。多周期库存所保存的大多是产成品和它们的零件，因而远比单周期库存普遍。原材料库存、在制品库存和产成品库存，周转库存、安全库存、调节库存等都属于多周期库存。

（二）独立需求与相关需求库存

1. 独立需求库存

独立需求库存是指用户对某种库存物品的需求与其他种类的库存无关，表现出对这种库存需求的独立性。一般用户对企业产成品的需求为独立需求。从库存管理的角度来说，独立需求库存是指那些随机的、企业自身不能控制而是由市场所决定的需求，这种需求与企业对其他库存产品所作的生产决策没有关系，如用户对企业最终产成品、维修备件等的需求。

独立需求最明显的特征是需求的对象和数量不确定，只能通过预测或经验予以估计。对于独立需求库存，由于其需求时间和数量都不是企业本身所能控制的（例如，汽车的需求就是独立需求），只能采用"补充库存"的控制机制，将不确定的外部需求问题转化为对内部库存水平的动态监视与补充的问题。

2. 相关需求库存

相关需求是指与其他需求有内在相关性的需求，根据这种相关性，可以精确地计算出它的需求量和需求时间，它是一种确定型需求。相关需求也称为非独立需求，它可以根据对最终产品的独立需求精确地计算出来。用户对企业产成品的需求一旦确定，与该产品有关的零部件、原材料的需求就随之确定，对这些零部件、原材料的需求就是相关需求，而且相关需求的数量和需要时间是可以通过计算精确地得到的。例如，对于汽车制造企业来说，一旦确定汽车的需求量，轮胎的需求量就可以由汽车的需求量随之确定。假如，2012年12月某汽车厂接到A型车的订单为100辆，则可以推算出为完成100辆A型车的装配需要轮胎500个（按设计要求，每辆车需要装配4个轮胎，并要求出厂时配备一个备用轮胎）。在这个例子中，对轮胎的需求就是相关需求，它直接由汽车的需求所确定。

独立需求库存问题和相关需求库存问题是两类不同的库存问题。另外，相关需求和独立需求都是多周期需求，对于单周期需求，是不必考虑相关与独立的。生产制造企业的成品库存问题属于独立需求库存问题，在制品库存和原材料库存控制问题属于相关需求库存问题。

（三）确定型与随机型库存*

按库存问题的参数确定性，库存可以分为确定型库存与随机型库存。对于确定型库存问题而言，库存问题的参数是确定的。所谓确定是指物品的需求率是已知的和确定的，补充供应的前置时间是固定的，并与订货批量无关。当这两个条件得不到满足时，确定型就不再适用。

另一类模型是随机型库存模型。所谓随机型是指物品的需求率和补充供应的前置时间至少有一个是随机变量。如果可以根据统计资料得出在任一给定时期需求量的概率分布，则称之为概率型库存。

三、库存控制系统要素*

在一般的库存控制系统中，起重要作用的要素主要有如下几种：

1. 仓库所在的地理位置

仓库所在的地理位置是库存控制系统中决定库存控制结果的要素。在规划一个企业时，企业的仓库选址对未来控制库存水平的关系极大，如果这个企业的仓库远离原材料产地而运输条件又差，则库存水平就很难控制到低水平，库存的稳定性也很难控制。

仓库所在的地理位置在一定意义上是库存对存货供应条件的选择，即该供应条件是否能保证或满足某种方式的控制。

2. 订货批次和订货数量

订货批次和订货数量是决定库存水平的非常重要的因素。在总需求一定的情况下，订货批次频繁，每次订货量就少，则平均库存量就低；而订货批次少时，每次订货量就多，平均库存量就增高。例如，某企业对0126#物料的年需求量为12 000件，当半月订货1次时，每次订货量为500件，则平均库存量为250件；而当每月订货1次时，每次订货量为 1 000 件，则平均库存量为 500 件。对于企业而言，订货与库存控制关系十分密切，因此不少企业的库存控制转化为订货控制，以此解决库存问题。

3. 运输

订货只是商流问题，是否能按订货要求的批量和批次实现库存控制，这取决于运输的保障。运输是库存控制的一个外部影响要素，有时候库存控制不能达到预期目标并不是控制本身或订货问题，而是运输的提前或延误，运输提前则一下子增大了库存水平，运输延误则使库存水平下降甚至会出现缺货状态。

4. 信息

在库存控制中信息要素的作用和其他系统中的作用应当是不分伯仲的。在库存控制系统中，监控信息的采集、传递、反馈是控制的一个关键，这可以说是信息要素在这个系统中的突出点。

5. 管理

管理和信息一样，也是一个要素。库存控制系统并不靠一条流水线、一种高新技术工艺等硬件系统支持，而是靠管理，因此，管理要素的作用可能更大一些。

四、库存管理的过程

库存管理过程包括：确定需求、存货识别与编码、订购批量与订购时间的确定、服务水平与安全库存的确定、订货前置期管理等过程。

（一）确定需求——需求识别与需求预测

对库存进行管理，首先要进行需求识别与需求预测。需求预测的详细内容见第二章。当掌握了需求什么、需求多少时才有可能更好地管理库存。

（二）存货识别与编码*

货物入库后，要使库存管理更为有效，必须对存货进行识别和编码。

1. 存货识别与合理化

库存中的存货包括很多不同种类的物品，物品的使用人也非常多，所以必须有一个通用的方法描述物品，以免出错、混淆和重复。存货识别就是确保库存物品可以被准确地识别。

最容易的识别方法就是用名字或描述性文字标识物品，问题是不同的人对同一物品可能有不同的说法，如改锥、起子和螺丝刀都是对同一种物品的不同叫法，这在生活中是很常见的。但是，如果在库存的记录中也存在对同一种物品的多种写法就会导致物品的实际库存水平高于需要的库存水平。因此，对库存物品使用描述性文字时，只用在描述简短明确、物品有限定范围、每个人都使用同一说法以及单词顺序清楚且不会改变的情况下。

存货的合理化主要是根据需求与供应以及存货本身的特征等来确定合理的存货数量，不同的存货特征可以采用不同的库存控制系统，而不同的库存控制系统其存货的合理数量有不同的定量分析方法。关于存货数量的定量分析方法将在后续章节中进行阐述。

2. 存货编码

当存货数量很多、种类也比较复杂时，只使用名字和描述性文字是不合适的，容易混淆，所以在库存管理中通常采用编码方式来识别仓库中存放的物品。对仓库中存放的物品进行编码就要制定编码规则。目前，有很多不同的编码体系和编码方式。常见的一种编码方式是对要描述的物品属性，如物品的自然属性、物品的最终用途、库存地点、供应源以及最终用户进行分组，然后按照一定的规则进行编码。

（1）编码的内容

物品编码通常有以下几种组成方式：

① 字母符号；

② 字母与数字符号（字母和数字）；

③ 数字符号（只有数字）。

（2）编码方法

编码系统为不同的物品编上不同的号码，每一种物品对应一个唯一的编码。编码方法可以是简单地按顺序编码，也可以采用结构化的编码方法。常见的编码有如下几种：

① 组码。组码是结构化编码方式的一种，它将物品的编码分为三组，每组均以数字来表示物品的编码。第1组为主分类，第2组为主分类的子组，第3组为子组下的具体分类，如图1-5所示。

第1组 主分类	第2组 主分类的子组	第3组 子组下的具体分类

图1-5　组码的结构示意图

组码虽然灵活且容易编码，但不能很快地被解释。

② 条形码*。条形码被广泛应用于食品业的批发与零售，现在很多组织将它广泛应用于库存管理系统中。条形码是由一组规则排列的条、空以及对应的字符组成的标记。"条"指对光线反射率较低的部分，"空"指对光线反射率较高的部分。这些条和空组成的数据表达一定的信息，并能够用特定的设备识读后转换成与计算机兼容的二进制和十进制信息。

在仓库管理中引入条码技术，对仓库的到货检验、入库、出库、调拨、移库移位、库存盘点等各个作业环节的数据进行自动化的数据采集，保证仓库管理各个作业环节数据输入的效率和准确性，确保企业及时准确地掌握库存的真实数据，合理保持和控制企业库存。通过科学的编码，还可方便地对物品的批次、保质期等进行管理。

现在有很多种条码，每种条码有它自己的特征。常用的条形码有：通用产品条形码（简称UPC条形码）、国际物品条形码（简称EAN条形码）等。EAN条形码是国际通用商品代码，有13位标准条码（EAN-13条码）和8位缩短条码（EAN-8条码）两种版本，如图1-6所示。

在EAN-13条码中，前2位（欧共体12国）或前3位（其他国家）数字为国家或地区代码，称为前缀码或前缀号，用于标识商品来源的国家或地区，由国际物品编码协会（EAN）总部分配和管理。当前3位为前缀码时，EAN-13条形码中的第4位至第8位，即国别码后面的5位数字为制造商代码，用于标识生产企业或批发公司，由国际物品编码协会在各国（地区）的分支机构分配管理；制造商代码后面的5位数字为商品代码，用于标识商品的特征或属性，由制造商依据EAN的规则自行编制。最后一位数字为校验码，用于校验代码输入的正确性，根据一定的运算规则由以上三部分数字计算得出。

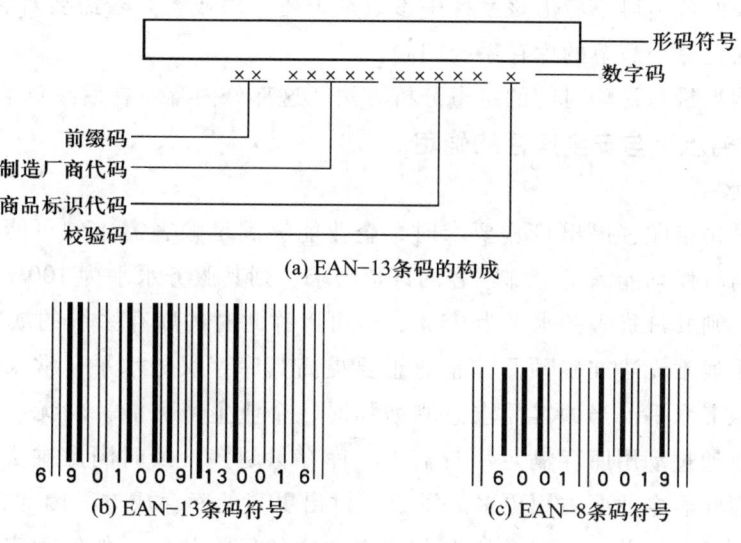

图1-6 EAN条形码

近年来，用条形码表示更多信息的要求与日俱增，因为一维条形码表示的信息受到限制，所以，开始应用二维条形码。二维条形码能够在横向和纵向两个方位同时表达信息，能在很小的面积内表达大量的信息。

（三）订购批量与订购时间的确定

下面以如何给汽车加油作为例子来说明应何时补充订货，补充多少数量。当油位表显示油满时，驾驶员很少注意到应该保持一定量的存量和油被用光的问题，直到油位表降低到某一特定水平，出现了指示灯亮或声音告警。在这个记录点上，如果再不订货（加油）的话，就会用光库存（油箱中）的油。

在确定这一再订购点时，必须考虑两件事情。首先是考虑供应问题，显然，如果知道加油站的位置而且知道它正在营业，那么不确定性就相对较少，驾驶员可以让库存汽油的标准降得很低。但是，如果不知道加油站的确切位置，就应该早一点订货（加油），到能找到的最近的加油站去加油，以防止不确定性的出现。然后是考虑需求问题,如果驾驶速度比平常快,就需要耗费更多的汽油,在到达加油站之前应该有效地估计所需要的汽油量。在综合考虑供应和需求后,就可以制定订购计划,如果情况符合订购计划,就可以不出任何差错地到达加油站。

在到达加油站后,驾驶员又不得不面临第二个决策,即决定订购数量(加多少油)。不同的人有不同的采购原则,有些人可能每次加固定量的汽油就可以了,这属于固定订货系统。有些人则需要把油箱加满,每次订购的量是不一样的,这属于变动订货系统。还有一些人会觉得不确定性太高,于是他们就携带一个备用油箱来增加他们的安全库存。

在人们购买汽油时没有太多思索,一次又一次重复着上述活动。但是如果环境发生了变化,我们就不得不考虑该系统中参数是否还适用或者是否需要对它们进行调整。怎样购买汽油是一个简单的库存系统问题。

关于订购批量与订购时间的定量分析方法,这部分内容将在后续章节中详细阐述。

(四)服务水平与安全库存的确定

1. 服务水平

服务水平是指顾客提出订货要求时,企业能够满足顾客需求的可能性。如果整个库存系统任何时候均能满足全部顾客的订货需求,则其服务水平为100%;如果能满足95%的需求,则其订货服务水平为95%,也可以称此时的库存系统的缺货概率为5%。由于顾客需求通常无法准确预测,企业想要提高其库存服务水平,常采用增大库存量的方法提高服务水平。当顾客需求急剧增加时,企业生产可能一时无法满足顾客需求的增长,可以通过动用库存满足用户需求。库存量越多,及时满足供货的可能性就越大,同时也意味着企业要占用更多的资金,付出更高的库存成本。因此,对企业而言,盲目地提高服务水平并不一定会给企业带来期望的经济效益。如何确定合理的服务水平,是企业制定库存控制决策时必须考虑的重要问题。

2. 安全库存

安全库存是为了应付需求、订货提前期、生产周期、交货期或供应周期等可能发生的不测变化而设置的一定数量的库存。安全库存可以预防实际消耗与预测之间的差异以及实际运输时间与期望运输时间之间的差异所造成的缺货损失。它是增加一部分库存以满足不可预见的需求,如不稳定的需求、供应困难以及其他紧急情况。安全库存只有在不确定情况发生时才会动用,正常情况下是不需要动用的。

安全库存的确定与需求因素(包括需求变化、预测不准确和缺货)、供应因素(包括订货提前期变化、订货提前期估计不准确、供应的安全性等因素)、库存策略(包括缺货损失、物品费用、报废损失、损耗率和空间需求)以及客观条件(包括工厂和仓库的布置)等因素有关。确定合理的安全库存对库存管理与控制来说也是十分重要的内容,有关安全库存的确定方法将在后续章节进行详细的阐述。

(五)订货提前期管理

无论订货数量多少,从订单发出到货物进入仓库往往需要一段时间,这段时间就是订货提前期（或采购提前期），包括识别库存、确认补充库存、与供应商联系、签订订单、催交货以及到货和验货时间。

订货提前期的长短可以影响订货点，订货提前期是否稳定则会影响安全库存。通常假设订货提前期是固定的，但实际上订货提前期经常是变化的。订货提前期还与产品生命周期有关，在基于计算机的库存管理系统中，常根据第一次购买的时间设定订货提前期，这比处于生命周期中间阶段的时间要长。但当产品处于生命周期的末期时，这个时间可能还要长。

订货提前期有时是不变的，有时是可变的。当订货提前期可变时，可以用某种概率分布来描述它。订货提前期的变化常常会导致库存过多或缺货，因此在库存管理中应当重视订货提前期的管理。固定的、已知的和可靠的订货提前期通常比变化的、未知的、不可靠的订货提前期要好，因为后者会造成"放大"效应，即供应链局部小的波动会造成其他部分的很大变化，这时对订货提前期的管理就会变得复杂一些。有关订货提前期的计算将在后续章节中阐述。

五、库存基本决策及其影响因素

（一）库存时间曲线*

在库存系统中，库存活动可以通过库存时间曲线表达出来，这一曲线是库存管理与控制的基础，图1-7为一个典型的库存时间曲线。

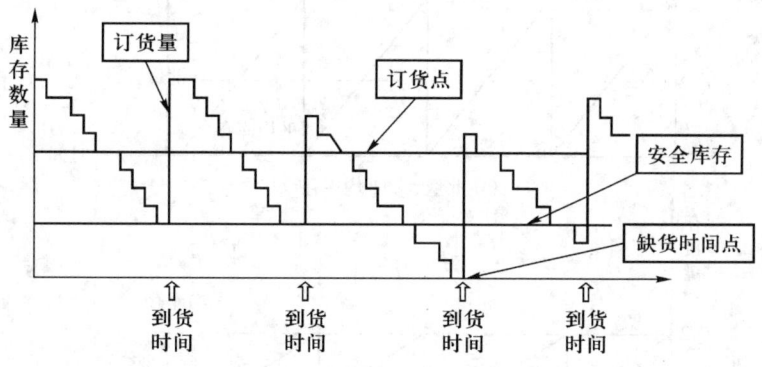

图1-7 典型的库存时间曲线

从图1-7中可以推断出：
① 由供给和需求活动得到的库存曲线。
② 到货的时间和数量。
③ 订货的时间点。
④ 防止供应和需求不确定性的安全库存。
⑤ 缺货的时间点。

库存曲线就像人的指纹一样，每种库存物品都是独一无二的，任何两种库存物品不可能具有完全相同的表现形式。由于这些原因库存管理必须按照货物分类实施管理，对不同的库存物品应采用不同的库存控制。

(二) 库存控制基本决策

在需求一定的条件下，平均库存水平是由每次的订货量决定的，如果每次订货数量大，则订货次数相应减少，但平均库存水平就较高。图1-8表明了订货量变化对平均库存水平的影响，从图1-8中可以看出，当每次订货批量为Q时，平均库存水平为$Q/2$，而当每次订货批量为$Q/2$时，平均库存水平降为$Q/4$，但其订货的次数明显增加。

从本质上说，库存控制的基本决策主要包括以下内容：
① 确定相邻两次订货的间隔时间。
② 确定每次的订货批量。
③ 确定每次订货的提前期。
④ 确定库存满足供货的服务水平。

库存控制决策的目标是在企业现有资源约束下，以最低的库存成本满足预期的需求。

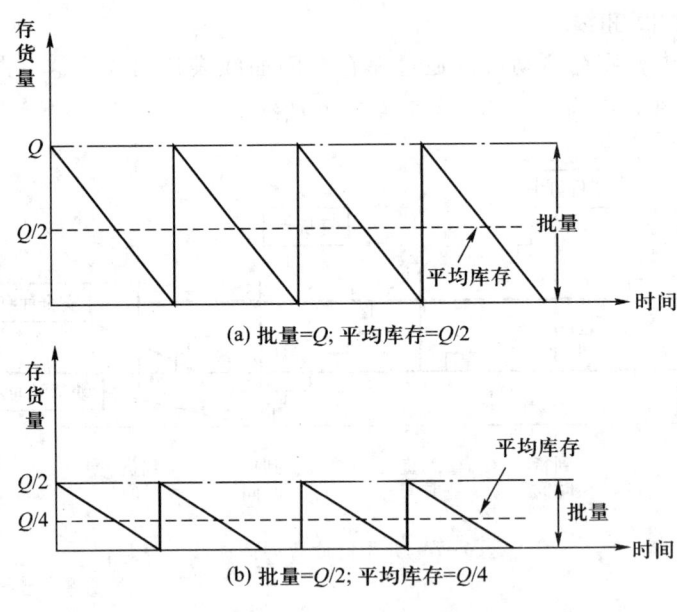

图1-8 订货量变化对平均库存水平的影响

(三) 影响库存控制决策的因素*

在影响库存控制决策的诸多因素中，库存物品的需求特性、订货提前期以及服务水平是影响库存控制决策的主要因素。

1. 需求特性因素

需求分为确定需求与非确定需求两大类。如果库存物品的需求是可以预先确定的，则称之为确定需求，反之则称为非确定需求。相比之下，确定需求的库存控制相对容易，管理者只要保证订货速度与需求消耗速度保持同步，便能维持合理的库存水平；而非确定需求的库存控制较为复杂，由于需求状况无法预先准确估计，因此，管理者在考虑正常需求的同时，还要考虑保持一定的安全库存储备。

需求也可分为有规律变化需求与随机变化需求两大类。如果库存物品需求的变化有规律可循，管理者在控制库存时，可以根据需求的变化规律准备库存物品，需求旺季增大库存量，淡季则降低库存量，使得库存水准处于合理水平。如果库存物品的需求是随机的，根本无法较为准确地预测，则需在设定经常性库存的基础上，进一步建立额外的安全库存，以应付突然出现的需求变化。

需求还可分为独立性需求与相关性需求两大类。事实上，生产制造企业需用的各种物料（物品）间均存在着一定的相关性，因此，在制订生产制造企业的生产计划与库存控制计划时，通常要考虑需求的相关性。

需求是否具有可替代性，也是制订库存控制决策必须考虑的因素之一。如果一种物品可以用另外一种或多种其他物品替代，且替代物品很容易获得，则该物品的库存量可以少些。反之，该物品的库存量应该多存一些。

2. 订货提前期

订货提前期是影响库存控制决策的另一重要因素。订货提前期可以是确定的，也可以是不确定的，因此，在考虑何时订货的决策时，该物品的订货提前期是一项必须考虑的重要因素。当库存量降到订货提前期内的需求量时（用以满足订货期内的需求），通常应发出订货信息给供应商，间隔一个订货期后就可以收到这批订货，否则在没有安全库存的情况下，就会由于没有及时订货而发生缺货。

3. 服务水平

服务水平的高低对库存控制决策将产生重要的影响。如果要想100%地满足顾客的需求，即服务水平为100%，则需要增加库存。库存量越多，及时满足供货的可能性越大，同时也意味着企业要占用更多的资金，付出更高的库存成本。因此具有合理的服务水平是非常重要的。

六、库存管理与控制的意义

（一）可以增强企业的竞争力

通过做好库存管理与控制，可以增强企业的竞争能力。随着市场需求的日益多样化，顾客会不断在更广泛的选择范围内寻求更有特色的库存服务，对库存管理提出更高的要求，也为企业通过加强库存管理来提高竞争力提供了极好的机会。在现代物流服务中，追求的目标可以概括为"7R"：将合适的产品（right product），以合适的质量（right quality），合适的数量（right quantity）、合适的成本（right cost），在合适的时间（right time）、合适的地点（right place）送达合适的顾客（right customer）手里。库存管理与控制的重要意义首先在于，它在把这些"合适"的目标提供给顾客的过程中能够起到重要作用，尤其是合适的地点、合适的时间、合适的成本及合适的数量。对现代顾客来说，这些"合适"的目标具有非常重要的意义。例如，对于很多顾客来说，一件衬衫或一双鞋子的及时交货，与衬衫和鞋子的做工、颜色是否合适同样重要。对于企业"顾客"来说，原材料、外协件的及时供应则直接关系到该企业产品竞争能力的强弱。

（二）可以降低企业的成本

库存管理对于企业以及整个供应链上的企业联盟大幅度降低成本具有极为重要的意义。在传统的企业管理中，从产品设计、采购、生产、出厂，再经过一个个配送、批发环节，直到把产品交到顾客手中，整个生产周期和流通周期拉得很长。这不仅意味着无法迅速满足不断出现的新的市场需求，而且意味着在整个生产周期和流通周期资金的大量占用。通过加强库存管理而缩短生产周期和流通周期，不仅能大幅度降低成本，而且会带来另一种竞争优势：快速交货对于现代企业来说，也是企业赢得竞争的一个重要方面。

（三）支持全球化生产经营

在世界经济逐步趋于一体化的大趋势下，越来越多的企业开始面向全球生产经营。全球生产经营的最主要特点是在全球布置生产设施、全球采购物料、产品全球流动。全球生产、全球运作的好处是显而易见的：物料的全球采购通过选择具有最低成本的供应商可以降低物料成本，全球范围内选择生产设施可通过在劳动力成本最低的地区建厂以降低生产成本，产品的全球流动可开拓新的消费者地区，等等。但是，很显然，这种全球生产运作离不开库存管理与控制的支持，而且使库存管理面临许多新的挑战。这些挑战包括：增加了供应商选择的复杂性，扩大了运输距离（不仅增加运费，而且增加了不确定性），更多地跨越长距离的配送中心，增加了信息处理量，增加了顾客需求多样性（不同国家、不同地区的特殊需求），等等。这些挑战不仅增加了库存管理的重要性，而且对库存管理提出了更高的要求，进一步促进了库存管理理论的发展。

总而言之，良好的库存管理可以为企业大幅度降低总成本，以更低的总成本为顾客提供更多的服务时间或服务价值，从而为企业增强竞争优势作出重要的贡献。

自学指导

学习重点

1. 库存的定义、作用、弊端[*]

"库存"（Inventory）是指暂时闲置的用于将来目的的资源。在一般情况下，人们拥有库存的目的是防止短缺，起到"蓄水池"的作用。

库存的作用主要表现为：① 库存使企业能够实现规模经济；② 库存能够平衡供应与需求；③ 库存能够预防供应与需求的不确定性；④ 库存在供应链中起缓冲器作用；⑤ 库存能够消除供需双方在地理位置上的差异。

2. 按不同标准对库存进行分类。

(1) 库存按其在生产中的作用分类,可分为原材料库存、在制品库存、维修库存、产成品库存 4 种。

(2) 按库存的作用分类,可分为周转库存、安全库存、调节库存和在途库存 4 种。

(3) 按用户对库存的需求特性分类,可分为独立需求库存与相关需求库存两种。

(4) 按库存用途分类。

3. 库存成本的构成

(1) 购入成本:当物品从外部购买时,购入成本指单位购入价格;当物品由企业内部制造时,购入成本指单位生产成本。

(2) 订货成本(或称订货费用):包括提出订货申请单、分析货源、填写采购订货单、来料验收、跟踪订货等各项费用。

(3) 保管(储存)费用:包括收货、存储和搬运费用。

(4) 缺货成本*:缺货成本是由于外部或内部中断供应所产生的。

4. 库存管理与控制问题分类

(1) 单周期与多周期库存。所谓单周期需求即仅仅发生在比较短的一段时间内或库存时间不可能太长的需求,也被称为一次性订货量问题。多周期需求则指在足够长的时间里对某种物品的重复的、连续的需求,其库存需要不断地补充。

(2) 独立需求库存与相关需求库存*。来自用户对企业产品和服务的需求称为独立需求。相反,企业内部物料转化各环节之间发生的需求称为相关需求,它可以根据对最终产品的独立需求精确地计算出来。

(3) 确定型与随机型库存*。所谓确定是指物品的需求率是已知和确定的,补充供应的前置时间是固定的,并与订货批量无关。所谓随机型是指物品的需求率和补充供应的前置时间至少有一个是随机变量。

学习难点

1. 库存管理的基本目标

就是防止超储和缺货,以最合理的成本为用户提供所期望的服务水平,即在达到顾客期望的服务水平下,尽量将库存成本减少到可以接受的水平。

2. 库存成本的构成(同重点)

3. 库存管理与控制问题分类(同重点)

4. 库存管理过程

主要包括:确定需求、存货识别与编码*、补充库存、服务水平与安全库存的确定、存货分类以及订货提前期管理等过程。

5. 库存时间曲线*的应用

6. 库存控制基本决策

① 确定相邻两次订货的间隔时间。② 确定每次订货的批量。③ 确定每次订货的提前期。④ 确定库存满足供货的服务率,如满足用户需求的服务水平的控制。

7. 影响库存控制决策的因素*

需求特性因素，订货提前期，服务水平等。

复习题

一、单项选择题（在备选答案中选择1个最佳答案，并把它的标号写在题后的括号内）

1. 库存可以分为独立需求库存与相关需求库存，下列不属于相关需求库存的是（　　）。
　　（A）成品库存　　（B）在制品库存　　（C）定期订货　　（D）原材料库存

2. 库存按目的分类不包括（　　）。
　　（A）经常性库存　（B）安全库存　　（C）成品库存　　（D）季节性库存

二、多项选择题（在备选答案中有2~5个是正确的，将其全部选出并将它们的标号写在题后的括号内，错选或漏选均不给分）

1. 库存管理过程包括（　　）等过程。
　　（A）确定需求　　　　　　　　　（B）存货识别与编码
　　（C）服务水平与安全库存的确定　（D）存货分类以及订货提前期管理
　　（E）补充库存

2. 影响库存控制决策的因素主要有：（　　）。
　　（A）需求特性因素　　　　　　　（B）订货点
　　（C）服务水平　　　　　　　　　（D）订货提前期
　　（E）供应商水平

三、名词解释

1. 库存
2. 订货成本
3. 在途库存
4. 安全库存

四、简答题

1. 库存的作用有哪些？
2. 过多的库存会产生哪些弊端？
3. 库存控制系统是如何分类的？
4. 列出四种不同的库存类型。

五、论述题

1. 库存控制基本决策包括哪些内容？
2. 影响库存控制决策的因素有哪些？
3. 举例说明库存的作用和目的。

六、综合分析题

假设你是M公司的一名库存管理者，在解决M公司的库存问题时，需要了解库存时间曲线，要求你从下列为期16周的数据信息中构建出库存时间曲线，指出其主要特征，并计算出平均库存，以获得管理库存所需要的信息。

表1-2 某库存物品的已知数据

期初库存	130
订购点	80
安全库存	30

表1-3 某库存物品的订购数量与前置期

订单	订购数量	前置期
订单1	150	2周
订单2	170	2周
订单3	120	4周

表1-4 某库存物品为期16周的需求数据

周	每周的需求	周	每周的需求
第1周	30	第9周	30
第2周	20	第10周	50
第3周	40	第11周	30
第4周	20	第12周	20
第5周	60	第13周	10
第6周	20	第14周	10
第7周	10	第15周	30
第8周	60	第16周	30

七、案例分析题

H3的库存管理[①]

H3是一家高科技有限公司，2000年10月成立，在华东拥有30多家分店，营业额高达25亿元，成为中国最大的IT零售卖场。2004年7月，创造了7天零售额超过1.2亿元的业界奇迹。H3是以什么样的方法实现了比竞争对手更快的周转呢？一个重要原因就是实施库存信息化管理。

库存，是所有企业表面看不见的死结，上游厂商如此，终端零售商也是如此。长期以来，卖场类零售业由于销售量大，及时掌握库存往往很难。比如，某些大型零售卖场因开业促销常常是仓库里的货卖完，而卖场内的销售人员却还在不停地开票。为了让这种尴尬局面不再发生，应对的方法是，有多少货就事先开好多少张票。这样，

---

① 资料来源：http://china.findlaw.cn/info/wuliu/wlal/20110316/239735.html（根据资料改编）。

当销售员手中的小票撕完了，也就知道没货了，这显然还是很被动的。

大型零售卖场尚且如此，H3面临的考验就更大：当天的库存到底有多少？多少库存最符合市场需求而不造成积压？库存周转率是多少？怎样才能实现零库存？这一切，只能靠信息化管理来解决。

多次失败之后，H3最后成功地实施了一套完整的整合业务流、资金流和物流的信息管理"XP系统"。这套系统作为企业"信息神经"，贯穿了产品采购、销售、调拨、组装生产、出入库等整个供应链流程。

① 总部十几名管理者专职监控以分公司为单位的实时数据，可在一瞬间查看到各地卖场的实际库存、销售价格，对其动态变化进行实时统计、分析与管理，从而管理所有卖场商品的实际库存量和最低销售价格。

② 当库存降到最低线时就往里调货，及时保证安全库存量，并在入库时为它贴上识别条码。这样，任何出入库动作都可以只认条码不认包装。这个条码甚至包含了货架信息：在几区几号货架的第几层，配送员从此不用再乱找，库存与销售变得井井有条。

③ 出货的时候，有一道工序，是用条码机刷一下，即通知信息系统：此商品库存数减一。随即财务、物流、采购、配送等环节立即产生相应的信息处理动作，而且系统总能显示库房里准确的实际存货数。

系统实施后，库存准确率达到99.8%，商品库存比实施前下降30%左右，实现了7天一次的高速库存周转，最快捷的资金周转使其效益大增。库存超过7天，商品立即被处理掉。"IT商品永远在跌价。如果商品3个月没卖掉，那就是损失；如果7天卖掉，就能卖到最好的价格，获得最好的利润。"

一年内，H3的资金周转将达到50次，良好的库存管理既保证了经营活动的正常运转，又使流动资金的占用率达到最小。

思考：从本案例，你得到了哪些有关库存管理的启示？

第 2 章 库存需求预测

自学时数

8 学时。

教师导学

做好库存管理与控制需要掌握常用的预测方法。通过学习本章内容使学员对常用的预测方法有一个较全面的了解,因此,在辅导学员学习时,应注意以下几点:

(1) 应让学员理解有关预测的基本概念,了解常用的预测方法。

(2) 通过学习能够初步判断出哪些需求可以预测,并能够正确选用合适的预测方法进行预测。

(3) 本章重点主要是定量预测的常用方法,即简单平均、加权平均、简单移动平均、加权移动平均*、指数平滑*、线性回归分析*。对于本科层次来说,指数平滑*、线性回归分析*等预测方法是要求必须掌握的,在学习过程中应注意进行这方面的练习。

(4) 本章难点是:加权移动平均*、指数平滑*、线性回归分析*。

(5) 在学习中应注意各种预测方法的应用范围及其特点。

总之,通过对本章的学习,学员应对预测所涉及的内容有一个整体的概念,并能够运用常用的预测方法进行需求预测。

案例 2-1

沃尔玛的需求预测[1]

山姆·沃顿于 1962 年在美国阿肯色州的罗杰斯设立了第一家沃尔玛商店。让顾客满意和"保持低价格"使沃尔玛成为一家年营业额超过 2 180 亿美元的世界最大的零售商。沃尔玛被认为是世界上最好的供应链运营商,其商品成本要比主要竞争对手低 5%~10%,这给公司提供了竞争优势。

---

[1] http://wenku.baidu.com/view/a11bb9d184254b35eefd3413.html

沃尔玛也是很早采用协同计划、预测和补货的企业，通过全盘管理、网络化运营的方式来管理供应链中的贸易伙伴。沃尔玛建立起一套针对每件商品的短期预测方法，用来指导库存需求的预测。例如，对于像防晒霜和蚊帐一类具有季节性的商品，沃尔玛采用季节预测法进行每个季度的销售预测与库存安排；对于像生鲜食品与水果这类易变质食品，则采用每日预测，保证食品的新鲜度。这种合适的短期预测成为改进需求管理的动力，实现了对供给和库存水平的更好控制。

运用预测与管理相结合的方法，沃尔玛对7亿种商品进行组合分析，实现了将合适的商品、在合适的时间、以合适的价格运送到正确的卖场，销售给顾客。沃尔玛不断提高预测的准确性，取得了零售行业内无法比拟的竞争优势。

第1节 预 测

一、预测及其分类

（一）什么是预测

所谓预测，就是人们对某一不确定的或未知事物（或事件）的表述，即对某一事物的行为特征量在未来某一时段内可能发生的变化特征量或变化趋势作出估计和推断。从本质上看，预测是以变化为前提的。如果没有变化，预测也就不存在了。可以说预测就是掌握变化，首先，要正确地掌握变化的原因；其次，要了解变化的状态；然后，要从量的变化中找出因果关系；最终，还要从变化中找出规律性的东西，并依据规律对未来加以判断。因此，需求预测就是在寻找和研究需求变化的现象及其演变逻辑关系的基础上，去揭示需求未来的面貌。由于未来情况有很大的不确定性和变化，预测不可能是绝对准确的。即使是十分周密的预测也可能与未来事实不完全相符，甚至相差很远。事实上，与未来事实完全一致的预测是几乎不可能的。尽管预测不可能百分之百准确，但它仍具有不可忽视的重要作用。

作为一门科学，预测是在一定的理论指导下，以事物发展的历史和现状为出发点，以调查研究资料和统计数据资料为依据，在对事物发展进行深入的定性分析和严密的定量计算的基础上，研究并认识事物的发展变化规律，进而对事物的未来变化预先作出科学的推测。

预测在库存管理中，不仅是长期的战略性库存决策的重要依据，而且也是短期的日常经营活动的重要依据。任何企业都应当通过预测来指导自己的库存管理活动。预测为编制采购计划、控制库存水平提供了基础。

（二）预测的作用

预测就是要从变化的事物中找出事物发生变化的规律，去揭示事物未来的面貌。要从复杂的、瞬息万变的世界中找出不变的固有规律，去揭示事物未来的面貌，必须以辩证的认识论为指导，以各个领域内的经典理论和最新理论为基础，以当代的最新科技成果、数学、计算机为工具，与其他学科的具体实践相结合，去研究适用于各个领域内预测的理论和方法。由此可见，预测是一门应用科学。但是，如何运用这些科学的理论、方法、工具，去掌握事物发展变化的原因、姿态、因果关系，找出事物演变的逻辑，作出比较符合事物未来真实面貌的预测，这就是艺术了。这要靠担负预测工作人员的知识、经验、洞察力和远见卓识。

因此，预测是科学也是艺术，只有建立预测是"科学+艺术"的观点，才可能作出成功的预测。

预测的实践基础是调查研究，预测的方法是系统分析，预测的基本观点与系统工程的基本观点是完全一致的，即它具有全局性、关联性、最优性、综合性和实践性。

需求预测的作用可归纳为两个方面：

（1）需求预测是库存管理的基础。在库存管理中，对订货数量的确定要依靠对需求的预测，对订货提前期的确定也需要根据历史数据进行预测。因而预测准确与否，直接影响到库存管理水平，进而影响企业的经营效益。需求预测做得好，就可以降低库存水平，降低库存成本；预测做得不好，也就是说预测结果偏离实际需求，当预测远大于实际需求时就会造成库存积压；当预测远小于实际需求时，就会发生缺货，无法满足顾客的需求，这样就会造成延期付货或失去顾客的情况发生。

（2）需求预测是库存决策的依据。有些管理学家认为"管理就是决策"，而决策的前提是预测。正确的决策取决于可靠的预测。预测需求是库存决策的依据，只有在正确预测需求的基础上，才能很好地控制库存水平，在满足一定服务水平的基础上，使库存投资的收益最大化。

（三）预测的分类

按不同的目标和特征可以将预测分为不同的类型。这里是按主客观因素在预测中的作用、预测期限的长短进行分类的。

1. 按主客观因素所起的作用分类

按主客观因素所起的作用可将预测分为定性预测方法与定量预测方法。

（1）定性预测方法。定性预测方法也称主观预测方法，是预测者根据自己掌握的实际情况、实践经验、专业水平，对事物的发展前景作出的判断。它简单明了，不需要数学公式定性预测方法，其依据是来源不同的各种主观意见。从表面看来，定性方法似乎缺乏可信度，但是在掌握的数据不多、不够准确或主要影响因素难以用数字描述，无法进行定量分析时，定性预测就成为唯一可行的方法。定性预测方法包括德尔菲法、市场调研、小组共识、历史类比等。

（2）定量预测方法。定量预测方法又称统计预测法，其主要特点是利用统计资料和数学模型来预测。然而，这并不意味着定量方法完全排除主观因素，相反，主观判断在定量方法中仍起着重要的作用，只不过与定性方法相比，各种主观因素所起的作用小一些罢了。

与定性方法相比，定量方法的科学性、精确性和可操作性要更强一些。定量方法的基础是各种数学模型,模型的不同就形成了各种定量预测方法,而且每一种数学模型,或者说预测方法,都有其适用的范围和处理方法。定量方法包括采用历史数据来估计未来的需求状况或者用随机变量建立一个模型来预测。定量预测是库存管理过程一个主要的部分。定量预测的前提是变量与需求的关系今后仍然保持不变。

定量方法主要包括时间序列法、回归分析法、趋势分析法、人工神经网络方法、模糊预测法、专家系统预测法和数据挖掘技术等,其中人工神经网络方法、模糊预测法、专家系统预测法和数据挖掘技术等是基于计算机大量运算的预测方法。需要说明的是,为使预测更符合实际,经验、判断和数学模型都起一定的作用,但没有哪一种方法一直都能奏效。

2. 按预测时间的长短分类

按预测时间的长短可将预测分为长期预测、中期预测和短期预测。

(1) 长期预测。长期预测是指对 5 年或 5 年以上的需求所作的预测。它是企业制订长期发展规划、投资计划的依据。长期预测一般是利用市场调研、技术预测、经济预测、人口统计等方法,加上综合判断来完成,其结果大多是定性的描述。

(2) 中期预测。中期预测是指对一个季度以上、两年以下的需求所作的预测。它是制订年度计划、季度计划、库存预算、投资等的依据。中期预测可以通过集体讨论、时间序列法、回归法、经济指数相关法等方法结合判断而作出。

(3) 短期预测。短期预测是指以日、周、旬、月为单位,对一个季度以下的需求前景所作的预测。它是采购、安排库存等具体经营活动的依据。短期预测可以利用趋势外推、指数平滑等方法与判断的有机结合来完成。

二、需求的性质

需求预测是有效库存控制系统的关键前提,因为预测的需求是库存管理部门实施管理和控制的基础,所以需求预测水平对库存管理控制的水平至关重要。库存需求有 5 个方面的因素必须要考虑,即数量、时间、频率、范围以及可预测性。

(一) 数量

库存需求数量可以用精确的数字来表达(如 100 单位),也可以表达为一个范围(如 75 单位到 125 单位),或一个概率(如 95% 的需求位于 80 单位到 120 单位之间)。

(二) 时间

这里的时间指的是预测的时间跨度,预测数据必须与一个时间跨度相联系。需求随时间的变化归因于销售的增长或下降、需求模式季节性变化和多个因素导致的一般性波动。可以采用不同的预测模型与技术,按时间不同进行分类,如短期、季节和长期预测。

短期预测的方法一般包括简单平均、加权平均、移动平均和指数拟合等。这类预测时间跨度最多为 1 年,而通常少于 3 个月。

季节预测的方法包括曲线和指数平滑、基数序列等。季节预测有时也称为中期预测，它的时间跨度通常从 3 个月到 2 年，常用于销售计划、生产计划和预算、现金预算和分析不同作业方案。

长期预测的方法一般包括简单回归等。长期预测的时间跨度通常为 2 年及 2 年以上，常用于规划新产品、资本支出、生产设备安装或添置及研究与发展等。

（三）频率

频率是指在特定的时间内满足需求的次数（一次或几次）。例如，表 2-1 中记录了几种物品在某一段时间内的需求频率，通过分析它们在不同时间段的需求表现出来的特征，来分析其需求频率。

表 2-1 几种物品在某一段时间内的需求频率

	1月	2月	3月	4月	5月	6月	7月	8月	9月	10月	11月	12月
物品 A	1	3	2	2	1	0	1	2	3	0	1	2
物品 B	8	11	7	9	12	6	7	10	7	9	11	8
物品 C	160	194	175	180	168	182	171	168	173	179	180	168
物品 D	0	0	0	1	0	0	0	2	0	0	0	1
物品 E	6	0	0	0	2	0	0	0	5	0	0	0
物品 F	85	0	0	0	42	0	0	0	61	0	0	0

从表 2-1 中可以看出，库存物品 A、B、C 的需求频率的特征是类似的，它们在每一时段基本上都有一定的需求频率的发生，需求基本上是连续的，这样的需求物品称为快速需求物品；而库存物品 D、E、F 的需求频率的特征是类似的，它们的需求是间断的，并不是在每一时段基本上都有需求发生，这样的需求物品称为慢速需求物品。

（四）范围

范围是指需求数量的变化区间范围，例如，表 2-2 为物品 A 在 2012 年的需求数据。

表 2-2 物品 A 在 2004 年的需求数据

时间	1月	2月	3月	4月	5月	6月	7月	8月	9月	10月	11月	12月
需求	169	177	178	198	185	181	163	161	164	180	170	160

通过分析表 2-2 中的数据，可以看出对物品 A 需求数量的变化范围为：

需求范围 = 最大值 - 最小值 = 198 - 160 = 38。

（五）可预测性

需求可能是与历史数据相同，或者与历史数据有联系，或者与历史数据毫无关系。如果需求是"规律性的"，就可以用图 2-1 中的某个一般性模式表示。即需求模式一般可以分解为趋势（Trend）、季节性（Seasonal）和随机性（Random）因素。如果随机波动只占时间序列其余变化部分的很小比重，那么利用常用的预测方法就可以得到较好的预测结果。

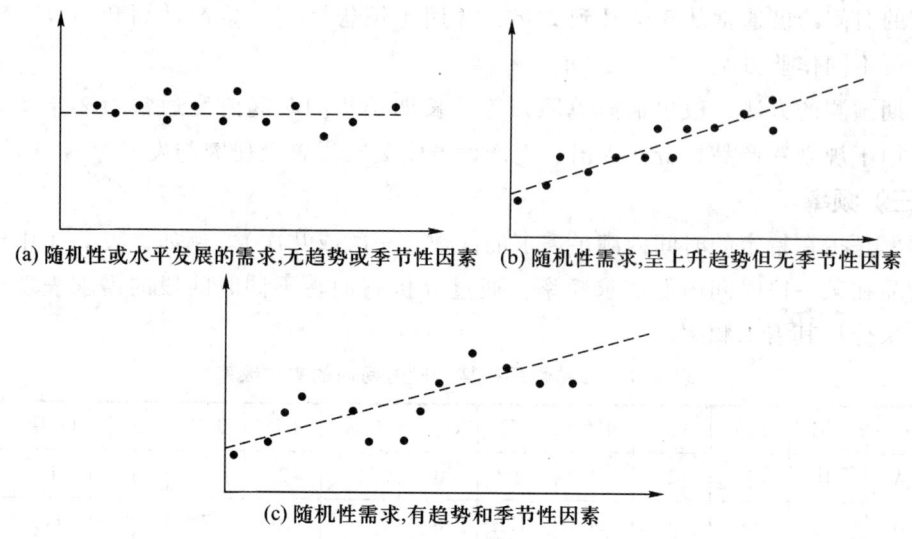

图 2-1　一些典型的"规律性"需求模式

图 2-1 给出了几种常见的需求曲线：（a）稳定型需求：在一定的时期内，需求在其平均值的上下变动，而且变动的范围不大；（b）趋势需求：线性趋势，顾名思义反映了数据呈连续的直线关系；（c）季节型需求：在计划时段的不同时间点，其平均需求不断变化，一般它与影响需求的市场因素有密切的关系。

对于周期性变化的需求因素的确定比较困难。因为对周期的时间长短可能未知，或者对周期的原因可能没考虑到。而对需求的周期影响还可能来自经济的影响或社会的影响等。

随机需求是由于偶发事件造成的。从统计学角度来看，当需求的所有已知成因（平均值、趋势、季节、周期和自相关）都从总需求中排除后，剩余的就是需求的不可知部分。如果人们无法确定这些剩余部分的成因，就将其看成为随机需求。

自相关需求表明了事件的持续性，即某一数据的预测期望值与其自身的历史数据密切相关。如果需求是随机的，则各期间的需求变化可能非常大。如果存在高度自相关，则此需求变化就不会很大。

如果某种产品的需求由于总体需求量偏低，需求时间和需求水平非常不确定，那么需求就是间歇式的，这样的时间序列就被称为是"不规律的（Irregular）"，如图 2-2 所示。

刚刚投放市场的新产品或要退出市场的过时产品常常出现这种模式的需求。因为只有少数客户有需求，而且分散在不同的地区，所以每个存储点面对的需求很低，或是由对其他产品的需求派生出来的。对于这类需求模式利用通常的方法尤其难以预测，但当这类产品可能占的比例是比较大的，就会给库存管理者提出特殊的需求预测难题。

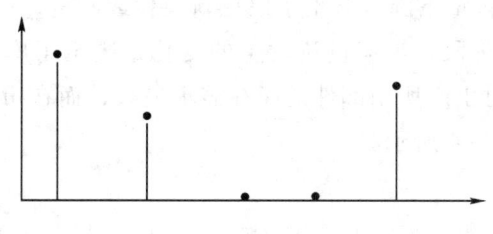

图 2-2　不规律需求模式的例子

三、影响需求预测的因素

对物品的实际需求是市场上众多因素作用的结果。其中有些因素是企业可以影响甚至决定的，而另外一些因素则是企业无法控制的。一般地讲，某产品的需求取决于该产品的市场容量以及该企业所拥有的市场份额，即市场占有率。图 2-3 给出了影响需求的各种因素，其中，用虚线圈起来的因素是企业努力可以做到的。

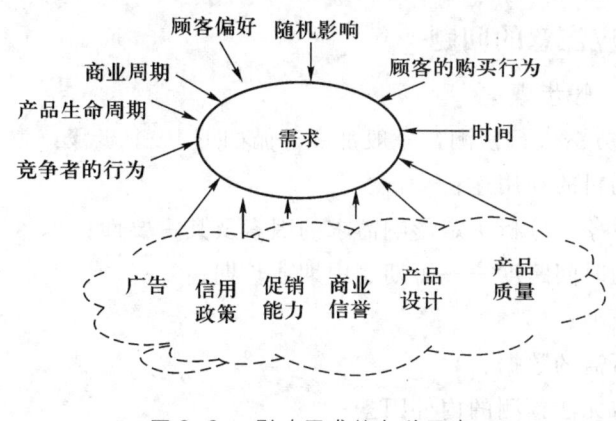

图 2-3　影响需求的各种因素

在众多的因素中，主要介绍商业周期和产品生命周期两种因素。

（一）商业周期

商业周期是成熟市场经济条件下发生的商业律动，它体现了产业结构的变化，体现了技术进步，体现了消费者品位的提升，等等。商业周期从复苏到高涨到衰退到萧条，周而复始。处于不同的阶段，需求亦不同。

（二）产品生命周期

产品生命周期是影响需求预测的重要概念。它描述了产品从产生到结束的全过程，包含导入期、成长期、成熟期和衰退期 4 个阶段。在 4 个不同阶段中对产品的需求是不同的。例如，在导入期，顾客对产品了解得不多，销售量不会很大，但呈逐步上升趋势；到了成长期，产品需求急剧上升，一般会出现仿制品，将影响销售量上升的速度；到了成熟期，每个希望拥有这种产品的人都能买到这种产品，销售量达到最高点；

而到了衰退期，产品销售量下降，若不予以更新换代或改进，产品就不会有销路。

在产品不同的生命阶段，销售量所发生的变化，决定了库存的变化。产品在市场拓展阶段（导入期），对生产所用部件的库存需求最大；而在市场成长阶段，对产成品库存的需求最大，如图2-4所示。

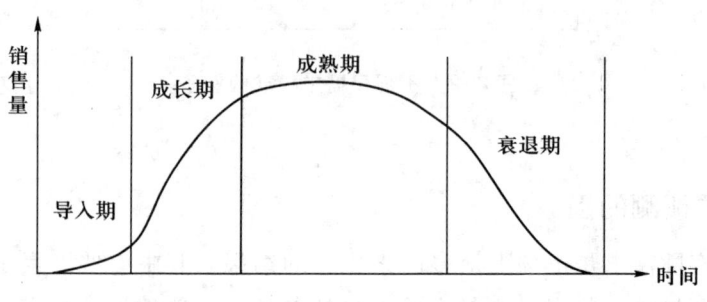

图2-4 产品生命周期图

四、预测步骤及应注意的问题

（一）预测的一般步骤

不管采用何种方法进行预测，一般都要遵循如下10个步骤：

① 确定预测的目的和用途；
② 选择预测对象，分析决定影响需求的因素及其重要性；
③ 决定预测的时间跨度——短期、中期或长期；
④ 选择预测模型；
⑤ 收集预测所需的数据；
⑥ 考虑和设定无法预测的内外因素；
⑦ 验证预测模型；
⑧ 判断并作出结论，然后求出需求预测；
⑨ 将预测结果应用于实际；
⑩ 根据实际需求监控预测。

这些步骤总结了开始、设计和应用一项预测的各个环节。如果是定期作预测，数据则应该定期收集。预测的运算可以用计算机来完成，这也是每个零售商（如沃马特等）用销售终端（POS机）作为数据采集器，每天根据销售数据对第二天的销售进行预测。

（二）预测应注意的问题

1. 判断在预测中的作用

预测不能被当作是像数学、物理一样的精确的科学，而应看作是一门艺术，一种特别的技巧。预测的输入不像数学、物理的输入那样，是自然现象的确定的表现，而是经验、主观分析等不确定的信息或历史数据提供的过去的信息。同时，影响预测结果的诸因素间也不存在过去、现在和将来都起着同样作用的联系和规律。因此，判断在预测中起着十分重要的作用。

判断在选择预测方法中的作用。面对一个预测问题，首先要判断采用什么样的方法：用定性方法还是定量方法？用哪一种具体的定性或定量方法？是否用由多种方法组成的混合方法，等等。要回答这些问题，必须仔细分析预测的目的、预测问题的环境以及预测者在人、财、物、信息各方面资源的情况，然后再作出判断，选出合适的预测方法。另外，当实际需求发生以后，若实际值与预测值有较大的偏差，原方法是否继续使用？应选用什么新的方法？也需预测者及时作出判断。

判断在辨别信息中的作用。不管使用什么样的预测方法，都存在着输入信息的问题。哪些信息（如历史数据、各种图表、影响需求的各种因素等）是有价值的，是必须输入的？所有选定的信息是否同等地影响着需求？应如何确定各因素的重要程度？等等。这些问题也只能通过判断来解决。

判断在取舍预测结果时的作用。单个的预测值往往是不准确的，产生百分之几到百分之几百的偏差都不足为奇。因此，常常使用多种方法或用一种方法作出悲观、乐观等多种预测。对于各种不同的预测结果如何取舍，同样需要判断。

应该指出的是，上面强调了判断的作用，但决不能把预测等同于判断。预测虽不能与数学、物理学科一样谈科学性，但较之"拍脑袋"这类纯粹主观的判断，仍要科学得多。这里所强调的判断是指在应用预测方法基础之上的判断，是对迷信预测结果的态度的一种批判。

2. 预测精度与成本

在选择预测方法时，显然要在成本和精度之间权衡。精确的预测方法在实施时的成本一般较高，但它能取得精度较高即与实际需求偏离较小的预测值，从而最终使库存成本降低。应该注意的是：第一，不存在百分之百准确的预测方法，因而不要为了预测的绝对准确而枉费心机。第二，就任何一个预测问题而言，都存在精度比较合理的最低费用区间。

3. 预测的时间范围和更新频率

预测是基于历史，立足现在，面向未来的。从现在到未来之间的时间就是预测的时间范围。不同的预测方法有不同的时间范围，因而在选用预测方法时应特别留意这一点。另外，时间范围越大，预测结果越不准确。

同时，任何一种预测方法都不可能完全适用于某一预测问题，应根据实际需求不断检验预测方法。若预测值与实际值偏离过大，则应更新预测方法。

4. 稳定性与响应性

稳定性与响应性是对预测方法的两个基本要求。

稳定性是指抗随机干扰，反应稳定需求的能力。稳定性好的预测方法有利于消除或减少随机因素的影响，适用于受随机因素影响较大的预测问题。

响应性是指迅速反应需求变化的能力。响应性好的预测方法能及时跟上实际需求的变化，适用于受随机因素影响小的预测问题。

良好的稳定性和响应性都是预测追求的目标，然而对于时间序列模型而言，这两个目标却是互相矛盾的。如果预测结果能及时反应实际需求的变化，它也将敏感地反应随机因素影响。若要兼顾稳定性和响应性，则应考虑除时间以外的内外因素的影响，运用其他的预测方法。

第2节 定性预测方法

下面介绍常见的定量分析方法，即介绍市场调查、小组共识、历史类比、德尔菲法等方法的基本原理。

一、市场调查

通过各种不同的方法（如问卷调查、面谈、电话访问等）收集数据，运用市场调查获得的信息进行预测。这种方法在长期预测和新产品销售预测中经常被采用。

当对新产品或缺乏历史数据的产品需求进行预测时，常常使用用户调查法。销售人员通过信函、电话或访问的方式对现实的或潜在的顾客进行调查，了解他们对与本企业产品相关的产品及其特性的期望，再考虑本企业的可能市场占有率，然后对各种信息进行综合处理，得到所需的预测结果。

这种方法的优点是：① 预测来源于顾客期望，较好地反映了市场需求情况；② 可以了解顾客对产品优缺点的看法，也可以了解一些顾客不购买这种产品的原因，有利于改进与完善产品、开发新产品和有针对性地开展促销活动。

这种方法的缺点是：① 很难获得顾客的通力合作；② 顾客期望不等于实际购买，而且其期望容易发生变化；③ 由于对顾客知之不多，调查时需耗费较多的人力和时间。

二、小组共识

采用会议上的自由讨论方法，达成小组共识。这种方法的主要思想是认为群体讨论将得出比任何个人所能得到的更好的预测结果。参加讨论会议的人员是高级管理人员、销售人员或顾客。

通常由高级决策人员召集销售、生产、采购、财务、研究与开发等各部门的有关人员开会讨论。与会人员充分发表意见，提出预测值，然后由召集人按照一定的方法，如简单平均或加权平均，对所有单个的预测值进行处理，即得预测结果。

这种方法的优点是：① 简单易行；② 不需要准备和统计历史资料；③ 汇集了各主管的经验与判断；④ 如果缺乏足够的历史资料，此法是一种有效的途径。

这种方法的缺点是：① 由于是各主管的主观意见，故预测结果缺乏严格的科学性；② 与会人员间容易相互影响；③ 因预测是集体讨论的结果，故无人对其正确性负责；④ 预测结果可能较难用于实际。

三、历史类比

用历史类比法进行预测是将所预测的对象与类似的产品相联系,利用类似产品的历史数据进行预测。这种预测方法在设计开发新产品时常被采用。

四、德尔菲法

德尔菲法(Delphi method)又称专家调查法,是20世纪40年代末期由美国兰德公司首先提出,很快就在世界上盛行起来的一种调查预测方法。此方法有3种不同类型的参与者:决策人员、参谋人员和应答人员。决策通常由5~10名专家组成,他们将作实质性预测。参谋人员协助决策人员准备、分发、收集有关问题及汇总调查结果。应答人员为一群人,他们通常住在不同的地方,他们的判断意见将被评估。这群人在决策人员作预测之前提出自己的看法。利用德尔菲法进行预测时,由一组专家分别对问卷作回答。现将此法的应用过程概述如下:

第一步是挑选专家,具体人数根据预测问题而定,一般需5~20位专家不等。在函询的整个过程中,不让专家互相发生联系。

专家选定之后,即可开始第一轮函询调查。一方面向专家寄去预测问题的背景材料,另一方面提出所需预测的具体项目。首轮调查,任凭专家回答,完全没有框框。专家可以以各种形式回答问题,也可向预测单位索取更详细的统计材料。在对专家的各种回答进行综合整理,用准确的术语进行统一的描述后,将结果反馈给各位专家,进行第二轮函询。

第二轮函询要求专家对所预测问题的各种有关事件发生的时间、空间、规模大小等提出具体的预测,并说明理由。在对第二轮函询专家的意见进行处理后,统计出每一事件可能发生日期的中位数,再次反馈给专家。

第三轮是各位专家再次得到函询综合统计报告后,对预测问题提出的综合意见和论据加以评价,修正原来的预测值,对预测问题重新加以预测。

上述步骤,一般经过三至四轮,预测的主持者要求各位专家根据提供的全部预测资料,提出最后的预测意见,若这些意见集中或基本一致,即可以此为预测结果作出判断。

以上所述是德尔菲法的基本过程。它是在专家会议的基础上发展起来的一种预测方法。其主要优点是简明直观,预测结果可供计划人员参考,受到计划人员的欢迎,避免了专家会议的许多弊端。在专家会议上,有的专家崇拜权威,跟着权威一边倒,不愿发表与权威不同的意见;有的专家随大流,不愿公开发表自己的见解。德尔菲法是一种有组织的咨询,在资料不全或不多的情况下均可使用。

德尔菲法虽有比较明显的优点,但同时也存在着缺点。例如,专家的选择没有明确的标准,预测结果的可靠性缺乏严格的科学分析,最后趋于一致的意见仍带有随大流的倾向。

在使用德尔菲法时必须坚持如下三条原则：

（1）匿名性。对被选择的专家要保密，不让他们彼此通气，使他们不受权威、资历等方面的影响。

（2）反馈性。一般的征询调查要进行三至四轮，要给专家提供充分反馈意见的机会。

（3）收敛性。经过数轮征询调查后，专家们的意见相对集中，趋向一致，若个别专家有明显的不同观点，应要求他详细说明理由。

案例 2-2

M 公司市场部的预测

为了迎合新兴市场的需求，M 公司市场部决定推出一项之前没有销售过的产品，但由于该产品是刚刚研制出来的，现在市场上还没有相似产品出现，因此没有历史数据可以获得。M 公司需要对可能的销售量作出预测，来满足该产品的需求供应，以便作出对库存的安排。于是公司组织成立了有 9 人构成的专家小组，预测全年可能的销售量。9 位专家提出个人判断，经过三次反馈得到结果如表 2-3 所示。

表 2-3　三次反馈的专家预测结果

专家编号	第一次判断			第二次判断			第三次判断		
	最低销售量	最可能销售量	最高销售量	最低销售量	最可能销售量	最高销售量	最低销售量	最可能销售量	最高销售量
1	15	75	90	55	75	90	55	75	90
2	20	45	60	30	50	65	40	50	65
3	40	60	80	50	70	80	50	70	80
4	75	90	150	60	75	150	50	60	125
5	10	20	35	22	40	50	30	50	60
6	30	50	75	40	50	75	30	60	75
7	24	30	40	30	40	50	40	50	60
8	26	40	50	35	40	60	37	40	60
9	30	40	50	38	46	64	46	40	60
平均数	30	50	70	40	54	76	42	55	75

平均值预测：在预测时，最终一次判断是综合前几次的反馈作出的，因此在预测时一般以最后一次判断为主。如果按照 9 位专家第三次判断的平均值计算，则预测这个新产品的平均销售量为：（42+55+75）/3＝57.3。

中位数预测：用中位数计算，可将第三次判断按预测值高低排列如下：

最低销售量：30，37，40，46，50，55

最可能销售量：40，50，60，70，75

最高销售量：60，65，75，80，90，125

最可能销售量的中位数为 60，最低销售量的中位数为 40，最高销售量的中位数为 75。将最可能销售量、最低销售量和最高销售量分别按 0.50、0.20 和 0.30 的概率加权平均，则预测平均销售量为：60×0.5+40×0.2+75×0.3 = 69.5。

第 3 节　定量预测方法

常见的定量分析方法有：时间序列分析法、季节性预测、线性回归分析等，下面分别加以介绍。

一、时间序列分析法

时间序列，也叫时间数列、历史复数或动态数列，它是将某种统计指标的数值按时间先后顺序排列所形成的数列。时间序列预测法就是通过编制和分析时间序列，根据时间序列所反映出来的发展过程、方向和趋势，进行类推或延伸，借以预测下一段时间或以后若干年内可能达到的水平。根据对资料分析方法的不同，时间序列分析方法又可分为：简单平均法、加权平均法、简单移动平均法、加权移动平均法、指数平滑法等。

（一）简单平均法

简单平均法（也称算术平均法），即把若干历史时期的统计数值作为观察值，求出算术平均数作为下期预测值。这种方法基于下列假设："过去这样，今后也将这样"，把近期和远期数据等同化和平均化，因此只能适用于事物变化不大的趋势预测。如果事物呈现某种上升或下降的趋势，就不宜采用此法。简单平均法的计算公式为：

$$F_t = \frac{1}{n}\sum_{i=1}^{n} D_i \qquad (2-1)$$

式中：

　　F_t——预测值；

　　D_i——i 时段的需求数据值；

　　n——观测时段的个数。

例 2-1　利用一定时期库存数据的平均值，作为下一时期的预测值。某物品的需求历史数据见表 2-4，利用简单平均法对其下一周（即第 4 周）的需求量进行预测。

表 2-4　某物品的需求数据表　　　　　　　　　　　单位：公斤

周	实际需求量	预测需求量
1	140	
2	150	
3	181	
4		157

利用简单平均公式（2-1）可以预测第4周的需求为：

$$F_4 = (140+150+181)/3 = 157$$

这样，第4周的需求预测值为157公斤。

在没有明显的上升或下降趋势时，用这种方法预测是有一定的合理性的，也是能够被大家所接受的。因此，这种方法只适用于稳定需求的物品。

（二）加权平均法

加权平均法就是把各个时期的历史数据按近期和远期影响程度不同进行加权，求出平均值，作为下期的预测值。当需求模式可能呈现出某种趋势，在预测时需要更注重使用近期的需求数据，也就是说，近期的数据要比远期的数据对下一时期的需求影响更大。加权平均法的计算公式为：

$$F_t = \frac{\sum_{i=1}^{n} \omega_i D_i}{\sum_{i=1}^{n} \omega_i} \tag{2-2}$$

式中：

F_t——预测值；

D_i——i时段的需求数据值；

ω_i——i时段的需求数据的权重值。

如果对权重进行归一化处理后，则权重之和为1，即$\sum_{i=1}^{n} \omega_i = 1$。

例 2-2　利用表2-5中的数据，采用加权平均法对第4周的需求量进行预测。

表2-5　某物品的需求数据表　　　　　　　　单位：公斤

周	实际需求量	权重	预测值
1	140	1/6	
2	150	2/6	
3	181	3/6	
4			164

在利用加权平均方法预测时，不同时间的实际需求数据的权重是不同的（各权重之和为1），一般越近的数据其权重也越大，反之，距离现在时间越远的数据权重也就越小，这与实际情况是基本吻合的。这样，利用加权平均方法预测的第4周需求为：

$$F_4 = \frac{1}{6} \times 140 + \frac{2}{6} \times 150 + \frac{3}{6} \times 181 = 163.8 \approx 164$$

（三）简单移动平均法

简单移动平均法是在采用简单平均法时，用最新观测值代替最老观测值。其预测公式为：

$$F_t = \frac{D_{t-1} + D_{t-2} + D_{t-3} + \cdots + D_{t-n}}{n} \qquad (2-3)$$

式中：

D_i——i 周期的实际需求数，$i = t-1$，$t-2$，$t-3$，…，$t-n$；

n——移动平均采用的周期数；

F_t——t 周期的预测值。

例 2-3 某物品 B 的逐月销售记录如表 2-6 所示。取 $n=3$ 和 $n=4$，试用简单移动平均法进行预测。

表 2-6 简单移动平均法预测

月份	实际销量/百台	$n=3$/百台	$n=4$/百台
1	20		
2	21		
3	23		
4	24	21.33	
5	25	22.67	22.00
6	27	24.00	23.25
7	26	25.33	24.75
8	25	26.00	25.50
9	26	26.00	25.75
10	28	25.67	26.00
11	27	26.33	26.25
12	29	27.00	26.50

利用简单移动平均的公式（2-3）得：

当 $n=3$ 时：$F_t = (D_{t-3} + D_{t-2} + D_{t-1})/3 = (20+21+23)/3 = 21.33$。

当 $n=4$ 时：$F_t = (D_{t-4} + D_{t-3} + D_{t-2} + D_{t-1})/4 = (20+21+23+24)/4 = 22.00$。

从表中的计算可以看出，预测值同简单移动平均法所选的时段长 n 有关。n 越大预测值越平滑，对干扰的灵敏性越低，预测值的响应性也就越小。将预测结果用图表示出来，见图 2-5。

这种方法在手工的库存系统中经常被采用。但是，简单移动平均法也存在缺点，即在计算中没有考虑趋势，因此，预测需求并不适合于有趋势的需求模式。

（四）加权移动平均法*

加权移动平均法，即将简单移动平均数进行加权计算。从上述简单移动平均法的计算中可知，此方法对数据不分远近，同样对待。有时，最近的数据反映了需求的趋势，用加权移动平均法更合适一些，此法弥补了简单移动平均法的不足。在确定权重

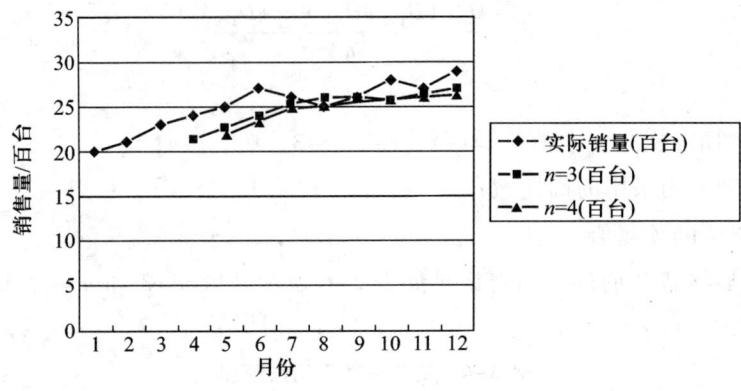

图 2-5 $n=3$ 与 $n=4$ 的预测结果

时,近期值的权重应该大些,远期值的权重应该小些。

加权移动平均法的计算公式为:

$$\begin{cases} F_t = w_1 D_{t-1} + w_2 D_{t-2} + w_3 D_{t-3} + \cdots + w_n D_{t-n} & (2-4) \\ \sum_{i=1}^{n} w_i = 1 & (2-5) \end{cases}$$

这里,权重 $w_1 > w_2 > w_3 > \cdots > w_n$。

例 2-4 加权移动平均法举例。在例 2-3 中,当 $n=3$ 时,取 $w_1 = 3/6$,$w_2 = 2/6$,$w_3 = 1/6$,则预测结果见表 2-7。

表 2-7 加权移动平均法预测

月份	实际销量/百台	$n=3$ 三个月的加权移动平均预测值/百台
1	20	
2	21	
3	23	
4	24	(23×3/6+21×2/6+20×1/6) = 21.83
5	25	23.17
6	27	24.33
7	26	25.83
8	25	26.17
9	26	25.67
10	28	25.67
11	27	26.83
12	29	27.17

从上表中的计算结果可以看出,若对最近的数据赋予较大的权重,则预测数据与

实际数据的差别较简单移动平均法的结果要小。一般来说，权重 w 和时段 n 的取值不同，预测值的稳定性和响应性也不一样，受随机干扰的程度也不一样。n 越大，则预测值的稳定性就越好，响应性就越差；n 越小，则预测值的稳定性就越差，响应性就越好。近期数据的权重越大，则预测值的稳定性就越差，响应性就越好；近期数据的权重越小，则预测值的稳定性就越好，响应性就越差。

然而对权重 w 和时段 n 的选择没有固定的模式，都带有一定的经验性，究竟选用什么数值，要根据预测的实践而定。一般而言，最近期的数据最能预示未来的情况，因而其权重应大些。通常情况下，当期间数为偶数时，权重可取（…，-1.5，-0.5，0.5，1.5，…），当期间数为奇数时，权重可取（…，-2，-1，0，1，2，…），但是，如果数据是季节性的，则权重也应是季节性的。

（五）指数平滑法*

在上述几种预测方法（简单移动平均和加权移动平均）中，一个主要的问题是必须有大量连续的历史数据。随着预测模型中新数据的增添及过期数据的剔除，新的预测结果就计算出来了。在有些情况下，最近期的情况远比较早期的更能预测未来，如果这一前提正确，则指数平滑就是逻辑性最强且最为简单的方法。

指数平滑法是在移动平均法基础上发展起来的一种时间序列分析预测法，它是通过计算指数平滑值，配合一定的时间序列预测模型对现象的未来进行预测。其原理是任一期的指数平滑值都是本期实际观察值与前一期指数平滑值的加权平均。

在所有预测方法中，指数平滑是用得最多的一种。它也可以用计算机预测程序来实现。零售企业、批发公司和服务代理等广泛采用指数平滑法来预测。

对于指数平滑，只需用 3 个数据就可预测未来，即本期的预测值、本期实际数以及平滑常数 α（也称为平滑系数）。

简单指数平滑的公式如下：

下期预测数＝本期实际数×平滑系数＋本期预测数×（1－平滑常数）

＝本期预测数＋平滑常数（本期实际数－本期预测数）

即
$$F_t = F_{t-1} + \alpha(D_{t-1} - F_{t-1}) \tag{2-6}$$

式中：

F_t——下期的指数平滑预测值；

F_{t-1}——本期的预测值；

D_{t-1}——本期的实际需求；

α——平滑常数（$0 \leq \alpha \leq 1$）。

公式（2-6）表明，新预测值等于上一次的预测结果加上该结果与其实际需求间偏差的一个百分量。

指数平滑常数取值至关重要。平滑常数决定了平滑水平以及对预测值与实际结果之间差异的响应速度。平滑常数 α 越接近于 1，远期实际值对本期平滑值的下降越迅速；平滑常数 α 越接近于 0，远期实际值对本期平滑值影响程度的下降越缓慢。由此，当时间数列相对平稳时，可取较大的 α；当时间数列波动较大时，应取较小的 α，以不忽略远期实际值的影响。生产预测中，平滑常数的值取决于产品本身和管理者对良好响应率内涵的理解。一般情况下，进行库存需求预测的平滑常数基本上在 0.1 与 0.3 之间。

公式（2-6）可写成：

$$F_t = \alpha D_{t-1} + \alpha(1-\alpha)D_{t-2} + \alpha(1-\alpha)^2 D_{t-3} + \cdots + \alpha(1-\alpha)^n D_{t-n} \quad (2-7)$$

例 2-5　根据表 2-8 中给出的数据，用指数平滑法进行预测。

表 2-8　指数平滑法预测某物品的需求量

月份	需求量观测值	指数平滑值		
		$\alpha=0.1$	$\alpha=0.5$	$\alpha=0.9$
1	3 000			
2	2 879	3 000	3 000	3 000
3	3 121	2 988	2 940	2 891
4	2 865	2 955	2 799	2 681
5	2 867	2 896	2 582	2 397
6	3 100	2 893	2 724	2 820
7	2 854	2 914	2 912	3 072
8	2 989	2 908	2 883	2 876
9	2 732	2 859	2 651	2 465
10	2 900	2 846	2 692	2 705
11	3 156	2 852	2 796	2 881
12		2 913	3 129	3 404

（3 000+0.9×(2 879-3 000)=2 891）

图 2-6 中用深颜色曲线代表的是实际数据的散点图，浅颜色的曲线显示指数预测的情况。从图中可以看出，预测值在实际需求上升或下降时都有滞后。

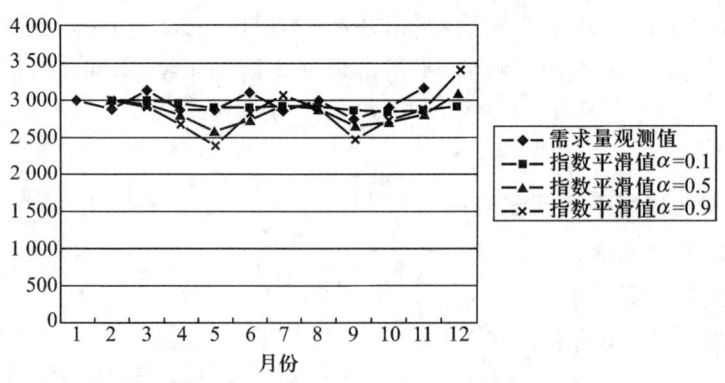

图 2-6　不同平滑常数预测值的变化

指数平滑系数 α 的确定：在指数平滑法的计算中，关键是 α 的取值大小，但 α 的取值又容易受主观影响，因此合理确定 α 的取值方法十分重要，一般有以下方法可供选择：

经验判断法。这种方法主要依赖于时间序列的发展趋势和预测者的经验作出判断。

(1) 当时间序列呈现较稳定的水平趋势时,应选较小的 α 值,一般可在 0.05～0.20 之间取值;

(2) 当时间序列有波动,但长期趋势变化不大时,可选稍大的 α 值,常在 0.1～0.4 之间取值;

(3) 当时间序列波动很大,长期趋势变化幅度较大,呈现明显且迅速的上升或下降趋势时,宜选择较大的 α 值,如可在 0.6～0.8 间选值,以使预测模型灵敏度高些,能迅速跟上数据的变化;

(4) 当时间序列数据是上升(或下降)的发展趋势类型时,α 应取较大的值,在 0.6～1 之间。

试算法。根据具体时间序列情况,参照经验判断法来大致确定额定的取值范围,然后取几个 α 值进行试算,比较不同 α 值下的预测标准误差,选取预测标准误差最小的 α。

指数平滑法的特点为:① 指数模型的精度非常高;② 建立指数模型相对容易;③ 用户能了解模型如何运行;④ 使用模型无须过多的计算;⑤ 由于所用的历史数据有限,因而所需的计算机内存很小;⑥ 检测模型运算精度的计算比较容易。因此,这种方法在库存管理中是常用的预测方法。

二、季节性预测*

如果一种物品的需求分布具有季节性,就要使用符合季节性变化的更精确的预测方法,来预测不同时段的季节性变化量,常用的方法有季节性指数法和基础序列法。

季节性指数法是把历史数据综合在一起,并计算出不同季节(或时段,也可以是月或周)周期性变化的趋势,即每一时段的预测量占整个周期总量的比例。利用这个比例系数进行季节性预测,即:

$$预测值 = 趋势预测值 \times 季节系数$$

$$季节系数 = 该季节需求量/整个周期总量$$

例 2-6 已知某产品前 3 年的需求数据(见表 2-9)。从数据中可以看出该产品的需求呈季节性,假设利用前面讲述的方法已得到下年度该产品需求量的预测值为 830 件,应如何预测其下年度每一季度的需求量?

表 2-9 某产品需求的历史数据

时 段	第 1 年	第 2 年	第 3 年
第 1 季度	125	140	183
第 2 季度	270	245	295
第 3 季度	186	174	190
第 4 季度	84	96	102
总 计	665	655	770

首先，根据已知的历史数据，计算季节系数，即在3年中各季度的需求量占全年总量的比例，见表2-10。

表2-10 某产品的季节系数计算

时　段	第1年	第2年	第3年	3年总和	占全年的百分比/%
第1季度	125	140	183	448	21.43 =（448/2 090）×100%
第2季度	270	245	295	810	38.76 =（810/2 090）×100%
第3季度	186	174	190	550	26.32 =（550/2 090）×100%
第4季度	84	96	102	282	13.49 =（282/2 090）×100%
总　　计	665	655	770	2 090	100.00

然后，根据季节性需求模式，计算每一季度的需求预测值：

第1季度预测值 = 830×21.43% = 178；

第2季度预测值 = 830×38.76% = 322；

第3季度预测值 = 830×26.32% = 218；

第4季度预测值 = 830×13.49% = 112。

三、线性回归分析*

（一）相关与回归

世界上各种事物之间或每个事物的各个方面之间总处于两种状态，即有关系或无关系，如果把各种事物或每个事物的各个方面用最能反应其本质特征的变量来表示，那么这些变量之间也只能存在两种状态：有关系或无关系。比如，物品的需求与价格、物品的采购量与需求量、物品的采购成本与销售利润等，如果变量间有关系，那么这种关系通常又可以用两种形式表现出来，这就是变量间的确定性关系与变量间的非确定性关系。

变量间的确定性关系又称为变量间的函数关系，是指一个变量可以被一个或若干个其他变量按一定规律唯一确定的关系，或者说如果一些变量之间的关系能用确定的数学公式来表示，就称这些变量间有确定性关系。比如所采购物品的总额与采购该物品时的单价及数量之间就是确定性关系，再比如某企业年采购物品总数量与该年度企业每月应采购物品总量间也是确定性关系。但在市场采购活动中，各种影响采购因素间的关系极为复杂，并且时常还受一些偶然因素的影响。因此，有关采购的变量之间存在完全确定的函数关系的情况是极为少见的，大部分是变量之间存在着某种相互联系、相互制约的关系，而这种关系又有某些不确定性，故称这些变量间存在着非确定性关系，也即相关关系。

例如在采购物品的过程中，物品的需求量与物品价格之间的关系就是非确定性的相互关系。一般而言，物品价格下降，需求量肯定上升，但却不能用确切的函数关系式表示每减少一个单位的价格肯定能增加多少需求量，而只能用统计的方法表示出对某种物品每降低一个单位的价格,大约能增加多少需求量。再如物品的采购成本与销售利润之间也同样存在着非确定性的相互关系。

变量间非确定性的相互关系不能用精确的函数关系式唯一地表达,但在统计学意义上,它们之间的相互关系可以通过统计的方法给出某种函数表达方程,这种处理变量间相互关系的方法就是回归分析方法。

回归分析预测法是通过大量收集统计数据,在分析变量间非确定性关系的基础上,找出变量间的统计规律性,并用数学方法把变量间的统计规律较好地表现出来,以便进行预测。

(二)一元线性回归预测法

变量间最简单的相互关系,就是线性相互关系。下面介绍最简单的关于两个变量间线性相互关系的一元线性回归预测法。回归可定义为两个或两个以上相关变量之间的函数关系,它根据一个已知变量去预测另一变量。这种函数关系通常从观测数据中找出。首先作出数据散点图,观察数据是否呈线性或部分线性。线性回归是指变量呈严格直线关系的一种特殊回归形式。

例 2-7 K 公司生产的瓶盖,主要销售给啤酒厂作啤酒瓶盖。为制定下一年度的生产与采购计划,必须对瓶盖需求量进行预测。为此该企业研究并收集了过去几年内的啤酒产量与瓶盖销售量的数据,见表 2-11。

表 2-11 啤酒产量与瓶盖销售量统计表

序号 i	年份 t	啤酒产量 x/万吨	瓶盖销量 y/亿个
1	2007	838	4.2
2	2008	1 005	5.6
3	2009	1 225	6.5
4	2010	1 418	6.9
5	2011	1 546	7.6
6	2012	1 640	8.4

由表 2-11 可以看出,瓶盖销量 y 随啤酒产量 x 的增加而增加,因而得到第一个结论是:变量 y 与变量 x 之间有相互关系。为了进一步明确是什么样的相互关系,将每年的一对 x_i 与 y_i 数据标在坐标平面上,描出散点图,如图 2-7 所示。

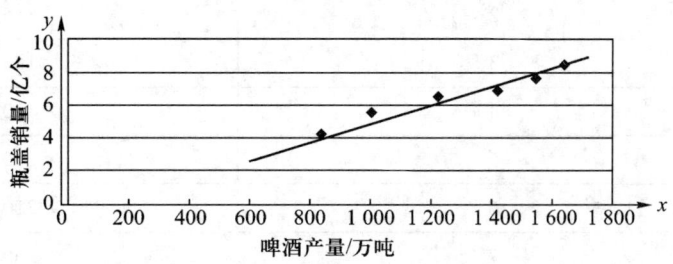

图 2-7 瓶盖销量与啤酒产量散点图

从图中可以看出，啤酒产量 x 与瓶盖销量 y 的关系能够近似地用一条直线 L 表示，这条直线称之为拟合线，也即回归线。这样又得到第二个结论：瓶盖销量与啤酒产量之间存在着线性关系。如果能求出这条直线的方程，那么就可以参照这一方程来预测瓶盖的年需求量。

更一般地说，要研究两个变量 x、y 之间的关系，首先要收集两个变量 n 次独立观测值，然后利用散点图观察这两个变量间是否存在线性相关的关系。如果这两个变量 x 与 y 线性相关，那么在散点图上肯定有一条直线 L 可以用来描述或表示这两个变量间的关系，在得知了这条直线的方程后，就能够预测这两个变量的发展变化了。因此，在回归分析预测法中，求得变量的关系方程是进行预测的关键。线性回归方程为：

$$y = a + bx \tag{2-8}$$

式中：

y——要求解的因变量（要预测的变量）；

a——y 轴截距；

b——斜率；

x——自变量（与预测变量相关的变量），在时间序列分析中，x 代表时间单位。

线性回归对长期预测很有用。例如，它可以预测产品簇的需求情况。即使同一簇，产品的各品种在一段时间内的需求量变化较大，对整个产品簇的需求量也相当平稳。

应用线性回归预测的主要局限在于，它假设历史数据和未来预测值都落在一条直线之上。尽管这个假设的确限制了该方法的应用，但如果预测时期很短，线性回归分析仍然是适用的。例如，在较长一段时期内可能在某些短期阶段中自变量与因变量关系呈近似线性。

线性回归的解法主要有手拟回归求解法和最小二乘法。

1. 手拟回归求解法

例 2-8 某企业的某种产品在过去 3 年 12 个季度内的销售情况如表 2-12 所示，试用手拟趋势线预测即第 4 年的各个季度（第 13、14、15 和 16 季度）的销售情况。

表 2-12 某种产品在过去 3 年内的销售数据

年份	季度	销售量
第 1 年	1	60
	2	155
	3	155
	4	150
第 2 年	5	240
	6	310
	7	260
	8	290

续表

年份	季度	销售量
第3年	9	380
	10	450
	11	400
	12	490

解：通过各数据引一条合适的直线（使用塑料直尺则效果更好），这就是回归直线。下一步是确定截距 a 和斜率 b。

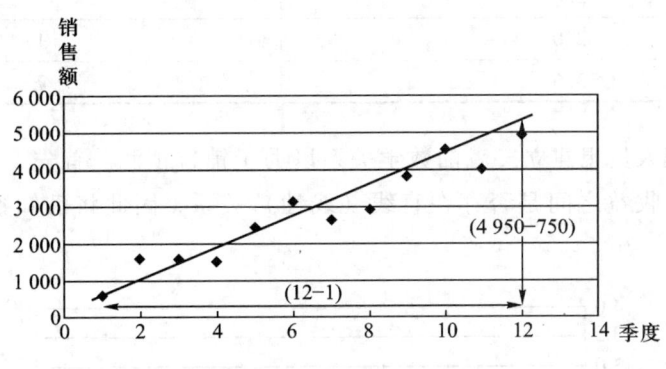

图 2-8　手拟回归直线

图 2-8 中是一个数据散点图及从中引出的一条直线，它在纵轴的截距 a 约等于 400，斜率 b 等于"上升量"除以"周期"的商。计算时用图中任何两点都可以，但由于有读图误差，相距较远的两点的精度更高，因此选用第 1 季度和第 12 季度。

由图 2-8 可知，第 1 季度和第 12 季度的 y 值分别为 750 和 4 950，于是：

$$b = (4\,950 - 750) / (12 - 1) = 382$$

因此，手拟回归方程为：

$$y = 400 + 382x$$

这样，利用上述手拟回归方程，可以计算出第 13 季度到第 16 季度的预测值，见表 2-13。

表 2-13　第 13 季度到第 16 季度的预测值

季度	预测值
13	$400 + 382 \times 13 = 5\,366$
14	$400 + 382 \times 14 = 5\,748$
15	$400 + 382 \times 15 = 6\,130$
16	$400 + 382 \times 16 = 6\,512$

2. 最小二乘法

例 2-9 M 公司为一建筑公司，一段时期后，该公司发现从翻修工作中得到的收益取决于 B 地区的薪金总数。表 2-14 为 2006 年至 2011 年该公司收益和 H 地区薪金总额。

表 2-14　1999—2004 年 M 公司收益和 H 地区薪金总额数据

A 公司收益 y/百万元	B 地区薪金总额 x/十亿元
2.0	1
3.0	3
2.5	4
2.0	2
2.0	1
3.5	7

M 公司管理人员想建立二者的数学关系以助于销售预测。首先，必须确定在地区薪金总额和公司收益之间是否存在直线（线性）关系，因此将已知数据在图 2-9 上标出。

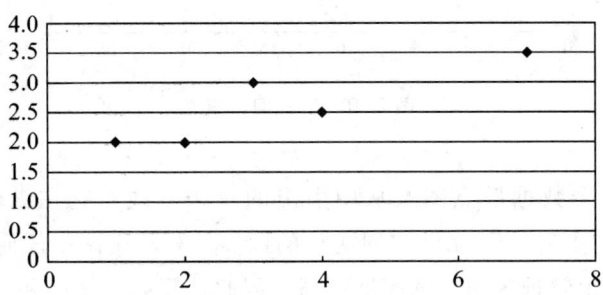

图 2-9　M 公司收益与地区薪金总额的关系分布图

从这几个数据点的分布情况可以看出自变量薪金总额和因变量公司收益之间存在着一定的正相关。计算过程见表 2-15。

表 2-15　M 公司预测数据的计算过程表

M 公司收益 y/百万元	H 地区薪金总额 x/亿元	x^2	xy
2.0	1	1	2.0
3.0	3	9	9.0
2.5	4	16	10.0
2.0	2	4	4.0
2.0	1	1	2.0
3.5	7	49	24.5
$\sum y = 15.0$	$\sum x = 18$	$\sum x^2 = 80$	$\sum xy = 51.5$

$$\overline{x} = \sum x/6 = 18/6 = 3$$

$$\overline{y} = \sum y/6 = 15/6 = 2.5$$

利用公式求得： $b = \dfrac{\sum xy - n\,\overline{x}\,\overline{y}}{\sum x^2 - n\,\overline{x}^2} = \dfrac{51.5 - 6 \times 3 \times 2.5}{80 - 6 \times 3^2} = 0.25$

利用公式求得： $a = \overline{y} - b\,\overline{x} = 2.5 - 0.25 \times 3 = 1.75$

这样，得到预测的回归方程为：$y = 1.75 + 0.25x$

如果当地商会预测 H 地区薪金总额明年可能达到 5 亿元，则可以利用回归方程预测 M 公司销售额为：$1.75 + 0.25 \times 6 = 3.25$（百万元）。

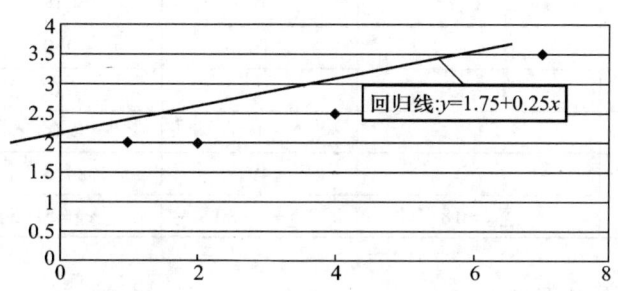

图 2-10　A 公司收益与地区薪金总额的回归线

3. 回归线的相关系数

研究两个变量 x 与 y 之间是否存在线性相互关系，通常的办法是将独立的 n 对观测数据 $(x_1, y_1), (x_2, y_2), \cdots, (x_n, y_n)$ 在坐标上画出散点图，由直观观察判断，前面的例题就是这样做的。但是两个变量的线性相关程度到底有多大却不得而知。既能判断两个变量线性相关又能回答这两个变量的线性相关程度的方法，还要借助于数理统计分析。

回归方程是表示两变量之间关系的一种方法。回归方程表明一变量值如何取决于另一变量值，并且如何随其变化而变化。若评价两个变量间的相关程度，就要计算相关系数，它表明线性关系的程度或强度，通常记为 r，相关系数可以是介于 $-1 \sim +1$ 之间的任何值，图 2-11 显示了 r 的不同值。

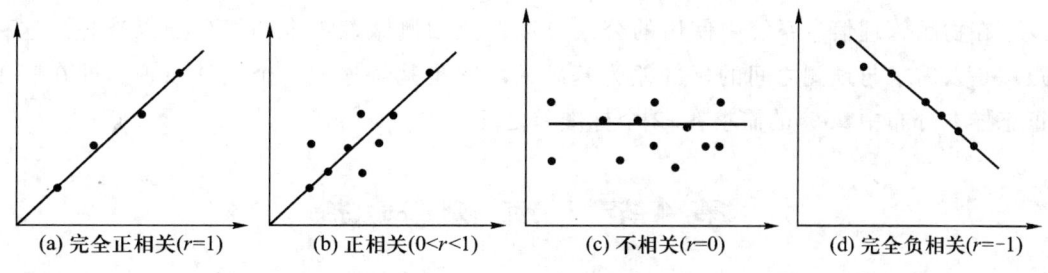

图 2-11　相关系数的 4 种情况

计算相关系数 r 的公式为：

$$r = \frac{n\sum xy - \sum x \sum y}{\sqrt{[n\sum x^2 - (\sum x)^2][n\sum y^2 - (\sum y)^2]}} \tag{2-9}$$

例 2-10 利用上例计算相关系数，计算过程见表 2-16。

表 2-16 相关系数计算表

A 公司收益 y /百万元	B 地区薪金总额 x /亿元	x^2	xy	y^2
2.0	1	1	2.0	4.0
3.0	3	9	9.0	9.0
2.5	4	16	10.0	6.25
2.0	2	4	4.0	4.0
2.0	1	1	2.0	4.0
3.5	7	49	24.5	12.25
$\sum y = 15.0$	$\sum x = 18$	$\sum x^2 = 80$	$\sum xy = 51.5$	$\sum y^2 = 39.5$

这样，相关系数 r 为：

$$r = \frac{n\sum xy - \sum x \sum y}{\sqrt{[n\sum x^2 - (\sum x)^2][n\sum y^2 - (\sum y)^2]}} = \frac{6 \times 51.5 - 18 \times 15.0}{\sqrt{(6 \times 80 - 18^2)(6 \times 39.5 - 15.0^2)}}$$
$$= 0.901$$

$r = 0.901$，表明变量 x 与 y 之间存在显著相关。r 值的大小说明了两变量之间关系的密切程度。

四、预测模型与技术*

统计模型与技术可以识别要预测的变量的趋势。如对时间序列的分析可以研究消耗量的趋势以及影响其趋势的季节性或随机性变化，回归分析也可以达到同样的目的，特别是回归分析可以在一个变量（如库存消耗量）与另一个变量（如时间）之间建立数学关系（如果存在这种关系）。

对于多数物品管理信息系统可以根据需要使用这些不同的技术。这不仅可以处理历史数据，而且可以解释物品波动的情况。

在物品管理信息系统中使用的公式可以对照预测跟踪需求的情况加以选择。这种跟踪是以需求与预测之间的标准差为基础的。它是基于这样一个统计原理，即在一个正态样本分布中 95% 的需求在 ±2 个标准差之间。

第 4 节 预 测 监 控

在预测中，使预测的结果能够尽量与实际情况相符合是所有预测方法的根本目的。预测结果与实际情况是否相符合的标志就是通过对预测结果与实际情况相比较，得到两者的偏差结果。分析偏差的多少及产生原因,并作为反馈信号以调整和改进所用预测模型,使预测结果与实际情况更加一致。

误差通常指预测值与实际结果的偏差。只要预测值位于置信区间内,它就不算是真正的误差。由于需求是很多因素共同作用的结果,且这些因素复杂而难以用模型精确描述,因此所有预测都会有误差。

一、产生误差的原因

预测是要研究事物发展的客观规律,但经过预测得到的规律并不是完全符合事物未来发展实际的客观规律,充其量它只是事物过去的规律;即便是在此基础上参照现在的情况推断出来的未来,也毕竟不是现实的未来。事物总是发展变化的,事物的未来是不确定的,它可能发生,也可能不发生,即使发生了,在范围和程度上也很可能与事先的推断有较大的出入。

误差可能有多种来源,一种常见的误差是将过去的趋势外推至未来的过程中产生的,而很多预测人员往往没有意识到这一点。例如,当谈到回归分析中的统计误差时,指的是观测值对回归曲线的偏移量。为减少不可解释的误差,通常为回归曲线附上一个置信区间(如统计控制限),但当预测者将回归曲线外推至未来并以此作为预测手段时,预测误差不一定能被外推后的置信区间正确定义。这是因为置信区间的确立建立在历史数据之上,它对外推后的数据点也许适用,也许不适用,因此不能用相同的置信度。经验表明,实际误差常大于预测模型误差。

误差在预测中是不可避免的,衡量误差的大小就成为一件重要的事情,因为可以根据误差的大小来判断预测结果是否可靠。通常将实际值与预测值之间的差别定义为预测值的误差,表示为

$$e_i = D_i - F_i \tag{2-10}$$

式中:

D_i——第 i 时刻的实际值;

F_i——第 i 时刻的预测值;

e_i——第 i 时刻的预测误差。

二、误差精度测量

根据误差的定义,误差的计算方法也有许多,常用的误差计算方法主要有以下几种:

(一)平均误差

n 个预测值的误差的平均值称为平均误差,记为 MD,其计算方法为:

$$MD = \frac{1}{n}\sum_{i=1}^{n} e_i = \frac{1}{n}\sum_{i=1}^{n}(D_i - F_i) \tag{2-11}$$

由于每个 e_i 值有正有负,求代数和时会相互抵消,所以 MD 无法精确地显示误差的

大小。

(二) 平均绝对误差

n 个预测值的误差的绝对值的平均值称为平均绝对误差，记为 MAD，其计算方法为：

$$MAD = \frac{1}{n}\sum_{i=1}^{n}|e_i| = \frac{1}{n}\sum_{i=1}^{n}|D_i - F_i| \tag{2-12}$$

公式中由于每个 $|e_i|$ 皆为正值，因而弥补了公式（2-11）的缺点。

(三) 相对误差平均值*

n 个预测值相对误差的平均值称为相对误差平均值，其计算方法为：

$$\frac{1}{n}\sum_{i=1}^{n}e_i' = \frac{1}{n}\sum_{i=1}^{n}\frac{D_i - F_i}{D_i} \tag{2-13}$$

式中：

e_i'——预测值的相对误差。

(四) 相对误差绝对值平均值*

n 个预测值相对误差 e_i' 的绝对值的平均值称为相对误差绝对值平均值，其计算方法为：

$$\frac{1}{n}\sum_{i=1}^{n}|e_i'| = \frac{1}{n}\sum_{i=1}^{n}\left|\frac{D_i - F_i}{D_i}\right| \tag{2-14}$$

(五) 均方差*

n 个预测值误差平方和的平均值称为均方差，记为 σ^2，其计算方法为：

$$\sigma^2 = \frac{1}{n}\sum_{i=1}^{n}e_i^2 = \frac{1}{n}\sum_{i=1}^{n}(D_i - F_i)^2 \tag{2-15}$$

(六) 标准差*

n 个预测值均方差的平方根称为标准差，记为 σ，其计算方法为：

$$\sigma = \sqrt{\frac{1}{n}\sum_{i=1}^{n}e_i^2} = \sqrt{\frac{1}{n}\sum_{i=1}^{n}(D_i - F_i)^2} \tag{2-16}$$

假如预测误差呈正态分布，则平均绝对误差与标准差的关系为：

$$标准差 = \sqrt{\frac{\pi}{2}} \times MAD \tag{2-17}$$

或

$$标准差 = MAD \times 1.25 \tag{2-18}$$

反之有：

$$MAD = 0.8 \times 标准差$$

在以上几种误差计算方法中均方差和标准差计算最为常用。在统计中，若数据服从正态分布，且将控制限设为 ± 3 个标准差，则 99.7% 的点将落在控制限之内。

三、对预测模型误差的监控*

预测的一个十分重要的理论基础是：一定形式的需求模式过去、现在和将来起着基本相同的作用。然而，实际情况是否如此呢？换句话说，过去起作用的预测模型现在是否仍然有效呢？这需要通过预测监控来回答。

检验预测模型是否仍然有效的一个简单的方法是将最近的实际值与预测值进行比较，看偏差是否在可以接受的范围以内；另一种办法是应用跟踪信号（Tracking signal，TS）。所谓跟踪信号，是指预测误差滚动和与平均绝对误差的比值，跟踪信号（TS）可用预测误差之和除以平均绝对误差计算得出：

$$跟踪信号（TS）= RSFE/MAD = \sum（第\ i\ 期实际需求 - 第\ i\ 期需求预测）/MAD \tag{2-19}$$

其中，$RSFE$ 表示考虑误差性质后的预测误差总和（例如，负误差项抵消正误差项，反之亦然）；MAD 表示全部预测绝对误差的平均值（不考虑误差的正负）。

跟踪信号（TS）可以为正也可以为负。当 TS 为正时说明实际需求大于预测值，反之则表明实际需求小于预测值。一旦跟踪信号算出来后，将之与预定的控制界限比较。若超出上下控制限，说明预测方法存在问题，需要管理人员重新评估所选用的预测方法。图 2-12 为跟踪信号超出了可接受波动范围的情况。

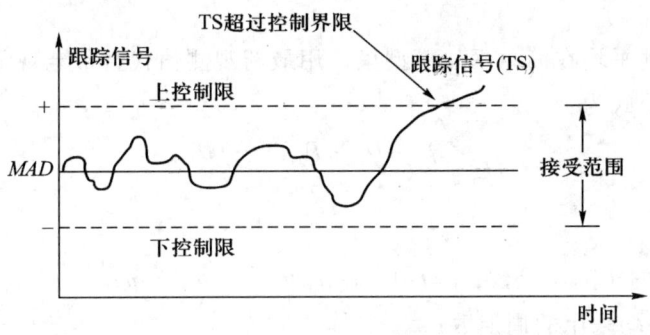

图 2-12　跟踪信号图

跟踪信号是表示预测均值与实际需求的变化方向是否一致的一种测量手段。在实际应用中，它等于预测值超出或低于实际值的平均绝对偏差的数量。每当实际需求发生时，就应该计算 TS。如果预测模型仍然有效，TS 应该比较接近于零。反过来，只有当 TS 在一定范围内时，才认为预测模型可以继续使用。否则，就应该重新选择预测模型。

自学指导

学习重点

定量预测的常用方法，即简单平均、加权平均、简单移动平均；加权移动平均*；指数平滑*；线性回归分析*。

1. 简单平均

（1）简单平均是利用一定时期的历史数据的平均值，作为下一时期的预测值。

（2）计算公式为：

$$F_t = \sum_{i=1}^{n} \frac{D_i}{n}$$

式中：

F_t——预测值；

D_i——i 时段的需求数据值；

n——观测时段的个数。

2. 加权平均

（1）当需求模式可能呈现出某种趋势，在预测时需要更注重使用最近的需求数据，也就是说，近期的数据要比远期的数据对下一时期的需求影响更大。

（2）加权平均的计算公式为：

$$F_t = w_1 \times D_1 + w_2 \times D_2 + \cdots + w_n \times D_n$$

式中：

F_t——预测值；

D_i——i 时段的需求数据值；

w_i——i 时段的需求数据的权重值。

3. 简单移动平均

（1）简单移动平均在简单平均模型里，用最新观测值代替最老观测值。

（2）其预测公式为：

$$F_t = \frac{D_{t-1} + D_{t-2} + D_{t-3} + \cdots + D_{t-n}}{n}$$

式中：

D_i——i 周期的实际需求数，$i = t-1$，$t-2$，$t-3$，$\cdots$，$t-n$；

n——移动平均采用的周期数；

F_t——t 周期的预测值。

4. 加权移动平均*

（1）加权移动平均法弥补了简单移动平均法的不足。因为，在许多情况下，最近的数据反映了需求的趋势，用加权移动平均法更合适一些。

（2）加权移动平均法的计算公式为：

$$\begin{cases} F_t = \omega_1 D_{t-1} + \omega_2 D_{t-2} + \omega_3 D_{t-3} + \cdots + \omega_n D_{t-n} \\ \sum_{i=1}^{n} \omega_i = 1 \end{cases}$$

5. 指数平滑*

（1）指数平滑是用得最多的一种。对于指数平滑，只需用 3 个数据就可预测未来，即需要最近期的预测值、预测期的实际需求量以及平滑常数 α。

（2）指数平滑法的计算公式为：

$$F_t = F_{t-1} + \alpha (D_{t-1} - F_{t-1})$$

式中：

F_t——新一期的指数平滑预测值；

F_{t-1}——上一期的预测值；

D_{t-1}——上一期的实际需求；

α——平滑常数（$0 \leqslant \alpha \leqslant 1$）。

（3）平滑常数决定了平滑水平以及对预测值与实际结果之间差异的响应速度。

6. 线性回归分析*

（1）变量间最简单的相关关系就是线性相关关系。回归可定义为两个或两个以上相关变量之间的函数关系，它根据一个已知变量去预测另一变量。

（2）要求掌握手拟回归求解法。

（3）一元线性回归预测法的回归公式为：

$$Y = a + bx$$

式中：

Y——要求解的因变量；

a——y 轴截距；

b——斜率；

x——自变量，在时间序列分析中，x 代表时间单位。

（4）这种函数关系通常从观测数据中找出。首先作出数据散点图，观察数据是否呈线性或部分线性。

7. 因果关系预测*

（1）因果预测模型通常要考虑与预测值有关的几个变量。

（2）一旦找到这些相关变量，就可以建立相应统计模型用于需求预测。

（3）主要掌握一元线性回归模型预测方法。

学习难点

加权移动平均*、指数平滑*、线性回归分析*。

复习题

一、单项选择题（在备选答案中选择 1 个最佳答案，并把它的标号写在题后的括号内）

1. 下面哪个预测模型的基本前提是预测变量的水平取决于其他相关变量的水平？
（　　）

（A）因果预测　　　　　　　　（B）定性预测

（C）历史映射预测　　　　　　（D）指数平滑法预测

2. 下面哪个预测模型不属于定性预测方法？（　　）

（A）德尔菲法　　（B）一般预测　　（C）投入/产出　　（D）市场调研

3. 在哪个时期,顾客对产品了解得不多,销售量不会很大,但呈逐步上升趋势？（　　）

（A）成长期　　（B）成熟期　　（C）导入期　　（D）衰退期

4. 德尔菲法的参与者中不包括（　　）。

（A）决策人员　　（B）应答人员　　（C）参谋人员　　（D）调查人员

二、多项选择题（在备选答案中有 2～5 个是正确的，将其全部选出并将它们的标号写在题后的括号内，错选或漏选均不给分）

1. 预测内容的组成包括（　　　　）。
   （A）基本需求　　　　　　　　　　（B）季节因素
   （C）趋势因素　　　　　　　　　　（D）周期因素
   （E）非周期因素

2. 规律需求模式一般可以分解为以下因素：（　　　　）。
   （A）趋势（Trend）　　　　　　　　（B）季节性（Seasonal）
   （C）随机性（Random）　　　　　　（D）独立因素（Independent）
   （E）需求模式

3. 库存需求有哪几个方面的因素必须要考虑？（　　　　）
   （A）数量　　　　　　　　　　　　（B）时间
   （C）频率　　　　　　　　　　　　（D）范围
   （E）可预测性

4. 在下列说法中，小组共识的优点包括（　　　　）。
   （A）简单易行　　　　　　　　　　（B）不需要准备和统计历史资料
   （C）汇集了各主管的经验和判断　　（D）与会人员间不易相互影响
   （E）如果缺乏足够的历史资料，此方法是一种有效的途径

三、简答题

1. 预测可分为哪些类型？
2. 简述进行预测的步骤。
3. 什么是时间序列预测方法？
4. 什么是定性预测方法？何时适用？
5. 移动平均预测方法有哪些弊端？
6. 跟踪信号有何用途？
7. 什么是 MAD？为什么它在选择及使用某种预测模型中至关重要？

四、计算题

1. A 公司的产品在过去 5 年里销售量数据如表 2-17 所示，用简单平均法、移动平均法以及 $\alpha=0.30$ 的指数平滑法作 2013 年的销售量预测。

表 2-17　A 公司的产品销售量数据

年份	销售量	预测量
2008	450	
2009	495	
2010	518	
2011	560	
2012	580	

2. 某物品的需求数据如表 2-18 所示，用 $\alpha = 0.20$ 的指数平滑法进行预测，假定初始期预测为 5。

表 2-18　某物品的需求数据　　　　　　　　　　　　　　单位：个

时间	1	2	3	4	5	6	7
需求	7	9	5	8	9	13	8

3. 表 2-19 是某城区居民平均每季肉制品的消费量。试选用适当的模型并预测该城区居民下一年各季平均肉制品消费量。

表 2-19　某城区居民肉制品的消费量　　　　　　　　　　单位：千克

	春	夏	秋	冬
2008	3.05	1.50	1.96	4.54
2009	3.11	3.40	3.89	6.62
2010	7.03	5.51	5.95	8.52
2011	9.14	7.55	7.88	10.56

4. M 公司有一种物品 A，过去 7 年的需求数据如表 2-20 所示，计算下一年的预测值。

表 2-20　物品 A 在 7 年内的需求数据　　　　　　　　　　单位：个

时间	需求量
第 1 年	135
第 2 年	170
第 3 年	185
第 4 年	170
第 5 年	145
第 6 年	190
第 7 年	195
第 8 年	？

五、案例分析题

需求预测是服装企业产品设计的指导原则。服装企业的设计管理者要先于销售季节到来之前的 4~6 个月确定产品风格、产品面辅料、产品数量等，企业根据前期工作来制订理想计划，每件服装的各个部件应按照计划日期而制作。产品应该提前 2~3 个月被装配好。因此，服装企业采用科学合理的方法来预测需求，将对企业的营销、生产、资金周转等起着举足轻重的作用。

深圳某公司成立于 2003 年，主打产品是泳衣（泳衣是季节性非常强的产品）。该公司自成立以来，需求一直在增长。计划年度将从某给定年度的第 2 季度开始，并延续到下一年的第 1 季度。公司正在预测下一年度的季度性需求。预计需求趋势和下一年度的增长将和观测到的过去 3 年的需求趋势和增长相同,过去 3 年的季节性需求见表 2-21。

表 2-21　过去 3 年的季节性需求①

年份	销售季	时期	需求量/件
2009	春季	1	12 207
	夏季	2	22 605
	秋季	3	18 301
	换季期	4	16 235
2010	春季	5	13 531
	夏季	6	25 409
	秋季	7	20 417
	换季期	8	18 925
2011	春季	9	15 477
	夏季	10	26 812
	秋季	11	23 390
	换季期	12	19 890

从表 2-21 可以看出泳衣设计公司的需求是季节性的,需求量从 2009 年春季到 2011 年换季期持续增长,每年春季需求量是最低的。需求的规律性变动年复一年地重复进行。需求有上升的趋势,同时公司的销售量在 3 年中不断上升。公司预计下一年度还会继续增长。

问题:预测下一年度的季度性需求。

---

① 资料来源:王宏付,高庆. 应用静态法预测季节性服装需求. 纺织学报. 2008,29 (5):127-129.

第3章 库存控制模型

自学时数

6学时。

教师导学

本章主要阐述有关库存控制模型方面的内容,在库存管理课程中起着承上启下的作用,为学员学习后续的有关库存控制的定量方法奠定一定的基础。

本章学习的重点为定量订货系统模型、定期订货系统、最大最小系统。

本章学习的难点为随机库存系统和一次性订货量系统。

在学习中应注意几种不同库存控制模型的应用环境及其特点,能够根据实际情况选择合理的库存控制模型。

案例

维斯塔斯的库存管理

维斯塔斯集团是一个跨国公司,创建于1945年。1979年起它开始制造风力发电机,是世界风力发电工业中技术发展的领导者,其生产工厂遍布丹麦、中国、美国、德国、印度、意大利等国家。维斯塔斯风力技术(中国)有限公司是丹麦维斯塔斯叶片有限公司在华投资的独资企业,公司于2005年6月在天津经济技术开发区西区成立,天津工厂涵盖了所有风机主要部件的生产。

风力发电机的结构繁琐,从组装件、铸造件、机加工件、电子件到塑料件、紧固件、标准件等,涉及上百个供应商、十大类别的原材料,所需要的料件达2 500种之多。这些原材料的货值相差巨大,从几分钱的垫片标签到上百万的齿轮箱,跨度相当巨大,体积和重量也是千差万别。这就对公司的库存管理控制提出了巨大的挑战。

如何在保证生产正常运行的基础上,合理控制库存,减少库存积压,增加企业库存的周转率,是一直以来困扰着公司物流部门的最大问题。库存成本高、库存准确率低、呆料停滞料过多等问题,也是持续困扰着公司管理层和库存管理人员的难题。这种现状,不仅造成公司现金流的运转不畅,也在供应商的管理环节出现很多麻烦。最为严重的是，企业的连续生产率很受影响，使得企业内部的各项 KPI 难以达标。

面对过于庞大的物料库存体系，如何选择合理的库存模型予以控制，合理压缩库存已成为该公司刻不容缓的问题。

第1节 定量订货系统

定量订货系统是库存控制模型中最常见的。顾名思义，在该库存模型中，订货量与订货点是固定的。下面将阐述定量订货系统的运行机制、定量订货系统模型，进而指明定量订货系统的应用环境。

一、定量订货系统的运行机制

定量订货系统是应用较为广泛的一类库存控制系统，其运行机制如下：每当库存余额降至订货点时，就发出固定批量的订货。定量订货系统又称为连续系统，因为在这种系统中，要随时将库存余额与订货点作比较，以决定是否发出订货。使用定量订货系统，必须回答下列问题：

（1）订货批量是多少？
（2）再订货点是如何设定的？
（3）如果最近的出库使库存降到了再订货点以下将会怎么样？
（4）补货之间的时间间隔是什么？
（5）定量订货系统控制的关键因素是什么？
（6）为什么使用这个系统？
（7）它能用来管理什么类型的产品？

上述问题的简要回答如下：

（1）订货批量通常是指计算出来的经济订货批量，订购这一批量是最经济的。
（2）再订货点是为防止补充订货周期期间发生缺货而设定的，它的大小取决于补充订货周期期间的需求是多少。
（3）如果最近的出库使库存降到了再订货点以下，将立即发出订货。如果物品是以货箱/托盘为单位订购的，通常按指定的经济订购批量来订购；如果物品按单件订购，那么按经济订购批量再加上与订购点相比的短缺量来订购。
（4）补货之间的时间间隔随当前存货使用率的变化而变化。如果需求增加，订货之间的时间间隔就变短；如果需求减少，订货之间的时间间隔就变长。
（5）定量订货系统控制的关键因素是订货批量与再订货点。
（6）使用定量订货系统是因为：① 它非常容易理解和管理；② 它与固定订货周期系统相比需要较少的安全库存。
（7）定量订货系统常用来管理具有中等批量到大批量稳定需求的物品。

二、定量订货系统模型

所谓定量订货系统就是订货点和订货量都固定的库存控制系统。当库存控制系统的现有库存量降到订货点（Reorder point，RP）及其以下时，库存控制系统就向供应商发出订货，每次订货量均为一个固定的量 Q。经过一段时间（即订货提前期），所发出的订货到达，库存量增加 Q。订货提前期（Lead time，LT）是从发出订货直至货到所需要的时间间隔，它包括订货准备时间、发出订单、供方接受订货、供方备货、产品发运、产品到达提货、验收、入库等过程所需要的时间。

由于从订货指令发出到所采购物品到货入库，通常需要一段时间。在此期间物品仍然会不断地出库以满足需求，库存量不断减少，直到库存量降到最低点。当订货物品到货时，库存量得到补充，达到最大值。因此，定量订货系统需要随时检查库存量，达到订货点时就要随时发出订货，故称定量订货系统为连续检查控制系统，其库存变化状况如图3-1所示。

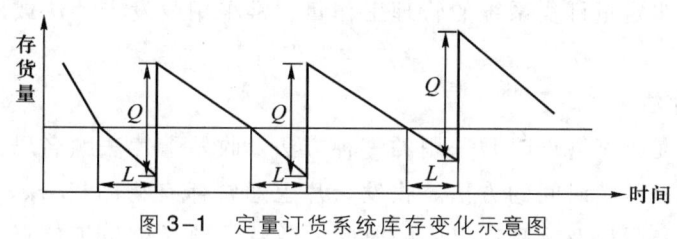

图 3-1　定量订货系统库存变化示意图

从图3-1中可见，当企业采用定量订货系统时，其库存控制存在如下特点：

（1）每次订货批量通常是固定的，选择批量大小时主要考虑总库存成本最低的原则；

（2）每相邻两次订货的时间间隔通常是变化的，其大小主要取决于需求量的变化情况，需求大则时间间隔短，需求小则时间间隔长；

（3）订货提前期基本不变，订货提前期是由供应商的生产与运输能力等外界因素决定的，与物品的需求情况没有直接的联系，故通常认为它是一个常数，在图3-1中用符号 L 表示。

由图3-1可见，尽管每次发出订货指令时库存量基本相等，从订货到货到的时间间隔也相同，但由于需求可能时时发生变化，因此造成库存量的实际最大或最小值时高时低，并不稳定。基于上述特点，连续检查控制方式的库存控制要点是订货批量的确定与订货警戒线（即订货点）的设立，前者影响整个库存平均水平，后者影响库存服务水平。

三、定量订货系统的应用范围*

（一）应用范围

在下列情况下可以考虑采用定量订货系统模型来控制库存。

1. 所储物品（存货）具备连续检查的条件

并非对所有的物品都能很方便地随时可以检查，具备连续检查的条件是选用连续检查控制方式的前提条件。

2. 价值虽低但需求数量大的物资以及价格昂贵物品

这些物品均是需要严格重点控制的物品，应该考虑采用连续检查控制方式控制。前者是因为此类物品价低但量大，使得这类物品在库存中占用的总资金量大，采用连续检查控制方式可以持续监控这类物品的库存量并简化控制程序；后者是因为连续检查控制方式可以及时掌握该类物品的库存信息，对其采取严格的库存控制与管理。

3. 市场上易于采购的物品

采用连续检查控制方式，订货的时间无法确定，因此连续检查控制方式适用于市场上随时可以采购到的物品。

（二）采用方法

定量订货系统需要随时检查库存量，并随时发出订货。这样，增加了库存管理的工作量。为了减少定量订货系统的管理工作量，常采用收发卡片法或双堆法确定订货时机。

1. 收发卡片法

收发卡片法是人工管理时常采用的一种方法。收发卡片法顾名思义就是用特别设计的收发卡片控制订货时间的方法。收发卡片上通常标有物品代号、名称、规格、货位、最低库存储备量以及物品进出库的时间、数量、领料单位等信息。库存管理人员可以通过查看收发卡片上现有库存量与最低库存储备量等基本信息，决定是否订货或何时订货。目前，当使用计算机库存管理系统时，这一对比过程就由计算机库存管理系统自动完成，系统输出相应的订货信息，采购人员根据信息来安排相应的采购活动。

2. 双堆法

当库存系统使用连续监测的方法来进行补充订货时，跟踪监测库存水平的变化是非常重要的，也是比较麻烦的一件事情。因此，找出一种简单而且直观的方法，在库存水平达到再订货点时提醒库存管理人员是非常必要的，尤其是在需要监测的库存物品种类非常多的时候，双堆（箱）和三堆（箱）系统就产生了，它们是一种可以简化库存监测工作的方法。

采用双堆（箱）系统时，在每次进货时，均将物品分成两堆或两箱放在仓库中存放，一堆（B箱）作为订货点的库存储备，单独存放。剩余的放在另一堆（A箱）里作为经常性储备存放，供日常发料之用。如果经常性储备的一堆（A箱）空了，这就相当于一个信号，提醒库存管理人员应该补充订货了，如图 3-2 所示。

实际上，两箱可能搁在一块儿，二者之间只要有东西隔开就行。双堆系统操作的关键是将库存分为两部分，在一部分没有用完之前另一部分保持不动。双堆系统适用于廉价、用途稳定和前置时间短的物品，如办公用品、螺母、螺栓等。

双堆系统也可仅用一堆来实现，这时称为单箱库存系统。在一个存储器内作物理

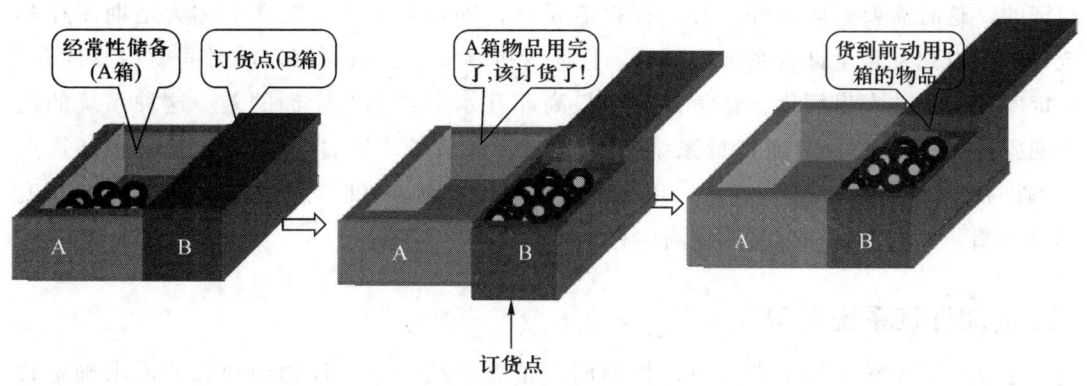

图 3-2 双箱（堆）库存系统示意图

标记，当库存水平降至该物理标记时就发出订货，如图 3-3 所示。

有时，安全库存会被单独放在第三个箱子里（C 箱），这时就成为三箱系统。这样，库存管理人员就可以一目了然地判断出是否应该订货，A 箱子里的物品用完时就该发出订货了；B 箱子里的物品用完时，所订的货是否应该到货了，如果这时还没有按时到货，就得动用 C 箱子里的物品了，这时就要加紧催货，一旦 C 箱子里的安全库存用完就要发生缺货了，如图 3-4 所示。

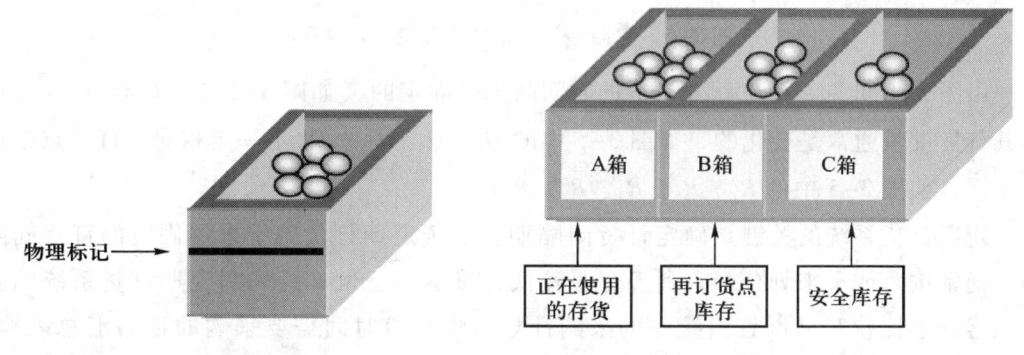

图 3-3 单箱库存系统示意图　　　　图 3-4 三箱库存系统示意图

实际中，部分企业综合了收发卡片法和双堆法优点，采用了一些更灵活实用的方法。例如，有的企业将收发卡片改造成旋转式卡片，通过卡片的旋转表示出物品的现有库存储备量，当库存储备小于订货点储备量时，卡片上显示出醒目的红色，及时给出订货提示。

第 2 节　定期订货系统

一、定期订货系统的运行机制

定量订货系统需要随时监视库存变化，当物品种类很多且订货费用较高时是很不经济的,这时需要采取另外一种库存控制系统,即定期订货系统,也称为定期库存系统,它可以弥补定量订货系统的不足,其运行机制如下:每隔固定的时间就检查库存,决定库存余额并发出订货,订货量等于最高库存水平与库存余额的差。这种系统的检查期固定,故称之为定期订货系统。在定期订货系统中,订货量、需求率和订货点(检查时的库存余额)是可变的。用这种系统进行控制,可以对多种物品规定同一长度的检查期,并规定每一物品的最高库存水平。

二、定期订货系统模型

定期订货系统采用定期盘点,根据库存情况,结合下一计划期预计的需求确定每次的订货批量。如果目前库存储备量较少,或者预计需求将增加时,可以适当地增加订货批量,反之则可以减少订货批量。定期订货系统的库存变化情况如图3-5所示。

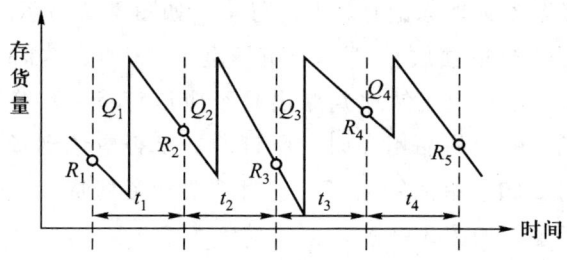

图3-5 定期订货系统的库存变化示意图

由图3-5可见,两次相邻订货的时间间隔是固定的(如图3-5中,$t_1 = t_2 = t_3 = t_4$),但其订货批量通常是变化的,如图3-5中的Q_1、Q_2、Q_3、Q_4不一定相同,订货点也往往不同,如图3-5中的R_1、R_2、R_3、R_4、R_5。

定期订货系统的关键是确定订货间隔期。由于定期订货系统采用固定的订货间隔期,通常按月或季来划分,有利于企业降低订货成本。例如,采用定期订货系统的企业从客观上比较容易制订出统一的采购计划,将一段时间需要采购的物品汇总采购,更容易获得价格优惠。另外,定期订货系统不需要随时检查库存量,到了固定的间隔期,各种不同的物品可以同时订货,既便于管理又节省订货成本。

定量订货系统(以下简称定量库存系统)是对每种库存物品进行分别处理,而定期订货系统(以下简称定期库存系统)是相关地处理多种物品,实现联合订货,从而有下列优点:

① 一次办理多种物品的订货,订货费用低;
② 一次订货的金额大,易于获得供应商按总订货金额提供的价格折扣;
③ 订货量大也使运输车辆得到有效、经济地运行,运输成本低。

定期系统由于在订货间隔期以及前置时间内都需要安全库存,因而对于每一种库存物品而言,所需要的安全库存量都比定量系统高。这使得最优的定量系统比最优的定期系统安全库存费用要小,但由于定期系统具有上述优点,往往可以抵消这一影响。

三、定期订货系统的应用环境

对于具有下列特点的物品可以考虑采用定期订货系统实行库存控制。

（1）需要定期盘点和定期采购或生产的物品。这些物品主要指成批需要的各种原材料、配件、毛坯和零配件等。在编制上述物品的采购计划时通常均要考虑现有库存的情况，由于计划是定期制定并执行的，因此，这些物品需要定期盘点和定期采购。

（2）具有相同供应来源的物品。具有相同供应来源的物品是指同一供应商生产或产地在同一地区的物品，由于物品来源于同一供应商或同一产地，采用定期统一采购，不仅能够节约订货和运输费用，而且可以获得一定的价格折扣，降低购货成本。另外，还可以保证统一采购的顺利进行。

（3）供货渠道较少或物品供货由物流企业承担。供货渠道较少时适合采用定期订货系统。当物品供货由物流企业承担时，通常物流企业会按照规定的时间间隔期供货，因此，也适合采用定期订货系统。

定期订货系统的缺点是不论库存水平降得多还是少，都要按期发出订货，当库存水平很高时，订货量是很少的。为了克服这个缺点，出现了最大最小系统。

四、最大最小系统*

最大最小系统仍然是一种定期订货系统，只不过它需要确定一个订货点。最大最小系统的运行过程可叙述如下：每隔固定的时间就检查库存并确定库存余额，当库存余额小于等于订货点时就发出订货（否则就不订货），订货量等于最高库存水平和库存余额的差。该系统由检查期 T、最高库存水平 E 和订货点 R 三个变量所完全确定。

当经过时间间隔 t 时，如果库存量降到订货点及其以下，则发出订货；否则，再经过时间 t 时再考虑是否发出订货。最大最小系统如图 3-6 所示。

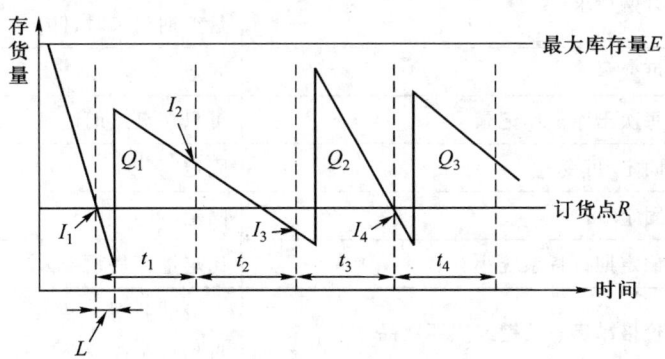

图 3-6 最大最小系统的库存变化示意图

（1）当经过间隔时间 t 之后，库存量降到 I_1，I_1 等于订货点 R，则发出订货，订货量 Q_1 为 $E-I_1$，经过一段时间 L 到货，库存量增加 $E-I_1$。

（2）再经过时间 t 之后，库存量降到 I_2，I_2 大于订货点，不发出订货。

（3）再经过时间 t，库存量降到 I_3，I_3 小于订货点，发出订货，订货量 Q_3 为 $E-I_3$，经过一段时间 L 到货，库存量增加 $E-I_3$，如此循环。

和定期系统相比，由于不一定在每次检查时都订货，故最大最小系统的订货次数较少，从而可节省订货费。但若检查期长到几乎每次检查都订货时，和定期系统没有区别。

最大最小系统可能需要相当大的安全库存。若在检查时的库存水平稍高于订货点，则安全库存期需要两个订货间隔期再加采购提前期内的需求量。

五、不同库存系统的比较[*]

不能简单地对定量库存系统优于还是劣于定期库存系统作出判断，各种系统都有其适合应用的场合。定量订货与定期订货的基本区别是：定量订货系统是"事件驱动"，而定期订货系统是"时间驱动"。也就是说，定量订货系统当到达规定的再订货水平的事件发生后就订货，这种事件有可能随时发生，主要取决于对该物品的需求情况。相比而言，定期订货系统只限于在预定时期期末订货，是由时间来驱动的。

运用定量订货系统时（当库存量降低到再订购点 R 时就订货），必须连续监控剩余库存量。因此，定量订货系统是一种永续盘存系统，它要求每次从库存里取出物品或者往库存里增添物品时，必须刷新记录以确认是否已达到再订购点。而在定期订货系统中，库存盘点只在盘点期发生。两种系统的比较见表 3-1。

表 3-1　定量订货模型与定期订货模型的比较

特　征	定量订货系统	定期订货系统
订购量	Q 是固定的（每次订购量相同）	Q 是变化的（每次的订购量不同）
订货点	固定	可变
订购时间	当库存量降低到再订购点 R 时就发出订购请求	订购的间隔期是固定的，每隔一个固定的间隔期 T，就发出订购请求，即在盘点期到来时订购
检查周期	可变	固定
库存记录	每次出库都作记录	可只在盘点期记录
需求率	固定/可变	固定/可变
订购提前期	固定/可变	固定/可变
评价库存量大小	比定期订货系统小	比定量订货系统大
存货类型	价格昂贵、关键或重要物品	一般的物品，供货渠道较少或供货来自物流企业的仓库时采用
适用范围	关键物资、贵重物资的库存控制	稳定的、可预测的需求且价值低、小批量的物品

通过比较可以看出：

① 定期订货系统的平均库存较大，以防在盘点期（T）发生缺货；定量订货系统

没有盘点期，需要随时监控库存状况。

② 由于定量订货系统的平均库存量较低，所以该系统有利于贵重物资的库存控制。

③ 对于重要的物资如关键维修零件，定量订货系统比定期系统更为适用，因为定量订货系统对库存的监控更加密切，这样可以对潜在的缺货及时作出反应。

④ 由于定量订货系统中，每一次补充库存或物品出库都要记录，因此，其存货管理需要较长时间。

定量订货系统重点是订购批量和再订购点，每次单位物品出库都要记录，并且立即将剩余的库存量与再订购点进行比较。如果库存已降低到再订购点，则要进行批量为 Q 的订购；如果仍位于再订购点之上，则不需要订货。对于定期订购系统，只有当库存经过盘点后才作出订货决策，其订货依赖于盘点的那一时刻的库存水平。

第3节　随机型库存控制系统*

在前面的讨论中，定期库存系统与定量库存系统都是确定型的，即假设物品的需求率是已知和确定的，补充供应的前置期（订货提前期）是固定的。当这两个假设条件之一得不到满足时，上述库存控制系统（确定型系统）就不再适用。需求率和订货提前期中有一个为随机变量的库存控制问题，就是随机型库存问题。

一、假设条件

在分析随机型库存问题时，有如下几种假设：

① 需求率和提前期为已知分布的随机变量，且在不同的补充周期，这种分布不变。

② 补充订货在同一时间交付（即同一时间整批入库）。

③ 允许晚交货，即在采购供应过程中允许缺货，但一旦到货，所缺货的部分必须补上。

④ 已知年平均需求量。

⑤ 已知一次订货费、单位维持库存费、单位缺货损失费。

⑥ 无价格折扣。

二、随机型库存系统模型

在理想的库存模型中，由于需求率和前置时间固定，在一批订货到达并入库时，库存量瞬间增加，随后由于不断出库使得库存量均匀下降，可用一条斜率为固定值的斜线表示。在各个周期内库存量变化曲线相同，在这种情况下不会发生缺货。但在随机库存模型中，由于前置时间或需求率往往是可变的，库存量曲线呈现为台阶型的折线，且各个订货周期内的曲线形状不再相同。如图3-7所示。

当一批订购物品到达入库时,库存水平增加至高位(如图 3-7 中的 A_1、A_2、A_3)。在下一批订购物品刚要到达(t_1、t_2、t_3)之前,库存水平处于低位。在各次补充订货刚到达之前

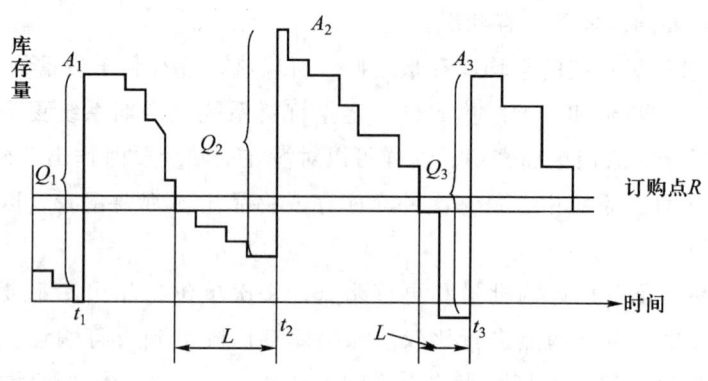

图 3-7 随机型库存问题

的平均库存水平就是安全库存量。对于固定订货量的随机型库存系统而言,缺货只发生在订货提前期内。订购批量越大,全年的订货次数就越小,从而使缺货的机会减少。

三、描述需求函数的常用概率分布

对于随机型库存系统,由于需求是随机可变的,因此,需要对需求函数进行描述。一般而言,常用正态分布、泊松分布和负指数分布来描述需求函数。用正态分布来描述大多数生产制造企业的需求函数,用泊松分布来描述零售业的需求函数,用负指数分布来描述批发与零售范围内的某些需求函数。在决定用何种概率分布描述特定物品的需求概率分布时,可根据拟合优劣度检验来确定。

(一)正态分布

当需求量是连续时,常用正态分布来描述需求函数,因为正态分布往往是对需求函数的合理逼近。正态分布由均值(μ)和标准差(σ)两个参数完全决定。在正态分布中,在均值的正负1个标准差($\pm1\sigma$)的范围内包含了68.27%的需求,正负2个标准差($\pm2\sigma$)的范围内包括了95.45%的需求,而正负3个标准差($\pm3\sigma$)的范围内包含了99.73%的需求,如图3-8所示。

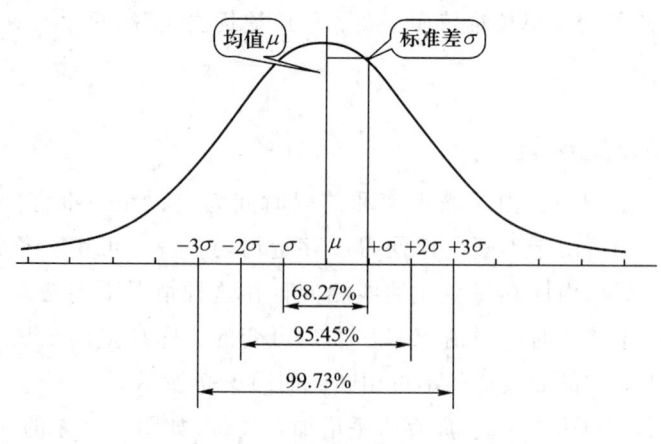

图 3-8 正态分布

例 3-1 某库存管理人员统计了物品 A 的 100 次出库量（kg）数据（见表 3-2）。

表 3-2 物品 A 的出库量频数

出库量/kg	频数/次
129 ~	2
132 ~	2
135 ~	8
138 ~	20
141 ~	26
144 ~	25
147 ~	20
150 ~	9
153 ~	3
156 ~	2
159-162	1
合计	118

将表 3-2 中的数据用图表示出来，如图 3-9 所示，说明出库量变量服从正态分布。

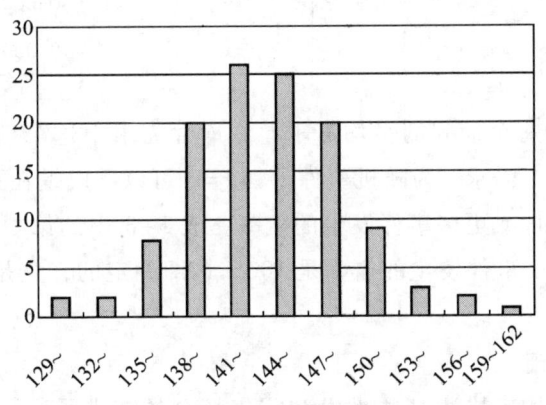

图 3-9 出库量的分布图

从表 3-2 与图 3-9 可得知，该物品的出库量分布呈现中间频数多，左右两侧基本对称。所以可以认为该出库量服从正态分布。

当需求量服从正态分布时，前置时间内的需求量高于或低于其均值的可能性相同。由于正态分布的对称性，当需求量的均值很小时，就有可能出现负的需求。由于负需求不可能，故当需求量的均值很小时，不适合选用正态分布来描述需求函数，这时可以考虑选用其他分布（如泊松分布）来描述需求函数。

（二）泊松分布

泊松分布是一种统计学上的分布，尤其适合用来描述需求率很低的物品，即当需求不连续且均值较低时，可以选用泊松分布来描述需求函数。这种分布由其均值来完全确定，而标准差是其均值的平方根。

可以根据需求量的历史统计数据确定需求量的均值。泊松分布相对于其均值来说是不对称的，有更多的数值大于其均值。当平均需求量很大时，泊松分布同正态分布就难以区分。一般来说，泊松分布不适合于描述均值大于20的需求函数。在零售范围内，只有少数滞销品可用这种分布来描述。

泊松表说明了需求的概率，如已知平均期间需求是每周1.5 kg，那么泊松表指出的是不同需求量发生的概率，见表3-3。

表3-3 $M=1.5$/周的泊松表

需求量 r	需求概论
$r=0$	1.000
$r=1$	0.776 9
$r=2$	0.442 2
$r=3$	0.191 2
$r=4$	0.065 6
$r=5$	0.018 6
$r=6$	0.004 5
$r=7$	0.000 9
$r=8$	0.000 2

表3-3中，M为每个期间的平均需求，在库存需求中这个期间一般是1天，也有可能是1周或1个月。需求 r 为随机事件，如 $r=3$ 可以看成是在平均期间需求数为1.5的前提下，需求为3件或更多事件发生的概率。表3-3中的第一个值 $r=0$ 就相当于需求为"0或更多"这一事件发生的概率是100%，即确定的，这是因为在概率论中，确定就是概率为1。

（三）负指数分布

负指数分布可以用来描述某些批发和零售场合的需求函数。这种分布由其均值完全决定，而其标准差和均值相等。

第4节 一次性订货量系统*

一、一次性订货量系统的特点

前面已介绍了定量订货系统和固定订货间隔期系统，它们的共同特点是适用于需要经常保持库存的独立需求物品的库存控制。但像时装、生鲜食品、报纸等这类物资，一般具有更新快、不易或不能长久保存的特点，在一个需求周期一般只能进货一次。

一次性订货模型研究在一个时期内仅仅采购一次或仅能安排一次批量生产的物品的库存控制问题，报童问题是一个典型的一次性订货量问题。一般来说，如果订货量大于需求量，当天的报纸卖不完，积压部分就要降价或作废报处理；而当订货量小于需求量时，报纸供不应求，就导致销售利润的损失。那么，报童每天应准备多少份报纸？这就是报童的问题，普通的库存控制系统（定量订货系统和定期订货系统）无法解决此问题，需要用一次性订货量系统来解决。

定量订货系统和定期订货系统不适于对一次性订购物品的库存进行控制，其原因有如下几点：

（1）一次性订购物品的需求量不连续；
（2）不同时期一次性订购物品的需求量可能有很大的变化；
（3）由于过时、易腐或不能长久保存使得一次性订购物品的市场寿命非常短促。

对于典型的一次性订货问题，由于只购买一次和支付一次订货费用，不必考虑订货成本。同时由于储存时间短，储存成本也不重要。为了确定最优的订货量，有两种成本需要考虑，即超储成本和机会成本。当订货量大于需求量时，积压的存货可能降价出售，也可能报废而全部损失，就发生了超储成本；当订货量小于需求量时，失去潜在的销售机会而造成利润的损失，招致所谓的机会成本。这两种成本不会同时发生，当需求量超过一次性订货量时，只发生机会成本，而不存在超储成本；反之，当需求量小于一次性订货量时，仅发生超储成本而不存在机会成本。怎样确定合理的订货量，确实是一个头痛的问题。最理想的情况是需求量等于订货量，这时既无超储成本，也无机会成本。

处理一次性订货的关键是确定或估计需求量，如果需求量已知，问题就很简单。当需求量的概率分布已知时，可以根据期望利润最大或期望成本最小的原则作出决策。

正如在定量订货系统和定期订货系统中讨论的那样，当物品可以重复订货时，采购提前期往往是一项重要的时间。因为这时采购提前期内有需求发生，库存问题的处理就比较复杂。而对于一次性订货问题来说，采购提前期内往往没有需求发生，或者至少是没有库存物品用以满足需求，这时对采购提前期的处理就比较简单。如果采购提前期比预期的长，可能损失部分顾客的需求；如果采购提前期比预期的短，就会先于需求而拥有库存。当一次性订货的物品由内部供应时，企业能在更大的程度上对提前期加以控制。

二、一次性订货量系统的分类

一次性订货问题按前置时间和需求量的知晓程度可以分为 4 类：

① 已知需求量，已知提前期；
② 已知需求量，可变提前期；
③ 可变需求量，已知提前期；
④ 可变需求量，可变提前期。

当已知需求量和提前期时，订货量就是需求量，且订货按需要的日期到达。

当需求量和提前期均可变时，问题的处理就很复杂。这时若已知提前期和需求量的概率分布，可以用模拟方法解决。

这里只讨论在已知需求量、可变提前期（第②种情况）和可变需求量、已知提前期（第③种情况）这两种情况下的一次性订货量问题的决策方法。

（一）已知需求量，可变提前期

当已知需求量时，一次性订货量就等于需求量。由于提前期可变，库存管理的重点是发出订单的时间。假如不允许缺货，订单应在可能最长的前置时间之前发出。

例 3-2 已知物品 A 为一次性需求物品，其采购提前期的历史统计值见表 3-4。在不允许缺货的情况下，确定物品 A 的订货发出时间。

表 3-4 某物品的采购提前期的统计值

年份	采购提前期/周
2007	3
2008	4
2009	5
2010	3
2011	4
2012	4

由于不允许缺货，订单就必须在可能最长的采购提前期之前发出，这样根据表 3-4 中的数据，最长的采购提前期为 5 周，因此，该物品订单发出的时间应是在需求该物品时间的前 5 周发出，这样基本上可以不发生缺货。

当已知提前期的概率分布时，也可以确定订货先于需求发生日期到达的概率，从而决定订单发出的日期。如果物品不论何时到达需求量都是固定的，则延期交货只使某项工作推后进行。

（二）可变需求量，已知提前期

当提前期已知时，发出订单的时间是确定的，在这种情况下，一次性订货的库存控制决策就是确定订货量。如果已知需求量的概率分布和有关的成本参数，就可以利用期望值法、边际分析法以及成本分析法作出决策，详细的计算过程见第 4 章第 4 节。

三、一次性订货量系统的适用范围

一次性订货量系统适用于对下列两类物品的库存控制：(1) 偶尔发生的某种物品的需求；(2) 经常发生的某种市场寿命非常短的物品的不定量需求。对于第一类物品，典型的有零售商店订购的试销和时尚商品，或用于设备维修的备件。某些高度易腐的物品（如鲜鱼、鲜花等）和易过时的物品（如报纸、期刊等）则属于第二类物品。由于在一定时期内不能重复订货，如果订货量大于需求量，积压部分就要在引起某种损失的情况下进行处理；如果订货量小于需求量，就会造成销售利润的损失。

报童问题是一个典型的一次性订货量问题。

自学指导

学习重点

1. 定量订货系统模型

（1）所谓定量订货系统就是订货点和订货量都为固定的库存控制系统。当库存控制系统的现有库存量降到订货点（Reorder point，RP）及以下时，库存控制系统就向供应商发出订货，每次订货量均为一个固定的量 Q。经过一段时间（即订货提前期），所发出的订货到达，库存量增加 Q。

（2）其特点如下：① 每次订货批量通常是固定的；② 每相邻两次订货的时间间隔通常是变化的；③ 订货提前期基本不变。

（3）在下列环境下可以考虑采用定量订货系统模型进行库存控制。① 所储物资（存货）具备进行连续检查的条件。② 价值虽低但需求数量大的物资以及价格昂贵的物资均是需要严格重点控制的物资；③ 市场上易于采购的物资。

（4）实际中常采用：① 收发卡片法；② 双堆法。

2. 定期订货系统模型

（1）定期订货系统也称为定期库存系统，其运行过程可叙述如下：每隔固定的时间就检查库存，决定库存余额并发出订货，订货量等于最高库存水平与库存余额的差。这种系统的检查期固定，订货量、需求率和订货点（检查时的库存余额）是可变的。

（2）具有下列特点的物品可以考虑采用定期订货系统实行库存控制：

① 需要定期盘点和定期采购或生产的物品。

② 具有相同供应来源的物品。

③ 供货渠道较少或供货来自物流企业的物资的库存管理系统。

3. 最大最小系统

最大最小系统的运行过程可叙述如下：每隔固定的时间就检查库存并确定库存余额，当库存余额小于等于订货点时就发出订货，订货量等于最高库存水平和库存余额的差。该系统由检查期 T、最高库存水准 E 和订货点 R 三个变量所完全确定。

学习难点

1. 随机型库存控制系统*

（1）需求率和订货提前期中有一个为随机变量的库存控制问题，就是随机型库存问题。

（2）在随机库存模型中，由于前置时间或需求率往往是可变的，库存量曲线呈现为台阶型的折线，且各个订货周期内的曲线形状不再相同。

（3）描述需求函数的常用概率分布：一般而言，正态分布、泊松分布和负指数分布在描述需求函数方面具有重要的价值。

2. 一次性订货量系统*

（1）一次性订货模型研究在一个时期内仅仅采购一次或仅能安排一次批量生产的物品的库存控制问题。

（2）对于典型的一次性订货问题，由于只购买一次和支付一次订货费用，不必考虑订货成本。同时由于储存时间短，储存成本也不重要。为了确定最优的订货量，有两种成本需要考虑，即超储成本和机会成本。

（3）处理一次性订货的关键是确定或估计需求量，如果需求量已知，问题就很简单。当需求量的概率分布已知时，应该根据期望利润最大或期望成本最小的原则作出决策。

（4）一次性订货问题按前置时间和需求量的知晓程度可以分为4类：① 已知需求量，已知提前期；② 已知需求量，可变提前期；③ 可变需求量，已知提前期；④ 可变需求量，可变提前期。

复习题

一、多项选择题（在备选答案中有2～5个是正确的，将其全部选出并将它们的标号写在题后的括号内，错选或漏选均不给分）

当企业采用连续检查控制方式后，其库存控制存在如下特点（　　）。

（A）每次订货批量通常是变化的

（B）相邻两次订货的时间间隔通常是变化的

（C）订货提前期基本不变

（D）相邻两次订货的时间间隔通常是不变的

（E）每次订货批量通常是固定的

二、名词解释

1. 订货提前期
2. 订货的时间间隔
3. 定量订货系统
4. 双堆法
5. 单箱库存系统
6. 三箱库存系统
7. 定期订货系统

三、填空题

1. 定量订货系统的运行过程可叙述如下：每隔_____就检查库存，决定库存余额并发出订货单，订货量等于_____。

2. 在双堆系统中，在每次进货时，均将物资分成两部分储备，一部分作为_____的库存储备，单独存放。

3. 定量订货系统是应用较为广泛的一类库存控制系统,其运行机制可叙述如下:每当库存余额小于订货点时,就发出_____的订货。

四、简答题

1. 最常见的库存控制系统是什么?
2. 连续库存控制系统的优点是什么?
3. 同连续库存控制系统相比较,双堆库存控制系统有哪些主要优点?
4. 连续和双堆库存控制系统都适用于哪些类型的物品?

五、论述题

1. 对各种库存控制系统的适用场合进行分析。
2. 定期订货系统的适用场合。

第4章 库存控制决策的定量分析

自学时数

12学时。

教师导学

本章内容主要是库存控制决策的定量分析方法,包括ABC分类、经济订购批量、经济订货间隔期、安全库存与订货点以及一次性订货量的确定。在辅导学员学习时,应注意以下几点:

(1)应让学员对有关库存定量分析方法有一个整体的概念:不同的库存系统可以采用不同的定量分析方法,但最基本的定量分析方法是ABC分类与经济订购批量的计算。

(2)要灵活运用ABC分类方法,必须熟练掌握ABC分类的基本原理。

(3)在理解经济订购批量基本假设前提的基础上,掌握经济订购批量计算方法以及经济订货间隔期的计算,对于本科层次的学员来说,进而掌握考虑价格折扣时经济订购批量计算、多种物品联合订购时经济订货间隔期的计算、安全库存、订货点以及一次性订货量计算方法。

案例4-1

ML公司的库存管理

ML公司是一家连锁超市公司,主要销售各种生活日用品。公司在北京市拥有15家超市门店。由于门店卖场营业场地面积较小,因此,公司聘用B物流公司负责为各个连锁店提供配送服务。

具体的配送过程是:B公司的配送中心根据与ML公司连锁店共同协商的补货标准,通过ML公司连锁店的销售终端机,循环检查该连锁店需要补货产品的销售情况,当剩余库存降低到安全库存水平时,则根据规划好的配送路线,补充固定数量的原材料到各个连锁店。补货的安全库存是根据上月该商品的平均销售情况,以及考虑配送的提前期以后,共同确定的。

运行一段时间以后，ML公司和B公司共同发现了一些问题。由于交通状况日益恶化，在很多时候，原来的配送时间无法保证，导致某些商品脱销，顾客无法选购自己喜欢的商品。同时，由于每周一到周日客流情况不同，甚至早晚客流情况都有变化，采用固定的补货安全库存，经常导致高峰时间缺货。面对这些问题，该如何解决呢？

第1节　ABC分类法

案例 4-2

V集团是一个跨国公司，主要制造风力发电机。风力发电机的结构繁琐，从组装件、铸造件、机加工件、电子件到塑料件、紧固件、标准件等，涉及上百个供应商，涉及十大类别的原材料，所需要的料件达 2 500 种之多。这些原材料的货值相差巨大，不仅有单价超过 20 万的贵重物料，也包括小到紧固件、标签和绝缘垫片之类只值几元的低成本、体积微小的料件。库存物品价值相差巨大，体积和重量也是千差万别。表 4-1 为该公司某原材料库中的部分主要物品的库存占用资金情况。

表 4-1　主要物品的库存占用资金

物品编号	年占用资金额/美元
22	95 000
68	75 000
27	25 000
03	15 000
82	13 000
54	7 500
36	1 500
19	800
23	425
41	225
总计	233 450

目前该企业的原材料库存占用资金过多，公司对库存部门下达了降低库存的指标，但提出必须要满足生产的需要，不能由于库存成本的降低而影响对生产的供应。小李去年刚刚大学毕业来公司负责库存管理工作，为了解决如何降低库存、完成公司提出的降库存的目标等问题，他陷入了沉思。

小李每天对库存账目愁眉苦脸，一段时间后逐渐发现一些规律，仓库中存放的上千种原材料，有些价值非常高，占用的库存资金就很大，但高价值的原材料种类倒是不多。而有些原材料价值则很低，只有几元钱，这些价值低的原材料种类却不少。还有一些价值与数量都居中的原材料。如果将价值高的原材料数量控制住，库存资金的降低就有希望了。这时，小李想起了在学校学过的ABC分类方法，用它来控制库存资金，降低库存的目标不就可以实现了吗？小李的脸上露出了笑容。

一、ABC分类的原理、依据及库存策略

（一）ABC分类的基本原理

为了最大限度地提高库存服务水平、降低成本，要对库存物品进行分类，常用的是在帕累托分析的基础上进行的ABC分类。

在有些公司中（如案例中提到的V公司），仓库中有数万种以上的存货，如果对每种存货都进行详细的库存分析是不经济的，因为通过不断地盘点、发放订单、接收订货等工作来维持库存要耗费大量的时间和资金。当资源有限时，企业很自然地就会试图采用最好的方式利用有限的资源来控制库存。换句话说，此时企业的库存控制重点应该集中在重要物品上。那么，在库存中什么样的物品属于重要物品呢？

维弗雷多·帕累托（Vilfredo Pareto）是位意大利经济学家、社会学家。19世纪，他在研究米兰的财富分布时发现，20%的人手里拥有的财富占社会总财富的80%，而80%的人手里的财富只占社会总财富的20%，这一现象被概括为"重要的少数、次要的多数"，也就是80/20法则（也称为帕累托法则）。最初，80/20法则只限定于经济学领域，后来这一法则被推广到社会生活的各个领域，且深为人们所认同。在库存系统中帕累托原理同样适用（少量物品占用了大量投资）。在库存中，往往少数几种物品的年消耗金额占总消耗额的大部分。为了有效地控制库存，对于贵重物品应小量采购和严密控制，而对于低价物品就可以大量采购和稍加控制。

ABC分类法的基本原理是：按照库存控制对象价值的不同或重要程度的不同将其分类，通常根据年耗用金额（年存货数量×价格）将物品分为3类：A类存货的品种种类占总种数的10%左右，价值占存货总价值的70%左右；B类存货的品种种类占总品种数的20%左右，价值占存货总价值的20%左右；C类存货的品种种类占总品种数的70%左右，价值占存货总价值的10%左右，如图4-1所示。

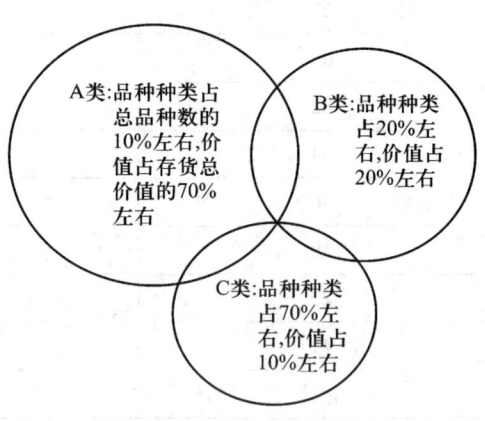

图4-1 ABC分类示意图

存货总价值的大小是衡量其重要程度的尺度。当我们根据物品的年耗用金额来排队的时候，就会发现少数物品占用了很大的资金，而大多数物品占用的资金却很少。值得注意的是，ABC分类与物品单价不一定有关。A类物品的占用库存金额很高可能

是单价不高但耗用量极大,也可能是单价很高但用量不大。与此相类似,C 类物品可能价格很低,也可能是用量很少。

ABC 分类法不仅在库存管理中得到广泛应用,还可以应用到质量管理、成本管理和营销管理等管理的各个方面。

(二) ABC 分类的依据

在进行 ABC 分类时,通常是根据存货占用的资金多少来分类,对于占用资金多的存货,要给予重点关注。这些存货,宜采用永续盘存法来保证精确地控制其库存量。因为,对这类物品来说,哪怕是多 1 个月的存货,都会增加不少开支。对于价廉且用量小的物品,多保持 3 个月的存货带来的费用增加,还没有精确控制它们所需要花费的费用大。

在库存管理中,如果仅以库存价值进行 ABC 分类是不够的,因为以存货价值进行的 ABC 分类并不能反映出存货品种对利润的贡献大小,也不能反映出该存货缺货时带来的缺货成本大小。在某种情况下,C 类存货缺货所造成的损失也可能是十分严重的。因此,在实际运用 ABC 分类法时,可以根据实际情况灵活地选用分类依据对存货实施分类管理。也就是说,ABC 分类的标准并不是唯一的,分类的目标是根据管理的重点将重要的物品与不重要的物品区别开来,以便分别对待。因此,可以根据管理重点进行 ABC 分类。除了以存货占用资金大小为依据进行 ABC 分类外,也可以用其他依据对存货进行 ABC 分类。其他的分类依据有:

(1) 缺货后果。当库存管理的重点是控制缺货产生的不良后果时,则以缺货后果为依据对存货进行 ABC 分类。如果某些存货的供应中断将给其他运作带来严重影响甚至延误的话,它们应该获得较高的优先级别,即划分为 A 类,缺货后果小的划分为 C 类,B 类的缺货后果则介于 A 类与 C 类之间。

(2) 供应的不确定性。某些存货尽管价值较低,但是供应缺乏规律性或非常不确定,因此也应该得到更多的重视。

(3) 过期或变质的风险。如果存货很容易因过期或变质而失去价值,那么管理者就必须给予更多的关注和监控。

(4) 客户的重要程度。根据客户的重要程度,将其使用的存货进行 ABC 分类,重要客户的存货为 A 类,一般客户的存货为 C 类,介于重要的与一般的客户之间的存货为 B 类。

一些更复杂的存货分类系统则同时使用这些指标,并分别按照各个指标给存货进行 A、B、C 类的划分。例如,一个零件可能被划分为 A/B/A 类:按照价值划分,它属于 A 类;按照缺货后果划分,属于 B 类;按照过时风险划分,属于 A 类。

另外,在 ABC 分析理论上分为 3 类,但在实际中可以根据实际情况分为 5 类或 6 类。另外,在进行 ABC 分析时,所选择的分析时间也是非常重要的,应选择能反映真实情况的时间段,通常会以年为分析的时间周期,即时间段。

(三) ABC 分类的库存策略

将物品进行 ABC 分类,其目的在于根据分类结果对每类物品采取适宜的库存控制措施。不同类别的存货其库存控制策略是不同的,A 类物品应尽可能严格控制,保持完整和精确的库存记录,给予最高的处理优先权等,而对于 C 类物品,则可以尽可能简单地控制。例如,从订货周期来考虑的话,A 类物品可以控制得紧些,每周订购一次;B 类物品可以两周订购一次;C 类物品则可以每月或每两月订购一次。

对于一个汽车服务站而言,汽油属于 A 类物品,应该每日或每周补充一次;轮胎、蓄电池、润滑油以及液压传动油属于 B 类物品,可以每两到四周订购一次;C 类物品可能包括阀门杆、挡风屏用雨刷、水箱盖、软管盖、风扇皮带、汽油添加剂、打光蜡等,它们可以每两个月或每三个月订购一次,甚至等用光后再订购也不迟,因为它们造成的缺货损失不严重。

在一般情况下,ABC 各类存货的库存控制策略如表 4-2 所示。

表 4-2 不同类别存货的库存控制策略

存货类别	库存控制策略
A 类	严密控制,每月检查一次
B 类	一般控制,每三个月检查一次
C 类	自由处理

总的来说,A 类的库存控制策略是严密控制;B 类的库存控制策略是一般控制;C 类的库存控制策略可以根据情况自由处理。

二、ABC 分类步骤

ABC 分类可按下述步骤进行:
① 将库存物品按年耗用金额从大到小排序;
② 计算各种物品占用资金金额占全部库存占用资金的百分比并进行累计(或进行品种百分比累计);
③ 按照分类标准,选择断点进行分类,确定 A、B、C 三类物品。

例 4-1 以案例 4-2 中 V 集团的库存数据进行 ABC 分类。
① 根据 ABC 分类的步骤,将该公司的库存物品按年耗用金额从大到小排序(表 4-1 中已经排序,此步骤可以省略);
② 计算各种年耗用金额的百分比并进行累计,计算结果见表 4-3;

表4-3　各物品的年耗用金额与百分比累计

序号	物品编号	年耗用金额/美元	占全部金额的比重/%	累计年耗用金额/美元	累计占全部金额的比重/%	分类结果
1	22	95 000	40.8	95 000	40.7	A
2	68	75 000	32.1	170 000	72.8	A
3	27	25 000	10.7	195 000	83.5	B
4	3	15 000	6.4	210 000	90.0	B
5	82	13 000	5.6	223 000	95.5	B
6	54	7 500	3.2	230 500	98.7	C
7	36	1 500	0.6	232 000	99.4	C
8	19	800	0.3	232 800	99.7	C
9	23	425	0.2	233 225	99.9	C
10	41	225	0.1	233 450	100.0	C
	总计	233 450	100.00%			

各物品的年耗用金额的百分比累计如图4-2所示。

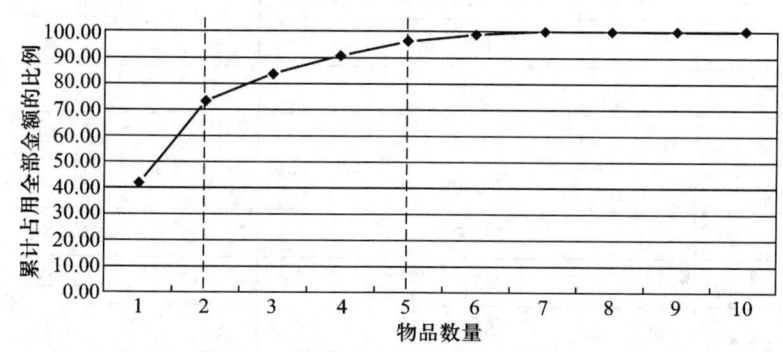

图4-2　各物品的年耗用金额百分比累计示意图

③ 按照分类标准，选择断点进行分类，确定A、B、C三类物品。

观察表4-3就会发现，表中10种物品里的前2种物品（物品编号为22、68）占用的品种比为20%，占用的资金占总金额的72.8%，将它们划分为A类物品；编号为27、03、82的物品（共3种）占用的品种比为30%，它们占用的资金占总金额的22.7%（95.5%-72.8%），将其划分为B类物品；剩下的编号为54、36、19、23、41的5种物品则划为C类物品，品种数占50%，金额占4.4%，如图4-3所示。

ABC分类法的操作十分简单，实践证明，应用这种方法可取得显著的效果。这种方法在库存管理中应用得很普遍。

库存管理（一）（二）

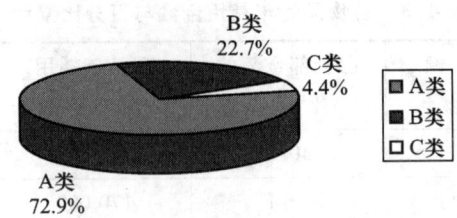

图 4-3 ABC 分类的结果

三、ABC 分类的应用*

例 4-2 某公司要用上万种物料，其中主要的物料的库存耗用金额如表 4-4 所示，请对这些物料进行 ABC 分类。

表 4-4 各种物料的有关数据资料

编号	年用量/kg	单价/元·kg
4837	6 850	1.2
9261	371	8.6
4395	1 292	13.18
3521	62	91.8
5223	12 677	6.4
5294	9 625	10.18
61	7 010	1.27
4321	5 100	0.88
86	258	62.25
9555	862	18.1
2926	1 940	0.38
1293	967	2.2
合计		

① 将物品按库存价值从大到小排序，见表 4-5 第 4 列；
② 计算各种物品年使用金额比例，并进行累计，计算过程如表 4-5 所示。

表 4-5 物品占用金额的累计百分比的计算结果

编号	年用量/kg	单价/元/kg	年使用金额/元	年使用金额占比/%	累计百分比/%	分类结果
5294	9 625	10.18	97 982.5	37.52	37.52	A
5223	12 677	6.4	81 132.8	31.07	68.58	A

续表

编号	年用量/kg	单价/元/kg	年使用金额/元	年使用金额占比/%	累计百分比/%	分类结果
4395	1 292	13.18	17 028.56	6.52	75.10	B
86	258	62.25	16 060.5	6.15	81.25	B
9555	862	18.1	15 602.2	5.97	87.23	B
61	7 010	1.27	8 902.7	3.41	90.64	B
4837	6 850	1.2	8 220	3.15	93.78	C
3521	62	91.8	5 691.6	2.18	95.96	C
4321	5 100	0.88	4 488	1.72	97.68	C
9261	371	8.6	3 190.6	1.22	98.90	C
1293	967	2.2	2 127.4	0.81	99.72	C
2926	1 940	0.38	737.2	0.28	100.00	C
合计			261 164.1	100		

③ 按照分类标准，选择断点分类，确定 A、B、C 3 类物品。从表中可以看到，前 2 项的累计百分比为 68.59%，前 6 项的累计百分比为 90.64%。后 6 项的累计百分比不到 10%。所以，可以取前 2 项为 A 类，后 6 项为 C 类，中间四项为 B 类，见表 4-5。

例 4-3 某仓库一段时期各种物品需求量的历史数据统计见表 4-6，用 ABC 分类法对这些物品进行分类。

表 4-6 物品价值的历史数据

物品编号	价值	物品编号	价值
001	25	006	15
002	7	007	150
003	170	008	4
004	20	009	4
005	3	010	2

首先，将物品按价值大小从大到小排序；

然后，计算各物品累计价值占总价值的百分比，同时计算物品的累计种类数以及其占整个物品种类的百分比，见表 4-7；

最后，依据 ABC 分类标准并根据表 4-7 第 4 列和第 6 列的数据选择断点。在表 4-7 中，前 2 项物品的累计价值占总价值的 80%，而物品种类占整个物品种类的 20%，因而划为 A 类；第 3 项到第 5 项这 3 项物品的累计价值占总价值的 15%，而物品种类占整个物品种类的 30%，划为 B 类；剩余的 5 项物品则划为 C 类。

ABC 分类的结果见表 4-7 与图 4-4。在进行 ABC 分类分析中，断点的选择是一项基于明显偏差的随意行为，它对 ABC 分类结果有明显的影响。一般可以按下列原则来选择断点：某一物品与下一物品之间的需求有很大的不同而呈现明显的分离，这时就可确定断点的所在。

表 4-7 ABC 分类过程与结果

物品编号	价值	累计价值	累计价值占总价值的百分比/%	累计物品种类	累积物品种类占整个物品种类的百分比/%	分类结果
003	170	170	42.50	1	10.00	A
007	150	320	80.00	2	20.00	A
001	25	345	86.25	3	30.00	B
004	20	365	91.25	4	40.00	B
006	15	380	95.00	5	50.00	B
002	7	387	96.75	6	60.00	C
008	4	391	97.75	7	70.00	C
009	4	395	98.75	8	80.0	C
005	3	398	99.50	9	90.0	C
010	2	400	100.00	10	100.00	C

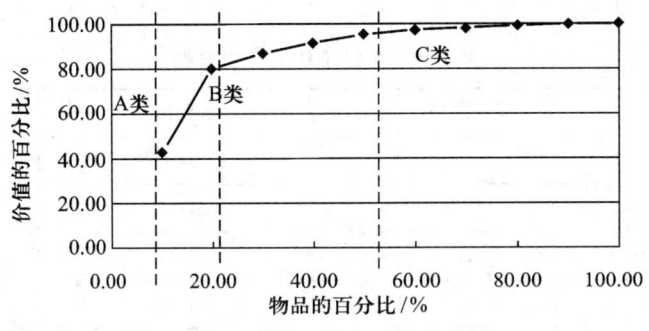

图 4-4 ABC 分析图

几点需要说明的情况是：

① ABC 分析法的优点是减轻而不是加重库存控制的工作量。这是因为没有把重点放在占库存物品大多数的 C 类物品上。

② 针对企业的具体情况，可以将存货分为适当的类别，不一定局限于三类。

③ 对于物流企业经营的物品而言，分类情况并不揭示物品的获利能力。

④ 分类情况不反映物品的需求程度。

因而在进行 ABC 分类时，要对诸如采购困难问题、可能发生的偷窃、预测困难问题、物品的变质或陈旧、仓容量的大小和物品在生产和经营上的需求情况等因素加以综合的考虑,作出适当的分类。

第2节 经济订货批量

定量订货系统要求规定一个特定的点 R(订货点),当库存水平达到这一点时就应该订购且订购批量为 Q,而且每次的订购量都是一样的。因此,对于定量订货系统来说,重要的是如何确定每次的订货批量 Q,即经济订货批量,使得总的库存成本最低。

一、经济订货批量的确定及其敏感性

订货批量是指消耗一次订货的成本和一次采购某种产品的数量。经济订货批量(Economic Order Quantity,EOQ)就是按照库存总费用最小的原则确定出的订货批量,这种确定订货批量的方法就称为经济订货批量法。基本经济订货批量问题是库存管理中最简单但却是最重要的一个内容,它揭示了许多库存决策方面问题的本质。

先来看一个例子。某物品的年需求量为 3 000 件,该物品的单位成本(单价)为 12 元/件,平均订货成本为 20 元/每次,平均库存持有成本为 25%。在这种情况下,观察订货量的变化对库存成本的影响,见表 4-8。

表 4-8 订货批量对库存总成本的影响

每年总订货数	订货批量 Q	平均库存 $Q/2$	订货成本/元=订货次数×订货成本	储存成本/元=平均库存×单价×25%	总成本/元=订货成本+储存成本
1	3 000	1 500	20	4 500	4 520
2	1 500	750	40	2 250	2 290
3	1 000	500	60	1 500	1 560
4	750	375	80	1 125	1 205
5	600	300	100	900	1 000
6	500	250	120	750	870
7	429	214	140	643	783
8	375	188	160	563	723
9	333	167	180	500	680
10	300	150	200	450	650
11	273	136	220	409	629
12	250	125	240	375	615
13	231	115	260	346	606
14	214	107	280	321	601
15	200	100	300	300	600*

续表

每年总订货数	订货批量 Q	平均库存 $Q/2$	订货成本/元=订货次数×订货成本	储存成本/元=平均库存×单价×25%	总成本/元=订货成本+储存成本
16	188	94	320	281	601
17	176	88	340	265	605
18	167	83	360	250	610
19	158	79	380	237	617
20	150	75	400	225	625

从表 4-8 中可以看出，当库存总费用最小时，订货成本与库存持有成本是相等的。这时，订购批量为 200，每年订货 15 次。可以用数学分析的方法来完成这一过程，求出经济订货批量。

（一）经济订货批量的计算公式

计算经济订货批量的目的是为了平衡订货成本和储存成本之间的关系，使得库存总成本最小。为了确定经济订货量，先作一些假设：

（1）需求稳定，单位时间内的系统需求恒定。

（2）订货提前期 L 不变。

（3）每次订货批量 Q 固定。

（4）每批订货一次入库，入库过程在极短时间内完成。

（5）订货成本、单位物品储存成本和单价固定不变。

（6）不允许出现缺货现象。

在上述条件下，库存控制决策的目的就是要确定合适的订货批量 Q 与订货点 R，最终降低库存总成本。由于不允许出现缺货现象且物品订购单价固定不变，使得购置成本（单价×订购数量）固定不变，缺货成本为零，这时仅考虑订货成本和储存成本对总库存成本的影响即可。

如果物品到货后的入库时间很短，则可以将全部物品看成是同一时间入库的。由于采购提前期不变，所以可以把订货点确定为采购提前期内的需求量。刚入库时，库存数量为 Q 单位。由于需求速率固定，随后库存数量以固定的速率降低。当库存量降低到订货点时，就按 Q 单位发出一批新的订货单。经过一个固定的采购提前期后，物品到达并入库，物品即将入库时的库存数量为零，如图 4-5 所示。

图 4-5 中，Q 为订货批量；$Q/2$ 为平均库存量；R 为订货点；$ac=ce$，为订货间隔期；$ab=cd=ef$，为采购提前期。

在前面的内容中，已经分析了订货成本和储存成本对总库存成本的影响，增大每次的订货批量有利于减少订货次数，降低订货成本，但订货批量的增加通常会导致平均库存量的增加，引起储存成本的上升，这样库存总成本与订货量的变化关系见图 4-6。如何合理控制库存，使库存总成本最低，关键是兼顾订货成本和储存成本，寻求最佳的订货批量，即经济订货批量。

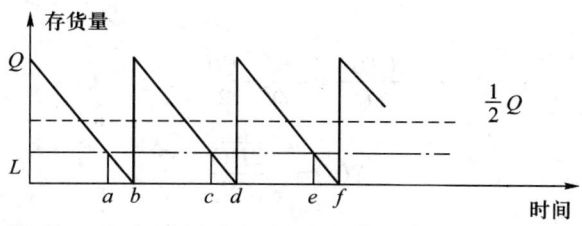

图 4-5 确定型的库存模型

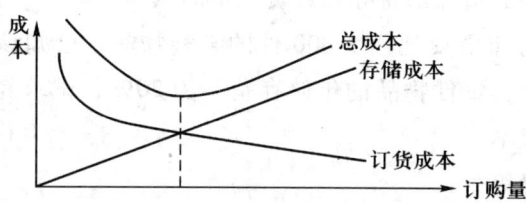

图 4-6 订购量与成本之间的关系

在年总需要量一定的情况下，订货批量越小，平均库存量越低，但发生的订货次数越多，如图 4-7 所示。

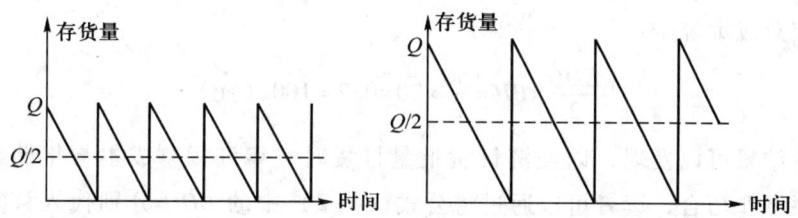

图 4-7 订购量与平均库存量成本、订货次数之间的关系

现暂定计划期为一年，年需求量为 D，订货批量为 Q，每次订货的成本为 C，物品的定购单价为 P，年储存费率为 H。此时，年订货次数等于 D/Q，平均库存量为 $Q/2$，这样，年订货成本为：

$$年订货成本 = C \times D/Q$$

年储存成本则为：

$$年储存成本 = P \times H \times \frac{Q}{2}$$

若不允许缺货，则年总库存成本（TC）可用下式表示：

年总库存成本＝年购入成本＋年订货成本＋年储存成本

即：

$$TC = C \times \frac{D}{Q} + P \times H \times \frac{Q}{2} + P \times D \tag{4-1}$$

利用微分法求解，对决策变量 Q 求一阶导数，并令其为零，可得 Q 的最优解 EOQ 如下：

$$\frac{\partial(TC)}{\partial Q} = -\frac{DC}{Q^2} + \frac{PH}{2} = 0$$

$$EOQ = \sqrt{\frac{2DC}{PH}} \tag{4-2}$$

从公式（4-2）看出，当年储存费率与采购价格不变时，年需求量以及订货成本的任何增长都将导致订货批量的增加。与此相反，当年需求量和订货成本维持不变时，年储存费率与采购价格的增加都将导致订货批量的减少。

例 4-4 某企业每年需要耗用 1 000 件的某种物品，已知该物品的单价为 20 元，每次的订货成本为 5 元，每件物品的年储存费率为 20%，试求经济订货批量、年订货总成本以及年储存总成本。

解： 经济订货批量等于：

$$EOQ = \sqrt{\frac{2DC}{PH}} = \sqrt{\frac{2 \times 1\,000 \times 5}{20 \times 0.2}} = 50 \text{（件）}$$

年订货总成本等于：

$$C \times \frac{D}{EOQ} = 5 \times \left(\frac{1000}{50}\right) = 100 \text{（元）}$$

年储存总成本等于：

$$\frac{EOQ}{2} \times PH = \frac{50}{2} \times 20 \times 0.2 = 100 \text{（元）}$$

从计算结果可以发现，以经济订货批量订货时，年订货总成本与年储存总成本相等。此现象并非巧合，读者可以通过将公式（4-2）中的 EOQ 分别代入订货成本与储存成本，发现二者此时其实相等。

（二）经济订货批量的敏感性

现在，再回过头来仔细看一下图 4-6 中的总成本曲线。可以发现，尽管最小总成本只对应唯一的一个 Q 值，但当 Q 值在 EOQ 左右做微小的变化时，总成本并不会有太大的增加。也就是说，只要 Q 值偏离 EOQ 点不是太远，它所产生的总成本也都是近似最优解。对于库存管理系统来说，这就意味着，在储存成本和订货成本预测过程中一些小的误差不会造成经济订货批量的显著变动。这样就为库存管理者带来了很大的方便，因为在估算储存成本和订货成本的过程中，要想做到准确无误是非常困难的。

例 4-5 某建筑公司需要定期从某供应商那里购进水泥，水泥在一年之中的需求是非常稳定的。去年，某供应商一共出售了 2 000 吨水泥。估计每次订货所需花费的订货成本在 25 美元左右，储存成本为水泥价格的 20%。公司购进水泥的价格为每吨 60 美元，每次的订货量多少合适？

解： 水泥的经济订货批量为：

$$EOQ = \sqrt{\frac{2DC}{PH}} = \sqrt{\frac{2 \times 25 \times 2\,000}{60 \times 0.2}} = 91.287\ (吨)$$

在计算出经济订货批量后,库存经理觉得如果按 91.287 的数字丝毫不差地下订单的话,显得有些过于刻板。为了方便起见,能不能将订货量确定为 100 吨呢?

这时,需要计算一下总库存成本,由于价格不变,因此无论订货量是多少,购置成本是不变的。也就是说购置成本不影响经济订购批量的确定。

当订货量=91.287 时,不考虑购置成本的库存总成本为:

总库存成本(不考虑购置成本)= 订货成本+储存成本

$$= C \times \frac{D}{Q} + P \times H \times \frac{Q}{2}$$

$$= 25 \times \frac{2\,000}{91.287} + 60 \times 0.2 \times \frac{91.287}{2}$$

$$= 1\,095.545\ (美元)$$

当订货量=100 时,

总库存成本(不考虑购置成本)$= C \times \frac{D}{Q} + P \times H \times \frac{Q}{2}$

$$= 25 \times \frac{2000}{100} + 60 \times 0.2 \times \frac{100}{2}$$

$$= 1100\ (美元)$$

也就是说,将订货批量从 91.287 吨调整为 100 吨以后,额外增加的库存成本为: 1 100−1 095.545=4.455(美元),现在这位库存经理可以放心大胆地使用新的更方便的订货量了。

二、保存地点变化对经济订货批量的影响*

下面进一步分析在年需求量不变,而将物品放在不同地点保存时,对经济订货批量的影响,即需求变化对经济订货批量的影响。

例 4-6 某公司物品的年需求量为 3 000,订货成本为每次 20 元,单位成本为 12 元,储存成本为物品价格的 25%,当该物品保存地点分别为 1 个仓库和 2 个仓库的情况下,其经济订货批量、年总库存成本(不考虑购置成本)各为多少?

首先,当保存在 1 个仓库时,经济订货批量、库存总费用分别为:

$$EOQ_1 = \sqrt{\frac{2DC}{PH}} = \sqrt{\frac{2 \times 20 \times 3\,000}{12 \times 0.25}} = 200\ (单位)$$

平均库存=200/2=100(单位)

订货次数=3 000/200=15(次)

总库存成本(不考虑购置成本)= 订货成本+储存成本=300+300=600(元)

另外,当将物品保存在不同地点的两个仓库时,经济订货批量、总库存成本分别为:

$$EOQ_2 = \sqrt{\frac{2DC}{PH}} = \sqrt{\frac{2\times 20\times 1\,500}{12\times 0.25}} = 141 \text{（单位）}$$

每个地点的平均库存 = 141/2 ≈ 70（单位）

总的平均库存 = 70×2 = 140（单位）（比原来 1 个地点的平均库存 100 多了 40%）

每个地点的订货次数 = 1 500/141 = 10.6（原来为 15 次）

每个地点的订货成本 = 10.6×20 = 212（元）

每个地点的储存成本 = 70×12×25% = 210（元）

每个地点的总库存成本（不考虑购置成本）= 212+210 = 422（元）

2 个仓库的总库存成本（不考虑购置成本）= 422×2 = 844（元）

将上述的计算结果在表 4-9 中进行比较。

表 4-9 计算结果的比较表

库存地点	经济订货批量	订货次数（每个地点）	库存总成本
1 个	200	15	600
2 个	141	10.6	844

从计算结果可以看出，在年需求总量不变的情况下，随着存货地点的增加，总库存成本也随之增加。这也是为什么许多企业会采用集中库存的一个原因。

三、考虑价格折扣的经济订货批量*

为简化问题，上述计算只考虑了库存成本的四大组成部分的前两项，暂时没有考虑批量折扣和缺货成本对经济批量的影响。但是，实际上许多供应商为了促销，往往在订货批量大于某一最小值时提供优惠的价格，将这样的最小值称为价格折扣点。由于折扣是按订货批量提供的，因而又称之为数量折扣。当计算出的订货批量大于或等于价格折扣点时，自然获得折扣，无须进一步分析。现在的问题是在订货批量小于折扣点时，决定是否加大订货批量以获取折扣。

在加大订货量以获取折扣时，由于单位购入价格比没有折扣时的价格低，因此年总购入成本会降低；同时加大批量订货使年订货次数减少，从而使年订货成本降低。但由于平均库存量上升，将导致年储存成本的增加。

在基本经济批量模型中假设单价是固定的。当购入单价与订货批量有关时，基本经济批量模型就不适用了。在价格折扣情况下，一定批量的年总库存成本仍由公式（4-1）计算，但式中的购入价格 P 取决于订货批量 Q。当订货批量由小到大增加但小于折扣点时，上式所对应的成本曲线是连续的；订货批量取折扣时，年总库存成本突然下降，随后又连续变化。价格折扣点形成了成本函数的间断点。由于总成本曲线的不连续性，所以不能像无折扣时那样容易用一阶导数来求出最低成本点。最低成本点或者就在中断点上，或者就像确定 EOQ 那样，在一阶导数为零的点上。

下面通过例子说明如何综合考虑储存成本、订货成本和批量折扣的影响，来确定经济批量的方法。

例 4-7 仍以例 4-4 的数据为例,不同的是该物品的单价随每次的订货量增加而略有下降。当订货批量不超过 40 件时,单价为 22 元;订货批量在 41 至 80 件时的单价为 20 元;订货批量超过 80 件时的单价为 18 元,在这种情况下经济订货批量是多少呢?

解:首先,用不同的单价可以得到三条不同的总库存成本曲线,如图 4-8 所示。

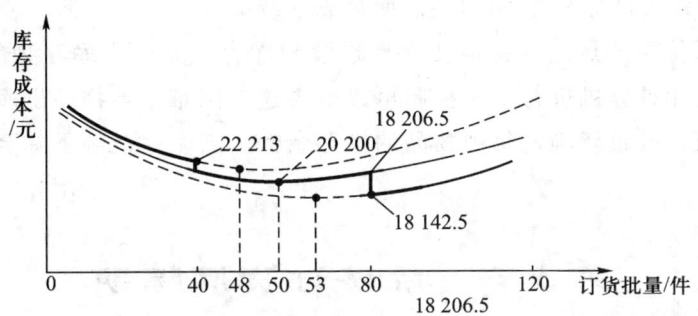

图 4-8 考虑批量折扣情况下的经济订货批量

当单价为 22 元时:

$$EOQ_1 = \sqrt{\frac{2 \times 1\,000 \times 5}{22 \times 0.2}} = 47.67 \approx 48 \text{（件）}$$

此曲线在 0 至 40 件的订货量区间内有效。以 Q 表示订货批量,可以看出,在此区间内,订货批量 $Q = 40$ 件时,总库存成本最低。

$$TC = P \times H \times \frac{Q}{2} + C \times \frac{D}{Q} + P \times D$$
$$= 22 \times 0.2 \times 40/2 + 1\,000 \times 5/40 + 22 \times 1\,000 = 22\,213 \text{（元）}$$

当单价为 20 元时:

$$EOQ_2 = \sqrt{\frac{2 \times 1000 \times 5}{20 \times 0.2}} = 50 \text{（件）}$$

此曲线在 41 至 79 件的订货量区间内有效。由于经济批量等于 50 件,正好在有效区间内,故最低总库存成本为:

$$TC = P \times H \times \frac{Q}{2} + C \times \frac{D}{Q} + P \times D$$
$$= 20 \times 0.2 \times 50/2 + 1\,000 \times 5/50 + 20 \times 1\,000 = 20\,200 \text{（元）}$$

当单价为 18 元时:

$$EOQ_3 = \sqrt{\frac{2 \times 1\,000 \times 5}{18 \times 0.2}} = 52.7 \approx 53 \text{（件）}$$

此曲线在 80 至 1 000 件的订货量区间内有效。计算出来的 $EOQ_3 \approx 53$,不在有效区间内,因为当订货批量为 53 时,是不能享受 18 元的价格折扣的。在 80 至 1 000 件的订货量区间内,当订货批量 $Q = 80$ 件时总库存成本最低:

$$TC = P \times H \times \frac{Q}{2} + C \times \frac{D}{Q} + P \times D$$

$$= 18 \times 0.2 \times 80/2 + 1\,000 \times 5/80 + 18 \times 1\,000 = 18\,206.5 \text{（元）}$$

图 4-8 反映了不同价格情况下的 3 条库存曲线间的相互位置，3 条曲线的实线段拼接出整个完整的有解区间，整个有解区间中成本最低点所对应的订货量便是此时的经济订货批量，即每次订货 80 件可以使总库存成本最低。

定量订货系统的缺点之一是需要保持连续的库存记录。当库存物品种类很多时，工作量很大。使用计算机进行实时控制可以解决这个困难。当物品出库时，将该信息立即输入计算机，并重新确定每项物品的库存余额。当库存余额下降至订货点时，便发出采购申请单。

第 3 节 经济订货间隔期

一、经济订货间隔期的概念

在定期订货系统中，都是按固定的时间周期订货的，存货只在特定的时间内盘点，例如每周一次或每月一次。当供应商定期走访顾客并与其签订合同或某些顾客为了节约运输成本而将他们的订单合并在一起的情况下，必须定期进行库存盘点和订购。另外，一些公司实行定期订货系统是为了促进库存盘点。例如，销售商 A 每两周打来一次电话，则员工就明白，对所有销售商 A 的产品都应盘点了。

订货间隔期不同，总的库存成本也不同。当订货间隔期较长时，计划期内（如一年）的订货次数就少些，这时订货成本也就低些，而每次订货批量就多，使得储存成本较高；当订货间隔期短时，计划期内（如一年）的订货次数增加，订货成本也随之增加，而由于增加了订货次数，因此计划期内每次订货的批量就变小了，这样储存成本也减少了。但是，究竟订货间隔期多长才是最经济的，则需要进一步研究。

使总库存成本最低的订货间隔期就称为经济间隔期。经济间隔期决定某项或数项物品应在何时发出订货，两次订货之间的间隔期是固定的。

二、单项物品的经济订货间隔期

假设物品的需求率是连续均匀的，补充供应的前置时间也是固定的，固定订货间隔期系统的基本问题是确定订货间隔期 T 和最高库存数量 E。

对于基本经济订货间隔期模型而言，其假设和基本经济订货量模型的假设相同。年库存总成本可分析计算如下：

年总库存成本 = 年购入成本 + 年订货成本 + 年储存成本

$$TC = D \times P + m \times C + \frac{D \times P \times H}{2m}$$

$$= D \times P + \frac{C}{T} + \frac{D \times P \times H \times T}{2} \tag{4-3}$$

式中：

$m = \dfrac{1}{T}$ ——每年订货（或检查）次数；

$\dfrac{D}{2m} = \dfrac{DT}{2}$ ——平均库存量；

$T = \dfrac{1}{m}$ ——订货间隔期，以年计。

令年库存总成本对订货间隔期 T 的一阶导数等于零，得出经济订货间隔期为：

$$T_0 = \sqrt{\dfrac{2C}{DPH}} \qquad (4-4)$$

最优年检查次数为：

$$M_0 = \dfrac{1}{T_0} = \sqrt{\dfrac{DPH}{2C}} \qquad (4-5)$$

在确定型的情况下，固定订货间隔期系统与定量订货系统之间没有区别，因为这时两种系统有相同的订货间隔期和订货量，即

$$Q_0 = DT_0 = D\sqrt{\dfrac{2C}{DPH}} = \sqrt{\dfrac{2DC}{PH}}$$

设检查期的库存余额为 I，订货批量 $Q = E - I$，从而 $E = Q + I$。在确定型情况下，订货提前期内物品消耗量为 I，订货间隔期 T 内物品消耗量为 Q，故最高库存数量由下式给出：

$$E = D(T+L) \qquad (4-6)$$

当订货间隔期和订货提前期均以"日"给出，且一年内有 N 个作业日时，可用下式计算最高库存数量：

$$E = D(T+L)/N \qquad (4-7)$$

用经济订货间隔期 T_0 代替年总库存成本表达式的 T，得最低年总库存成本公式如下：

$$TC_0 = DP + DPHT_0 \qquad (4-8)$$

例 4-8 某公司每年以单价 10 元购入 8 000 件物品 A。每次订货的订货成本为 30 元，物品 A 的单位年储存成本为 3 元（即 $PH = 3$）。若订货提前期为 10 天（工作日），一年有 250 个工作日，问经济订货间隔期、最高库存数量和年总库存成本各为多少？

经济订货间隔期为：

$$T_0 = \sqrt{\dfrac{2C}{DPH}} = \sqrt{\dfrac{2 \times 30}{8\,000 \times 3}} = 0.05 \text{（年）}$$

将 0.05 年换算为天，则 $T_0 = 0.05 \times 250 = 12.5$（工作日）

最高库存数量为：

$$E = D(T+L)/N = 8\,000\,(12.5+10)/250 = 720 \text{（件）}$$

年总库存成本为：

$$TC_0 = DP + DPHT_0 = 8\,000 \times 10 + 8\,000 \times 3 \times 12.5/250 = 81\,200 \text{（元）}$$

即经济订货间隔期为 12.5 个工作日，也就是说每隔 12.5 个工作日就应检查订货一次，最高库存数量为 720 件，年总库存成本为 81 200 元。

三、多项物品的经济间隔期*

通常在向一个供应商采购多项物品时或在同一地点采购多项物品时，采取联合订购是经济的。也就是说，在联合订购时多项物品都从同一货源或供应商订购。每项物品需订购的数量随各整组（联合订购）订购之间的时间间隔而定，确定多项物品的订货间隔期 T 和每项物品的期望最高库存数量 E，是联合订购的基本问题。

经济订货间隔期可通过使年总库存成本最小来得到，即通过取年总库存成本关于订货间隔期 T 的一阶导数，并令其为零来得出经济间隔期的计算公式。若忽略缺货成本，则其计算公式如下（详细推导过程可参阅有关资料）：

$$T_0 = \sqrt{\frac{2(C+nc)}{H \sum_{i=1}^{n} D_i P_i}} \tag{4-9}$$

式中：

D_i——i 物品的年需求量；

P_i——i 物品的购入价格；

n——联合订购物品的总项数；

C——联合订购的订货成本；

c——同每一单项物品有关的订货成本；

T——订货间隔期，以年计；

H——以购入价格的一个分数表示的储存成本。

每项物品的最大库存量（E_i）必须大到足以满足在下一次订货间隔期以及前置时间 L 内的需求。每一单项物品的订货数量等于最大库存数量减去库存余量。当订货间隔期和前置时间均以日表示，且一年有 N 个作业日时，则 i 物品的最大库存量 E_i 确定如下：

$$E_i = \frac{D_i T}{N} + \frac{D_i L}{N} = \frac{D_i(T+L)}{N} \tag{4-10}$$

例 4-9 某公司从同一供应商处订购 7 项物品。每次的订货成本为 1.05 元，每项物品另加 0.50 元，各物品的年需求量、单价及购置成本见表 4-10。每年按 360 天，每月按 30 天计算。若年存储费率为 20%，问经济订货间隔期为多少？若订货提前期为 1 个月，那么每项物品的最高库存数量又是多少？

表 4-10　各项物品的年需求量、单价及购入成本

物品	年需求量/单位	单价/元	购置成本/元
A	150	1.0	150
B	400	0.5	200
C	125	2.0	250
D	100	3.0	300
E	800	0.5	400
F	70	5.0	350
G	175	2.0	350

① 计算经济订货间隔期。将表 4-8 中的数据代入公式（4-9）得到：

$$T_0 = \sqrt{\frac{2(C+nc)}{H\sum_{i=1}^{n}D_iP_i}} = \sqrt{\frac{2(1.5+7\times0.5)}{0.2\times2\,000}} = 0.158\,(年)$$

经济订货间隔期为 0.158 年，即 1.9 个月，也就是说每 2 个月便订货一次。

② 计算每项物品的最高库存数量。利用公式（4-10）可得到各项物品的最高库存数量（见表 4-11）：

表 4-11　各项物品的最高库存数量

物品	年需求量/单位	单价/元	购置成本/元	最高库存量
A	150	1	150	38
B	400	0.5	200	100
C	125	2	250	31
D	100	3	300	25
E	800	0.5	400	200
F	70	5	350	18
G	175	2	350	38
合计			2 000	

$$E_1 = \frac{D_i(T+L)}{N} = \frac{150\times(2+1)\times30}{360} = 37.5 \approx 38$$

这里，需要注意的是 D_i 与 T、L、N 的单位要一致，订购间隔期 T 与前置时间 L 的单位为月，N 的单位为日，要将 T、L 换算为日。同理，可以计算出其余物品的最高库存量。

第4节 安全库存与订货点

一、安全库存及其作用

（一）缺货现象的发生

许多不确定因素给库存分析带来影响，其中最常见的是需求量和订货提前期的变化。当单位时间内的需求量和订货提前期都是常数时，定量订货系统的订货点就等于订货提前期内的需求，它是一个不变的量。这时，当库存余额达到订货点时发出订单，在库存为零时正好到货，不会发生缺货现象。但若出现如下情况，就会发生缺货现象：

① 单位时间内的需求量不变，但实际订货提前期大于期望订货提前期。例如订货时的期望订货提前期为8天，而实际上订货10天后才到货，也就是说实际订货提前期为10天。这时缺货就会发生，因为在订货8天后库存余额为零，本应订货在这天到货，但实际上是在订货10天后到货，因此就有2天缺货。

② 订货提前期不变，但订货提前期内的需要量超过其期望值。例如实际订货提前期为8天，而期望订货提前期也为8天，也就是说所订物品在第8天按时到达。但是，由于订货提前期内的需求发生了变化，比预计的需求增加了10个单位，即预计在订货提前期内需求为80件，但实际需求变为90件，因此，在订货到达前，就发生了10个单位的缺货。

当上述两种缺货同时出现时，情况将更加复杂。发生缺货时，用户对缺货的反应可以分为延期付货和失销两种类型。

在延期付货的情况下，不会失销，而只是付货延期。发生延期付货性的缺货现象时，公司一般会采取措施以加速订购物品的到货或临时订货。和正常进货相比，会产生一些额外的费用，如加速费用、手续费用、附加运输费用和包装费用等。

在失销的情况下，会失去用户，物品的供应由竞争对手取而代之。销售利润损失和难以定量估计的商誉损失就构成了失销费用。若是流水生产线所需的物品缺货，就会导致停工，造成巨大的经济损失。通常制造企业的缺货费用很大，以至于往往不允许缺货。显然，无论是哪种形式的缺货费用，对于不同的物品和不同的情况可能有很大的差别，应根据用户或内部使用的具体情况而定。

因此，为避免缺货现象的发生，需要设置安全库存。

（二）安全库存的作用

安全库存是为了应付需求、订货提前期可能发生的不测变化而设置的一定数量的库存，其作用就是用来补偿在补充供应的订货提前期内实际需求量超过期望需求量或实际订货提前期超过期望订货提前期所产生的需求。例如，中转仓库和零售业备有安全库存是为了在用户的需求率不规律或不可预测的情况下，有能力供应他们。工厂成品库持有安全库存是为了零售和中转仓库的需求量超过其期望值时补充它们的库存。

在实际的库存管理中，对于某一个订货周期而言，可能出现如下3种情况：

① 前置时间内的需求量很大，不但用完了安全库存，而且发生了缺货现象；
② 前置时间内的需求量小于其期望值，没有动用安全库存，无缺货现象；
③ 前置时间内的需求量大于其期望值，动用了部分安全库存，由于有安全库存，因此没有发生缺货现象。

如果没有安全库存，当前置时间内的需求量超过其期望值时，便会产生缺货现象。这时每追加一单位安全库存，都会对缺货具有预防作用。超过期望需求量的第一个单位的安全库存，对缺货的预防作用最大；第二个单位的安全库存对缺货的预防作用比第一个单位稍小，以此类推。当安全库存量增加到一定程度时，继续增加一单位所提供的对缺货预防作用将很不明显。这种现象又称为报偿递减原理。

安全库存量增加使前置时间内缺货的概率减少，从而降低缺货费用，但会引起储存费用的上升。在某一安全库存水平下，安全库存的缺货费用与储存费用达到最小值，这个水平便是最优水平。高于或低于这个水平，都会使安全库存费用升高。

在下列情况下要保持较高的安全库存量：
① 缺货成本高或服务水平要求较高；
② 储存成本较低；
③ 需求量的波动较大；
④ 前置时间的波动较大。

安全库存的存在使公司的缺货费用降低，同时又使储存费用增加。因此，需要确定合理的安全库存量。

二、对安全库存量的确定[*]

确定安全库存量没有固定的公式或严密的方法可循。现有的各种方法的计算都以需求量、前置时间和缺货成本作为依据。这里将介绍两种方法，一是根据对库存物资的需求量超过规定数量的概率，如建立安全库存以使需求量超过 300 单位的概率为 5%；二是根据超过库存量的预计数，如建立安全库存以满足 95% 的需求（或者有 5% 的订货数量超过库存量）。这就是说，第一种方法是关于超过某一数值的概率，第二种方法是有关短缺多少的问题。

（一）概率方法

利用概率标准来确定安全库存比较简单。假设在一定时期内需求是服从正态分布的，且只考虑超过库存量的概率，而不考虑所短缺的数量。为了求解一定时期内库存缺货的概率，可以简单地画一条需求量的正态分布曲线，并在曲线上标明所拥有的库存量的位置。当需求量是连续的时候，常用正态分布来描述需求函数（见第 3 章第 3 节的图 3-7）。

在库存管理中，只需关注平均水平之上的需求。也就是说，只有发生需求量大于平均水平时，才可能出现缺货，需要设立安全库存。在平均值以下的需求很容易满足，需要设定一个界限以确定应满足多高的需求，如图 4-9 所示。在图 4-9 中计划满足

95%的需求，只有5%的需求得不到满足。

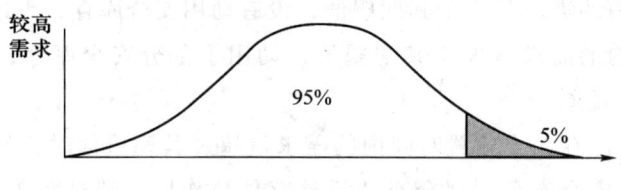

图4-9 较高需求的分布图

例如，假设预计从下月开始平均每月需求量为100单位，标准差为20单位。如果某一月份需求量刚好为100单位，则缺货概率为50%。我们知道有一半月份的需求量将超过100单位，另一半月份的需求量将少于100单位。更进一步说，如果每月一次订购100单位，且货物在月初收到，则从长期看，这一年中将有6个月发生缺货。

如果觉得频繁地缺货难以接受，则应增加额外的库存以减少缺货风险。假设增加20单位的安全库存，在这种情况下，仍然是一次订购一个月的物品，且当库存量下降为20单位时，所订的货物就该入库。在不设安全库存的情况下，当库存量为零时，订货正好到达。这里设立的20单位的安全库存就缓解了缺货的风险。如果需求量的标准差为20单位，则我们拥有了相当于标准差大小的安全库存，由标准正态分布表（附录1）查得概率为0.841 3（表中得到的是0.341 3，再加上0.5）。所以大约有84%的时间将不会发生缺货的情况，而只有16%的时间会发生缺货情况。如果每个月都订购，则大约有两个月会出现缺货（0.16×12＝1.92）。

在用此方法计算安全库存时，安全库存量为：

$$安全库存量 = 标准正态偏差 \times 标准差$$

当希望不发生缺货的概率为95%时，应建立1.64个标准差的安全库存，可得安全库存为33个单位（1.64×20＝32.8≈33）。

（二）服务水平方法

在许多情况下，往往并不掌握缺货成本有多大，甚至若作出大致的估计也很困难。在这种情况下，往往是由管理者规定物品的服务水平，由服务水平来确定安全库存。

服务水平表示用存货满足用户需求的能力。如果用户总是在需要的时候就得到他们所需要的物品，则服务水平为100%；否则服务水平就低于100%。服务水平与缺货水平之和为100%。一般来说，保证需求随时都得到满足不但很困难，而且在经济上也不合理。这是因为报偿递减原理在起作用。可能不需很多的花费就可以把服务水平从80%提高到85%，但要把服务水平从90%提高到95%所需花费就要大得多。当服务水平接近100%时，安全库存投资通常会急剧增长。因为完全消除缺货的费用很高，所以大多数公司都允许一定程度的缺货。

衡量服务水平有多种方式，如可按满足需求的单位数、金额或订货次数来衡量。不存在一种服务水平的衡量方式适合于所有的库存物品，因而要根据具体情况具体分析，确定适合的衡量方式。

常用的服务水平有如下 4 种：① 按订购周期计算的服务水平；② 按年计算的服务水平；③ 需求量服务水平系数；④ 工作日服务水平系数。采用不同服务水平衡量方式得出的订货点或安全库存量将不相同，选择何种衡量方式应由管理者根据经营目标加以抉择。

按订货周期计算的服务水平表示在订购提前期（前置时间）内不缺货的概率。这种衡量方式不关心缺货量的大小，仅反映可能发生在订购周期内的缺货是多少时间一次。

$$\text{按订购周期计算的服务水平} = 1 - \text{有缺货的订购期数/订购期总数}$$
$$= 1 - P(M > B) \tag{4-11}$$

$$P(M > B) = P(s) = 1 - \text{按订购周期计算服务水平}$$
$$= \text{有缺货的订购期数/订购期总数} \tag{4-12}$$

式中：$P(M > B)$ 就是缺货概率，也就是订购提前期需求量会超过订货点的概率。已知所允许的缺货概率后，根据订购提前期需求量的概率分布，就可以确定订货点使之满足规定的服务水平。

当需求量服从正态分布时，由给定的服务水平确定缺货概率，然后查标准正态分布表确定标准正态偏差 Z，用下式计算安全库存与订货点：

$$\text{安全库存} = Z\sigma \tag{4-13}$$

式中：σ 为标准差。

这时，

$$\text{订货点} = \text{期望平均值} + \text{安全库存}$$
$$= E(M) + Z\sigma$$

例 4-10 已知某物品按订购周期计算的缺货水平为 0.125，年需求量为 18 000 单位，每次订购费为 200 元。单位年储存成本为 5 元（即 $PH = 5$），采购提前期为 1 天，采购提前期内需求量的概率分布如表 4-12 所示。确定订货批量和订货点。

表 4-12 该物品采购提前期内需求量的概率分布表

M	30	40	50	60	70	80	90
$P(M)$	0.025	0.100	0.200	0.350	0.200	0.100	0.025
$P(s)$	0.975	0.875	0.675	0.325	0.125	0.025	0.000

物品的经济订购批量为：

$$Q_0 = \sqrt{\frac{2DC}{PH}} = \sqrt{\frac{2 \times 18\,000 \times 200}{5}} = 1\,200 \text{（单位）}$$

期望平均值为：

$$E(M) = \sum MP(M)$$
$$= 30 \times 0.025 + 40 \times 0.1 + 50 \times 0.2 + 60 \times 0.35 + 70 \times 0.2 + 80 \times 0.1 + 90 \times 0.025$$
$$= 60 \text{（单位）}$$

当缺货水平为 0.125 时，由表 4-14 中 $P(s)$ 行数据查得 0.125 所对应的订货点应为 70 单位，安全库存量为 10（=70-60）单位。

因此，该定量订货系统按订货批量为 1 200 单位，订货点为 70 单位，缺货水平为 0.125 时的安全库存为 10 单位。

三、对订货点的确定

（一）对连续检查系统订货点的确定

1. 需求与订货提前期不变时的订货点

通过确定经济订货批量，为管理者选择合适的订货批量及订货间隔期，作出正确的库存控制决策提供了辅助决策信息。下一步工作是在确定订货批量及订货间隔期的基础上，确定何时发出订货指令，即确定订货点。订货点是指发出订货单时库存的储存量。

从确定性定量订货系统特点可见，由于需求稳定，单位时间内的系统需求 d 恒定且已知，假定从发出订货指令到交货的时间间隔即订货提前期 L 一定，因此，在不考虑安全库存的情况下，订货点处的库存储备量 R 可以通过 d、L 计算确定。

$$R = 订货提前期内的平均需求 = dL \tag{4-14}$$

式中：

　　R——订货点，以单位计；

　　d——单位时间内的需求，常用日需求量；

　　L——订货提前期（前置时间），常用天为单位。

例 4-11　以例 4-4 数据为例，假定每年有 250 个工作日，订货提前期为 10 天，求其订货点。

解：订货点为：

$$R = dL = \frac{1\,000}{250} \times 10 = 40 \text{（件）}$$

即订货点为 40 件，也就是说，当库存量为 40 件时就得发出订货信息。

2. 需求与订货提前期可变时的订货点[*]

在需求与订货提前期可变时，就需要安全库存，这时，订货点的计算公式为：

$$订货点 = 订货提前期的平均需求 + 防止供给不确定性的安全库存$$
$$+ 防止需求不确定性的安全库存 \tag{4-15}$$

（1）订货提前期平均需求。订货提前期平均需求的计算方法为：

$$订货提前期平均需求 = 订货提前期 \times 平均需求 \tag{4-16}$$

（2）防止供给不确定性的安全库存。在许多情况下，订货提前期是变化的，为了避免提前期变化带来的不确定性影响，需要设立安全库存，其计算公式为：

$$防止供给不确定性的安全库存 = 提前期变化量 \times 平均需求 \tag{4-17}$$

在一般情况下，大多数库存系统使用固定提前期，但在计算过程中可以包含提前期可变性的度量。提前期变化可能是由于供应商的因素造成的,也可能是由于企业内部处理过程而引起的,如物品进厂后没有及时入库造成的耽搁。

假定提前期的分布和可变性服从正态分布,可以通过计算标准偏差/平均绝对偏差得出较为可靠的提前期估计。

例 4-12 平均提前期为 21 天,标准差为 5 天,当服务水平为 95% 时的提前期变化量为多少?

查正态分布表,可以得出服务水平为 95% 时,对应的正态偏差为 1.64 标准差,这样,就可以计算出提前期变化量为:$21+5\times1.654=29.2$ 天。

从上述计算结果可以看出,当提前期变化比较大时,会对安全库存产生较大的影响。

(3) 防止需求不确定性的安全库存

防止需求不确定性的安全库存的计算公式为:

$$\text{防止需求不确定性的安全库存} = \text{需求的标准差} \times \text{服务水平因子} \times \sqrt{\text{前置期} + \text{前置期变化}}$$

上式中的服务水平因子是通过状态分布表将要求的服务水平换算为标准差,可以直接查正态分布表得到此数据。

例 4-13 订货提前期为 3 周,提前期变化为 1 周,需求的标准差为 20,服务水平为 95% 时的安全库存为多少?

查正态分布表,可以得出服务水平为 95% 时对应的正态偏差为 1.64 标准差,这样,就可以计算出安全库存为:

$$\text{安全库存} = 20 \times 1.64 \times \sqrt{3+1} = 65.6$$

(二) 对定期检查系统订货点的确定[*]

定期检查控制是按有规律的时间间隔,如每月或每周检查,库存物品状态。对于定期检查来说,必须将基本的订货点调整到两次检查之间的间隔时间内。每次检查都必须决定从这次检查到下次检查之间该保留多少库存,以及由下次检查发出订单所需的提前期。这一库存量称为最大库存水平,它的计算与连续检查系统中的订货点的计算类似。

定期检查系统的安全库存时间范围包括相邻检查的时间间隔以及从订货到货物可用之间的提前期。定期检查系统的最大库存计算公式如下:

$$\begin{aligned}\text{定期检查系统的最大库存} &= \text{提前期和检查期间的平均需求} \\ &\quad + \text{防止供给不确定性的安全库存} \\ &\quad + \text{防止需求不确定性的安全库存} \\ &= (\text{提前期} + \text{检查期}) \times \text{平均需求} \\ &\quad + \text{防止供给不确定性的安全库存} \\ &\quad + \text{防止需求不确定性的安全库存}\end{aligned}$$

$$\text{防止需求不确定性的安全库存} = \text{需求的标准差} \times \text{服务水平因子} \times \sqrt{\text{提前期} + \text{提前期变化} + \text{检查期}}$$

例 4-14 提前期为 3 周，检查期为 4 周，每周的平均需求为 76，标准差为 12.5，提前期变化为 1 周，服务水平为 95% 时的最大库存为多少？

查正态分布表，可以得出服务水平为 95% 时，对应的正态偏差为 1.64 标准差，这样，就可以计算出最大库存为：

$$\text{最大库存} = (3+4) \times 76 + 1 \times 76 + 12.5 \times 1.64 \times \sqrt{3+1+4} = 666$$

第 5 节 一次性订货量*

一、已知需求量与可变前置时间的一次性订货量

在已知需求量时，一次性订货量就等于需求量。假如不允许缺货，订单应在可能最长的前置时间之前发出。当已知前置时间的概率分布时，也可以规定订货先于需求发生日期到达的概率，从而决定订单发出的日期。

例 4-15 某商店准备圣诞节期间销售圣诞树。已知某批发商供应圣诞树前置时间的概率分布如表 4-13 所示。假如需求从 12 月 1 日开始发生，要求按时到货的概率不小于 85%，问应何时发出订单？

表 4-13 批发商供应圣诞树前置时间的概率分布表

前置时间 L/天	10	11	12	13	14	15	16
概率	0.10	0.10	0.15	0.20	0.30	0.10	0.05

按时到货的概率不小于 85%，订单发出的日期确定过程如表 4-14 所示（表中 L 表示实际的前置时间）。

表 4-14 订单发出的日期确定过程

前置时间 L/天	10	11	12	13	14	15	16
概率	0.10	0.10	0.15	0.20	0.30	0.10	0.05
$P(X \leq L)$	0.10	0.20	0.35	0.55	0.85	0.95	1.00

从表 4-13 可知，10 天到货的概率为 0.10，11 天到货概率为 0.10，那么小于 11 天到货的概率则为 0.20（= 0.10+0.10）。同理，得到小于 12 天到货的概率为 0.35（= 0.20+0.15），以此类推，得到如表 4-14 所示。

若不允许缺货，则应在最长的前置时间之前订货，即在 12 月 1 日之前 16 天发出订单。如要求供应圣诞树按时到达的概率不小于 85%，由表 4-14 中 $P(X \leq L) = 0.85$ 对应的前置时间应为 14 天，即应在 12 月 1 日之前 14 天发出订单。

二、已知前置时间与可变需求量的一次性订货量

如果前置时间已确定，并且已知需求量的概率分布和有关的成本参数，就可以利

用期望值法或边际分析法确定一次性订货量。

（一）期望值法

当已知需求量的概率分布时，可以根据使期望利润最大或期望成本最小的原则确定一次性订货量的大小。当采用期望值法确定一次性订货量时，可以利用输出或益损值表决定订货量，使期望收益最大或期望损失最小。

例 4-16 某批发商计划在圣诞节前订购一批圣诞树以供在圣诞节期间销售。由于短期内只能订购一次，所以他必须决定订货的数量。假设圣诞树的订购价为 2 元/单位，售价为 6 元/单位。订货成本可以忽略不计。没有售出的圣诞树只能作为木柴按每单位 1 元出售。节日期间客户对该批发商圣诞树需求量的概率分布如表 4-15 所示（订货量只能为 10 的倍数）。该批发商应订购多少单位圣诞树？

表 4-15 圣诞节期间客户对圣诞树需求量的概率分布

需求量 M	10	20	30	40	50	60
概率 $P(M)$	0.10	0.10	0.20	0.55	0.15	0.10

根据上述数据计算不同情况下的益损值，得到益损值表如表 4-16 所示。

表 4-16 益损值表

订货量	概率	0.10	0.10	0.20	0.35	0.15	0.10	期望值/元
	需求量	10	20	30	40	50	60	
10		40	40	40	40	40	40	40.00
20		30	80	80	80	80	80	75.00
30		20	70	120	120	120	120	105.00
40		10	60	110	160	160	160	125.00
50		0	50	100	150	200	200	127.50√
60		-10	40	90	140	190	240	122.50

从表 4-16 中可以看出最大期望收益值为 127.5 元，对应的订货量为 50 单位，即批发商应订购 50 单位的圣诞树。

（二）边际分析法

在应用期望值法作出一次性订货量的决策时，要对订货量和需求量可能取值的所有组合计算益损值。当益损值表规模较大时，计算工作量较大，这时可用边际分析法作出决策。当对现有订货量增加 1 单位时，这 1 单位可能销售出去，也可能销售不出去。这两种可能结果的概率之和必然为 1。只要期望边际利润加期望边际缺货成本的节约额大于期望边际损失，就应该增加该单位的订货。期望边际利润就是增加单位销售产品所增加的期望利润，期望边际损失则是如果产品没有销售出去所带来的期望损失。在应用期望值法计算一次性订货量时，用期望边际利润加上期望边际缺货成本的节约额是否大于期望边际损失来判断是否增加该单位的订货,是因为该单位如果能销售出去,和不订购该单位的情况相比,不但可以获得一单位的销售利润,而且还可以避免一单位的缺货成本。这样,将现有订货量增加1单位的条件是:

$$p \geqslant 边际损失/(边际利润+边际损失+边际缺货成本) \quad (4-18)$$

式中 p 为该单位能销售出去的概率。只要该单位能够售出的概率不小于 p,订货量中就应包括该单位。另外,在一次性订货问题中,通常供不应求并不会有缺货成本。在这种情况下,单位缺货成本就认为是零。

例 4-17 根据例 4-16 中的数据,用边际分析法决定订货量。

首先,利用表 4-15 中的数据,计算实际需求量 X 大于等于某数值 M 的概率,记为 $P(X \geqslant M)$,得到表 4-17。

表 4-17 某物品的需求量及其概率

需求量 M	10	20	30	40	50	60
概率 $P(M)$	0.10	0.10	0.20	0.35	0.15	0.10
$P(X \geqslant M)$	1.00	0.90	0.80	0.60	0.25√	0.10

表 4-17 中,实际需求量大于等于 10 的概率为 1,即将实际需求量为 10、20、30、40、50、60 的概率求和;同理,实际需求量大于等于 20 的概率为 0.9,即将实际需求量为 20、30、40、50、60 的概率求和。以此类推,得到所有实际需求量 X 大于等于某数值 M 的概率。

然后,用公式(4-21)计算 p:

$$p \geqslant 边际损失/(边际利润+边际损失+边际缺货成本)$$

圣诞树的订购价为 2 元/单位,售价为 6 元/单位,边际利润为 4(=6-2)元/单位,即多卖出一单位的圣诞树可获得 4 元的边际利润。如果订购的圣诞树没有销售出去,只能作为木柴按每单位 1 元出售,这时边际损失为 1(=2-1)元/单位。边际缺货成本为 0。这时可计算 p:

$$p \geqslant 1/(4+1+0) = 0.20$$

查表 4-17 中的数据可知,销售量不小于 50 单位的概率为 0.25,所以应订购 50 单位。

例 4-18 B 公司每年春天在公司的灌木苗圃中起苗销售,估计起苗和整枝的成本为每棵 2.5 元,将树苗送到零售商的平均装运成本大约是每棵 0.5 元,售给零售商的单价为 5 元。如果树苗起出而未售出,则将全部损失掉,但不必付出装运成本。公司规定销售量必须以万棵为单位。若过去订货量的概率分布如表 4-18 所示,今年该当起出多少棵树苗才能使利润最大?

表 4-18 订货量的概率分布表

需求量/万棵	1	2	3	4	5
概率	0.10	0.20	0.25	0.30	0.15

首先，根据表4-18中的订货量概率，计算实际销售量 X 大于等于某数值 M 的概率，记为 $P(X \geq M)$，计算过程同上例，得到表4-19。

表 4-19 订货量的概率及销售概率分布表

需求量/万棵	1	2	3	4	5
概率	0.10	0.20	0.25	0.30	0.15
销售概率	1.00	0.90	0.70	0.45	0.15

然后，应用边际分析法的公式（4-18）计算 p：

$$p \geq 边际损失/（边际利润+边际损失+边际缺货成本）$$

边际利润 = 5-2.5-0.5 = 2，边际损失 = 2.5，边际缺货成本 = 0。

这时，$p \geq 2.5/(2+2.5+0) = 0.55$。

根据表4-19中所给的数据，销售不少于3万棵的概率为0.70，销售不少于4万棵的概率为0.45。为获得最大利润，应起出3万棵树苗。

三、需要说明的问题

虽然库存分析往往将重点放在重复订购的物品上，但由于一次性订货过程中的误差无法根据实际发生的需求予以纠正，因此，其库存控制的决策难度较大。各种季节性的、宗教性的和文化活动等因素都会导致对物品的一次性需求，从而有必要进行一次性订货的分析。

对于某些类型的企业，一次性订货的库存分析比重复性订货的库存分析还要重要。如根据用户的特殊订货进行生产的加工厂、建筑企业和特殊项目（如造船、运载火箭和通信卫星等）中，一次性订货分析就显得更为重要。在这些情况下，对一次订货的库存分析应予以足够的重视。

个案分析

案例材料

安科公司 ABC 分析法的应用

安科公司是一家专门经营进口医疗用品的公司，2011年该公司经营的产品有26个品种，共有69个客户购买其产品，年营业额为5 800万元人民币。对于安科公司这样的贸易公司而言，因为进口产品交货期较长，库存占用资金大，因此，库存管理显得尤为重要。

ABC分析法是经济学中帕累托原理在库存管理上的一种应用，安科公司按照销售额和客户的购买额分为ABC三类，对于不同类的产品、不同类的客户采用不同的管理方法。排序在前3位的产品占到总销售额的97%，因此把它们归为A类产品；第4、5、6、7种产品每种产品的销售额在0.1%~0.5%之间，把它们归为B类；其余的21

种产品（共占销售额的1%），将其归为C类。

对于A类的3种产品，安科公司实行了连续性检查策略，每天检查库存情况，随时掌握准确的库存信息，并予以严格的控制，在满足客户需要的前提下维持尽可能低的周转量和安全库存量。

A类产品的订货提前期为两个月（也就是从下订单到货物从安科公司的仓库发运出去，要两个月的时间），即如果预测在6月份销售的产品，则需要在4月1日下订单给供应商，才能保证在6月1日出库。由于该公司的产品每个月的销售量不稳定，因此，每次订货的数量不同，按照实际的预测数量订货。为了预防预测的不准确及供应商交货的不准确，还要保持一定的安全库存，安全库存为下一个月预测销售数量的1/3。

对于A类产品，一旦手中实际的存货数量加上在途量等于下两个月的销售预测数量加上安全库存时，就下订单订货，订货数量为第三个月的预测数量。因其实际的销售量可能大于或小于预测值，所以每次订货的间隔时间也不相同。这样实行管理后，这三种A类产品库存的状况基本达到了预期的效果。

对于B类产品的库存管理，该公司采用周期性检查策略。每个月检查库存并订货一次，目标是每月检查时应有以后两个月的销售数量在库里（其中一个月的用量视为安全库存），另外在途还有一个月的预测量。每月订货时，再根据当时剩余的实际库存数量，决定需订货的数量。这样就会使B类产品的库存周转率低于A类。

对于C类产品，该公司采用了定量订货的方法。根据历史销售数据，得到产品的半年销售量并作为C类产品的最高库存量，而将其两个月的销售量作为最低库存。一旦库存达到最低库存时，就订货将其补充到最高库存量。这种方法比前两种更省时间，但是库存周转率更低。

该公司实行了产品库存的ABC管理以后，虽然A类产品占用了最多的时间和精力实行管理，但得到了满意的库存周转率。而B类和C类产品，虽然库存的周转率较慢，但相对于其很低的资金占用和很少的人力支出来说，这种管理也是个好方法。

在对产品进行ABC分类以后，该公司又对其客户按照购买量进行了分类。发现在69个客户中，前5位的客户购买量占全部购买量的75%，将这5个客户定为A类客户；到第25位客户时，其购买量总和已达到95%。因此，把第6到第25位的客户归为B类，其他的第26~69位客户归为C类。对于A类客户，实行供应商管理库存，一直保持与他们密切的联系，随时掌握相应的库存状况；对于B类客户，基本上可以用历史购买数据作其需求预测，并作为订货的依据；而对于C类客户，有的是新客户，有的一年也只购买一次，因此，只在每次订货数量上多加一些，或者用安全库存进行调节。这样做，一方面可以提高库存周转率，同时，也提高了对客户的服务水平，尤其是A类客户对此非常满意。

分析

本案例材料涵盖了以下知识点：

1. 根据 ABC 分类的原则与标准进行 ABC 分类。

2. ABC 分类后，不同类别的存货采用不同的库存控制策略。本案例中，对货值高的 A 类产品采用了连续检查的库存管理方法，检查期为 1 天；对于 B 类产品采用周期性检查策略，每个月检查库存并订货一次；对于 C 类产品则采用了定量订货的方法。这种方法比前两种更省时间，但是库存周转率更低。

3. 对产品按销售额进行 ABC 分类以后，该公司又对其客户按照购买量进行了 ABC 分类。对于 A 类客户，实行供应商管理库存，一直保持与他们密切的联系，随时掌握他们的库存状况；对于 B 类客户，用历史购买数据作需求预测并作为订货的依据；而对于 C 类客户（有新客户，也有一年只购买一次的客户）只在每次订货数量上多加一些，或者用安全库存进行调节。这样做，一方面可以提高库存周转率，同时，也提高了对客户的服务水平，尤其是 A 类客户对此非常满意。

启示

1. 在进行 ABC 分类时，可根据不同的需求选择不同的分类标准，以达到库存控制的目标。

2. 通过安科公司的实例，可以看到将产品及客户分为 ABC 类以后，再结合其他库存管理方法，如连续检查法、定期检查法等，就会收到很好的效果。

自学指导

学习重点

ABC 分类的基本原理、ABC 分类的依据，单项物品的经济订货量（EOQ），单项物品的经济订货间隔期，安全库存量的确定*，订货点的确定*。

1. ABC 分类

ABC 分类法的基本原理是：按照所控制对象价值的不同或重要程度的不同将其分类，通常根据年耗用金额（存货价值或数量×成本）将物品分为 3 类。A 类是指存货数量占 10% 左右，但它们在存货总价值中所占比例在 70% 左右的物品；B 类是指存货数量占 20% 左右，它们在存货总价值中所占比例在 20% 左右的物品；C 类存货则是指存货数量占 70% 左右，而其存货总价值所占比例只有 10% 左右的物品。

ABC 分类依据除了存货占用的库存资金外，还可以选择：① 缺货后果；② 供应的不确定性；③ 过期或变质的风险等；④ 客户的重要程度。

将物品进行 ABC 分类，其目的在于根据分类结果对每类物品采取适宜的控制措施。对 A 类物品应尽可能从严控制，而对于 C 类物品，则可以尽可能简单地控制。对 B 类的控制介于 A 类与 C 类之间。

2. 单项物品的经济订货量（EOQ）

（1）经济订货量的假设：① 需求稳定；② 订货提前期 L 不变；③ 每次订货批量 Q 一定；④ 每批订货一次入库；⑤ 订货成本、单件储存成本和单价固定不变；⑥ 不允许缺货。

(2) 经济订货量的公式：

$$EOQ = \sqrt{\frac{2DC}{PH}}$$

3. 单项物品的经济订货间隔期

单项物品的经济订货间隔期公式：$T_0 = \sqrt{\dfrac{2C}{DPH}}$

4. 对安全库存量的确定*

(1) 概率方法。即：安全库存量=标准正态偏差×标准差

(2) 服务水平方法。

$$\text{按订购周期计算的服务水平} = 1 - \text{有缺货的订购期数} / \text{订购期总数}$$
$$= 1 - P(M > B)$$
$$P(M > B) = P(s) = 1 - \text{按订购周期计算服务水平}$$
$$= \text{有缺货的订购期数} / \text{订购期总数}$$
$$\text{安全库存} = Z\sigma$$

式中，σ 为标准差。

5. 对订货点的确定*

(1) 需求与订货提前期不变时：$R = $ 订货提前期内的平均需求 $= dL$

(2) 需求与订货提前期可变时订货点*

订货点=订货提前期的平均需求+防止供给不确定性的安全库存+防止需求不确定性的安全库存

(3) 对定期检查系统订货点的确定*

$$\text{防止需求不确定性的安全库存} = \text{需求的标准差} \times \text{服务水平因子} \times$$
$$\sqrt{\text{提前期} + \text{提前期变化} + \text{检查期}}$$

学习难点

1. ABC 分类的应用*

在应用 ABC 分类时，常依据以下步骤对存货进行 ABC 分类：

① 将物品按年耗用金额从大到小排序；

② 计算各种物品年耗用金额占总年耗用金额的百分比并进行累计（或进行品种百分比累计）；

③ 按照分类标准，选择断点进行分类，确定 A、B、C 三类物品。

2. 考虑价格折扣的经济订货批量*

在价格折扣情况下，年总库存成本仍由公式（4-1）计算，但式中的购入价格 P 取决于订货批量 Q。当订货批量由小到大增加但小于折扣点时，上式所对应的成本曲线是连续的；订货批量取折扣时，年总库存成本突然下降，随后又连续变化。价格折扣点形成了成本函数的间断点。由于总成本曲线的不连续性，所以不能像无折扣时那样容易用一阶导数来指出最低成本点。最低成本点或者就在中断点上，或者就像确定

*EOQ*那样,在导数为零的点上,需要逐一计算,然后通过比较各折扣价格下的年总库存成本,选择其中最小的年总库存成本对应的订购批量,即为考虑价格折扣的经济订货批量。

3. 多项物品的经济间隔期*

$$T_0 = \sqrt{\frac{2(C + nc)}{H \sum_{i=1}^{n} D_i P_i}}$$

4. 一次性订货量系统*

(1)已知需求量与可变前置时间的一次性订货量。

(2)已知前置时间与可变需求量的一次性订货量。

① 期望值法。

② 边际分析法。

复习题

一、单项选择题(在备选答案中选择1个最佳答案,并把它的标号写在题后的括号内)

1. 定量订货法主要用于哪一类物资的库存控制?(　　)

(A) A类物资　　(B) C类物资　　(C) B类物资　　(D) A、B、C都适用

2. 处理一次性订货的关键是(　　),如果需求量已知,问题就很简单。当已知需求量的概率分布时,应该根据期望利润最大或期望成本最小的原则进行决策。

(A) 确定需求量　(B) 估计需求量　(C) 均不对　　(D) A 或 B

3. 在 ABC 分类中,如果按照存货占用库存价值的不同进行分类,则 A 类是指(　　)。

(A) 存货数量占70%左右,它们在存货总价值中所占比例只在10%左右

(B) 存货数量占10%左右,但它们在存货总价值中所占比例在70%左右

(C) 存货数量占20%左右,它们在存货总价值中所占比例在20%左右

(D) 存货数量占50%左右,它们在存货总价值中所占比例在50%左右

4. 在下列关于经济订货批量敏感性的描述中,正确的是(　　)。

(A) 最小总成本只对应唯一的一个批量

(B) 储存成本和订货成本预测的微小的差都会造成 *EOQ* 的显著变动

(C) 当订货批量在 *EOQ* 左右做微小变化时,总成本则将有较大变动

(D) 在精确估算的成本基础上较好地反映成本变动趋势

二、多项选择题(在备选答案中有2~5个是正确的,将其全部选出并将它们的标号写在题后的括号内,错选或漏选均不给分)

1. 库存控制的基本决策主要包括以下内容(　　)。

(A) 确定相邻两次订货的间隔时间　(B) 确定每次订货的订货批量

（C）确定每次订货的提前期　　（D）确定库存满足供货的服务率
（E）确定供应商

2. 关于订货点，下列说法中正确的是（　　）。
（A）是订货的启动控制点　　（B）是仓库发出订货的时机
（C）是必须发出订货的警戒点　　（D）是已经出现缺货的时点
（E）是已经出现缺货的警戒点

3. 在进行 ABC 分类时，ABC 分类指标有（　　）。
（A）缺货后果　　（B）供应的不确定性
（C）过期的风险　　（D）占用库存资金的大小
（E）变质的风险

4. 在哪些情况下要保持较高的安全库存量？（　　）
（A）缺货成本高　　（B）服务水平要求较高
（C）储存成本较低　　（D）需求量的波动较小
（E）前置时间的波动较大

三、简答题

1. 简述 ABC 分析法的原理与分类依据。
2. 简述服务水平的概念，将服务水平由 70% 提高到 75% 和由 90% 提高到 95%，在哪种情况下需要的投资大？为什么？
3. 经济订货批量的假设前提有哪些？
4. 什么类型的库存物品可按一次性订货处理？
5. 提前期对一次性订货问题有何影响？
6. 安全库存对库存成本会产生什么影响？为什么？

四、计算题

1. 已知各种物品的情况如下表，对物品进行 ABC 分类。其中 A 类物品占总金额的 70%，B 类占 20%，C 类占 10%。

物品编号	1	2	3	4	5	6	7	8	9	10
单价	0.15	0.05	0.10	0.22	0.08	0.16	0.03	0.12	0.18	0.05
年需求量	26	65	220	750	1 100	1 750	85	25	420	20

2. 某公司以单价 10 元每年购入 8 000 单位的某种物品，订货成本为每次 30 元，每单位每年储存成本为 3 元。若订货提前期为 2 周，则经济订货批量、年总成本、年订购次数和订货点各为多少？

3. 物品 A 与物品 B 的有关数据如下：
（1）物品 A 的年需求量为 50 000，每次订货的订货成本为 25 元，物品价格为 0.2 元/件，储存费率为 20%。
（2）物品 B 的年需求量为 1 000，每次订货的订货成本为 25 元，物品价格为 50 元/

件，储存费率为30%。

回答下列问题：

① 分别计算物品 A 与物品 B 的 EOQ；

② 如果物品 A 的需求被平均分配在 3 个地点，对物品 A 的 EOQ 将会有什么影响？

③ 如果物品 B 的价格降为 45 元/件时，订货量为多少？

4. 某企业年需要物资量为 14 400 件，该物资的单价为 0.40 元，储存费率为 25%，每次的订货成本为 20 元，一年工作 52 周，订货提前期为 1 周。试求：

（1）经济订货批量是多少？

（2）一年应该订货几次？

（3）全年的库存总成本是多少？

（4）订货点为多少？

5. 某食品厂向某商店成箱供应其生产的蛋糕，食品厂试图确定每天应制作几盒蛋糕。这种蛋糕味道好，但保质期只有 1 天，如果当天销售不出去，就完全失去价值。每盒蛋糕成本为 10 元，以 12 元售给食品商店。在过去的 100 天中，食品厂记录了每天的销售量如下表所示，利用期望值法确定每天应制作蛋糕多少盒？

销售量/盒	26	27	28	29	30
出现的天数/天	10	20	40	20	10

6. 如果习题 5 中的食品厂生产的蛋糕保质期为 2 天，上架第一天的售价为 10 元，第二天的售价为 8 元（假设 8 元售价时都可以卖完），这时每天制作多少盒蛋糕为宜？最大期望利润是多少？

7. 某公司要举行一次春游活动，小李的任务是为每人准备一听饮料。参加春游的人数服从正态分布，均值为 200 人，标准差为 40 人。如果提前 2 周并订购较大数量的订货，商店愿意以每听 1.5 元销售。但是若到时饮料不够，小李必须在春游地以每听 2 元购买。问应提前订购多少听？

五、案例分析题

某铝业集团在库存管理中应用 ABC 的分类法

某铝业集团是我国重要的铝加工基地，2011 年其工业总产值达到 255 810 万元，利税总额 7 900 万元。该铝业集团的产品共有 17 个大类，840 多个品种。大规模的生产需要消耗大量的物资。物资供应公司是该铝业集团的后勤仓库，负责公司的大部分物资管理工作。2011 年共采购物资 8 000 多万元，品种有 450 种，规格 19 000 多个。面对如此众多的物资，如果采取平等对待，不仅会占用大量流动资金，有时还由于重要物资短缺造成一定的经济损失。

该铝业集团从现状出发，根据其物资管理情况以及存在的问题，决定应用 ABC 分类法加强重点管理，找出解决问题的途径。管理人员根据物资品种数和年度消耗定额汇总出物资年度消耗金额表（见下表）。

库存管理（一）（二）

序号	物品名称	品种数	年度使用金额/万元
1	钢材	21	403.2
2	油类	10	3 088.8
3	水暖，紧固件	45	57.6
4	添加剂	13	720
5	文具，杂物	66	40.32
6	硅藻土	8	2 419.2
7	电器材料	42	184.32
8	包装材料	15	691.2
9	五金工具	56	100.8
10	劳保工具	32	64.8

注：表中根据资料整理[①]

问题：如果你是该集团的库存管理人员，面对上述数据，应如何进行ABC分类？

---

① 资料来源：唐俐，刘霞. 探析ABC分类法，加强企业物资管理 [J]. 企业经济，2004.（3）：33-36，39.

第5章 库存管理的相关问题

自学时数
　　5学时。

教师导学
　　本章涉及的内容有：新设备的备件库存管理的基本问题、多余物品的管理、库存精度与循环盘点等。
　　本章的重点为：新设备备件库存特点以及备件库存的确定；多余物品的识别、降低库存的途径；循环盘点频率的确定与评估精确度*；
　　本章的难点为：多余物品的识别与处理、"浴盆曲线"的概念与应用*。
　　在学习时以重点内容为主线，结合难点深入浅出地将本章的内容讲解给学员。在学习中应注意库存管理的理论与方法是在实践中不断发展的。

第1节　新设备备件的库存管理

案例5-1

丰田的汽车备件[①]

　　早在20世纪80年代，日本丰田汽车公司就把大批生产线转移到国外，其中包括澳大利亚。在过去的10多年里，日本丰田汽车公司不只生产汽车，而且一直在澳大利亚发展全方位的汽车零部件配送系统和物流链管理服务。如果有一辆汽车在澳大利亚的草原或者荒漠中抛锚，无论是丰田还是其他牌号汽车，只要把求助信息发到丰田汽车备件公司所属配送中心，不需等候多久，附近的丰田汽车零部件销售商就会以最快的速度把所需的汽车零部件送到出事地点。在必要的情况下，随行的专业技术人员会帮助修好汽车，收费非常合理。丰田汽车备件公司在澳大利亚的物流服务已经成为全球

---

　　① 资料来源：Logistics&Material Handling 权威论坛。

库存管理（一）（二）

汽车厂商的典范。

在丰田汽车公司并不热门的汽车零部件物流服务现在成为汽车制造厂商长期生存战略的关键行业。精于市场动态调查的丰田汽车公司发现，消费者一旦享受到某种品牌汽车的最佳售后服务，就会对这种品牌的汽车赞不绝口，于是购买这种品牌汽车的消费者就会接踵而来。并且发现，大约86%的消费者在购买某品牌汽车的第一年内会回头向该品牌的汽车生产厂商购买零部件，但是5年以后再回头购买该品牌汽车零部件的消费者下降到20%。新车使用期一年内是汽车零部件需求量最低的时期，当汽车使用期超过5年，正是修理保养汽车需要零部件最多的时候。显而易见，这些本来应该继续是"回头客"的消费者因为种种原因转到其他汽车零部件商店购买他们需要的备件了。如果让这种状况发展下去，丰田汽车公司必将在日益激烈的汽车备件市场的竞争中失利。

丰田汽车公司开始全面调查零部件的销售情况。汽车零部件大多是预先堆放在某地一个预配中心的仓库里，按照传统的销售方式，凡是需要汽车备件的顾客必须预订。产生的后果是，汽车的零部件在仓库里堆积如山，而消费者或者客户却为一时买不到某项备件而着急。这时其他品牌可以替代的供应商往往会乘虚而入。正因为当初丰田汽车公司缺乏汽车零部件的整体物流链管理和周详的服务规划，失掉了许多业务发展机会和潜在消费者。

汽车备件库存该如何管理？

一、新设备备件库存特点

设备是企业物质系统的重要组成部分，是企业生产与再生产的重要物质与技术保证。设备技术状态的好坏，直接影响企业产品的数量与质量，决定企业的服务水平。因此，为保证设备能良好运行，需要对设备进行维护、保养和维修，需要储备一定数量的备件库存。对于企业购进的新设备，研究其备件库存具有十分重要的意义。

新设备采购并投入使用，其部件和整件的损耗是未知的。在确定使用新设备之前，必须确定能维持其维护和修理的初始供应量。新设备的初始供应量的确定一般是根据制造商的建议来确定的。

制造商给出试验和模拟测试该新设备的结果报告，它指明了该新设备中部件的使用以及整件替换的期限。如果这些不是实际使用条件下的报告数据，那么估算的结果就是不精确的。如果有类似设备在使用，那么可以参考这些设备的部件和整件的使用数据。

二、新设备备件库存的确定[*]

确定新设备的备件库存数量，必须掌握设备的故障发生规律，根据故障发生规律来确定其备件的库存数量。通过研究发现，在设备使用的不同时间阶段，设备的故障发生率是不同的。故障发生率是指单位时间内故障发生的概率。所引入的新设备或产品有一个重要的特征，即其备件和元件的使用具有"浴盆曲线"效应。如图5-1所示，它将设备使用维修期间的设备故障状态分为 3 个时期。

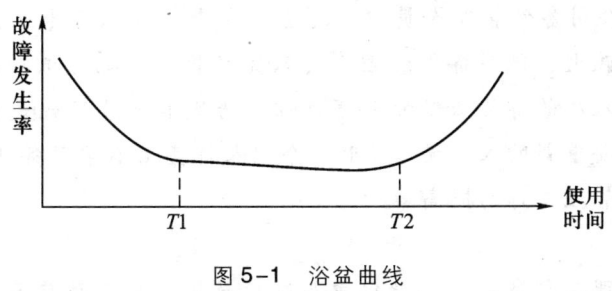

图 5-1　浴盆曲线

第 1 个时期称为初期故障期（$0 \leqslant t < T1$），这一时期的特点是故障率由高到低发生变化。当新设备的有些操作问题在试运行中没有被发现时，这些新设备在最初的使用阶段会经常出现故障。这样导致了备件和元件的使用数量很高。

随时间的延续，设备逐渐进入第 2 个时期，即偶发故障期。在这一时期（$T1 \leqslant t < T2$）。随着使用者对设备逐步熟悉，工程师也学会了如何维修与保养，也对解决设备问题做了一些技术上的改进，这时使用备件和元件的数量稳定在一定的水平上。使用备件和零件的数量到了"缸底"。这一时期，发生故障的原因是由于维护不好或操作失误或零部件的某些无法预测的缺陷。这一时期也是设备的最佳工作期。

第 3 个时期称之为磨损故障期（$T2 \leqslant t$）。这个时期的特点是，设备走向它的生命周期的末期，故障率急剧升高，对备件需求量也比较大。

设备在不同时期对备件的需求特征见表 5-1。

表 5-1　设备在不同时期对备件的需求特征

时期	对备件需求特征
初期故障期（$0 \leqslant t < T1$）	备件和零件的需求数量很高
偶发故障期（$T1 \leqslant t < T2$）	备件和零件的需求数量到了"盆底"
磨损故障期（$T2 \leqslant t$）	故障率急剧升高，对备件需求量比较大

根据表 5-1 新设备在不同时期对备件和零件的需求特征，在不同时期设备库存的存货量是不同的，需要根据这些特征进行存储。

案例 5-2

AG 公司的备件库存控制①

AG 公司可考核、可控制单位的备件资金占用额为 10.8 亿元，与公司备件资金占用控制在 9 亿元以下的要求还有 1.8 亿元的差距。AG 公司库存备件之所以长期居高不下，其原因有二：

---

①　http://baike.baidu.com/view/5996689.htm

1. 人员素质低

目前，在 AG 公司备件管理人员中，具备一定专业知识及专业技术职称的人员较少，工人占的比重较大，很多备件管理人员只凭经验、主观意识制定备件需求与采购计划。这样，采购入库的备件必然带有盲目性，储备不是多了就是少了。多者形成超储、积压；少者还要重新购入，误工误时。个别人员甚至不学习备件管理的基础知识，严重地影响了备件管理工作的提高。

2. 管理滞后

首先是基础管理工作薄弱，原始记录与统计数据不全，有章不循；其次是在备件库存管理中不履行正常工作程序，出现问题也不按责任制追查责任；另外，现代化管理不到位，订货计划方法不科学，缺乏计算机程序模拟实验计算，一些工程项目初始设计缺乏可行性研究，以及检修项目计划不周，最终导致购入备件的重复或积压。

面对上述问题，AG 公司取了如下措施对备件库存进行管理与控制。

1. 抓采购管理

采购是备件库存的入口，也是备件库存居高不下的病症所在。对采购环节主要采取了如下管理措施：

（1）质量、价格由备件采购部门把关

由采购部门制定完整的采购作业制度、责权匹配制度及规范管理模式。采购回来的入库备件，在哪个环节出现毛病就由哪个环节治病，造成的损失就由该环节负责，对号入座，使责权更匹配，业务管理更规范，工作业绩既清晰透明，也为领导考评提供有力依据。

（2）数量（包括采购计划）由使用单位提供并把关

使用单位要制定完整的使用作业制度、规范管理操作规程等。备件一旦验收无误入库后，由采购部门及实物主管部门跟踪备件使用流向，同时，使用单位要做好备件使用统计记录，为采购部门、实物主管部门和领导决策提供准确依据。发生备件与需用计划不符事项，由采购部门负责，并及时处理出现的问题；需用备件计划与实际使用备件不符事项，由使用单位负责并处理有关问题。

2. 抓库存管理

（1）已有库存备件要注册登记

对现有的库存备件，要分门别类进行编号排队，逐项逐笔分析填列超储积压（待报废备件单列）备件库存一览表。表格内容包括备件名称、规格、型号、材质、购入日期、储备定额、消耗定额、更换周期、使用寿命、实际库存量等项目，以便财会部门在备件库存实际占用情况反映的基础上，监督库存备件采入与消耗的合理性以及备件需用计划提出的控制范围、数量等。

（2）生产常用备件推行无库存管理

对新购入库存备件，根据生产需要的轻重缓急，分散分批采购入库。对常耗件、易损件推行无库存管理。AG 公司备件消耗量大，通过招标方式培养几个备件制造商，作为无库存管理的供应商，及时准确地为 AG 公司提供优质低价的生产备件。

3. 抓基础管理工作

(1) 提高管理人员的业务素质

对具体管理人员要进行定期培训，通过考试竞争上岗，强化专业素质，增强其职业责任心。

(2) 优化基础管理工作

管理备品备件的专业部门或岗位的职责与权限，既不能交叉重叠，也不能出现空白和遗漏，应做到管理归口、分工明确、职责清晰。要严格按照规定的程序办事，以保证备件基础管理工作的连续与有序。

(3) 采用现代化管理手段

目前，AG 公司还没有充分发挥计算机在备件管理中的作用，备件管理停留于用计算机替代简单的手工记录与统计报表阶段。因此，应继续深层次开发计算机应用的潜力，为实现备件现代化定额管理打下基础。

4. 制定科学合理的备件储备定额

备件库存占用大量资金，制定出科学合理的备件储备定额势在必行。因此，要根据生产中机器设备实际耗用的备件量，剔除大中修、设备事故等因素，结合生产量及备件使用寿命，充分考虑市场供求因素，着重统计备件储备的各种费用数据资料，细化、完善定额项目。

要以资金使用成本为根目录，以构成资金占用量及资金需求量为子目录，建立资金成本构成网络图，将每个定额项目细化到能够达到的最小计算单位。这样，构成定额的项目将无一遗漏，据此开列清单，输入计算机程序模拟演算，确定出先进合理的备件储备量。

只有按照现代化企业管理的科学要求，才能充分体现备件资金投入使用过程中参与生产的周转量和储备待用量的最佳分配比例，为备件资金合理有效的投入与使用提供决策依据。

上述措施的实施，使得 AG 公司的备件资金占用控制实现了控制在 9 亿元以下的目标。

第 2 节　多余物品的处理

一、多余物品

多余物品或称为多余物料，包括废料、富余物料和陈旧物料。废料是在现时条件下不能使用的物料，它可以通过再加工成为有用的物料，在无明显价值时也可扔掉。富余物料是由于某种原因产生积压的良好物料。陈旧物料是由于设计变更、式样改进、型号变化或者技术进步而不再存在需求的物料。多余物料的存在使存货周转率降低，使库存系统的经济效益变差。为了保持库存系统的有效性，应制定处理多余物料的决策准则。

二、多余物品的识别

企业应及时查出并处理多余物料。一般可用自定的某些原则确定物料是否多余,例如将一年内不常用的物料划为多余物料。对于多余物料,当下式成立时保留在库;反之则应考虑加以处理利用:

$$P(M)p/(FV) > 1 \tag{5-1}$$

式中:

$P(M)$——一年内销售或使用的概率;

p——物料成本或销售价(内部使用价);

F——存货的年储存成本系数;

V——残值。

这里 $P(M)p$ 为物品在当年内的期望收入,FV 为储存支出。当期望收入大于支出时保留在库,反之则应进行处理,以后需用时再购买。

陈旧可以分为技术陈旧或储存期陈旧。技术陈旧是由于设计变更所造成的。储存陈旧是在超过有效储存期之后发生的。对于陈旧物品定期处理,以利于周转率的提高和仓容的有效利用。

由于多方面的原因,某些适用的库存物品的库存水平也会过高。为了降低存货费用,应及时鉴别出超储物品并进行处理。为了确定超储的数量,可以计算物品的经济供应期数。超过经济供应期数的部分应进行处理。

由于,

额外增加的储存费 + 残值收入 = 额外的购入费

即:

$$N \times P \times I_s \times F + P_s \times I_s = P \times I_s$$

这样,经济供应期数的计算公式为:

$$N = (P - P_s)/(P \times F) \tag{5-2}$$

式中:

N——经济供应期数,以年计;

I_s——超额储存量;

P——每单位物料的成本或市价;

P_s——单位残值;

F——年储存费率。

上述决策准则事实上是假设库存物品 N 年用不完,对如下两个方案的费用加以比较后进行决策的:(1)处理多余部分,N 年后需要时再购入;(2)将多余部分保留到 N 年后使用。不难推知,采用方案 1 时的费用为 $(N \times I_s \times P_s)$,采用方案 2 时的费用为 $(P \times I_s - P_s \times I_s)$,从而有以上决策准则。

例 5-1 某物品的库存为 200 单位,每单位成本为 10 元,年需求量为 25 单位。单位残值为 5 元，年储存费率为 0.25。问其中一些存货是否应作为超储存货出售？

解：现有存货为 8 年的供应量。经济供应期数如下：

$$N = (P-P_s) / (PF) = (10-5) / (10 \times 0.25) = 2 \text{（年）}$$

2 年的需求量为 50 单位，而现有库存为 200 单位，所以超储 150 单位，应将超储的 150 单位加以处理或利用。

三、如何降低库存

企业总是不断地寻求降低库存的方法。这里，仅从库存作用的角度出发，讨论降低库存的基本策略和具体措施。如表 5-2 所示，基本策略指降低该种库存所必须采取的行动，具体措施指如何降低由于采取基本策略可能带来的成本增加，以及如何减少对该种库存的需求。

表 5-2 降低库存的策略

库存类型	基本策略	具体措施
周转库存	减小批量 Q	降低订货成本 缩短作业交换时间 利用"相似性"增大生产批量
安全库存	订货时间尽量接近需求时间 订货量尽量接近需求量	改善需求预测工作 缩短生产周期与订货周期 减少供应的不稳定性 增加设备与人员的柔性
调节库存	使生产速度与需求变化吻合	尽量"拉平"需求波动
在途库存	缩短生产—配送周期	标准品库存且慎重选择供应商与运输商减小批量 Q

（1）周转库存。由于平均周转库存等于 $Q/2$，所以降低周转库存的基本策略很简单，即减小批量 Q。

现在有一些日本企业可以做到周转库存只相当于几个小时的需求量，而对于大多数企业来说，周转库存至少是几周甚至几个月的需求量。但是，单纯地减小 Q 而不在其他方面做相应的变化将是很危险的，有可能带来严重的后果，例如，订货成本或作业交换成本有可能急剧上升，因此，必须再采取一些具体措施，寻找使订货成本或作业交换成本降低的办法。在这方面，日本企业有很多成功的经验，例如利用一人多机、成组技术或柔性制造技术等。

（2）安全库存。如前所述，安全库存是为了防止意外情况发生而比需要的时间提前订货，或订货量大于需求量而产生的。降低这种库存所必须采取的行动也很显然：订货时间尽量接近需求时间，订货量尽量接近于需求量。但是与此同时，由于意外情况发生而导致供应中断、生产中断的危险也随之加大，从而影响到为顾客服务，除非有可能使需求的不确定性和供应的不确定性消除，或减到最小限度。这样，至少有 4 种具体措施可以考虑使用：① 改善需求预测。预测越准，意外需求发生的可能性就越小。还可以采取一些方法鼓励用户提前订货；② 缩短订货周期与生产周期。这一周期越短，在该期间内发生意外的可能性也越小；③ 减少供应的不稳定性。其中途径之一是让供应商知道你的生产计划，以便他们能够及早作出安排。另一途径是改善现场管理，减少废品或返修品的数量，从而减少由于这种原因造成的不能按时按量供应。还有一种途径是加强设备的预防维修，以减少由于设备故障而引发的供应中断或延迟；④ 增加设备、人员的柔性。这可以通过生产运作能力的缓冲、培养多面手人员等方法来实现。这种方法更多地用于非制造业，因为对于非制造业来说，服务无法预先储存。

（3）调节库存。降低调节库存的基本策略是尽量使生产速度与需求变化吻合。但这是一件说起来容易做起来难的事情。一种思路是想办法把需求的波动尽量"拉平"，针对性地开发新产品，使不同产品之间的需求"峰""谷"错开，相互补偿。又如在需求淡季通过价格折扣等促销活动转移需求。

（4）在途库存。影响在途库存的变量有两个：需求和生产—配送周期。由于企业难以控制需求，因此，降低这种库存的基本策略是缩短生产—配送周期，可采取的具体措施一是前面所述的标准品库存前置，二是选择更可靠的供应商和运输商，以尽量缩短不同存放地点之间的运转和存储时间。还可利用计算机管理信息系统来减少信息传递上的延误，以及由此引起的在途时间的增加。此外，还可以通过减小批量 Q 来降低在途库存，因为 Q 越小，生产周期越短。

从上面可以看出，这 4 种库存的不同降低策略实际上是相互关联、相互作用的。因此在实际的库存管理中需要全盘统筹，综合考虑。

第 3 节　库存精度与循环盘点

周期盘点是一种库存盘点技术，它进行的频率较高。有效地进行周期盘点、确保库存精度的关键在于确定在什么时候由谁来对哪些物品进行盘点。接下来我们来讨论有关库存记录精确度与周期盘点的有关问题。

一、库存精度

库存记录精度也有人称为存货精度，它是指库存记录与实际库存的吻合程度。每个库存系统都规定了库存记录与实际库存之间允许的偏差大小，库存系统的平稳运行要求物品不要过量存储。

确保库存精度的一个办法是要求库存记录必须准确，另一个办法是经常对库存进行盘点以保证库存记录与实际库存相吻合。

精确的库存记录对于提供优质的客户服务是必需的，因为它们是产成品、生产物料和元件补货的基础。如果要逐渐减少库存，就有必要确认库存是否流动太慢，存货是否太多。

有很多原因造成库存记录不精确，如：① 配送迟缓，销售下降，比如，在履行订单过程中发现库存不足；② 耽搁生产订单的发布——引起生产和交货延误；③ 形成过量库存——运作资本增加；④ 加速补货所需的资源增加。

要做到精确库存记录不仅要对员工进行充分培训（如库存计划员和控制员应该受过库存管理技巧的正规培训），还要按照正确的程序进行盘点，如 A 类产品每 1~3 个月检查 1 次或对库存定期进行计算。另外，精确的库存记录还有如下基本需求：

① 良好的记录系统。通常应用计算机来实现。

② 有效的审计来确认库存精确度。

③ 不间断地监测以发现错误、确定原因，作适当的校正以保持库存记录与存货之间的平衡。

④ 要求高精确度的管理理念——"零缺陷"的期望。

⑤ 组织结构有助于明确责任以取得精确的库存目标。

⑥ 对库存精确度的提高不是一次性的改进，而需要持续的改进过程才能实现这一目标。

一般情况下，取得高精确度库存记录所节约的费用通常比实施它的费用多，也就是说，为提高库存精度而投入的费用少，而由于库存精度的提高所带来的效益是非常大的。

二、评估库存精度

评估库存精确度是否符合公司业务管理需要是十分重要的，许多公司采用直觉判断所需的精确度水平。但为了能够对绩效作精确的评估，我们还需要找到出错原因，并进行员工培训和改善程序以便减少误差，因此，仅凭直觉判断是不够的。

库存精确度对 A 类产品比其他种类产品显得更为重要，因此要有区别地对待不同产品的精确度。如销售额占总销售收入 80% 以上的产品必须要求高的精确度，而对工程消耗品，少量偏差则无关大局。

（一）对库存记录进行审计

库存记录审计常与周期或定期财产清查（physical inventory）同时进行。清查审计包括对库存产品的检查，然后将检查所得数量与存储在库存系统文件中的库存记录进行比较平衡。如果检查所得数量与长期库存量并不符合，那么就需要对它们之间的差别进行调节。一旦找到了产生失衡的原因，那么就应该把记录与现有的实际数量协调一致。

不管财产清查是周期性的还是定期的，随后都要进行审计。定期财产清查可能是每月、每季度或每年一次。循环检查过程需要每天检查一些产品，每天只有几种库存产品得到检查和修正，但所有产品每年至少要检查和修正一次。

循环检查与定期检查相比有明显优势，主要有：

① 定期使用专业库存检查员与间断使用仓库人员相比更有效和更可靠；

② 比全库检查（很少使用）造成的中断少，因为循环检查即使在存货检查期间也使收货、出库及拣货能够持续下去；

③ 更有可能及早发现问题。定期库存检查意味着发现问题相对较迟一些；

④ 它提供了培养专业检查员的机会。专业检查员能够迅速地找出错误并加以修正；

⑤ 持续地监测库存有利于保持系统完整；

⑥ 该方法为持续改善记录精确度提供了基础；

⑦ 提供了对运营资本中的主要因素的连续评估；

⑧ 通过减少缺货来改善客户服务；

⑨ 保证生产计划中所需物料的供应，减少延误和经常性地修改计划，从而提高生产效率；

⑩ 通过消除不确定性来减少库存投资和降低安全库存。

（二）确定精确度

可以接受的库存误差水平究竟有多大？如果某物品的库存记录是733件，而实际库存为680件，这合理吗？如果实际库存为783件，比库存记录多了50件，这比前一种情况是不是更好一些？

如果按"零缺陷"的管理理念，那么精确度目标应该是100%，但从实际来讲，这是不可能达到的。因此达到库存高精确度的关键是持续改进。

期望的库存精确度常用库存记录与实际盘点的误差百分数不超过某一特定的允许值来表示。例如，表5-3列出了3类存货的误差（%）和货值的建议公差。这些都涉及单个库存单位（SKU）并由用户确定。如果方差小于（数量或价值的）允许误差，就接受检查。

表5-3 3类存货的误差（%）和货值的建议公差

库存等级	允许误差/%	允许误差/元
A	±0.2	100
B	+1.0	100
C	+5.0	100

允许误差应根据错误记录对整个系统可能带来的破坏来确定，通常正是那些低使用率的产品或不常使用的产品为库存误差带来很大的麻烦。因此应结合数量方差百分比和绝对值方差来确定误差。

三、循环盘点检查精度*

下面通过一个例子来说明如何运用循环盘点来确定库存精度持续改进的方向。

例5-2 某年10月26日检查了125种产品，其中有25种，即检查总数的20%有显著误差。表5-4描述了循环盘点的结果，通过分析确定其库存精度持续改进的基本方向。

表 5-4 库存精度持续改进的基本方向

日期	检查产品	有显著误差的物品		误差分布区间				
		数量	百分比/%	0~5%	5%~10%	10%~25%	25%~50%	超过50%
26/10/××	125	25	20	19	2	2	1	1
26/11/××	130	19	15	16	1	1	1	—
26/12/××				努力消除误差	努力减少误差			

从表 5-4 中可以看出，在 10 月 26 日进行的检查结果中，有 25 种物品存在误差，其中有 19 种物品的误差小于 5%，2 种在 5%~10% 之间，2 种在 10%~25% 之间，1 种在 25%~50% 之间，1 种超过 50%。

该年 11 月 26 日又进行了一次循环检查，这次检查了 130 种，其中 19 种（15%）有显著误差，比前一次少 5 个百分点，这表明精确度有了一定程度的提高，如图 5-2 所示。

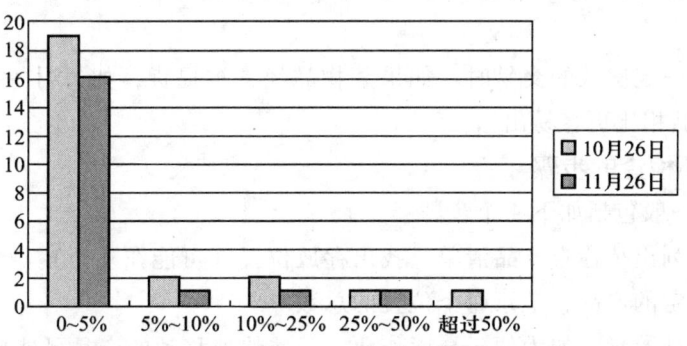

图 5-2 两次循环检查库存物品存在的误差值

通过对两次检查结果的分析，可以看出对于误差在 0~5% 之间的物品应努力消除误差，而对其他的误差则应努力减少误差，这就是努力改进的方向。

（一）循环盘点频率的确定

表 5-5 说明了怎样确定每天应该检查物品的数目。

表 5-5 检查物品数目的记录表

库存等级	种类	每年检查次数	检查总数
C	4 000	1	4 000
B	1 500	2	3 000
A	250	6	1 500
总计			8 500

通过分析发现，4 000 种 C 类产品，至少每年检查一次；1 500 种 B 类产品一年需要检查两次；250 种 A 类产品，每年需要检查 6 次，总共需要检查的物品数目为 8 500。假设一年有 250 个工作日，如果所有产品按计划检查的话，那么每天至少检查 34 项（8 500/250 = 34）。

如每天检查 34 种产品，3 个类别产品之间的分配如下：

A 类：1 500/8 500×34 = 6 项/天

B 类：3 000/8 500×34 = 12 项/天

C 类：4 000/8 500×34 = 16 项/天

可以用不同的方法来选择检查产品的时间，其中包括：

① 库存需要再订货时。当库存量降到再订货点，或到了定期检查日期时，此时库存量在再订货点以下，库存物品的数量较少，这样容易检查。考虑到订货时存在的失误，这样做是有利的。比如，如果实际库存比显示的低，那么就需要订购额外的库存，反之，如果库存水平很高，就可以减少订货。

② 当接收新存货时。此时库存比补货时低，但是此时检查不用考虑订货引起的耽搁。

③ 当库存记录变成零或负值时。当其产品被提取光时，循环检查小组受命来查实这个结果。

④ 当发生一定次数的交易时。如果某物品经常被提货，如每月提一次，那么与不经常提货的物品相比更容易出错。

（二）循环检查的步骤

循环检查一般包括如下 4 个步骤：

① 准备。列出待检查产品清单，找出存放位置（可能在几处）。

② 检查选定的产品，记录每个位置的总数。

③ 整理各处数量。如为便于仓库作业，一些快速移动的产品可能放在几个位置。

④ 如果有较大出入（与记录相比），应重新检查。

为确保检查的正确性，在循环检查时需要做如下记录：

① 产品数目。

② 产品描述。

③ 存放位置。注意如何移动，须通知库存记录员。

④ 计量单位。这是仓库系统中失误的主要来源，如 10 个产品一盒的包装，可能被库存人员计为 1 件，而订单处理系统中可能是 10 件。

⑤ 实际盘点所占的空间、日期、时间、盘点员姓名。

物品检查期间，所有移动必须弄清楚。越来越多的仓库 24 小时运作。一种产品调出（如从一个仓库到零售处）要求有一些"分界点"，在"分界点"内认为产品仍在仓库，或被记为"在途"。

（三）循环盘点对账（Cycle count reconciliation）

1. 循环盘点对账的要求

盘点完成后应与库存记录平衡表进行比较，如果误差在规定范围内，那么就将库存记录调整为与循环检查结果相一致。如果超出规定误差，就需要确定明显失误的原因并做深入的调查。循环盘点对账要求做到：

① 通过核查以确定所有文件都得到了检查。物品的识别要经双重检查以确保没有与其他物品相混淆。为了确认最初的循环检查结果也可对该物品进行重新检查。

② 对库存活动（交易）的审计记录进行检查以确定所有的库存活动记录是否都是正确的。例如，一次收货可能没有如实记录，引起系统数据与实际不吻合。

如果检查结果比记录值小，应查实所有未满足的需求和分配，以确定这些物品是否依然需要。如果需求物品已从记录中正确地扣除，还需要核对所有已完成的生产或销售订单。如果循环检查数量比记录值大，则重点检查未完成的补货订单，看是否已经收货。不管怎样，为了弄清楚库存误差的存在原因需要不断努力和全面调查。

③ 对经常存在误差的物品（如该物品的收发总有错误），就有必要经常检查它，查出失误的原因是绝对必要的。否则，就无法采取适当措施改善精确度。

④ 完成循环检查的结果汇总，以便发现和解决问题，逐步提高库存精度。

2. 实例分析

下面通过一个例子来说明如何完成循环检查的结果汇总及对库存精度的说明。

例 5-3 通过表 5-6 说明报告精确度的方法。

表 5-6　按物品和价值记录的循环盘点精确度汇总

物品价值		0 ~ ±£ 50	±£ 50 ~ ±£ 200	>±£ 200	物品总计
0 ~ ±5%	实物误差/%	77	4	3	84
	货币误差/£	128	6	5	139
±5% ~ ±10%	实物误差/%	2	1	1	4
	货币误差/£	3	2	2	7
超过 ±10%	实物误差/%	9	2	1	12
	货币误差/£	15	3	2	20
价值总计	实物误差/%	88	7	5	100
	货币误差/£	146	11	9	166

这个汇总报告说明的是对 166 种产品的循环检查结果，它是仓库里某一天循环检查活动的总结。

报表的第一列把实物差额分成 3 个区段：

① 0 ~ ±5%。如某产品库存记录是 2 000 件，实际检查为 1 980 件，相差 20 件，即 1%，如单价为 £ 1，则价值差额为 £ 20。据此判断，该产品应归入表的左上栏 128 件之中，它满足该格的两个标准。以此类推；

② ±5% ~ ±10%；

③ 超过±10%。

该报表将货币差额也分为3个区段：

① 0 ~ ±£ 50；

② ±£ 50 ~ ±£ 200；

③ 超过±£ 200。

表中9个方格，每个方格对应一定的实物误差和货币误差。所有被检查的166项产品都可以归到相应的方格。我们的目标就是将更多的物品向左上格移动，即实物误差低于5%，价值差额少于£ 50。注意这些计算是针对于单个库存单位的（SKU）。

从表中分析可以得到如下结果：

① 检查过程中发现84%（139/166）的产品实物误差少于5%；

② 88%的货币值差额少于£ 50。

此报告可作为循环检查过程的一部分，每天一份。

修正库存记录的结果为：

① 实物库存比库存记录多时，记为"多出"值，如实物库存为200单位，而库存记录为190单位，每个单位的标准价格为£ 10，则多出值为：

$$(200-190) \times 10 = 100 \ (£)$$

② 反之，记为"不足"值。

这两个数据结合起来可以得到一个净值。将数据结合起来观察，或单独观察都是很重要的。大的误差是不可接受的。

3. 循环检查报告分析

循环检查报告还应包括有关误差修正和分析的一些信息。对引起误差主要原因的分析是一个监控循环检查计划进展的有力工具。对引起各种误差的原因进行记录，其中包括交易太迟、数量错误、条码错误、地点错误、延期误差和其他误差，这些对指导改进工作是很有益的。

循环检查报告的最后一项应该是有关在日程表或会计年度中需要检查物品数目的陈述。这些信息对于满足循环检查方案的所有需求以使审计人员满意是十分重要的。

总之，一个有效的循环检查方案有下列两个基本优点：一是能有效地发现失误；二是能维持库存记录的高精确度。

长期库存记录平衡可用作循环检查调整的审计追踪。因为保持长期记录，就可以采用循环检查系统。循环检查可以消除许多与年度实物库存有关的不良状况。

维持精确库存记录是非常重要的，它对有效的物料需求计划系统是必要的，且有助于避免过量库存和过时库存。

通过循环检查，年末库存结算问题不再存在，因为全年都保存库存资产的正确估算。理想情况是良好库存系统与可及时提供可靠库存信息循环检查计划的最佳组合。

4. 循环检查的计算机化

实际上，现在库存系统基本上实现了电算化。下列情况下计算机会发出周期盘点通知：

- 当库存记录表明库存物品很低或者为零的时候（物品很少时容易盘点）。
- 当库存记录表明物品有余但欠货单早已填写的时候（此时表明库存记录与实际库存不一致）。
- 在某些特定活动发生之后。
- 在物品的盘点日期（盘点日期根据盘点周期推算而得，盘点周期根据物品的重要性利用 ABC 分类法确定）。

盘点周期的确定取决于人工的多少。有些企业安排专职仓管人员在生产间歇期对库存进行盘点；有些企业请其他企业盘点库存；有些企业有专职的盘点人员专门对仓库进行盘点，并处理库存记录与实际库存的差异。最后一种盘点方式乍看起来成本很高，但是许多企业认为这种方式比两到三周停工一次来进行盘点更为省钱。

总之，通过上述分析可以得到如下结论：

① 精确库存记录是获得高水平的顾客满意度的基础，这可以通过准时配送、遵守生产日程表来实现。

② 为改善库存精确度，需要系统的成熟方法。要分清主次，以使最重要物品获得最好的管理。

③ 循环检查优于定期整库检查。

④ 确定可接受误差水平是管理者的职责。

⑤ 检查频率需要借助 ABC 分析方法来确定。

⑥ 来自于循环检查过程的报告必须能够确认绩效在随时间而改善，以及确认经常性误差的来源。

自学指导

学习重点

新设备备件库存特点以及备件库存的确定；多余物品的识别与降低库存的途径；循环盘点频率的确定与评估精确度*。

1. 新设备备件库存特点以及备件库存的确定

（1）新设备备件库存特点。① 新设备采购并使用，其部件和整件的损耗是未知的；② 新设备的初始供应量的确定一般是根据制造商的建议来确定的；③ 确定新设备的备件库存数量，必须掌握设备的故障发生规律，根据故障发生规律来确定其备件的库存数量。

（2）备件库存的确定。① 在初期故障期（$0 \leqslant t < T1$）对备件和零件的需求数量很高；② 在偶发故障期（$T1 \leqslant t < T2$）对备件和零件的需求数量到了"缸底"；③ 在磨损故障期（$T2 \leqslant t$）故障率急剧升高，对备件需求量比较大。

2. 循环盘点频率的确定与评估精确度*

（1）循环盘点频率的确定。可以用不同的方法来选择检查产品的时间，其中包括：① 库存需要再订货时；② 当接收新存货时；③ 当库存记录变成零或负值时；④ 当发生一定次数的交易时。

（2）循环盘点对账的要求：① 通过核查以确定所有文件都得到了检查。② 对库存活动（交易）的审计记录进行检查以确定所有的库存活动记录是否都是正确的。③ 对经常存在误差的物品（如该物品的收发总有错误），就有必要经常检查它，查出失误的原因是绝对必要的。否则，就无法采取适当措施改善精确度。④ 完成循环检查的结果汇总，以便发现和解决问题，逐步提高库存精度。

（3）评估精确度*。① 库存记录精度也有人称为存货精度，它是指库存记录与实际库存的吻合程度；② 评估库存精确度是否符合公司业务管理需要是十分重要的，许多公司采用直觉判断所需的精确度水平。但仅凭直觉判断是不够的；③ 评估精确度的方法：一是对库存记录进行审计，二是确定精确度。

学习难点

1. 多余物品的识别与处理

（1）多余物品（或称为多余物料）包括废料、富余物料和陈旧物料。一般可用自定的某些原则确定物料是否多余。

（2）对于多余物料，当下式成立时保留在库；反之则应考虑加以处理利用：

$$P(M) p / (FV) > 1$$

式中：

$P(M)$——一年内销售或使用的概率；

p——物料成本或销售价（内部使用价）；

F——存货的年储存成本系数；

V——残值。

2. "浴盆曲线"的概念与应用*

（1）通过研究发现，在设备使用的不同时间阶段，设备的故障发生率是不同的。所引入的新设备或产品有一个重要的特征，即其备件和元件的使用具有"浴盆曲线"效应，如图5-1所示。

（2）在不同时期设备的备件库存量是不同的。

3. 供应商管理库存的应用*

复习题

一、单项选择题（在备选答案中选择1个最佳答案，并把它的标号写在题后的括号内）

1. "浴盆曲线"显示在不同时期设备的备件库存量是不同的，备件和零件的需求数量到了"缸底"的时期为（   ）。

（A）初期故障期　　（B）偶发故障期　　（C）磨损故障期　　（D）整个时期
2. 使生产速度与需求变化吻合是减少（　　）的基本策略。
（A）订货点　　　　（B）安全库存　　　（C）调节库存　　　（D）在途库存
3. 对于多余物料，当（　　）成立时应保留在库。
（A）$P(M)p/(FV)<0$　　　　　　（B）$P(M)p/(FV)<1$
（C）$P(M)p/(FV)=1$　　　　　　（D）$P(M)p/(FV)>1$

二、简答题

1. 简述新设备备件库存特点。
2. 如何确定循环盘点频率？
3. 简要说明循环检查的步骤。
4. 简要说明如何识别库存中的多余物品。

第6章 相关需求的库存管理

自学时数

10学时。

教师导学

本章涉及的内容有：相关需求；MRP概述；MRP系统中的订货批量；MRP Ⅱ *；ERP* 等。

本章的重点为：MRP的基本原理；MRP Ⅱ 的特点* ；MRP系统的计算；MRP系统中的订货批量* 等。

本章的难点为：MRP系统中的 EOQ 的计算* 。

在学习时以重点内容为主线，结合难点深入浅出地将本章的内容讲解给学员。在学习中应注意MRP系统的计算以及MRP系统中的 EOQ 的计算。

案例6-1

JK公司面临的问题如何解决

JK公司是一家生产电子产品的公司，产品特点是品种多、批量大，之前的管理工作无论是生产及物料控制（product material control，PMC）部门还是采购供应部门，都存在不少问题，一方面管理工作十分繁杂、工作量大，管理人员经常加班；另一方面，经常出错，不能满足企业的要求。

主管生产及物料控制部门的李经理要求对企业现阶段存在的生产及物料控制方面的主要问题进行调查分析，找出问题并提出解决方案。这一任务就落到了小张身上，小张深知任务的重要性。对问题分析的是否到位、提出的解决方案是否可行，将影响到生产及物料控制部门能否解决目前面临的问题。通过对生产车间、仓库、财务等部门的仔细调查，小张将目前面临的问题进行了如下总结：

（1）生产及物料控制部每次下生产计划都要人工计算生产用料单，花费大量的时间清查现有库存、计算缺料等，不仅用时多而且还容易出错。

（2）材料品种多，进库、出库、调拨的频繁操作也使得仓库的管理工作量十分大，人工误差导致库存数量的不准也影响到生产发料。

（3）停工待料现象经常发生，因而也影响到生产交货不及时。

（4）供应商的交货信息、客户的发货情况不能及时反馈到财务部门。

（5）各个部门各自为政，信息流通滞后，严重影响经营决策，整个企业的管理比较杂乱。

小张将存在的问题总结出来了，面对问题如何提出解决方案呢？

第1节 MRP概述

一、相关需求与MRP

（一）相关需求与独立需求

美国的Joseph A Orlicky博士在1965年首先提出了在一个企业内的物料有独立需求和相关需求两种类型的概念。相关需求（dependent demand）是指对某种物料的需求量直接与由其作为组成部件装配而成的最终产品的需求量有关的需求。也就是说，生产最终产品所需要的物料，其需求是相关需求。

在生产制造企业中，产品生产制造所需要的原材料、零件和部件数量的多少都与产成品的生产量直接相关。例如，汽车整车厂生产装配1辆汽车需要5个轮胎（包括出厂时的1个备用轮胎），那么生产100辆汽车就需要500个轮胎，轮胎的需求量是由汽车的需求量决定的。这样，装配汽车时所需轮胎的需求就是相关需求。同样，在装配汽车时，所需要的轮轴、发动机、方向盘、座椅等物料的需求都是由装配汽车的需求所决定的，它们的需求量都是由整车的装配量来决定的，即轮胎、轮轴和发动机、方向盘、座椅等物料的需求均为相关需求。换句话说，汽车的需求刺激了轮胎、轮轴和发动机、方向盘、座椅等物料的需求，人们并不需要单独的轮胎、轮轴和发动机、方向盘、座椅等物料。

另一种类型的需求是独立需求（independent demand），即一种物料的需求与其他物料的需求没有相关性，是独立的。独立需求一般来自企业外部，其需求量和需求时间由企业外部来决定，如客户订购的产品、售后用的备品备件等。又如同样是对轮胎的需求，这时描述的不是汽车整车厂装配汽车时对轮胎的需求，而是汽车修理厂对轮胎的需求。假设汽车修理厂接到订单需要维修100辆汽车，若所有需要维修的汽车使用的轮胎型号是相同的，那么，这个汽车修理厂需要多少个轮胎？这个问题远比回答汽车整车厂装配100辆汽车需要多少个轮胎要困难得多。一般情况下，可以根据历史维修数据建立相应的预测模型来预测维修100辆车需要多少个轮胎，或根据经验进行大致估算确定维修所需要的轮胎数量。这样，汽车修理厂对轮胎的需求与其修理的汽车没有明显的相关性，因为并不是每一辆到修理厂维修的汽车都需要更换轮胎。这时，修理的汽车所需要的轮胎需要就称为独立需求（或非相关需求）。独立需求一般通过预测和订单来确定。

相关需求的意思是每一个物料的需求都是由更高层次的物料需求所引起的。相关需求量不是随机的，而往往是以非连续、不均衡的方式发生在特定的时点上。这是因为尽管用户对企业所产生的最终产品（如汽车）的需求量可能是连续和独立的，但考虑到构成产品的零部件的生产批量以及一种零部件可能用于生产多种不同的最终产品，也会使得对零部件的需求是间断和波动的。

（二）MRP 的概念

MRP（Material Requirements Planning）中文称为物料需求计划，它源于美国 20 世纪 60 年代初，最初是针对当时制造企业生产管理中存在的普遍问题以及传统库存控制方法的不足而提出的一种库存管理技术。

MRP 是计算生产最终产品所用到的原材料、零件和组件的系统。MRP 的基本形式是一个计算机程序，它根据总生产进度计划中规定的最终产品的交货日期，决定了在指定时间内生产指定数量的各种产品所需各种物料（构成最终产品的装配件、部件、零件）的数量和时间。当作业不能按时完成时，MRP 系统可通过重新计算，对采购和生产进度时间与数量加以调整，使各项作业的优先顺序符合实际情况。

MRP 是基于相关需求的，决定需要多少相关需求物料是一个简单的乘法运算过程。如果生产一个部件 A 需要 5 个零件 B，那么生产 5 个部件 A 则需要 25 个零件 B。在前面章节中所讨论的独立需求与在本章中讨论的相关需求的基本区别在于：如果部件 A 在公司的外部出售，则销售部件 A 的量是不确定的，需要用过去的数据或者进行市场分析来预测。部件 A 的需求是一个独立需求，而零件 B 的需求是一个非独立（即为相关）的需求，它的需求量取决于部件 A，所需零件 B 的数量只是简单地将部件 A 的数量乘以 5 即可得到。进一步深入分析可以发现，生产过程中对其他相关需求的物料的需求变得越来越呈块状分布。块状分布意味着需求是成块或者成束状的，而不是均衡发生的。这也是由制造业的生产方式导致的。当产品成批生产时，生产一批产品所需的物料项目是从库存中一次拿走大批数量（甚至立即拿走全部），而不是每次拿走一件。

（三）MRP 能够用在哪里

MRP 用于在各种有加工车间环境的生产企业中（加工车间环境是指用相同的生产设备生产成批、大量的产品）。在表 6-1 中给出了不同生产类型应用 MRP 的预期效益。

表 6-1 不同生产类型应用 MRP 的预期效益

生产类型	例子	预期效益
面向库存装配	由多种零部件构成一个最终产品，然后成品被存放到仓库中以满足客户需求，如手表、工具、家电	高
面向库存加工	产品是由机器加工而成，而不是由零件装配的。在接到客户订单之前即已完工，一般为通用产品的加工生产，如电开关	低
面向订单装配	最终装配的成品是根据顾客选择的标准部件构成的，如卡车、发电机、发动机、计算机等	高

续表

生产类型	例子	预期效益
面向订单加工	零部件是由机器根据客户的订单来制造的，这些是一般的工业订单，如轴承、齿轮、扣钉等	低
面向订单制造	零部件的装配或加工完全取决于客户的指定，如水轮发电机、重型机械工具等	高
流程型生产	铸造、橡胶、塑料、特制纸、化学用品、油漆、酒、中等食品等行业	中等

从表 6-1 中可以看到，对于以装配作业为中心的企业，MRP 具有很高的使用价值，但在加工企业中其使用价值最低。

还有一点要说明：在每年只生产少量产品的公司中，MRP 不能很好地运行。尤其是那些生产复杂昂贵的产品且产品的技术含量很高的公司，经验显示，由于它的前置期太长和太不确定，对于 MRP 来说，其产品结构太复杂以致难以控制。像这样的企业需要由项目管理中的网络计划技术来控制效果会更好些。

二、MRP 的产生与发展

（一）MRP 的产生

我们知道，物质资料的生产是将原材料转化为产品的过程。对于加工装配式生产来说，如果确定了产品出产数量和出产时间，就可按产品的结构确定构成产品的所有零件和部件的数量，并可按各种零件和部件的生产周期，反推出它们的出产时间和投入时间。在物料的转化过程中，需要不同的制造资源（机器设备、场地、工具、工艺装备、人力和资金等），有了各种物料的投入出产时间和数量，就可以确定对这些制造资源的需要数量和需要时间，这样就可以围绕物料的转化过程来组织资源，实现按需要准时生产。

由于现代工业产品的结构极其复杂，一个产品常常由成千上万种零件或部件构成，用手工方法不能在短期内确定出如此众多的零部件及相应的制造资源的需要数量和需要时间。据有关资料，在使用电子计算机以前，美国有些公司用手工计算各种零部件的需要数量和时间，一般需要 6 周到 13 周时间。由于这样制订的库存计划只能每季度更新一次，计划不可能很细、很准，且应变性也差。

由于企业处于不断变化的环境之中，实际情况往往会偏离计划的要求，其原因可能是对产品的需求预测不准确，引起产品的交货时间和交货数量的改变；也可能是原材料的供应不及时等。当计划与实际执行情况已经出现了较大偏差，通过主观努力已不可能达到计划的要求，或者计划本身不能完全反映市场需求时，必须修改计划。但是修改计划和制订计划一样费事。显然，手工方式是无法及时对计划作出修改和调整的。

20 世纪 60 年代计算机进入了实用阶段。为提高计划的准确性、解决传统库存控制方法的不足、不断探索新的库存控制方法，MRP 系统应运而生。美国 IBM 公司推出了生产信息与控制系统，它是为加工装配企业设计的，MRP 系统是其中最主要的组成部分，这是最早的 MRP 软件。

（二）MRP 的发展

MRP 首先是在美国提出，经由美国生产与库存管理协会（APICS）的倡导而发展起来的。20 世纪 70 年代初，计算机与网络技术的应用飞速发展。IBM 公司于 1971 年又推出了通信型生产信息与控制系统 COPICS（Comunications-Oriented Production and Inventory Control System）。有了一定的物质基础，APICS 便发出了一场"MRP 运动"，在全美推行 MRP，使之成为制造业企业编制生产作业计划、控制原材料与在制品的有效手段。随着 MRP 的推广，其内容不断充实与完善，技术不断成熟。20 世纪 70 年代中期出现了"闭环 MRP"，它是狭义 MRP 系统的推广。20 世纪 80 年代初，又出现了制造资源计划系统（manufancturing resource planning system，简称 MRP Ⅱ），它对闭环 MRP 系统做了进一步的扩展和延伸。MRP 系统的发展是一个由简单到复杂，由低级向高级，水平不断提高的过程。

1. 狭义 MRP 系统

早期的 MRP 系统被称为狭义 MRP 系统，它在各时间段决定最终产品的需求量，以此作为主生产计划（MPS）。同时考虑需求产品（或零部件）的构成信息，即物料清单（BOM）和各种物料的库存信息（存储记录），然后对最终产品作 MRP 运算，直至发出加工或采购订单，进行库存控制。这里的库存控制包括对原材料、产成品及在制品的控制。狭义 MRP 系统有两个假设：一是在计划中各零部件的前置期是可靠的，二是在需要的时候，有足够的生产能力，即无能力约束问题。狭义 MRP 系统的流程框图如图 6-1 所示。

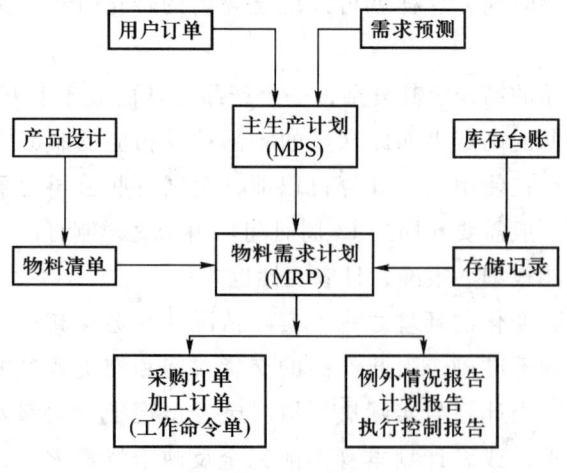

图 6-1　狭义 MRP 系统

2. 闭环 MRP 系统

闭环 MRP 系统出现于 20 世纪 70 年代中期，是狭义 MRP 系统的推广。早期的 MRP 系统将生产能力视为无限的，这种不考虑生产能力约束的编制作业计划的方法对计划的可行性带来一定的影响。闭环 MRP 系统克服了早期 MRP 系统的缺陷，它把优先计划、生产能力计划及其实施控制有效地结合起来，不仅可以提供零部件需求计划，而且能够运用从各个环节得到的反馈信息对生产运作过程实施有效控制。闭环指这些元素都包括在整个系统中，为了使计划在所有计划时段内保持有效执行功能提供反馈。其流程框图如图 6-2 所示。

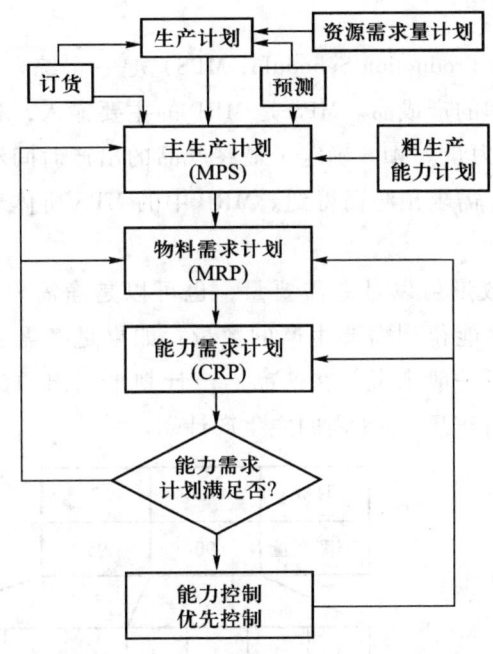

图 6-2 闭环 MRP 系统

这是一个围绕物料需求计划建立的系统，它包括附加的销售计划功能、主生产计划和能力需求计划。一旦制订完这个计划并在实际中可以实现，那么它就开始发挥执行的功能。这些功能包括衡量能力的生产控制功能、详细日程安排和调度、记录设备和供应商的预期延迟、供应商日程安排，等等。

在闭环 MRP 系统之后又发展了 MRP Ⅱ、ERP、APS 等，将在后续章节进行详细介绍。

三、MRP 的基本原理

（一）MRP 系统的目标

MRP 系统的主要目标是控制库存水平，确定产品的生产优先顺序，满足交货期的要求，计划生产系统的负荷并使其达到均衡等。可归纳为以下几点：

① 采购合适品种和数量的零部件，在合适的时间订货，维持可能最低的库存水平。

② 保证计划生产和向用户提供所需的各种材料、零件和产品。
③ 计划充分且负荷均衡，对于未来的负荷在计划中作适当的考虑。
④ 规划制造活动、交货日期和采购活动。

正是由于 MRP 系统可以同时实现上述目标，采用 MRP 系统对生产制造企业生产产品所需的各种相关需求物料的库存进行控制就具有特别重要的意义。

（二）MRP 系统的输入

从图 6-1 中可以看出，MRP 的输入有三个部分：主生产计划、产品结构文件和库存文件。

1. 主生产计划

主生产计划（Master Production Schedule，MPS）是一个综合性计划，其对象是最终产品，即按独立需求处理的产成品。MPS 是 MRP 的主要输入，相当于产品出产进度计划，是 MRP 运行的驱动力量。MPS 确定了最终产品的出产时间和出产数量。产品的需求量可以通过用户订单、需求预测而得到。MRP 中的 MPS 所体现的产品出产进度一般以周为计划时间单位。

MPS 中规定的出产数量可以是总需要量，也可以是净需要量。如果是总需要量，则须扣除现有库存量，才能得到需要生产的数量；如果是净需要量，则可按此计算对下层零部件的总需要量。一般来说，在产品出产计划中列出的为净需要量，即需生产的数量。图 6-3 为某自行车厂 1~8 周的主生产计划。

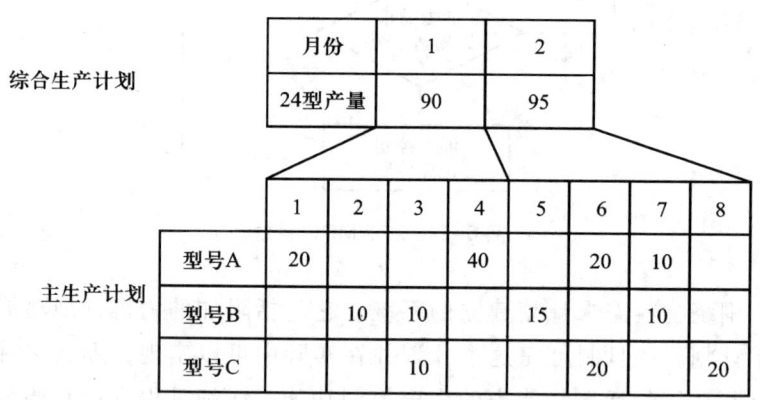

图 6-3　24 型自行车 1~8 周的主生产计划

从图 6-3 中可以看出，24 型自行车 1~8 周的主生产计划是由综合生产计划根据订单得到的。该企业 1 月份的综合生产计划安排 24 型自行车产量为 90 辆，而 24 型自行车又分为 3 种型号（型号 A、型号 B、型号 C）。3 种型号在 1 月份共安排 90 辆的出产计划，即主生产计划。MPS 的计划期间，即计划覆盖的时间范围，一定要比最长的产品生产周期长。否则，得到的零部件投入出产计划不可行。产品出产计划的滚动期应该同 MRP 运行周期一致。若 MRP 每周运行一次，则产品出产计划每周更新一次。

2. 产品结构文件

产品结构文件也称物料清单（Bill of Materials，BOM），它是生产某最终产品所需的零部件、辅助材料或材料的目录。BOM 按产品制造的各个层次说明产品结构，其中每一层次代表产品形成过程中的一个完整的阶段。BOM 与物资消耗定额不同，它不但要反映产品生产所需各种物料的数量，还要确切地反映出产品的制造方式。

物料清单可用产品结构图或结构表来反映。在 BOM 中，通常最高层为 0 层，代表最终产品项；第一层代表组成最终产品项的零部件；第二层为组成第一层零部件的零部件……以此类推，最低层为零件和原材料。各种产品由于结构复杂程度不同，产品结构层数也不同。

BOM 列出了所有子装配件、中间件、零部件和原材料，表明制造加工一个产品所需的各种零部件的数量。它用来连接 MPS，以列出要发放的采购需求和产品订单。

图 6-4 为产品 Q 的图解表示。该产品有三级制造层次，最终产品处于层次 0，随后依次是层次 1、层次 2。母体与零件的关系表明：Q 是零件 C、E 的母体，它由 1 个零件 C 和 1 个零件 E 装配而成；C 是零件 D 和 E 的母体，由 1 个零件 D 和 2 个零件 E 装配而成。方框中的 L 值表明各零件制

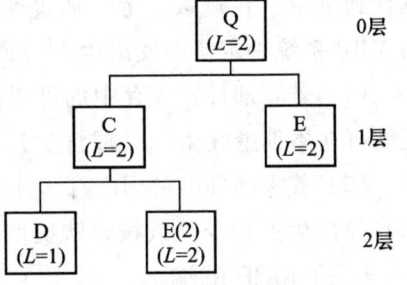

图 6-4　Q 产品的零件结构层次图

造的前置时间，即从发出加工订单到零件制造完工所需时间。当零件由外部供应时，前置时间指从发出采购订单到零件到货所需时间。

图 6-4 表示的产品 Q 的结构图也可以用产品结构表（又称错口式物料清单）来表示，见表 6-2。

表 6-2　Q 产品的错口式物料清单

零件代码及层次			每一装配件需用的数量	前置时间 L/周
0	1	2		
Q				2
*	*	E	1	2
*	C		1	2
*	*	D	1	1
*	*	E	2	2

在错口式物料清单中，某一层次的所有零件都与它们的零件代码列示在同一列中，某一装配件的全部零件紧接着往后排列，并缩进一列表示它们所处的较低层次。

当某种零件出现在一个以上的层次中时，应把它们归入它所出现的最低层次中。这样，每一零件就有一个唯一的低层次码与之对应。如图 6-4 中的零部件 E，既出现

在第 1 层，又出现在第 2 层，这固然可以清楚地表示各个不同的生产阶段，但给计算机处理带来麻烦。为了便于计算机处理，凡是遇到同一零部件出现在不同层次的情况，取其最低层次号作为该零部件的低层码。这样，从上到下逐层分解，每一零部件只需检索一次，节省了计算机的运行时间。

3. 库存状态文件

产品 BOM 是相对稳定的，但库存状态文件却处于不断变化之中。MRP 每运行一次，它就发生一次大的变化。MRP 系统的许多重要信息都储存在库存状态文件中，在库存状态文件中每种物料都必须单独加以记录。在每次物料出库和入库后，都必须及时对记录加以更新。

库存状态文件的功能就是保持每一种零部件的有关数据，如现有量、前置时间、预计到货量（在途量）等，通过确定某零部件的可用库存量是否满足计划期的需求量，由 MRP 系统决定是否发出生产（或订货）指令。

（1）若零部件在库存中的可用量（现存量+预计到达量）能满足当前时段需求，则无需再在本期继续生产（或订货）。

（2）若零部件的可用库存量不能满足某时段的需求，则必须按生产前置期（提前期）发出生产指令（或按订购提前期进行订货）。

（三）MRP 的输出

MRP 系统根据产品 BOM，逐层将母项层的计划订货量与子项的总需求量联系在一起，又依据每一种零部件的生产提前期（或订货提前期）及其他有关数据，来提供多种不同内容和形式的输出，主要输出有：

（1）零部件投入出产计划。零部件投入出产计划规定了每个零件和部件的投入数量和投入时间、生产数量和出产时间。

（2）原材料需求计划。规定了每个零件所需要的原材料种类、需要数量及需要时间，并按原材料品种、型号、规格汇总，以便供应部门组织供料。

（3）互转件计划。规定了互转零件的种类、数量，转出车间和转出时间，转入车间和转入时间。

（4）库存状态记录。提供各种零部件、外购件及原材料的库存状态数据，随时供查询。

（5）零部件完工情况统计，外购件及原材料的到货情况统计等。

（6）工艺装备需求计划。提供每种零件不同工序所需的工艺装备的编号、种类、数量及需要时间。

（7）计划将要发出的订货。

（8）已发出订货的调整，包括改变订货期、取消和暂停某些订货等。

（9）对生产及库存费用进行预算的报告等。

第 2 节　MRP系统的计算过程及订货批量

一、MRP 系统的计算

（一）与 MRP 计算有关的数据

MRP 运算是 MRP 系统的一个重要功能。MRP 系统的基本运算主要有三个环节：一是在需求的层次上按产品结构关系分解；二是在需求的时间上按订货周期从最终产品的交货期起，一步一步向前倒推；三是在求出各零部件的总需求的基础上，根据库存状况算出净需求，决定订货日期及数量，这些环节是同时进行的。

MRP 系统的计算只涉及加、减和乘三种运算，一般利用表格进行。MRP 计算表的一般形式如表 6-3。

表 6-3　MRP 计算表

时段 t	0	1	2	3	4	5	6
总需求量 $G(t)$							
预计到达量 $S(t)$							
预计现存量 $H(t)$							
净需求量 $N(t)$							
计划订货到达量 $P(t)$							
计划发出订货量 $R(t)$							

1. 总需求量 $G(t)$

表 6-3 中总需求量 $G(t)$ 是在每个时间段里对零部件（或最终产品）的总生产量（耗用量或出库量）。最终产品的需求量由主生产计划给出，而零件的总需求量则由它的母体零件的计划发出订货量 $R(t)$ 得出。

2. 预计到达量 $S(t)$

零部件在单位时间段 t 的预计到达量是指在计划之前预先设定的或已经订货（指加工单和采购订单）但还未到货的在途量，预计在计划期内可以投入使用。在 MRP 计算时，预计到达量数据是已知的。

3. 净需求量 $N(t)$

净需求量是在考虑了现有存储量、预计到达量后，零部件在时间段 t 的实际需求量，是指为了满足母项或主生产计划的需求必须供应的零部件的净需求数量。其计算公式如下：

$$N(t) = G(t) - S(t) - H(t-1) \tag{6-1}$$

式中：$H(t-1)$ 是上期期末现有存储量。当 $N(t) \leq 0$ 时，取 $N(t) = 0$。

4. 计划订货到达量 $P(t)$

这是指为满足净需求，零部件在时间段 t 计划应到的订货数量。如果按逐批批量方法计算，即各零部件均按每个时间段需要的确切数量采购，则 $P(t)$ 为：

$$P(t) = N(t) \qquad (6-2)$$

由于零部件不提前购置，因此没有存储成本。但此方法未考虑每次采购所发生的订货成本，以及调整设备的准备成本。

如果按其他的 MRP 系统批量方法计算，当批量为 Q 时，则 $P(t)$ 为：

$$P(t) = \begin{cases} N(t) & N(t) \geq Q \\ Q & 0 < N(t) < Q \\ 0 & N(t) = 0 \end{cases} \qquad (6-3)$$

5. 计划发出订货量 $R(t)$

这是指应当发出订单以使母项在需要的时候得到零部件供应的数量，该数量应与 $P(t)$ 相同，但要按订货提前期（前置时间）前移，其计算公式为：

$$R(t-L) = P(t) \qquad (6-4)$$

式中：L 表示订货前置期。

6. 预计现有存储量 $H(t)$

预计现有存储量是指预期的期末库存量。

$$H(t) = S(t) + P(t) + H(t-1) - G(t) \qquad (6-5)$$

计划期之前的现有库存量为 $H(0)$。

在 MRP 系统运算中，对批量的处理一般是按逐批的方式进行，由于零部件需求量是离散性的，故在进行批量计算时，应考虑离散需求的特征。

MRP 采用逆向计划过程，通过计算机从一项订货或工作的完工日期开始反推来确定开工日期和每项操作的完工日期，根据已知的交货时间和现有的库存订购物料。

MRP 参照主生产计划对物料清单进行分解，也就是对 MPS 上每种完成的产品，程序都要仔细检查 BOM 并计算在完成单元所需数量的生产中每种物料需要多少。

另外，表中时段 $t=0$ 表示计划期开始时的状况，该栏数据是已知的。更详细的 MRP 计算表还包括有关的批量、前置时间、现存量、安全存货量、已分配量、低层次编码和零件代码等资料。

现对计算过程说明如下：

① 在已知某时段的总需求量后，可按式（6-1）计算净需求量。

② 已知某时段净需求量后，按式（6-2）或式（6-3）计算计划订货到达量。

③ 计算出计划订货到达量后，按式（6-5）计算时段 t 的预计现存量。

④ 计算出时段 t 的预计现存量后，可转入下一个时段，从计算净需求量开始新的一轮计算。

⑤ 最后根据前置时间，对各时段的计划订货到达量进行位移得出各时段的计划发出订货量。

(二) MRP 计算示例

1. 简单的 MRP 计算

例 6-1 设零件 I 现有库存量为 10 单位，订货提前期（前置时间）为 2 周，供应商要求订货批量必须大于等于 25 单位，时段 1 和时段 2 的预计到达量（在途量）分别为 10 单位和 25 单位，各时段的总需求量如表 6-4 所示（每个时段长为 1 周）。要求通过 MRP 计算得出各时段的计划订货发出量。

表 6-4 零件 I 各时段的总需求量

时段序号	1	2	3	4	5	6	7	8
总需求量	10	15	25	25	30	45	20	30

将已知数据与表 6-4 中各时段的总需求量填写到 MRP 计算表中，得到表 6-5。

表 6-5 零件 I 的 MRP 计算表

时段 t	0	1	2	3	4	5	6	7	8
总需求量 $G(t)$		10	15	25	25	30	45	20	30
预计到达量 $S(t)$		10	25						
预计现存量 $H(t)$	10								
净需求量 $N(t)$									
计划订货到达量 $P(t)$									
计划发出订货量 $R(t)$									

计算结果如表 6-6 所示。

表 6-6 零件 I 的 MRP 计算结果

时段 t	0	1	2	3	4	5	6	7	8
总需求量 $G(t)$		10	15	25	25	30	45	20	30
预计到达量 $S(t)$		10	25						
预计现存量 $H(t)$	10	10	20	20	20	15	0	5	0
净需求量 $N(t)$		0	0	5	5	10	30	20	25
计划订货到达量 $P(t)$				25	25	25	30	25	25
计划发出订货量 $R(t)$		25	25	25	30	25	25		

现对计算过程说明如下：

① 在时段 1，总需求量为 10，上期预计现存量为 10，本期预计到达量为 10，已有量（上期预计现存量+本期预计到达量=20）能够满足时段 1 总需求量，从而净需求量为 0、不需要订货，计划订货到达量也为 0，在时段 1 末，预计现存量为 10（=20-10）。

② 在时段 2，总需求量为 15，预计到达量与上期预计现存量之和为 35，能够满足时段 2 的总需求量，这时，时段 2 的净需求量和计划订货到达量均为 0，预计现存量为 20（=35−15）。

③ 在时段 3，总需求量为 25，扣除可用存货即上期预计现存量的 20 单位后，得净需求量为 5。根据计划订货到达量的计算规则知计划订货到达量为 25 单位，进而计算得出预计现存量为 20（=25−5）单位。

④ 时段 4 及时段 5 的计算结果解释和时段 3 完全相同。

⑤ 在时段 6，总需求量为 45，扣除可用存货即上期预计现存量 15 后，得净需求量为 30 单位。根据计划订货到达量的计算规则知计划订货到达量应为 30 单位。预计现存量为 0。类似地可完成时段 7 和 8 的计算。

⑥ 最后将各时段的计划订货到达量向前位移一个前置时间（2 周），得出各时段的计划订货发出量。

2. 较为复杂的 MRP 计算[*]

下面再举例说明如何根据母体零件的计划订货发出量确定组成母体的各项零部件的总需求量，也就是说由计划发出订货量就可以决定相关需求零部件的需求量。

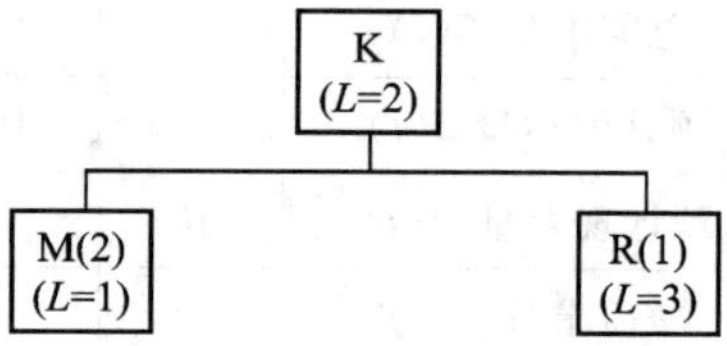

例 6-2 产品 K 的物料清单见图 6-5，产品 K 各时段的总需求量如表 6-7 所示（每个时段长为 1 周），期初库存为 50 单位；零件 M 的期初库存为 225 单位，时段 1 的预计到达量 30 单位。假设订货批量无限制（逐批订货），完成 MRP 系统计算。

图 6-5 产品 K 的 BOM

表 6-7 产品 K 各时段的总需求量

时段 t	0	1	2	3	4	5	6	7	8
总需求量 $G(t)$		25	15	120	0	60	0	15	0

计算结果列于表 6-8 中。其中零件 M 的总需求量是根据产品 K 的计划发出订货量得出的，因为每件产品 K 含 2 个零件 M，故将产品 K 各个时段的计划发出订货量乘以 2，就得到零件 M 相应时段的总需求量。

表 6-8 产品 K 的计算结果

	时段 t	0	1	2	3	4	5	6	7	8
K 的计算结果	总需求量 $G(t)$		25	15	120	0	60	0	15	0
	预计到达量 $S(t)$									
	预计现存量 $H(t)$	50	25	10	0	0	0	0	0	0
	净需求量 $N(t)$				110		60		15	
	计划订货到达量 $P(t)$				110		60		15	
	计划发出订货量 $R(t)$		⑩		⑥		⑮			

续表

	时段 t	0	1	2	3	4	5	6	7	8
M的计算结果	总需求量 $G(t)$		⑳220		⑳120		㉚30			
	预计到达量 $S(t)$		30							
	预计现存量 $H(t)$	225	35	35	0	0	0	0	0	0
	净需求量 $N(t)$				85		30			
	计划订货到达量 $P(t)$				85		30			
	计划发出订货量 $R(t)$			85		30				

在 MRP 系统中，计划发出订货数量可以和各个时段的净需求量相等，也可以限制大于和等于某一固定的批量。按照与净需求量相同的数量订货叫做逐批订货。

在 MRP 系统中可以应用安全库存，但安全库存并不经常使用。由于零件生产的前置时间是可控的，所以许多零件不需要有安全库存。若和供应商签订的合同规定了补充供应的前置时间，则外购的零件也不必有安全库存。从而在 MRP 系统中，只需在最终产品的层次上考虑备有安全库存。

出于经济和便于管理这两方面考虑，零部件的订货量可以超过净需求量。

二、MRP 系统中的订货批量*

MRP 系统中批量的确定是一个复杂而困难的问题。批量就是 MRP 计划中计划订单下达和接收的零件数量。对于零件生产，批量就是一次生产的数量；对于零件订购，批量就是向供应商订货的数量。批量一般要满足一个或多个时段的零件需求。

多数确定订购批量的方法主要是平衡满足 MRP 中与净需求相关的订货成本（或生产准备成本）和储存成本。在 MRP 中主要有四种确定批量的方法：按需确定批量法、经济订购批量法、最小总费用法和最小单位费用法。下面通过一个例子，介绍如何应用这四种方法来确定 MRP 的批量。

例 6-3 已知物料价格为 10.00 元/单位，订货（或准备）成本为 47.00 元/次，每周库存保管费率为 0.5%，计划期内 1～8 周的净需求量如表 6-9 所示，确定 MRP 批量。

表 6-9 计划期内 8 周的净需求量

周次	1	2	3	4	5	6	7	8
每周净需求量	50	60	70	60	95	75	60	55

（一）按需确定批量法

按需确定批量法是最常用的方法。这种方法有如下特点：

① 订购批量恰好与净需求量相匹配。

② 产出的量恰好就是每周的需求量,而不会产生剩余转到未来时段。

③ 储存成本最小。

④ 准备成本和能力限制可忽略不计。

表 6-10 按需订购批量 MRP 计划

周(1)	净需求量(2)	订货量(3)=(2)	期末剩余库存(4)=(3)-(2)	储存成本/元(5)=(4)×0.5%	订货(准备)成本/元(6)	总成本/元(7)
1	50	50	0	0.00	47.00	47.00
2	60	60	0	0.00	47.00	94.00
3	70	70	0	0.00	47.00	141.00
4	60	60	0	0.00	47.00	188.00
5	95	95	0	0.00	47.00	235.00
6	75	75	0	0.00	47.00	282.00
7	60	60	0	0.00	47.00	329.00
8	55	55	0	0.00	47.00	376.00

表 6-10 列出了按需确定批量法的计算过程。第 2 列给出了净需求量。由于按需确定批量法的思想就是订货量(第 3 列)应完全由需求量(第 2 列)决定,因而在期末没有剩余库存(第 4 列)。由于没有库存转入下一周,所以保管费用就是零(第 5 列)。但是按需求确定批量法每周都要确定一个订货(准备)成本(第 6 列)。因为每周都要订货(或加工中心每周都要生产各种产品),这就要求每周都得有订货(准备)成本。如果某加工中心只生产单一产品,而不生产该产品时就闲置,则不属于上述情况。在这种情况下,只有一次准备费用。按需确定批量法确定批量往往会使准备成本比较高。第 7 列第 2 周的总成本为第 1 周与第 2 周的储存成本与订货(准备)成本之和(0+47+47=94);第 3 周的总成本为第 1 周到第 3 周的储存成本与订货(准备)成本之和(94+47=141)。以此类推,到第 8 周发生的总成本为第 1 周到第 8 周的储存成本与订货(准备)成本之和(329+47=376)。

(二)经济订购批量法

在前面的章节中已经提到经济订购批量(EOQ)是一个平衡订购(准备)成本和储存成本的方法。在经济订购批量模型中,要么需求保持均衡,要么必须确定安全库存以满足需要变化。经济订购批量模型需要使用年需求总量、准备或订货成本以及年储存成本的估计值。经济订货量并不是针对像 MRP 这样的系统设计的。

应用于 MRP 的批量方法假设零件需求是使用离散时段的,因而只对时段末的库存计算储存成本,而不像经济订购批量模型那样随平均库存变化。EOQ 假设在一个时段里零件被连续使用。由 EOQ 产生的订购批量并不总覆盖整个时段。例如,EOQ 或许提供 4.6 周的需求量。使用与按需确定批量法例中相同的数据，经济订购批量可通过下式计算得出：

8 周的总需求量 = 50+60+70+60+95+75+60+55 = 525

根据 8 周的需求量确定年需求量 $D = 525/8 \times 52 = 3\ 412.5$（件）

年储存成本 = $0.5\% \times 10 \times 52 = 2.6$（元/件）

订货（准备）成本 = 47（元）（已知）

所以，$EOQ = \sqrt{\dfrac{2 \times 3\ 412.5 \times 47}{2.6}} = 351.24 = 351$（件）

表 6-11 MRP 计划中经济订购批量

周 (1)	净需求量 (2)	订货量 (3)	期末库存 (4)	储存成本/元 (5) = (4) × 10×0.5%	订购（准备）成本/元 (6)	总成本/元 [储存成本+订购（准备）成本] (7)
1	50	351	301	15.05	47.00	62.05
2	60	0	241	12.05	0.00	74.10
3	70	0	171	8.55	0.00	82.65
4	60	0	111	5.55	0.00	88.20
5	95	0	16	0.80	0.00	89.00
6	75	351	292	14.6	47.00	150.60
7	60	0	232	11.6	0.00	162.20
8	55	0	177	8.85	0.00	171.05

从表 6-11 中可以看出，MRP 计划中采用的经济订货量（EOQ）为 351 个单位。第 1 周的经济订货量足以满足从第 1 周到第 5 周的全部需求以及第 6 周的部分需求。然后第 6 周订购的另一经济订购批量可以满足第 6 周到第 8 周的需求，这一方法的总成本为 171.05。

第 1 周的期末库存为 301（= 351-50），第 1 周的储存成本为 15.05（= 301×10×0.5%）。第 1 周订货 1 次，订货成本为 47，这样，第 1 周的总成本为 62.05（= 15.05+47.00）。

第 2 周的期末库存为 241（= 301-60），第 2 周的储存成本为 12.05（= 241×10×0.5%）。第 2 周没有订货，订货成本为 0，这样，到第 2 周总成本为 74.10（= 62.05+12.05）。

以此类推，得到第 8 周的期末库存为 177（= 232-55），第 8 周的储存成本为 8.85（= 177×10×0.5%）。第 8 周没有订货，订货成本为 0，这样，到第 8 周总成本为 171.05（= 162.20+8.85）。

注意：根据经济订购批量计划，在第 8 周末会有部分库存留到第 9 周。

（三）最小总成本法

最小总成本法（LTC）是一个动态确定订购批量的方法，其原理是比较不同订货量所对应的储存成本和订货（或准备）成本，从中选择使二者尽可能接近的订购批量。如表 6-12 所示。

表 6-12　MRP 计划的最小总成本法

周 (1)	订货量 (2)	存储成本 (3)	订货成本 (4)	｜存储与订货成本之差｜ (5) = ｜(3) - (4)｜	总成本 (6) = (3) + (4)
1	50	0	47	47	47.00
1~2	110	3	47	44	50.00
1~3	180	10	47	37	57.00
1~4	240	19	47	28	66.00
1~5	335*	38	47	9*	85
1~6	410	56.75	47	9.75	103.75
1~7	470	74.75	47	27.75	121.75
1~8	525	94	47	47	141.00
6	75	0	47	47	47.00
6~7	135	3	47	44	50.00
6~8	190*	8.5	47	38.5*	55.5

周	净需求量	订购批量 （产量）	期末库存	存储成本 /元	准备成本 /元	总成本/元
1	50	335	285	14.25	47.00	61.25
2	60	0	225	11.25	0.00	72.50
3	70	0	155	7.75	0.00	80.25
4	60	0	95	4.75	0.00	85.00
5	95	0	0	0.00	0.00	85.00
6	75	190	115	5.75	47.00	137.75
7	65	0	55	2.75	0.00	140.50
8	55	0	0	0.00	0.00	140.50

表 6-12 上半部分列出了所对应的最小成本订购批量。计算最小总成本订购批量的过程就是按周的变化比较批量的订货成本和储存成本。

第 2 列订货量的计算：第 1 周的订货量可以满足第 1 周的需求（50），这时订货批量为 50；也可以满足第 1 周和第 2 周的需求（50+60=110），此时订货批量为 110；还可以满足第 1、2、3 周的需求（50+60+70=180），则订货批量为 180。以此类推，第 1 周的订货量可以满足第 1 周至第 8 周的需求（50+60+70+60+95+75+60+55=525），这时订货批量为525。

第3列储存成本的计算：第1周的订货量为50时，因第1周的需求量也是50，因此，这时的储存成本为0；第1周的订货若满足第1周至第2周需求时订货量为110，有50单位满足了第1周的需求，另外有60单位储存了1周时间，则储存成本为$60×10×0.5\%=3$；当订货量（180）用以满足第1、2、3周的需求时，有50单位满足了第1周的需求，另外有60单位储存了1周时间，70单位储存了2周时间，则储存成本为$(60+70×2)×10×0.5\%=10$，以此类推，当第1周的订货量用以满足第1周至第8周的需求（525）时，这时储存成本为$(60+70×2+60×3+95×4+75×5+60×6+55×7)×10×0.5\%=94$。

正确选择的批量是使订货成本和储存成本尽可能接近的订购批量（因经济订购批量的订货成本和储存成本是相等的）。在表6-12中，最好的批量是335单位。因为此时存储成本是38元，订货成本是47元，两者差值达到最小。这个订购批量可以满足第1周到第5周的订货需求。

在第1周下达了一个可以保证前5周需求的订购批量（335单位），现在是第6周，我们的问题是，从现在开始我们应提供未来多少周的订货量。从表6-12中可以看出，订购第6周至第8周需求（190单位）时，所对应的订货成本和储存成本是最接近的，即取第2次的经济订购批量为190单位。

应当注意，订购190单位时，对应的订货成本和存储成本还是相差较大，这是因为我们的例子中仅仅扩展到第8周，如果计划期更长一些，第6周的订货量很可能还能满足第8周以后其他周的需求。这就引出了最小总成本法的一个局限——它受到计划长短的影响。表6-12下半部分列出了最终运行的批量（335、190）和总成本（140.50）。

（四）最小单位成本法

最小单位成本法是一个动态订购批量的方法。这种方法将每个试验批量的订货成本和库存存储成本相加，再除以该订购批量的单位总量，选择单位成本最小的那个批量作为订购批量。表6-13中的上半部分列出了满足从第1周到第8周的订购批量的单位成本。当第1周订货量为410单位时，单位成本最小，订货量可以满足从第1周到第6周的需求。第7周的订货量可以满足直到计划期末的需求。

表6-13 最小单位成本法

周	订货量	存储成本/$	订货成本/$	总成本/$	单位成本/$
1	50	0.00	47.00	47.00	0.940 0
1~2	110	3.00	47.00	50.00	0.454 5
1~3	180	10.00	47.00	57.00	0.316 7
1~4	240	19.00	47.00	66.00	0.275 0
1~5	335	38.00	47.00	85.00	0.253 7

续表

周	订货量	存储成本/$	订货成本/$	总成本/$	单位成本/$
1~6	410*	56.75	47.00	103.75	0.2530 最小单位成本
1~7	470	74.75	47.00	121.75	0.2590
1~8	525	94.00	47.00	141.00	0.2686
7	60	0.00	47.00	47.00	0.7833
7~8	115*	2.75	47.00	49.75	0.4326 最小单位成本

周	净需求量	订购量（产量）	期末库存	存储成本/$	准备成本/$	总成本/$
1	50	410	360	18.00	47.00	65.00
2	60	0	300	15.00	0.00	80.00
3	70	0	230	11.50	0.00	91.50
4	60	0	170	8.50	0.00	100.00
5	95	0	75	3.75	0.00	103.75
6	75	0	0	0	0	103.75
7	60	115	55	2.75	47.00	153.50
8	55	0	0	0	0	153.50

采用最小单位成本法时，经济订购批量分别为410（第1周订购）、115（第7周订购），总成本为153.50。最小单位成本法与最小总成本法的局限相同，这两种方法都受到计划长度的影响。

（五）选择最佳的订购批量

将上述4种方法的订购批量与总成本进行汇总，见表6-14。

表6-14 4种方法的订购批量与总成本

确定批量方法	订购批量	总成本/美元	备注
按需确定批量法	等于需求	376	每周按需求订购，共订购8次
经济订购批量法	351	171.05	订购2次，分别在第1周、第6周各订购351单位
最小总成本法	335、190	140.50*	订购2次，分别在第1周订购335单位、第6周订购190单位
最小单位成本法	410、115	153.50	订购2次，分别在第1周订购410单位、第7周订购115单位

采用按需确定批量法，8周的总成本是376美元，经济订购批量法是171.05美元，最小总成本法是140.50美元，最小单位成本法为153.50美元。最低成本是由最小总成本法确定的140.5美元。

最小单位成本法的好处是这种方法的分析更加完全，而且考虑到订货量增加时订货或准备成本变化的情况。如果订货或准备成本保持不变，最小总成本法是更为可取的。因为最小总成本法的计算更简单容易一些，当然其精确性是受订货成本不变这一条件限制的。如果计划期间比 8 周长，最小成本法的计算结果将会有所不同。

三、影响 MRP 计划过程的因素*

（一）前置时间（计划提前期）

MRP 系统中前置时间有时也称为计划提前期，当零件、部件或产品是自己生产时，前置时间指的是零件的加工周期和产品的装配周期，当零件、部件是外购时，前置时间指的是采购提前期。在 MRP 系统中，前置时间按计划时间单位计，即按周计，这是比较粗糙的。当前置时间为 5 个工作日时，按 1 周计；而提前期为 1 天，也按 1 周计。这样在 MRP 系统中处理会出现一些极端的情况。例如，当零部件 C 的前置时间为 1 个工作日，由 C 装配成零部件 B 也需要 1 个工作日，由 B 组装成零部件 A 也需要 1 个工作日。这样圆整成周以后再相加，需 3 周时间。实际上，由 C 开始加工到 A，仅需 3 天时间，应该圆整成 1 周。

确定前置时间要考虑以下几个因素：排队（等待加工）时间、作业（切削、加工、装配）时间、调整准备时间、等待运输时间、检查时间和运输时间。对于一般单件生产车间，排队时间是最主要的，平均约占零件在车间停留时间的 90% 左右。排队时间是一个很不稳定的因素，优先权高的零件，排队时间短，优先权低的零件，排队时间长。除了排队时间外，其他几个因素也是很难确定的。因此，要得出精确的计算公式和程序来确定每批零件的前置时间，几乎是不可能的。MRP 系统采用固定前置时间，即不论加工批量如何变化，事先确定的前置时间均不改变。这实际上是假设生产能力是无限的，这是 MRP 系统的一个根本缺陷。

（二）批量大小规则

无论是采购或者是生产，为了节省订货成本和生产调整准备成本，都要形成一定的批量。对于 MRP 系统来说，确定采购或生产批量十分复杂。这是因为产品是层次结构，各层零部件都有批量问题，每一层零部件计划发出订货的时间和数量的变化，都将波及下层所有零部件的需要量及需要时间，这样将引起一连串变动。而且，由于下层零部件的批量一般比上层的大，这种波动还会逐层放大。这种上层零部件批量的变化引起下层零部件批量的急剧变化，称为系统紧张（Nervousness）。

批量问题还与前置时间相互作用，批量的变化导致前置时间改变，而前置时间的改变又会引起批量的变化。为了简化，一般都把前置时间作为已知的确定量来处理。为了避免引起系统紧张，一般仅在最低层零部件订货时考虑批量。

MRP 系统零件层批量问题是离散周期需求下的批量问题，它与连续均匀需求下的批量问题不同，因此，经济批量（EOQ）公式不适用。处理离散周期需求下的批量问题，人们提出了很多算法，常用的批量策略有：① 逐批确定法（Lot-for-Lot），净需要量是多少,批量就取多少;② 固定批量,批量是一个固定的量;③ 最大零件周期收益法(Maximum Part-Period Gain,简称 MPG)等。

(三) 安全库存

设置安全库存是为了应付需求和供应的不确定性。尽管在 MRP 系统中物料的需求是相关需求,但其仍具有不确定性。比如,不合格品的出现、设备故障、停电、外购件交货延误等。但 MRP 认为,只有对产品结构中最低层元件或原材料设置安全库存才是必要的。安全库存的引入将对净需要量的计算产生影响。

第3节 MRP的发展——MRPⅡ、ERP

一、MRPⅡ的结构及功能*

(一) MRPⅡ的提出

闭环 MRP 系统的出现,使生产活动方面的各子系统得到了统一。但这还不够,因为在企业管理中,生产管理只是一个方面,它所涉及的仅仅是物流,而与物流密切相关的还有资金流。这在许多企业中是由财会人员另行管理的,这就造成了数据的重复录入与存储,甚至造成数据的不一致性。于是,在 20 世纪 80 年代,人们把生产、财务、销售、工程技术、采购等各子系统集成为一个一体化的系统,并称为制造资源计划(Manufacturing Resource Planning,MRPⅡ),由于英文缩写还是 MRP,为了区别物流需求计划(MRP)而称之为 MRPⅡ。

MRPⅡ是闭环 MRP 的延伸和发展,MRPⅡ并不是一种与 MRP 完全不同的新技术,而是在 MRP 的基础上发展起来的一种新的生产管理方式。MRPⅡ在内容和能力上有了很大扩充,把生产活动与财务活动联系起来,将闭环 MRP 与企业经营计划联系起来,使企业各个部门有了一个统一可靠的计划控制工具。MRPⅡ涵盖了整个企业生产经营活动,是企业级的集成系统,包括了整个生产经营活动:销售、生产、生产作业计划与控制、库存、采购供应、财务会计、工程管理等。

(二) MRPⅡ的结构及功能*

1. MRPⅡ结构

目前已有上百种版本的 MRPⅡ系统,虽然每一种版本都有各自的独特之处,结构也有所不同,但其基本原理是相同的。MRPⅡ结构如图 6-6 所示。

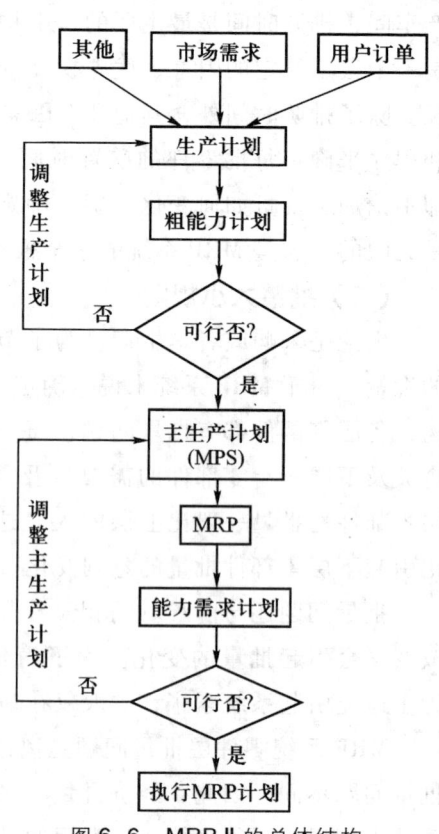

图 6-6 MRPⅡ的总体结构

2. MRP Ⅱ 系统的功能

MRP Ⅱ 系统一般包括如下功能：

（1）基础数据管理。基础数据是指 MRP Ⅱ 系统中所涉及的有关产品结构、零件明细、材料消耗、工艺路线、工时定额等生产技术数据。它的主要功能包括：① 物料清单管理；② 工艺路线管理；③ 资源数据管理。

（2）库存管理。库存管理是指对生产过程中涉及的原材料库、标准件库、电机库、毛坯库、半成品库等的管理。MRP Ⅱ 系统在减少库存占用中具有明显的经济效益，这在国内外已被充分证明。

（3）经营计划管理。经营计划管理子系统主要是销售与主生产计划管理的制定，一般分为若干个子系统。销售合同以及产品需求预测是制订生产计划的依据，主生产计划又是制定物料需求计划的依据。这里，销售合同管理、成品库管理、产品的发货等均是与各个企业及其产品密切相关的，MRP Ⅱ 系统不能提供一个通用模式，但可以根据用户的需求，在一个适用模式的基础上再开发。

（4）主生产计划。主生产计划不同于年度综合计划，也不同于季度生产计划。主生产计划规定了最终产品的出产数量与时间。一般而言，主生产计划的时间单位是"周"。

（5）物料计划。物料计划是 MRP Ⅱ 系统的核心部分，它体现了 MRP Ⅱ 系统逻辑的主要部分。这部分有三个子系统：物料需求计划子系统、细能力平衡子系统及车间任务下达子系统。三个子系统密切相关，将主生产计划以零件计划的形式下达到车间及所属的加工中心，如果是外购，则下达订购计划。

（6）车间作业计划与控制。生产进度计划、物料需求计划（MRP）的下达和执行，都是通过车间作业计划与控制子系统完成的。车间作业计划与控制的功能有两个，一是根据 MRP 系统的输出制定车间内部作业计划，生成最终装配计划（FAS）、加工订单与派工单，对生产进度进行调度及物料发放；另一个是根据生产现场信息编制完工报告。

（7）物料采购供应。物料采购供应主要解决两个问题：一是产品合同确定后，马上能汇总出对外购标准件与材料的需求量；二是当产品投产时，及时掌握其外购标准件与材料的需求量及库存情况，并可以进行供应商管理。

（8）成本核算与财务管理。产品成本核算统计是企业较为困难而又量大的工作。从 MRP Ⅱ 系统一体化来考虑，这两部分都是与前面的子系统相联系的。MRP Ⅱ 系统不同于其他软件，是一个整体资源共享、优化的系统，上面的那些子系统实施了，有了较好的数据基础才能实施这两个模块。

此外，MRP Ⅱ 系统还有设备管理、人力资源管理、输入/输出控制等功能。

二、MRP Ⅱ 的特点[*]

（一）管理的系统性

MRP Ⅱ 系统是一项系统工程，它把企业所有与生产经营直接相关部门的工作连接成一个整体，各部门都从系统整体出发做好本职工作，每个员工都知道自己的工作质量同其他职能的关系。只有在"一个计划"下才能成为系统,条块分割、各行其是的局面已被团队整体所取代。

(二) 数据共享

MRP Ⅱ 是一种制造企业管理信息系统,企业各部门都依据同一数据信息进行管理,任何一种数据变动都能及时地反映给所有部门,做到数据共享。

(三) 动态应变型

MRP Ⅱ 系统是一个闭环系统,它可以跟踪、控制和反馈瞬息万变的实际情况,管理人员可随时根据企业内外环境条件的变化迅速作出响应,及时决策调整,保证生产正常进行。

(四) 模拟预见性

MRP Ⅱ 系统是生产经营管理规律的反映,按照规律建立的信息逻辑必然具有模拟功能。它可以解决"如果怎样……将会这样"的问题,可以预见在相当长的计划期内可能发生的问题,可以事先采取措施消除隐患,而不是等问题已经发生了再花几倍的精力去处理。

(五) 物流与资金流的统一

MRP Ⅱ 系统包含了成本会计和财务功能,可以由生产活动直接产生财务数据,把实物形态的物料流动直接转换为价值形态的资金流动,保证生产和财务数据一致。财务部门能及时得到资金信息应用于成本控制,通过资金流动状况反应物流和生产经营情况,随时分析企业的经济效益,参与决策,指导和控制生产经营活动。

以上几个方面的特点表明,MRP Ⅱ 系统是一个完整的生产经营管理计划体系,在这一体系中可以更好地控制库存,是实现制造业企业整体效益的有效管理模式。

三、ERP[*]

(一) ERP 的提出

1. 时代背景

20 世纪 90 年代以前,企业管理的注意力主要放在内部管理上,包括产品生产过程的管理、库存管理与成本控制。企业管理软件无论是 MRP 还是 MRP Ⅱ 都是围绕这一目标而进行的。进入 90 年代,MRP Ⅱ 得到了蓬勃发展,其应用也从离散型制造业向流程式制造业扩展,不仅应用于汽车、电子等行业,也能用于化工、食品等行业。随着信息技术的发展,现实社会开始发生革命性变化,即从工业经济时代开始步入知识经济时代,随着全球经济一体化进程的加快,IT 技术特别是 Internet 技术的出现与广泛应用,人类社会经济发展发生了重大变化,企业所处的时代背景与竞争环境发生了很大变化。MPR Ⅱ 需要完善,特别是其管理范围需要扩充。新的管理思想(JIT、供应链管理等)不断出现,要求 MRP Ⅱ 中融入这些新的管理理念。客户/服务器(C/S)体系结构和分布式数据处理技术、Internet/Intranet/Extranet、电子商务、电子数据交换(EDI)使在不同平台的互操作以及对整个供应链信息进行集成管理得以实现。

在这样的背景下，MRP Ⅱ 系统的功能也在不断地增强、完善与扩大，向企业资源计划（Enterprise Resource planning，ERP）发展。ERP 是由美国 Gartner Group 公司于 1990 年提出的。一般认为，ERP 是在 MRP 基础上发展起来的，以供应链思想为基础，融现代管理思想于一身，以现代化的计算机及网络通信技术为运行平台，集企业的各项管理功能于一身，并能对供应链上所有资源进行有效控制的计算机管理系统。ERP 面向企业供应链的管理，可对供应链上的所有环节有效地进行管理，把客户需求和企业内部的制造活动以及供应商的制造资源整合在一起，体现了完全按用户需求制造的思想。

2．ERP 的核心思想

ERP 的核心管理思想就是实现对整个供应链的有效管理，主要体现在以下三个方面：

（1）体现对整个供应链资源进行管理的思想。在知识经济时代仅靠自己企业的资源不可能有效地参与市场竞争，还必须把经营过程中的有关各方如供应商、制造工厂、分销网络、客户等纳入一个紧密的供应链中，才能有效地安排企业的产、供、销活动，满足企业利用全社会一切市场资源快速高效地进行生产经营的需求，以期进一步提高效率和在市场上获得竞争优势。换句话说，现代企业竞争不是单一企业与单一企业间的竞争，而是一个企业供应链与另一个企业供应链之间的竞争。ERP 系统体现对整个供应链资源进行管理的思想，适应了企业在知识经济时代市场竞争的需要。

（2）体现精益生产、同步工程和敏捷制造的思想。ERP 系统支持对混合型生产方式的管理，其管理思想表现在两个方面：其一是"精益生产 LP（Lean Production）"的思想①，即企业按大批量生产方式组织生产时，把客户、销售代理商、供应商、协作单位纳入生产体系，企业同其销售代理、客户和供应商的关系，已不再简单地是业务往来关系，而是利益共享的合作伙伴关系，这种合作伙伴关系组成了一个企业的供应链，这即是精益生产的核心思想；其二是"敏捷制造（Agile Manufacturing）"的思想。当市场发生变化，企业遇到特定的市场和产品需求时，企业的基本合作伙伴不一定能满足新产品开发生产的要求，这时，企业会组织一个由特定的供应商和销售渠道组成的短期或一次性供应链，形成"虚拟工厂"，把供应和协作单位看成是企业的一个组成部分，运用同步工程组织生产，用最短的时间将新产品打入市场，时刻保持产品的高质量、多样化和灵活性，这即是"敏捷制造"的核心思想。

（3）体现事先计划与事中控制的思想。ERP 系统中的计划体系主要包括：主生产计划、物料需求计划、能力计划、采购计划、销售执行计划、利润计划、财务预算和人力资源计划等，而且这些计划功能与价值控制功能已完全集成到整个供应链系统中。

ERP 系统通过定义事务（Transaction）处理相关的会计核算科目与核算方式，以便在事务处理发生的同时自动生成会计核算分录，保证了资金流与物流的同步记录和数

---

① 它是由美国麻省理工学院（MIT）提出的一种企业经营战略体系。

据的一致性，从而实现了根据财务资金现状可以追溯资金的来龙去脉，并进一步追溯所发生的相关业务活动，改变了资金信息滞后于物料信息的状况，便于实现事中控制和实时作出决策。

此外，计划、事务处理、控制与决策功能都在整个供应链的业务处理流程中实现，要求在每个流程业务处理过程中最大限度地发挥每个人的工作潜能与责任心，流程与流程之间则强调人与人之间的合作精神，以便在有机组织中充分发挥每个人的主观能动性与潜能。实现企业组织结构向"扁平式"转变，提高企业对市场动态变化的响应速度。总之，借助IT技术的飞速发展与应用，ERP系统得以将很多先进的管理思想变成现实中可实施应用的计算机软件系统。

（二）ERP的基本原理与功能*

1. ERP的基本原理

ERP系统能够自动完成一个组织功能领域的各项任务（财务、人力资源、销售、采购和物料分配），并能将这些不同领域的数据资料储存在一个数据库中。ERP的目的是通过信息共享和互相交流提高企业各部门之间的合作和交流，其基本原理如图6-7所示。

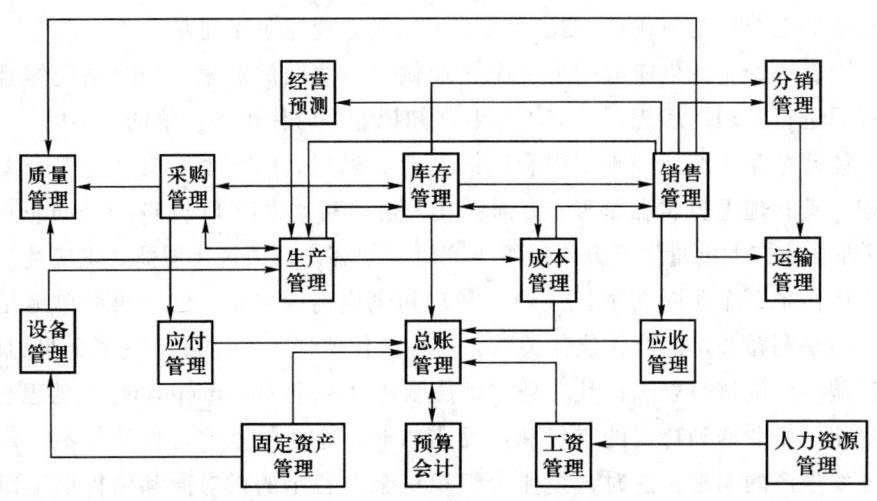

图6-7 ERP的原理图

ERP系统与典型的MRP Ⅱ系统在技术要求如用户界面、相关数据库、第四代语言的使用、计算机软件开发工具、客户/服务器结构等方面存在差异。

2. ERP的主要功能

ERP除了MRP Ⅱ已有的生产资源计划、制造、财务、销售、采购等功能外，还有质量管理，实验室管理，业务流程管理，产品数据管理，存货、分销与运输管理，人力资源管理和定期报告系统等。下面简要介绍ERP的主要功能：

（1）销售与分销模块。主要具有销售计划、询价报价、订单管理、运输发货、发票等的管理，同时可对分销网络进行有效的管理。

(2) 生产管理模块。主要具有实现对工厂数据、生产计划、MRP、能力计划、成本核算等功能。

(3) 物料管理模块。主要具有采购、库房与库存管理、供应商评价等管理功能。

(4) 质量管理模块。主要具有可提供质量计划、质量检测、质量控制、质量文档等功能。

(5) 财务会计模块。主要具有应收、应付、总账、合并、投资、基金、现金管理等功能。

(6) 管理会计模块。主要具有利润及成本中心、产品成本、项目会计、获利分析等功能。

(7) 资产管理模块。主要具有固定资产、技术资产、投资控制等管理功能。

(8) 人力资源管理模块。主要具有薪资、差旅、工时、招聘、发展计划、人事成本等功能。

另外还有项目管理模块、工作流管理模块以及行业解决方案模块等。

这些功能覆盖了企业供应链上的所有环节，能帮助企业实现整体业务经营运作的管理和控制。ERP 能很好地支持和管理混合型制造环境，并加强了实时控制。

从系统功能上来看，ERP 系统虽然只是比 MRP Ⅱ 系统增加了一些功能子系统，但更为重要的是这些子系统的紧密联系以及配合与平衡。正是这些功能子系统把企业所有的制造场所、营销系统、财务系统紧密结合在一起，从而实现全球范围内的多工厂、多地点的跨国经营运作，能很好地支持和管理混合型制造环境，满足了企业的这种多角化经营需求。

另外，MRP Ⅱ 是通过计划的及时滚动来控制整个生产过程，它的实时性较差，一般只能实现事中控制。而 ERP 强调企业的事前控制能力，它可以将设计、制造、销售、运输等通过集成来并行地进行各种相关的作业，为企业提供了对质量、适应变化、客户满意、效绩等关键问题的实时分析能力。

案例 6-2

JK 公司的 ERP/MRP 管理系统

面对前面案例分析的问题，通过深思熟虑小张提出了用 ERP/MRP 管理系统来解决公司存在的问题，这一方案经过详细论证得到了公司领导的认可，公司于 2002 年年初开始实施 ERP/MRP 管理系统。

ERP/MRP 管理系统实施后，PMC 人员下一个生产计划由原来的两天变为十几秒钟，自动生成的生产发料单又快又准，材料仓的进货可在第一时间自动补充生产缺料也使得生产得以及时顺利进行，管理人员再不用为下生产计划而忙得团团转，生产状况得到极大的改善。

库存管理体系建立后，加强了对重点物资的管理，通过对库存超储、积压处理等功能的实施，减少了库存的积压，有效地控制了库存资金的占用。公司内多个库房准确的动态库存数据随时为生产计划提供有效的信息。

企业的销售、采购、客户、供应商、应收、应付信息紧密地联系在一起,通过采购订单自动生成的入库单入库后,入库信息即时反馈到采购部门和财务部门,通过销售订单自动生成的发货单发货后,发货信息即时反馈到销售部门和财务部门,有效地改善了原来信息严重滞后的情况,大大减轻了财务人员的工作负担,提高了工作效率。

通过基础工程数据的实施,整个公司原来各部门分别组织数据、部门各自为政、相互独立的情况得到了全面地改善,企业的数据统一组织和管理,不再受部门分工界限的限制,达到了企业信息管理的规范化和标准化,信息的高度集成使企业的管理面目焕然一新。企业的销售、供应、生产计划、库存各个系统协同运行,通过对物料需求功能的实施,销售计划指导主生产计划,根据产品定额产生物料需求计划,对库存数据、采购合同进行平衡计算后,产生物资采购清单,有效地缩短了计划的编制周期,提高了物资采购的计划性、准确性,完全解决了生产缺料和库存物料积压过多两个方面的矛盾,也消除了生产线停工待料的现象。

利用系统内质量监测数据档案,对原材料、半成品、成品等进行相关的质量分析,主管领导通过质量分析的结果找出影响质量的原因,提出短期或中期的质量改进措施,大大提高了产品的质量。所有生产、经营信息的即时传送使企业的决策层能随时掌握企业各方面的最新数据,系统不失时机地为经营决策提供有力的支持。

ERP/MRP 管理系统的实施,提高了生产计划的准确性和成本核算的可靠性,降低了物料储备和物料消耗,减少了在制品数量,缩短了生产周期,降低了储备资金、生产资金、成品资金及其他资金占用,节约了流动资金,降低了生产成本,加速了流动资金的周转,提高了单台产品的利税。系统实施后,极大地提高了管理人员的工作效率。产品质量的提高赢得了客户的好评,大大提高了产品的市场占有率,取得了好的经济效益。

(三) ERP 的局限性

尽管 ERP 的核心思想是供应链管理,但是目前大多数 ERP 系统还主要用于企业内部流程的优化,并把注意力集中在如何使企业自身运转更加有效。而企业的收益不仅取决于企业内部流程的加速运转和自动化,还将取决于企业将这种效率传播给由它的供应商以及客户组成的整个业务系统的能力,即把效率传播给它的整个供应链的能力。但是现在的 ERP 系统还不能达到这个目标,其局限性体现在以下几个方面:

(1) ERP 系统无法满足企业个性化管理的需求。随着管理理论和 IT 技术的不断创新、市场需求的不断变化,企业流程也必然随之而改变,而目前 ERP 还不能动态地满足企业流程变化的需要,必须经过艰难的二次开发和实施才能实现。虽然一些 ERP 公司正在进行动态企业建模(DEM)的探索,但都还处于初级阶段。

(2) ERP 虽然是面向供应链管理,但其重心仍在企业内部,在现在激烈的买方市场竞争中,客户已经成为企业兴衰的关键。如何以客户为中心,提高客户的满意度和忠诚度,是 ERP 系统要改善的一个重要环节。

(3) 随着互联网（Internet）时代的到来，电子商务（EC）的兴起，数字经济已经影响到社会经济生活中的方方面面，ERP 软件系统对电子商务的支持也尚未成熟。

(4) ERP 对决策支持的不足。ERP 是面向事务处理的，由于不同层次的管理人员对数据的要求是不同的，处理决策相关问题时要面向不同的用户提供不同的数据，耗费大量的系统资源，所能提供的统计数据量和决策功能都十分有限，因此很难满足企业日益增长的决策需要。

（四）ERP 的发展

最初 ERP 系统的主要功能包括：采购管理、财务管理、预测、先进计划与排产、仓库管理、需求与分销管理以及运输管理等。当前 ERP 系统的应用还主要是企业内部处理过程的集成，如财务、人力资源、订单管理以及制造和分销等，而很少涉及对企业外部的供应商和客户的管理。这就是说企业仍把 ERP 看成是将企业内部信息集成起来的工具，而不是对供应链的整个资源进行整合和管理的工具。因此，需要在 ERP 系统的基础上融入 SCM 的功能，做到一个企业内外部信息的集成。然后，基于 Internet 技术在电子商业环境下将电子商务 EC、交易管理 TM 和客户关系管理加入到 ERP 之中，集成后的 ERP 系统不再局限于单个企业实体，而把重点转向以客户为中心，基于供应链进行管理。

未来 ERP 从管理功能的角度来看，主要的发展方向和趋势是：

(1) ERP 与客户关系管理的进一步整合。ERP 与客户关系管理（Customer Relationship Management，CRM）的进一步整合，将更加面向市场和面向顾客，通过基于知识的市场预测、订单处理与生产调度、基于约束调度功能等进一步提高企业在全球化市场环境下更强的优化能力。ERP 进一步与 CRM 结合，实现市场、销售、服务的一体化，使 CRM 的前台客户服务与 ERP 后台处理过程集成，提供客户个性化服务，使企业具有更好的顾客满意度。

(2) ERP 与电子商务、供应链、协同商务、协同作业管理等的进一步整合。ERP 将面向协同商务，支持企业与贸易共同体的业务伙伴、客户之间的协作，支持数字化的业务交互过程。ERP 供应链管理功能将进一步加强，并通过电子商务进行企业供需协作，如汽车行业要求 ERP 的销售和采购模块支持用电子商务或 EDI 实现客户或供应商之间的电子订货和销售开单过程。ERP 将支持企业面向全球化市场环境，建立供应商、制造商与分销商间基于价值链共享的新伙伴关系，并使企业在协同商务中做到过程优化、计划准确、管理协调。

(3) ERP 与产品数据管理的整合。产品数据管理（Product Data Management，PDM）将企业中的产品设计和制造全过程的各种信息、产品不同设计阶段的数据和文档组织在统一的环境中。近年来 ERP 系统中纳入了产品数据管理 PDM 功能或实现与 PDM 系统的集成，增加了对设计数据、过程、文档的应用和管理，减少了 ERP 庞大的数据管理和数据准备工作量，并进一步加强了企业管理系统与 CAD、CAPP、CAM 系统的集成，进一步提高了企业的系统集成度和整体效率。

（4）ERP 与制造执行系统 MES（Manufacturing Executive System）的整合。ERP 与制造执行系统的整合是为了加强 ERP 对生产过程的控制能力。ERP 将与制造执行系统 MES、车间层操作控制系统 SFC 更紧密地结合，形成实时化的 ERP/MES/SFC 系统。该趋势在流程工业企业的管控一体化系统中体现得最为明显。

另外，ERP 的发展还表现为与工作流管理系统的进一步整合，ERP 系统朝着动态可重构性方向发展。

ERP 的不断发展与完善最终将促进基于 Internet/Extranet 的支持全球化企业合作与敏捷虚拟企业运营的集成化经营管理系统的产生和不断发展。

个案分析

案例材料

某食品厂基于 MRP 模式改进的库存管理系统

一、问题现状与改进目标

该食品厂属于一外资企业的小型制造分公司，主营方便面，年产 500 万件左右，有以中、低档为主的十余个品种。由于方便面生产厂家多，品种、质量均差别不大，导致企业外部市场竞争激烈，企业的利润一降再降，迫使企业把注意力由外部转移到内部，开始深挖内部潜力。在维持价格基本不变的同时，通过降低管理、生产、库存、资金占用等各项成本来提高企业效益。对于小型企业来说，规模小、资金少、抗风险能力弱是内部最大的不利因素，企业也必须千方百计在成本上下工夫。

该食品厂库存管理系统的工作质量对企业效益有重要的影响。该厂库存管理系统涉及众多的原料、成品、资金，是一个与企业各生产、财务、营销等部门有直接联系的复杂系统。库存是占用流动资金的一个大的方面，如何尽可能减少原料、产成品库存，降低库存成本，又能准时完成对生产的供应，是库存管理系统的最现实的问题，也是改进要实现的目标。

二、参考 MPR 模式进行改进

物料需求计划（MRP）是 20 世纪六七十年代发展起来的一项管理技术和方法，依靠计算机的软、硬件系统，以生产进度计划、产品结构表、库存清单为系统输入，经过 MRP 计算，输出生产任务单和采购计划单及其他辅助报告。同时，MRP 强调订单交付的时间，即根据产品的交付时间安排生产进度时间，再依据生产计划确定各原材料、外购件的订购时间、订购量，以及自制生产的零部件的加工需求时间、加工需求量，从而可以有效地保证生产进度，并减少库存，节约出流动资金，提高库存管理工作效率，有助于达到预定的系统目标。

原有的库存管理采用以期定量法制定安全库存，凭预测及经验值确定的各品种日消耗量，再计算 22 天的原料需求量作为安全库存。同时，按订购提前期为 7 天制定订购点，还制定了各品种最高存量，作为每次采购数量的上限。可以看出，原有管理方法基本上是以库存为中心，管理目标就是达到事前制定的库存量，保证计划库存，而忽视同生产与销售的实际情况的联系。这种办法能够很好地保证生产的原料供应，对最高存量的规定也使库存不至于过高，但它仍是一种很保守的方法，库存的可压缩余地较大。

由于该企业是以订单生产方式为主，市场预测已居于次要位置，订单是来自于外部的驱动生产的主要激励因素。企业的实际生产能力和产品的结构清单是主要的内部制约因素。对于库存系统来讲，也应该加强同生产与销售的实际情况的联系，在外部激励和内部制约下达到一个动态平衡，即应该转向以订单为中心，动态制定各种指标，决定订购计划。

对于核心的 MRP 计算部分，该厂采用一种平准化的方法来计算订购计划，即不以最高库存基准制定订购计划，而是以下一生产周期的实际需要量（按订单安排的主生产计划）来确定一次的订购量，并且实际库存与订单的差额均匀分布于本期后的若干次订购中，这样使库存量均匀、稳定，虽然可能会带来一定的风险，但库存量大幅下降所产生的效益按统计规律还是能够弥补这一风险。

三、系统的量化模拟与评价

下面通过实例来说明新系统的工作过程，通过新、旧系统的对比，对新系统进行评价。由产品结构树及各品种产品的产量，能够算出各种原料对应于产品生产计划的原料供应计划。以某种需求量不太稳定的特种高档面粉为例，进行 MRP 的计算，计算中对一些环节做了适当的简化。

依据以往的统计，事先确定以下参数：面粉的平均日需要量为 2.3 吨，周需要量即为 16.1 吨，变化范围在 10~20 吨，原订购点用 22 天需要量即约为 50 吨为标准，订购提前期为 1 周，安全库存为 1 周的需要量约为 16 吨，并参考季节性等其他因素设定一安全系数 1.0~1.5。假设下一计划期内 1—10 周实际订单需求量已知（通过产生的随机数进行模拟），如下表所示。

原库存控制方法是当库存下降到订购点时就组织原料的订购，订购量为最高库存限量与此时库存量的差值，而且只有当上一次的订货入库后，才组织下一次进货。

新的库存控制方法是当库存下降到订购点时，组织的订购量为下一生产周期的需求量除以平准化系数，该系数可取 1、2、3 等，即将需求量分摊到后几次进货。原方法所作计划列于表 6-15，新方法所作计划列于表 6-16，两种计算结果的折线图对比如图 6-8 所示。

表 6-15 模拟原方法制定的计划　　　　　　　　　　　　　单位：t

周次	1	2	3	4	5	6	7	8	9	10
实际订单需求量	15	12	13	11	18	14	16	17	19	18
周初/周末库存	60/45	45/33	68/55	55/44	44/26	62/48	48/32	64/47	47/28	61/43
周末原料订货量	35			36		32		33		
周初原料到货量			35			36		32		23
本周平均库存	53	39	62	50	35	55	40	56	38	52

库存管理(一)(二)

表 6-16　模拟新方法制定的计划　　　　　　　　　　　　　　单位：t

周次	1	2	3	4	5	6	7	8	9	10
实际订单需求量	15	12	13	11	18	14	16	17	19	18
周初/周末库存	60/45	45/33	39/26	38.5/27.5	39.5/21.5	36/22	38/22	37/20	36.5/17.5	35.5/17.5
周末原料订货量	6	12.5	12	14.5	16	15	16.5	18	18.5	
周初原料到货量			6	12.5	12	14.5	16	15	16.5	18
本周平均库存	53	39	33	33	31	29	30	29	27	27

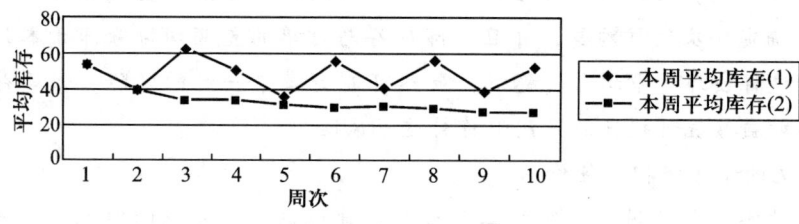

图 6-8　两种计算结果对比图

通过模拟计算，可以看到新方法的库存量与稳定性都优于原有方法。由于本例中的实际需求量是随机产生的，模拟的结果具有普遍性，从曲线的趋势来看，即使在需求旺季，安全系数提高到 1.5，即安全库存定为 24 吨，新方法的可靠性仍为 100%。

还有一点需要说明的是，新方法比旧方法增加了订购的次数，对于本例中的企业，由于有自己的运输队伍，较稳定的供货源，每次的订货成本较低，订货成本与订购数量近似成正比，所以采购次数的增加与库存的降低在成本上并不矛盾。但对于那些订货成本难以下降的企业还需要考虑经济批量的问题。

案例不对安全系数、平准化系数进行深一步的探讨。事实上，对于订购点的确定，如果将原有的订购点由 22 天的用量缩为 15 天或更短，也会增大风险而换来库存的进一步降低。但这时对企业的运输能力、供货渠道乃至各相关部门的办事效率都提出了更高的要求。

分析

本案例材料涵盖了以下知识点：

1. MRP 可以降低库存。案例中，对于无力承担过多库存储备的小型企业，保守的安全库存即意味着高成本与低利润，企业应该参照 MRP 等先进的管理思想和各种算法，为自己"量身定做"一套库存管理系统，选用合适的算法，全力压缩库存。

2. 风险与效益同在。只要运用科学的方法，降低库存还是具有很大的可靠性和可行性。

自学指导

学习重点

1. MRP 的基本原理

(1) 物料需求计划 (material requirements planning,MRP) 是计算生产最终产品所用到的原材料、零件和组件的系统。MRP 的基本形式是一个计算机程序,它根据总生产进度计划中规定的最终产品的交货日期,决定了在指定时间内生产指定数量的各种产品所需各种物料(构成最终产品的装配件、部件、零件)的数量和时间。

(2) MRP 系统的目标。MRP 系统的主要目标是控制库存水平,确定产品的生产优先顺序,满足交货期的要求,计划生产系统的负荷,并使其达到均衡等。可归纳为以下几点:

- 采购恰当品种和数量的零部件,在恰当的时间订货,维持可能最低的库存水平。
- 保证计划生产和向用户提供所需的各种材料、零件和产品。
- 计划充分且负荷均衡,对于未来的负荷在计划中作适当的考虑。
- 规划制造活动、交货日期和采购活动。

(3) MRP 系统的输入。MRP 的输入有三个部分:主生产计划、产品结构文件和库存文件。

(4) MRP 的输出。

- 零部件投入出产计划。
- 原材料需求计划。
- 互转件计划。
- 库存状态记录。
- 零部件完工情况统计,外购件及原材料的到货情况统计等。
- 工艺装备需求计划。
- 计划将要发出的订货。
- 已发出订货的调整,包括改变订货期、取消和暂停某些订货等。
- 对生产及库存费用进行预算的报告等。

2. MRP 系统的计算

(1) MRP 计算表

时段 t	0	1	2	3	4	5	6
总需求量 $G(t)$							
预计到达量 $S(t)$							
预计现存量 $H(t)$							
净需求量 $N(t)$							
计划订货到达量 $P(t)$							
计划发出订货量 $R(t)$							

(2) MRP 计算表中涉及的各项变量之间的关系

① 总需求量 $G(t)$

② 预计到达量 $S(t)$

③ 净需求量 $N(t)$

④ 计划订货到达量 $P(t)$

⑤ 计划发出订货量 $R(t)$

⑥ 预计现有存储量 $H(t)$

(3) 各项变量之间的关系

① $N(t) = G(t) - S(t) - H(t-1)$

② $P(t) = \begin{cases} N(t) & N(t) \geq Q \\ Q & 0 < N(t) < Q \\ 0 & N(t) = 0 \end{cases}$

③ $R(t-L) = P(t)$

④ $H(t) = S(t) + P(t) + H(t-1) - G(t)$

3. MRP 系统中的订货批量*

(1) 按需确定批量法

(2) 经济订购批量法

(3) 最小总费用法

(4) 最小单位费用法

4. MRP Ⅱ 的特点*

(1) MRP Ⅱ 并不是一种与 MRP 完全不同的新技术，而是在 MRP 的基础上发展起来的一种新的生产管理方式。MRP Ⅱ 在内容和能力上有了很大扩充，它涵盖了整个企业生产经营活动，包括销售、生产、库存、生产作业计划与控制等，能对所有的生产资料、库存、人力资源、设备、财务、销售等进行综合计划和管理。

(2) MRP Ⅱ 系统一般包括如下功能

- 基础数据管理
- 库存管理
- 经营计划管理
- 主生产计划
- 物料计划
- 车间作业计划与控制
- 物料采购供应
- 成本核算与财务管理

(3) MRP Ⅱ 的特点*

- 管理的系统性
- 数据共享

- 动态应变型

学习难点

MRP 系统中的 EOQ 计算。

复习题

一、单项选择题（在备选答案中选择 1 个最佳答案，并把它的标号写在题后的括号里）

1. MRP 的含义是（　　）。
（A）物料需求计划　　　　　　　（B）主生产进度计划
（C）客户关系管理　　　　　　　（D）物料供给计划

2. 企业资源计划的英文缩写是（　　）。
（A）ERP　　　（B）MRP　　　（C）CRM　　　（D）MPS

3. MPS 的含义是（　　）。
（A）物料需求计划　　　　　　　（B）主生产进度计划
（C）客户关系管理　　　　　　　（D）物料供给计划

二、多项选择题（在备选答案中有 2～5 个是正确的，将其全部选出并将它们的标号写在题后的括号里，错选或漏选均不给分）

1. MRP 的输入包括哪些部分？（　　）
（A）主出产计划　　　　　　　　（B）产品结构文件
（C）库存状态文件　　　　　　　（D）优先权计划
（E）互转件计划

2*. 影响 MRP 计划过程的因素主要有（　　）。
（A）期初库存　　　　　　　　　（B）安全库存
（C）计划提前期　　　　　　　　（D）批量大小规则
（E）期末库存

三、简答题

1. MRP 系统的三项主要输入是什么？
2. 产品结构文件是什么？
3. 什么是闭环 MRP 系统？
4. 预计到达量和计划订货到达量两者含义有何不同？
5. ERP 的核心思想主要体现在哪些方面？

四、计算题

1. 购买零件 A 的前置时间是 3 周，订货的最小批量为 10 件，零件 A 现有数量为 40 件，另外在第 4 周的预计到达量为 20 件，已知今后 8 周对零件 A 的需求如表 6-17 所示。用 MRP 系统计算并确定发出订单的时间和数量。

表6-17 零件A在各周的需求量

周	1	2	3	4	5	6	7	8
需求量	2	17	0	14	2	28	9	18

2. 产品A的错口式物料清单如表6-18。已接到200件产品A的订货。假如既没有可用的存货也没有已订未到的货，确定每次订货的数量和发出订单的时间。

表6-18 产品A错口式物料清单

物品代号及层次			每一装配件需要的数量	前置时间 L/周
0	1	2		
A				3
*	*	E	4	1
*	C		3	3
*	B		2	2
*	*	E	3	1
*	*	D	2	1

3. 已接到20件产品A和50件产品R的订货，交货时间为第8周。产品A的结构同上题，产品R的结构如表6-19所示。A、R、B、C、D、E的现有库存量分别为1、4、74、90、190和160。如果订货批量不受限制，每次订货的数量为多少？每项物品应于何时发出订单？

表6-19 产品R的结构（错口式物料清单）

物品代号及层次			每一装配件需要的数量	前置时间 L/周
0	1	2		
R				4
*	B		4	2
*	*	D	2	1
*	*	E	3	1

五、案例分析

案例1：BL公司的传动箱在MRP系统中的经济订购批量

BL公司是一个发动机生产制造商。生产一个发动机需要一个传动箱，传动箱为外购件，传动箱的订购提前期为2周。目前，传动箱现有库存17单位，已发出到第2周可到货5单位的订单，传动箱的订货成本为90美元/订单，储存成本为2美元/单位/周。

现在已知发动机今后1~8周的需求（见表6-20），需要制定MRP计划确定订购批量，来满足各个时期的生产。

表6-20 发动机1~8周的需求

周	1	2	3	4	5	6	7	8
需求	15	5	7	10	0	15	20	10

问题：

1. 计算传动箱的MRP计划表。

2. 若采用按需确定批量、经济订购批量、最小总成本法和最小单位成本法来确定传动箱在MRP系统中的经济订购批量时，根据计算结果采用哪种方法最为合适？

案例2：M公司ERP系统中的库存管理

1. 系统概述

库存管理系统可帮助企业的仓库管理人员对库存物品的入库、出库、移库、盘点、补充订货和生产补料等操作进行全面的控制和管理。库存管理系统从级别、类别、货位、批次、单件、ABC分类等不同角度来管理库存物品的数量、库存成本和资金占用情况，以便用户可以及时了解和控制库存业务各方面的准确情况，做到账、物、卡相符。库存管理系统是一个多层次的管理系统，可以通过灵活的设置实现不同层次的管理。

该系统可以进行物品ABC分类码的自动计算、库存物品订货数量的自动计算、各种超常规状态的报警等。系统支持多种计量单位的自动转换，并与采购、销售、生产、财务等子系统有良好的接口，可以从这些子系统中获得或向这些系统输送数据，保持了数据的一致性。库存管理是企业管理的基础，该系统既可独立地运行，也可以与其子系统联合使用，组成完整的企业管理信息系统。

2. 系统流程图

系统流程图如图6-9所示。

3. 系统主要功能

（1）入库管理。用于处理入库操作，记录各种收货的类型（如：外购入库、产品入库、委外加工入库和其他入库等），记录入库物品的物品代码、仓库、货位、数量、单价、供应商或车间、批号等信息，并打印入库单。

（2）出库管理。用于处理出库操作，记录各种发货的类型（如：销售出库、生产领料、委外加工发出和其他出库等），记录出库物品的代码、存放仓库、货位、出库数量、单价、客户代码或领用部门（车间）、领料单号或发票号等信息，并打印出库单。

（3）入库检验。对采购来的材料进行检验，合格物品入库，不合格材料进行索赔或退货处理。

（4）仓库调拨。按照企业业务和管理方式不同，分别处理物料内部调拨处理和存

库存管理（一）（二）

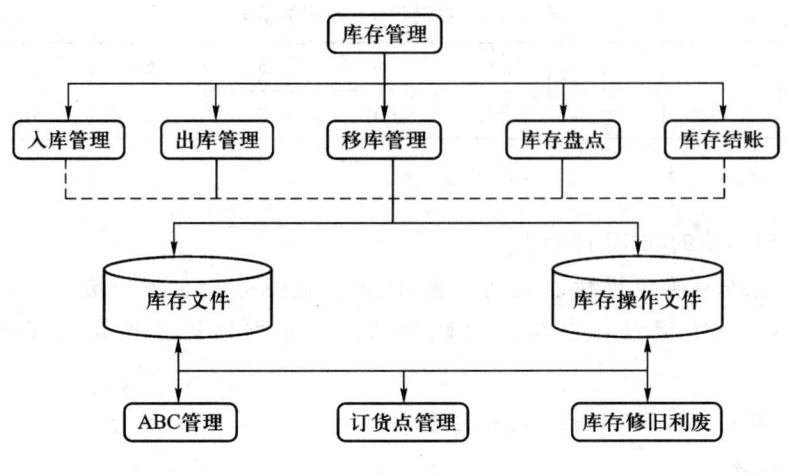

图 6-9 系统流程图

货异地移库处理，提供物料移动数量变化的调入仓库、调出仓库管理模式，保证仓存的实际数量精确。

（5）库存盘点。可根据需要选择使用定期或连续盘点方式，既可对一个仓库的所有物料盘点，又可对某一个物料单独盘点，自动汇总盘点数据，及时生成盘点盈亏调整单。

（6）库存控制和优化。可按不同条件快速查询物料及现有库存，对库存信息实时监控。对企业内的各类物料进行 ABC 分类管理，并提供最低库存量、最高库存量、安全库存量的预警功能。

4. 系统特点

① 仓库、区域、货位等多层次管理；

② 提供物料 ABC 分类管理，提供物料的分级、分类管理；

③ 支持对库存物品的批次和单件管理方式；

④ 自定义库存操作原因和财务核算方法；

⑤ 提供多种计量单位，系统自动实现计量单位之间的转换，提供计划和实际的两种物料成本核算方式；

⑥ 可为物品设置最大库存量和安全库存量，并有超界限报警处理和物品积压与短缺统计；

⑦ 可记录库存物品当前的残损、被占用、被订货和可使用等状态下的数量；

⑧ 记录库存历史情况，可查询以往各阶段的物品数量和成本数据；

⑨ 支持冻结盘点和循环盘点方式，提供存盈、盘亏的调整处理，产生库存记录准确性报告；

⑩ 支持对补充领料的严格审批，库存操作自动生成财务凭证；

⑪ 保存库存操作记录，可查询以往的库存操作历史数据；

⑫ 有订货点报警功能，并可自动计算生成采购申请；
⑬ 有多级库存操作权限检查，确保数据安全；
⑭ 提供多条件组合查询，可全面、及时地反映库存情况。

问题：通过案例给出的资料，说明 ERP 系统中库存管理的主要功能。

第7章　JIT及其库存管理

自学时数

8学时。

教师导学

JIT起源于生产领域，随着其应用领域的不断拓展，目前已应用于采购、配送等领域。本章主要从JIT的产生、原理、基本构成要素入手，重点分析JIT是如何降低库存的。

在自学辅导时，应注意以下几个方面：

（1）JIT对浪费进行了重新定义，与传统观念对浪费的解释是不同的；

（2）为了最大限度地减少浪费，在JIT系统中采用了看板管理。看板管理是JIT系统中最突出的特点；

（3）消除浪费、全面质量、人员素质准备构成了JIT的基本构成要素。辅导时应注意它们之间的关系。

（4）在掌握JIT原理的基础上，进一步分析如何实施JIT来达到减少库存的目的。这一点对本科层次的学员来说尤为重要。

案例7-1

外资企业S面临的问题

某外资企业位于广东东莞，主要从事电脑扫描仪的生产，该公司的员工人数为400多人，共拥有18条流水生产线。由于扫描仪是组装产品，由多个零部件组成，因此，该企业的生产采用的是流水线方式，从投料到扫描仪组装完成，每一道工序都能按流水线节拍有条不紊地完成其装配任务，每个扫描仪的组装都是顺流而下。

扫描仪中最为重要的部件是机芯，该企业装配扫描仪需要的机芯是从国外进口的，采购提前期较长，一般要2个月左右的时间。其他装配件就近采购，如机壳、包装物等一般都是在当地采购。

由于IT行业的市场竞争非常激烈，扫描仪的销售价格降得非常快。目前，在该企业的生产与库存管理中存在如下问题：

(1) 该企业是根据市场预测与一部分到手的订单来安排生产的，由于扫描仪市场变化较快，使得按预测生产出来的扫描仪有一部分卖不出去，库成品积压现象较为严重。

(2) 生产线虽然是按流水节拍控制，但流水线上依然有大量的在制品库存。

(3) 原材料仓库中存放的生产中所需要的物料，大多数是在当地采购的，是按经济订购批量采购的，但也造成了库存资金占用，如何进一步降低库存成本成为一个难题。同时，像机壳、包装物等在当地采购的物品，由于其体积较大，在仓库中也占据了不少空间，造成有时仓库空间不够用，还要临时租用其他公司的仓库。

(4) 与供应商保持的是较为松散的合作关系，因此，经常会出现供应商供货的原料质量问题和不按时到货的问题。为不影响生产，库存管理者设置了安全库存，但这样一来，供应的质量与不按时到货的问题得到了缓冲，但没有从根本上解决此类问题。

该企业准备推行JIT来解决上述问题，通过JIT的实施希望将整个生产成本降低到1/2、库存成本降低3/4，很多人对这个目标能否实现抱怀疑的态度。你认为这个目标能实现吗？

第1节 JIT 概 述

一、JIT的提出

传统的库存管理是利用经济订货批量来决定库存量，而经济订货批量是利用数学的方法求得在一定时期内储存成本和订货成本最低时的订货批量。该方法缺陷在于其假设：① 物料需求是连续的。在现代企业中，企业面向市场，面向客户，生产数量是变化的，因此，对物料的需求是不均匀、不稳定的，对库存的需求是间断性发生的；② 对各种物料的需求是相对独立的。由于传统订货方法是面向单个物品，对各项物品（或物料）独立地进行订货，而不是对整个最终产品，因而在生产装配时很容易会出现物料数量不匹配的状况；③ 库存消耗以后，能够及时补充库存。在传统库存管理中，库存一旦低于订货点或消耗时，就会立即发出订货需求，以保证一定的存货维持生产。这种不依需求而订的做法没有必要，也很不合理，在需求间断的情况下，必然造成大量的库存积压。

总之，由于企业面临着经营的变化，建立传统模型的许多假设条件的真实性会越来越差。所以，在现代经营中如果仍然采用传统的库存管理不仅不会给企业提供可靠的数据，反而会误导企业的库存管理。这意味着一种新的库存管理体系的诞生有其必要性。为了消除库存带来的浪费，就得重新认识库存，确立消除库存就是消除消费的理念，推行准时化、同步化，使各工序、各环节在生产供应的数量上和时间上做到紧密结合，实现"只在需要的时候，按需求的量，生产所需的产品"，从而消除生产过程中的不协调或者停滞的现象，降低闲置的库存。准时生产方式的出现很好地解决了上述问题。

准时生产方式（just in time，JIT）已被世界公认为是日本企业在激烈的国际市场竞争中获得成功的重要因素之一。以日本丰田公司为代表的日本企业，从20世纪60年代起，开始采用JIT生产方式，并获得了空前的成功。由此，日本汽车工业在激烈的国际竞争中异军突起，取得了对欧美汽车工业的优势地位。

JIT生产方式的基本思想最初是由日本丰田汽车制造公司提出，在20世纪70年代初期开始实施，旨在满足顾客对产品种类、颜色和型号的不同需求，并力图达到及时供货的要求。20世纪70年代后期，JIT在日本企业中得到迅速推广，并自20世纪80年代初以来，作为一种引人注目的先进生产运作管理方式在西方许多国家和一些亚洲国家中愈来愈广泛地得到重视和应用。JIT的出现顺应了时代要求和市场变化的特点，经过几十年的实践，已成为具有一整套包括从企业经营理念、管理原则到生产组织、计划与控制以及作业管理、人力资源管理等在内的较完整的理论和方法体系。其生产过程控制和库存管理的基本思想一反传统管理中历来的观念与方法，在生产运作管理史上具有重要而独特的意义，对丰富和发展现代生产运作管理理论具有巨大的影响。

JIT作为一种现代生产运作管理方式，它为企业提供了一种不断提高生产能力和降低生产成本的有效途径。

二、JIT 的理念

JIT的理念可用一句话概括为：只在需要的时候，按照所需要的数量，生产顾客所需要的产品。JIT通过不断改进、全面质量控制、全员进行参与和降低库存来增强企业满足市场需求的能力。它强调消除无效劳动和浪费，针对顾客需求进行生产和提供服务。从运营角度而言，企业经营业绩的提高应体现在仅根据顾客需求来安排产品生产，避免过量生产，并及时为顾客提供完美质量的产品，生产经营过程中尽可能节约，消除浪费。

JIT的另一个重要观念在于，要想使企业的生产经营取得好的效果，仅仅依靠管理体系本身是不够的。优秀的企业是靠素质优良的人员去创造和建立的，因此，企业要想获得成功，应要求并使所有人员发挥各自的潜力，尽其所能为企业的进取贡献自己的力量，更重要的是企业的员工还能够挖掘自身的创造能力去获得更进一步的改进和完善。

基于上述思想理念和认识，JIT是一种以消除所有浪费为基础的生产方式，通过对生产经营体系本身的不断完善，持续提高生产率与效益。JIT不仅仅用于生产管理，它包含了生产最终产品所需的全部生产活动的成功执行，从技术设计、采购、零部件生产、产品装配直至交货。JIT最初产生于生产领域，通过实施JIT消除浪费对生产系统进行不断的改善，后来JIT的理念逐步向外延伸，例如，延伸到原材料、外购件的采购供应则出现了JIT采购，延伸到配送就形成了目前广为应用的JIT配送。

三、JIT 的目标

JIT 的主要目标如下：

（1）只在需要时才存在库存；

（2）改进质量，实现零缺陷；

（3）通过减少准备时间、等候时间和批量来缩短交货时间；

（4）消除浪费；

（5）以最小成本完成任务。

上述目标体现了实施 JIT 使生产过程达到的完美境界。尽管在实际中难以达到，但这些目标为企业提供了为之奋斗的方向，提供了为始终保持竞争优势而努力进取、不断改进的氛围和环境。可以这样认为：JIT 生产方式的使命永远不会完结，因为它所追求的完美程度永远不会达到。但是我们可以距离这个完美境界更近一些，再近一些，每一次改进都将为下次进一步的完善创造出机会。

第 2 节　JIT 的基本构成要素

JIT 是建立在 3 项基本构成要素之上的，这 3 项基本构成要素分别是：（1）消除浪费（elimination of waste）；（2）全面质量（total quality）；（3）人员素质（people preparation）。这 3 者之间相互重叠，有机地联系在一起，如图 7-1 所示。

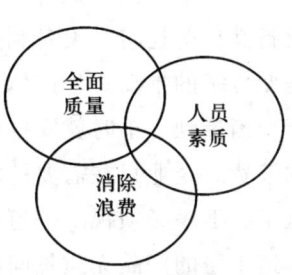

图 7-1　JIT 构成要素之间的相互关系

JIT 生产方式运用现代生产运作管理技术来消除浪费，通过与全面质量相结合来提高企业素质，注重人员培训和提高人员素质，掌握新的技术以适应新的挑战。

一、JIT 基本构成要素之一：消除浪费

根据 JIT 的观念，浪费的概念与传统的理解有较大的不同，在 JIT 中浪费被定义为在生产（或服务）过程中没有价值增值的任何活动、行为或事物。例如在某一产品的制造过程中，可能存在如下生产行为：运送、检验、等候、操作准备、加工、储存。在传统的观念里，这些活动都是生产过程中必不可少的活动，从来不被认为是浪费。但是，依据 JIT 对浪费的界定，在这些生产行为中，唯有加工操作使产品增添价值，而其他行为活动不使产品增添任何价值。这样，除了加工活动，其他如运送、检验、储存等都被认为是浪费，因为这些活动在生产过程中是没有价值增值的。因此，在生产和经营过程中，应逐步减少那些对产品不增添任何价值的活动，改善生产行为，提高产品的真实价值含量。

在生产（或服务）过程中，一般都存在有许多浪费，丰田公司识别和归纳了常见

的7种形式的浪费，它们包括：① 过量生产造成的浪费；② 等候期间造成的浪费；③ 运送造成的浪费；④ 工艺过程不完善造成的浪费；⑤ 库存积累造成的浪费；⑥ 质量缺陷造成的浪费；⑦ 缺乏整体性造成的浪费。下面分别展开介绍。

（一）过量生产

当产品数量超过实际需要量时，就会因过剩形成浪费。因此，过量生产是一种最大的浪费来源。JIT要求只在需要的时候生产所需要的数量。在生产过程中，前道工序只生产后道工序所需要的数量，不多也不少。而传统的观念是前道工序的生产数量多于后道工序所需要的数量，在相邻工序之间常常保持一定数量的在制品库存，避免因机器故障或其他因素而使生产间断。不幸的是过量生产造成了一系列消耗价值的行为。例如，更多的原材料、机器小时和人工被消耗，产生过多的库存和需要更多的场地空间，造成生产物料搬运量的成倍增加，给生产作业和进度控制带来一定程度的困难，导致质量问题等。

为了消除过量生产造成的浪费，企业应进行如下两方面的基本变革。首先，需要从观念上改变对生产资源利用程度的看法。传统的生产管理总是过于强调设备利用率，忽视库存的超量累积，是从根本上违反效益原则的。这是因为设备加工的部件可能并非目前订单所需，此时生产出来的产品只能是增加库存。在这种情况下，由于只强调设备满负荷运转，设备利用率愈高，库存积累愈多，可能使整体生产成本升高。其次，是变传统的推动式生产体系为拉动式生产体系。前道工序根据后道工序的需求安排生产，当接到订单时就安排生产，否则哪怕设备空闲也不安排生产，避免过多生产带来的浪费。企业只在需要的时候，仅生产顾客所需要的数量，并保证无质量缺陷。每一道生产工序必须视下一道工序为自己的顾客，并对所加工的产品进行自检，保证供给后道工序的产品无质量问题。

（二）等候时间

等候时间是指生产资源（坯料、零件、部件等）在生产过程中滞留等待的时间，它被视为浪费早已为人们所公认。机器效率和人工效率是两个普遍应用的衡量标准。而在生产操作过程中，常常难以度量的是实际等候的时间，因为这往往被操作人员忙于生产在制品所掩盖，而这些在制品此时并不需要。产品在生产过程中的滞留时间常常被忽视，但这在整个生产周期中却经常占据了相当部分的时间。

（三）运送

运送通常指生产过程中各种物料和产品的搬运过程。尽管运送在生产过程中往往必不可少，但由于它对产品本身不增添任何价值，只增加运送成本，所以在JIT中认为运送也是一种浪费。就车间布置设计而言，忽视了物料搬运的频繁次数和往返距离可能导致长距离的运送而造成浪费。为了减少或消除这种运送环节带来的浪费，应对工艺流程布局、运送方式、车间布置等方面进行仔细考虑，合理布局尽量缩短运送距离。

另一方面，操作人员在生产过程中的移动，比如同时看管多台机器时来回走动，也被认为是浪费，因为看管多台机器时来回走动而耗费的时间对产品无任何附加价值。

因此，机器位置的安放应使得操作人员的移动时间最短。这时，机器多采用 U 型布局的方式以缩短移动距离和移动时间。此外，操作人员的生产时间在相当程度上可能消耗在寻找和放置产品部件和工具上。这方面的浪费可通过将产品部件和工具放置在靠近使用它们的方便地方来消除。

（四）工艺流程不完善

工艺流程本身也可能是产生浪费的原因。如夹具或产品部件设计不完善、维修程度差、加工方式过于频繁或复杂，这些都给操作带来不便，延长了生产操作时间，甚至还可能引起质量缺陷。实践证明，通过不断改进工艺流程，可以大大缩短生产操作时间，提高操作水平和质量。

（五）库存

在 JIT 中认为库存是一种浪费，是隐藏生产经营过程中各类弊端与缺陷的温床，是生产系统设计不合理、生产过程不协调、生产操作不良的体现。库存的存在掩盖了生产过程中存在的许多问题，如机器故障、质量缺陷、过长的操作准备时间和作业更换时间、较大的生产批量、作业计划不适当、工序之间缺乏协调和非均衡生产等。JIT 主张通过降低库存从根本上解决这些问题。当库存水平降低时，这些潜在的问题就逐步暴露出来，这时就必须解决这些问题，否则就会影响生产的顺利进行。当问题解决后，再进一步降低库存，进一步暴露潜在的问题，并解决之。生产系统就会不断得到改善，如图 7-2 所示。

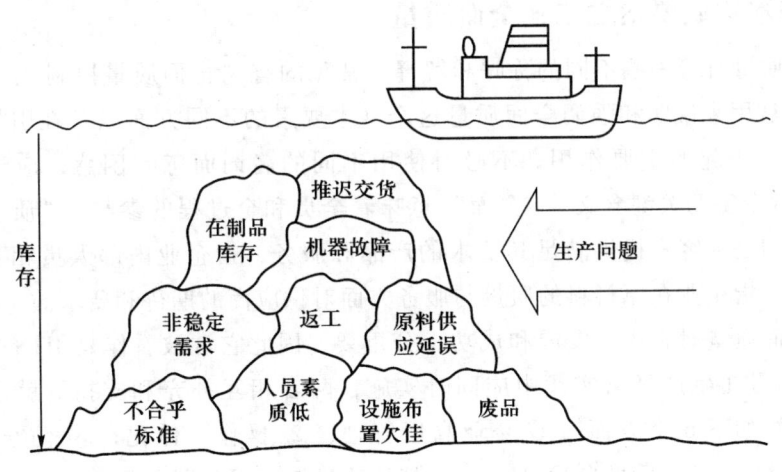

图 7-2　不断降低库存使生产系统不断完善

（六）质量缺陷

产品的质量缺陷（如次品和废品）是浪费的直接来源，它还会给生产带来更多的浪费。例如，对次品要求返工；当某一道工序出现质量问题时，所有的后道工序都得停工等候。这些都增加生产成本，并且延长生产周期。尤其是在多道工序生产加工的情况下，若发现产品质量问题愈晚，即愈靠近产品生产过程的最后一道工序，造成的生产资源和时间上的浪费就愈大。此外，当产品售出后由顾客发现问题时，还会产生保修费和售后服务费用。由于丧失对顾客的信誉和有损于企业的形象而造成的损失更是无法估计。

值得重视的是，应将注意力放在产品或工艺流程的设计阶段，注重对质量缺陷的预防而不是待到产品检验时才去发现它。也就是说，应尽量防止浪费的发生，而不是浪费发生后再去采取措施。另外，在生产过程中应允许每个作业人员对出现的问题采取相应的修正措施。简化产品和工艺流程的设计，引导操作人员积极参与并对他们进行技能培训，都将有助于减少和消除质量缺陷的发生。

（七）缺乏整体性

分别对上述6个方面的浪费采取措施可能还达不到完全预防或消除浪费的效果，这是由于用于消除各种浪费的不同方式之间缺乏必要的协调性和整体性。因为消除上述每一种浪费都要求在不同操作方面经过训练和具备相应的能力，如车间布置设计、产品设计和工艺流程设计、工艺过程控制、生产和作业计划、运送方式等。至关重要的是这些不同方面的操作应当尽可能地相互衔接、相互协调、相互融合，构成一个有机的整体。因此，缺乏整体性也是浪费。

如上所述，消除浪费对于任何企业来说都是要面临的问题，企业应当系统地、不断地改进生产系统来消除各种形式的浪费，达到提高效率和效益、增强竞争能力的目的。

二、JIT 基本构成要素之二：全面质量

对全面质量有着一些不同的称呼和解释，常见的有"全面质量控制"、"全面质量管理"等，被用来说明和强调全面质量这个基本要素的不同方面以及在引导企业走向成功的过程中所起的重要作用。不必对使用不同的名词而感到困惑，应当注重的是"全面"这两个字的关键含义。"全面"意味着全员和全过程的参与，"质量"是指企业所做的一切是为客户提供满足其要求的产品和服务，指企业内部人员相互之间的合作和协调性，指企业在原材料的质量与服务方面对供应商的期待和要求。

由于全面质量对企业的发展和成功十分重要，因此它常被看作是 JIT 的孪生姐妹。JIT 和全面质量在生产经营实践中应同时实施，两者相互补充和支持。就全面质量而言，值得重视如下6个方面：① 企业高层管理；② 操作一体化；③ 防止质量缺陷；④ 产品质量检验；⑤ 质量自我保障；⑥ 持续改进。下面分别展开介绍。

（一）企业高层管理

实施全面质量需要企业高层管理的高度重视。这要求企业领导层具有战略思想和竞争意识，以长远的眼光看待企业的发展与未来，敢于面临挑战，充分认识到全面质量对提高企业素质和产品质量，增强企业的市场竞争能力，提高企业经济效益的重要影响和作用。

（二）操作一体化（Integration of process）

在生产经营过程中，各部门或工序之间的衔接好坏对全面质量的开展也是很重要

的。每一个操作环节应将下一个操作环节视为顾客,为他们的需要和要求着想,相互之间保持良好的沟通与协作,使整个过程趋于一体化,如采取团队工作方式,使整体效应得到发挥。

(三) 防止质量缺陷

采取预防性措施避免质量缺陷的发生是现代质量控制方法的基本思想原则。在生产操作过程中,应及早发现质量问题而不是等到成品检验时才发现,尽量将质量问题解决在生产的早期阶段。这是因为质量缺陷发现的愈晚,造成的浪费愈多,损失也愈大。防止质量缺陷还要求对工艺设备进行检验,保证其操作所能达到的加工精度符合质量要求。当工艺操作无法再得到进一步改善时,应考虑进行新的投资来达到更高的质量保证水平。

(四) 产品质量检验

虽然防止质量缺陷的发生很重要,但保持质量检测仍然是必需的。一旦发现有质量问题,应立即引起有关方面的重视,并寻求解决方法。对产品质量的检验可采取对比试验和防误装置来保证只有合格的零部件在生产过程中被生产或得到使用。

(五) 质量自我保障

保证工艺操作精确程度和产品合格的责任在实际生产作业人员身上,而不能只依靠质量检查人员,即生产作业人员对其加工的产品进行质量自检,做到产品质量自我保障。在这里所负责任的含义是指生产作业人员经过质量方面的培训应能准确地完成工作任务,并能够解决影响工作完成的质量问题。质量方面的培训内容应当包括质量控制的 8 种方法,它们是:① 流程图;② 因素分析;③ 检查图;④ 直方图;⑤ 因果分析图;⑥ 时间序列图;⑦ 散点图;⑧ 控制图。建立质量自我保障体系使每个生产作业人员建立质量责任意识,努力做到第一次操作就能保证质量合格是非常重要的。

(六) 持续改进

持续改进亦为全面质量所要求,这与 JIT 的思想理念完全一致。企业应树立不断进取、持续改进的思想观念。顾客对质量的追求无止境,企业开展质量改善的活动也永无止境,需要持续改善以实现质量零缺陷。零缺陷是质量要求的最终目标,也是质量保证的最高境界。完美质量即使并不能马上显示出其优越性,但无论是从成本还是从效益方面来说都是值得去追求的。

在日本,全面质量的实施应用先于 JIT 生产方式的发展,其经验给予的启示表明,实施全面质量所必需的条件和环境为在企业中推进 JIT 奠定了基础。

三、JIT 基本构成要素之三:人员素质准备

充分发挥和利用人的能力和能动性是 JIT 和全面质量思想理念的一个很重要的方面。人的智慧、良好的意识和潜力具有不可估量的价值,应当得到充分利用,而不应被浪费或埋没。JIT 的顺利实施,是建立在企业全员的积极参与和贡献之上的。这要求企业对员工进行必要的培训,使他们具备所要求的素质和适应 JIT 生产经营环境的能

力。就人员培训和素质提高而言，应重视的 6 个方面是：① 规章制度；② 灵活性；③ 自主性；④ 人力开发；⑤ 工作环境；⑥ 创造性。现分别叙述如下。

（一）规章制度

企业员工必须始终遵守企业所规定的制度，这对于保证企业安全、产品质量和生产正常进行是十分重要的。企业的规章制度要制定得合理，不应当包括一些不必要的或不公平的规定，这样公司成员都能认识到规章制度的重要性和必要性，并遵守那些必须遵守的规定。

（二）灵活性

应当使企业员工尽可能地分担他们所能够承担的责任和义务，增强其灵活性和适应能力。为此，需要对企业员工进行继续教育培训，掌握新技术，适应新环境，这也将从整体上增强和提高企业的应变能力。

（三）自主性

直接从事生产经营活动的人员应具有一定的自主权，自行对生产作业进行控制，并处理生产过程中出现的问题。例如，当生产装配线出现了质量问题，或作业人员一时跟不上装配速度，该作业人员有权让装配线暂时停止，待问题解决后再继续运行。因为是人来管理操作机器，而不是机器指挥人。管理者的任务是为生产作业人员提供所需要的帮助和支持。

（四）人力开发

重视人力资源开发，造就出更多的适合于企业发展的人才是极为重要的。企业员工的工作能力水平可区分为 3 个层次：

（1）维修水平（Repair Level）。即只是按照所指定的要求去做，只能对所发生的事物作出反应，不能预见将来的事态发展。

（2）预防水平（Prevention Level）。是指可以预见可能发生或潜在的问题，预先作出反应。

（3）改进水平（Improvement Level）。是指不仅能预见可能发生或潜在的问题，并且能提出建议和采取相应的措施，防止问题不再发生。

企业应通过长期的人力开发，使员工的能力提高到具有改进水平的层次，充分发挥人的主观能动性。

（五）工作环境

企业应当为员工提供良好的工作环境，以使他们在适宜的环境气氛中能够积极地致力于工作，保持稳定的工作质量和高效率。

（六）创造性

在发挥人的主观能动性方面，创造性是不可缺少的要素。大多数人不仅只对工作的成功而感到高兴，还因为再次对工作做出了改进而感到兴奋和愉快。在企业中，这种工作态度和情感应当受到保护和鼓励。重要的是有效地利用员工的创造性去解决问题和改进方法措施，产生积极的效果。为使工作更富有创造性，首先，在工作指示中应清楚地说明所做工作的目的，而不只是去注意工作方法。需要帮助员工识别问题的要点，鼓励他们利用自己的智慧设计出更为有效的方法来实现工作目的。另外，应注意给作业人员留有创造构思的时间，通常必要的孕育阶段有助于产生出新的构思和方法来解决问题。例如，召集员工们一起研究和商议解决问题的方法等。

企业员工素质的培养和训练是一项长期性的投资，需要不断地得到保持。持续改进需要有良好素质的人来实现和完成，同时也需要得到激励和承认。企业收益不仅来自于持续的改进，也来自于对员工们的激励和承认。

上述JIT生产方式的3个基本构成要素相互支持、相互补充、相互促进、缺一不可，是JIT指导思想的核心部分。对JIT需要强调的一个重要观念是：实践中应使操作简单化使之便于实施，要求做好那些被认为是简单的工作，并且逐步加以改进，愈做愈好。将这种意识融入到企业的运行机制中去，形成良好的企业文化和企业素质，成为促使每个员工不断改进自身工作的动力，并为之创造良好的条件和环境。不断进取可用这样一段话来描述：要想取得成功吗？随时都可以做出些努力，每天都有所进展，惊人的业绩终会来自于日常不断的积累。

案例 7-2

外资企业 S 的解决方案

广东东莞某外资企业 S 主要从事电脑扫描仪的生产，面临上述存在的问题（见案例 7-1），他们通过推行 JIT 来解决之。

该公司主要采取以下推行措施：

1. 除机芯外，其余零件做到零库存

扫描仪中最为重要的部件是机芯，需要从国外进口。为了防止机芯缺货而影响连续生产，该企业将机芯的库存放在 2 周的安全水平上。其余不重要的零部件，如机壳、包装物等体积大并且占库存面积大的部件和原料全都实现零库存，供应商都在工厂周围车程 2 小时的区域范围内，每天需要材料准时送来，一般是早上送到，晚上用完。

2. "一个流"的生产线

这家企业生产车间的生产完全是"一个流"的同步化生产。对于每一条生产线，生产是拉动式的系统，每一个产品的组装都是顺流而下。只有接到客户的订单才组织生产，产品生产出来后立刻拿走，成品库存几乎为零。

3. MRP 系统随着订单而变动

企业的生产计划也做得非常漂亮，通过 MRP 系统的使用，收到订单后制定出相应的生产计划，生产计划分别是本月计划和下两个月计划，前者比较精细，后者比较粗略，主要为备料之用。当订单发生变化时，生产计划随时作出相应的调整，用以变应变的方式来保证市场竞争力。

4. 采购部门对供应商进行严格的打分

由于采购部门对供应商进行严格的评分，而且都建立了战略伙伴关系。通过对每一个供应商的原料质量和配送及时性等方面进行考察，如果不能满意，则帮助供应商改进问题；如果屡次警告都不改正，企业就考虑寻找新的供应商。这样就对供应商产生了一定的压力，迫使他们自我改善。

第3节　JIT库存

生产和销售系统中的库存常常只是当出了某种差错时才有必要存在。换句话说，只是当生产计划出了某种偏差时，这种额外的库存就被用来填补偏差或是解决问题。因此，好的库存策略要求的不是准备应付某种情况，而是准时供货。准时制库存（just-in-time inventory）是维持系统顺利运行所需的最少库存。实施JIT库存，要求所需物品能按时按量到位，分秒不差。

一、JIT是库存管理的发展趋势

JIT的目标之一就是减少甚至消除从原材料投入到产成品产出整个过程中的库存，建立起平滑而更有效的生产流程。在JIT体系下，产品完工时正好是要运输给顾客的时候；同样，材料、零部件等到达某一生产工序时正好是该工序准备开始生产之时。没有任何不需要的材料被采购入库，没有任何不需要的产成品被加工出来，所有的"存货"都在生产线上，由此库存降低到最低程度。

为了获得准时库存，必须减少由于内外两种因素造成的易变性。库存掩盖了易变性，系统的易变性越少，需要的库存也就越少。

大多数差错是由于容忍浪费和低水平的管理造成的，差错的原因有：

（1）员工未按标准生产或者生产数量不对，机器发生故障未能完成生产任务或者产量不对以及供应商未能按时供货或到货质量有问题，或到货数量不对。

（2）计划不准确。

（3）生产人员在图纸或生产计划下达之前就试图开始生产。

（4）不了解客户的需求。

正如图7-2所示充满了石头的小河那样，我们的指导思想就是要消除差错和问题。河中的水代表库存，而石头代表诸如延期交货、机器故障和员工拙劣的生产表现等问题。过多的河水掩盖了差错和问题，正如过多的河水将河里的石头掩盖了一样，库存隐藏了许多问题，使得发现这些问题的可能性减少。也就是说，隐藏在库存中的问题是难以被发现的。

为了能实现准时制库存，管理必须从削减库存开始。削减库存就使那些差错和问题逐渐暴露出来，这时，管理者就必须解决那些暴露出来的问题，否则生产系统就无法正常运行。当问题解决后，生产系统就比之前的好一些。然后，再进一步地削减库存，再清除下一级暴露出来的问题，如此这般，逐渐降低库存，不断暴露问题，持续解决暴露出来的问题。最后，库存问题都完全不存在了，就可得到一个非常平滑而有

第 7 章 JIT 及其库存管理

效的生产系统。

JIT 意味着消除浪费、存货与生产同步以及库存量很少。JIT 的关键是进行小批量生产。减少批量大小可以减少库存尤其是生产过程中的在制品库存。当库存量是一个常数时，平均库存量就等于最大库存量与最小库存量之和再除以 2。

在库存管理中，当存货的订购量下降时，最大库存量就降低了，这样平均库存量也就下降了。而且订购批量越小，库存平均水平就越低，库存中能够隐藏的问题就越少。实现小批量的一个方法是，只有需要存货时才将其运入下一个加工中心（工位）。当存货只是在需要时才运入，这称为拉式系统，如图 7-3 所示，并且理想的批量是 1。

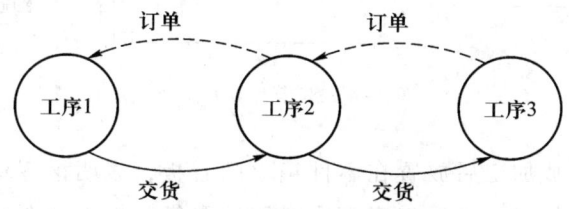

图 7-3　拉式系统示意图

如图 7-3 所示，在拉式生产系统中，工序 3 的生产由销售订单拉动，工序 2 的生产由工序 3 拉动，工序 1 的生产由工序 2 拉动。也就是说，前工序的生产是由后工序的需求拉动，前工序只生产后工序需要的数量和品种，没有订单时，设备宁肯空闲也不生产没有需求的产品。

二、看板与看板管理

为减少库存，日本人在车间中采用"拉式"库存系统，并用看板拉动生产。看板（kanban）源于日文，表示卡片、公告板或标记。常用看板来表示物料的需求，看板就是下一批生产所需物料的授权书，通过看板拉动着物料从投料到生产加工，再到装配直至产成品的形成。

（一）看板的种类及其形式

看板是 JIT 中使用的一种独特的工具，用它来传递生产指令，拉动生产的进行。看板有许多种类，常见的有卡片、零件箱、指示灯或小圆球以及新型电子化看板等几种形式。

1. 卡片

在 JIT 系统中，常用卡片作为看板来传递生产指令，表示需要生产多少零部件或产成品。卡片上注明有零件编号、生产批量、使用者和生产者的位置、标准容器内所装零件的数量等。在 JIT 生产体系中，常见的是"双卡片系统"，即生产看板和取货看板（见图 7-4）。

生产看板是下道工序给上道工序下达生产指令的看板。生产看板上注明所生产零件的编号和数量、生产该零件所需的原材料种类及其来源和装满零件容器的存放位置。

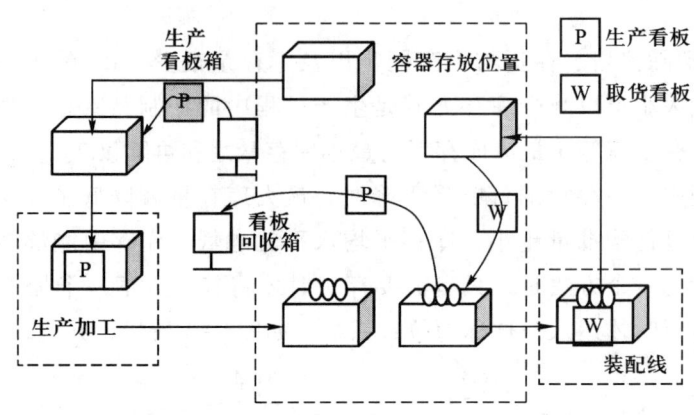

图 7-4 双卡片 JIT 系统

取货看板是本工序完成加工后放置在零件箱上的看板，表明该零件箱中的所有零件已完成了在本道工序的加工，供后工序领取时用。取货看板上注明所领取的零件编号和数量，以及使用者和生产者的标准容器存放的位置。

这种看板系统略微复杂一些，但它不仅可以控制过量生产，还可以控制零部件的领取。取货看板允许将标准容器从某一工序运往另一工序，生产看板允许生产所需要的零件并装入标准容器内，补充已被领取的量。

2. 零件箱看板

零件箱看板是一种用空标准容器传送生产指令的简单方式，标准容器中只能放置规定数量的零件，不能多也不能少。当后道工序（使用者）将1个空容器送回给前道工序（生产者），表明后道工序需要1个空标准容器的零件，1个空标准容器能够放几个就需要几个，如标准容器能够放12个就说明后道工序需要前道工序生产12个。采用这种方式，容器上必须清楚地标明有关零件的编号和数量，或涂有显著的颜色以示区别。在有些系统中，供应商定期补充看板，如每周三次，周一收集空容器，周三用满容器替换，同时在周五为补充送货收集任何空的容器。

3. 指示灯或小圆球看板

指示灯或小圆球看板则是采用指示灯或小圆球作为启动生产的指令。小圆球可通过滑道送到前道工序，以指示生产某种零件。可采用不同颜色的指示灯或小圆球来表明所需生产零件的不同型号。

4. 新型电子化看板

目前，随着技术的进步，常用的是一种由LED组合而成的新型电子化看板，如图7-5所示。

电子看板（electronic kanban）采用电子化的方法，集单片机技术、光电子显示技术、现场总

图 7-5 某企业的电子看板

线技术于一体,版面灵活多变,内容随时可以更改,充分适用于各行各业的生产管理。

(二) 看板管理运行步骤*

为了说明看板管理的功能和作用,下面以丰田公司所采用的双卡片看板系统来说明看板控制生产物流的机理。采用双卡片看板系统,能在更大程度上控制工序间的取货数量。虽然有多种类型的卡片看板,生产看板和取货看板是两种主要使用的看板。没有取货看板不能运送零件,当取货看板挂在装满的标准容器上时才能够取走;没有生产看板也不能生产零件,当生产看板挂在空标准容器上时才开始生产。图7-4以生产加工和装配线两道工序为例,描述了双卡片系统的运行过程,这对于任何相邻工序都适用。双卡片看板系统的运行过程包括如下7个步骤:

(1) 将挂有取货看板的容器从装配线送往存放位置,并摘下取货看板。

(2) 以空容器交换装满零件的容器,摘下容器上的生产看板并放入看板回收箱中。

(3) 对照取货看板上注明的零件规格和数量,查看容器中的零件,如符合要求则将取货看板挂在该容器上。

(4) 看板回收箱中的生产看板经过分发后放入生产看板箱中,零件的生产加工是从生产看板箱中取出生产看板开始的。

(5) 将生产看板挂在空容器上,送到生产加工工序,接着开始生产零件。零件的生产加工顺序按照生产看板箱中生产看板的排列顺序进行。

(6) 将加工完的零件装入挂有生产看板的容器内。

(7) 作为最后一个步骤,将装满零件的容器携带生产看板一道送往存放位置,供装配线使用。

所有生产工序与其原材料的供应者都与上述类似的方式相互协作来满足对在制品物料的需求。

(三) 看板管理的功能和作用

在JIT生产方式下,基于需求拉动式原理,生产指令只下达到最后一道工序。从看板管理的运行过程中可以看到,看板系统正是采用这种拉动式生产方式,以看板作为信息载体,从后道工序向前道工序逐个传递生产和运送指令,根据后道工序对零件的需求来启动前道工序的生产。看板管理的功能和作用主要有如下几点:

(1) 传递生产和运送指令。看板起着直接传递生产及运送指令的作用,这也是看板最基本的功能。看板中记载着所需零件的编号、生产数量、顺序、时间、加工设备、运送目的地、放置场所等信息,从最后一道工序顺次逐个向前道工序追溯。后道工序从零件已消耗完的空容器上摘下取货看板,以此去向前道工序领取所需的零件,前道工序按照生产看板的要求和先后顺序进行生产。

(2) 调节生产均衡。由于生产是不可能100%的完全照计划进行,月生产量的不均衡以及日生产计划的修改都需通过看板来进行微调。看板就相当于工序之间、部门之间以及物流之间的联络神经而发挥着重要作用。

(3) 改善机能。通过生产看板,可以发现并暴露出生产中存在的问题,从而可以立即采取相应的对策,防止过量生产和过量运送,其中要求看板必须按照既定的运用规则来使用。

"没有看板不能生产,也不能运送。"当看板数量减少时,生产量也须相应减少。由于生产看板所表示的只是必要的量,因此通过生产看板的运用能够自动防止过量生产,做到适量运送。前道工序按照看板取下的顺序进行生产,使得作业现场的管理人员对生产的优先顺序能够一目了然,并且通过观察生产看板,就能知道后道工序的作业进展、库存情况等。

可见,通过看板管理可以控制产出量,从而达到控制在制品库存的目的。此外,由于看板还起着传递信息的作用,当某一道工序出现故障时,延迟了该工序看板与零件向下道工序的正常供应,从而造成下道工序乃至全线停工,由此暴露了存在的问题,必须尽快得到解决。

(四) 看板管理运行规则*

为了使看板系统正常运行,并有效地控制物流和库存水平,生产操作中必须遵循看板使用规则。规则内容主要包括如下6点:

(1) 每一个容器上必须带有一个看板。

(2) 后道工序总是从前道工序那里领取零件。前道工序决不要向后道工序推送零件,因为这样迟早会造成后道工序不再需要所提供的零件。

(3) 没有取货看板,不能将装满零件的容器从其存放处运走。

(4) 容器内应始终装相同数量的零件。非标准化容器或不规则填充的容器会影响或中断后道工序生产物流的正常运行。

(5) 不能将不良质量的零件送往后道工序。这不仅造成浪费,还浪费后道工序的作业时间。

(6) 总生产数量不能超过系统中生产看板所指定的总生产数量。同样,后道工序所领取的零件数量不能超过系统中取货看板所指定的总运送数量。

三、JIT 库存管理的效果*

在 JIT 系统中,每次批量通常都很小,只提供几个小时的生产需要。这样,可以降低在制品库存,但是对于生产系统来说需要周密的计划和频繁地调整机器。这样,系统必须运行平衡,因为任何短缺都会影响整个系统。看板系统特别强调按计划执行,并减少生产准备时间和成本。

在 JIT 系统中,库存量少以及只有需要时才将物料"拉"到需要的工位,这两方面的优势都是显著的。批量小意味着物料中的次品也很有限。库存的好处是可以起缓存作用,但库存有许多弊端,掩盖了许多问题,包括低劣的质量、损坏、占用空间、占用资金、增加保险费用以及增加储存成本等。JIT 通过不断改善生产系统,减小生产批量,从而不断降低生产过程中的在制品库存。JIT 的理想目标是零库存,因此,早期也有人将 JIT 称为零库存生产方式。下面通过案例说明 L 公司是如何减低库存成本的。

案例 7-3

L 公司如何减低库存成本

位于密执安州的 L 公司是为三大汽车制造商生产车轮外胎及其他橡胶部件的橡胶生产企业。在短短的三年中，这家公司从混乱和浪费中走出来，成为"每一家公司都欣赏的供应商楷模"。L 公司为此荣获了小型企业质量奖。它的成功归因于发展了适应三大汽车商 JIT 需求的新方法。这意味着对非常短时间内的物品需求通知也能及时作出反应，马上送货。

首先，员工们开发一套能大量消减库存的计算机系统。以前，物品要在公司仓库的地板上平均放置 23 天，现在降至 14 天，这使得每年节约库存成本 250 000 美元。

其次，响应速度加快了。L 公司响应顾客的速度也更快了，原来处理一批订货通常要花 36 小时，现在只花不到 1 小时。原来运货的车辆要空等到中午才送货，而现在早上就开始送货了。

另外，以团队工作方式进行持续改进。工厂有一个 10 人小组，专门解决会计、生产和信息系统出现的问题。但 L 公司的大多数质量改进是由基层员工提出来的。正如 L 公司的一个管理者所说的那样，"如果你想知道干一件活的最好方法是什么，就去问做这活的家伙吧！"

JIT 的运用会给企业带来许多收益，它不仅局限于对库存管理效率的提高——节省库存资金的占用，节省仓库空间的占用，以及与之相关的保管人员的减少等，还包括由于节省流动资金的占用而减少的借款利息支出，或者企业用这笔资金进行其他投资所获得的回报，降低其机会成本，最关键的收益是实现了 JIT 所追求的目标，即消除企业生产经营全过程中所有没有价值增值的活动和耗费。最终结果是成本大幅度下降，提高劳动生产率，提高产品质量，更好更快地满足顾客的需求。总而言之，JIT 管理体系的运用正是企业寻求的从管理要效益，从而增强了企业竞争力。

案例 7-4

重庆某汽车零部件公司实施 JIT 提高库存周转率

1. 企业背景

重庆某汽车零部件公司是专业生产汽车用辊压件、冲压件产品的汽车零部件企业。由于该公司管理基础薄弱，各项管理制度不够完善，致使其公司物流系统缺乏统一规划，管理分散，在制品数量过多，控制难度大，管理人员无法及时了解库存信息，造成了在制品的库存积压。

2. 库存管理系统规划

依据 JIT 的理念与方法，针对该公司存在的问题和现状，制定了如下库存管理系统规划：

(1) 原材料库存。实施了与供应商信息共享的机制，制定了精确的销售计划；根据准确的客户需求信息和需求预测，制定了精确的生产计划；通过缩短生产周期和JIT采购，达到了减少原材料库存和产成品库存的目的，取得了公司和供应商双赢的骄人成绩。

(2) 在制品库存。在车间推行了JIT管理模式和"5S"活动。公司根据市场预测及订货而制定的生产计划通过投产顺序优化后生成精确的生产线日进度计划，下达到生产线，各道工序的生产都根据看板来进行。看板中记载着生产和运送的数量、时间、目的地、放置场所和搬运工具等信息。

(3) 产成品库存。产成品库存管理引进信息系统管理，与客户共享销售信息和库存量信息，实现库存实时动态链接，同时，合理规划了库房存储空间，库房管理按"先进先出"的原则进行管理。在完成上述计划之后，为了构建整个库存管理系统的支撑平台，对企业的组织结构和库存管理流程进行了重新设计。在组织结构方面，重新设计了计划决策部门与执行部门的职能，划分了需求预测、销售计划和生产计划的职能。组建了专门的物流部对企业物流进行归口管理；对企业的业务流程进行重新设计，使每周的业务流程计划得以更新，在此基础上对企业的库存管理核心流程进行了重新设计。由于组织流程的保证，使整体设计得以顺利实现。

3. 应用效果

实施该方案以后，公司的物流管理流程得到优化，仓储管理水平得到很大的提高，车间现场干净整洁，物流路线清晰，定置点明确。

由于公司物流业务由物流部统一管理，因此公司对多阶段库存管理进行了集成，有效地降低了公司的库存量及库存成本。2005年公司实现人民币销售总收入7 642.6万元，年平均总库存金额为人民币1 574.8万元，年平均库存周转率为4.85；方案实施后的2006年1月份的销售收入为人民币268.3万元，2月份的销售收入为人民币452.2万元，平均总库存金额为人民币106.2万元，其平均库存周转率为6.78，比2005年平均库存周转率提高了40%，大大降低了库存成本。公司原材料等物料的采购提前期从7天缩短至3天，确保了客户订单的准时实施。

四、MRP与JIT比较[*]

MRP与JIT是两种现代化的生产计划与作业控制系统，它们服务于共同的管理目标，即提高生产效率、减少库存成本和改善用户服务。同时，它们之间也存在明显的差异，各具有特点，适用于不同的生产环境。

（一）MRP的优点及其局限性

MRP系统不仅适用于大批量生产，而且适用于无重复性的单件订货生产、多品种小批量生产，它具有以下的优点：

(1) 最大限度地降低在制品库存。

(2) 及时反映出物料需求情况。

(3) 根据主生产计划估算能力需求。

(4) 合理安排生产加工时间等。

另外，MRP系统的另一优点是它具有重新计划和重新安排生产的能力。如果某装配件上的某一零件将不能在计划的时间交付，MRP系统便可以重新安排生产，将同一装配件上的所有其他零件都推迟到较后的某个时间交货，并同时安排车间的工作程序。这样，就可以使交货日期与实际需求的日期相一致，使经营活动可以按计划进行，同时又最大限度地降低库存水平。

MRP系统的优点还在于它能利用计算机处理大量的实时性的物料需求信息。为了有效实施MRP系统，必须具备以下条件：① 计算机硬件系统、相应的MRP软件以及相关的数据资料；② 正确的与实时的数据，如主生产计划、产品结构清单以及库存记录等；③ 完整的数据文件。因此，在实施MRP系统时应注意上述几点。

另外，MRP系统也有其局限性。在MRP系统中，假定前置时间是一个已知的定值，系统根据设定的前置时间计算和制订作业计划。但是，在实际生产操作过程中，前置时间是随车间的负荷量大小、作业的优先顺序等因素而变化的，与假定的情况不一定相符合。这就有可能造成MRP系统的计划与实际产生差异。

在MRP系统中，还要求各加工环节按作业计划的要求完成作业，不鼓励操作者提前完工。这样，就不能发挥操作者的积极性去缩短前置时间，这是MRP的一个主要缺点，也是它受到批评最多的一个方面。

（二）JIT的特点

1. JIT的优点

通过下面的案例，我们可以更清楚地了解JIT对公司物流及整体运作带来的好处。

案例 7-5

施乐的 JIT 计划

1980年前后，施乐欧洲公司开始实施JIT计划。为了保证整个系统的顺利实施，公司安装了自动化物料处理系统和信息处理系统，同时还更新了生产流程。在成功运行该系统一段时间后，公司获得了如下收获：

供应商从3 000个减少至300个；入厂交货的准确率达到98%，其中有70%的原料只需要一小时就可送到；库存持有量从3个月降至0.5个月；总物料成本减少了约40%；由于供应商产品质量的提高，多数入厂产品检验站被撤销了，节省了检验成本；因缺陷或质量不佳而拒收的比例从17%降至0.8%；入厂运输成本降低了40%。

因此，JIT生产管理方式与传统生产管理方式相比，具有以下优点：

(1) 由于生产过程实现同步化，上下道工序的衔接紧凑，减少了原材料、在制品、成品的库存与积压，也节省了生产空间。

(2) 减少了生产加工时间。由于生产中各工序的操作者都按同步的节拍操作，生产进度不是传统方式下以最慢者的节奏进行，而是受"拉动"控制，使生产速度能保持在平均速度或平均速度以上。当某道工序结束时，整个生产同步进入下道工序，加工对象在生产过程中无滞留时间。

（3）提高了产品质量，减少了废品与返工。

（4）提高了劳动生产率及设备利用率。JIT通过生产设施的合理布局、生产运作管理的最优安排，排除了生产中的各种随机因素的干扰，使生产过程中滞留时间、滞留空间和作业人员的差异减少到最低程度。同时，它改变了一人一机的传统，实行一人多机的作业组织方法，大幅度提高了劳动生产率及设备利用率。

（5）由于是按照一个统一的原则进行整个生产运作系统的管理，从而增强了作业人员的集体感，使他们能主动参与生产问题的解决，提高了积极性。

（6）有利于生产运作管理功能的整体优化。JIT不仅考虑生产局部的"同步化"，而且考虑整个企业生产的同步化问题。它克服了传统方法中质量管理、设备维修管理和技术工艺管理与工序管理相互脱节的弊端，形成个人、班组、工序、车间乃至整个企业层层配套的管理网络系统。

（7）生产具有弹性。

（8）减少了间接劳动。

2. JIT 的不足

尽管JIT优点很多，该方法并不适用于所有类型企业，它也有内在的问题。这些问题可以分为三类：生产安排（工厂）、供应商生产安排和供应商位置。

当由于不稳定的需求导致必须对生产安排进行平衡时，企业将出现较高的库存水平。物品可能在需求低迷时被生产出来，尽管较晚时间才会需要，这导致了最终产品的大量库存。而且，产成品库存因效用而具有较高价值，这也导致了因产品过时、损坏或损失而产生的较高财务风险。然而，较高库存与一致的生产安排的组合优于较少库存与被动的生产安排的组合。此外，当由于生产放慢或停顿导致库存缺货成本高昂时，JIT未必是好的选择。JIT将库存水平减少到安全库存和部件库存很少的地步，可能对生产运作带来不利影响。

JIT的第二个问题与供应商的生产安排有关。JIT系统的成功要求供应商能根据企业的生产计划安排来提供部件。小而频繁的订单会导致较高的订货成本，在计算库存减少所带来的成本节约时必须考虑这一点。供应商因大量的小批量生产而承受更高的生产成本。一般而言，这会导致订购价格的上升，除非供应商能看到自己作为JIT的一部分从中获得利益。

供应商位置是第三个问题。随着供应商与企业之间地理位置上存在的距离，送货时间可能变得更不正常和难以预测。运输成本也随着小批量运输的增多而上升。运送时间的波动可能导致库存异常并冲击生产安排。这一点与高送货成本的结合，会导致总成本超过库存减少所带来的好处。消除这些问题需要组织内部与组织之间的合作与整合。

（三）MRP（MRPⅡ）与 JIT 的异同点

MRP（MRPⅡ）与 JIT 是两种现代化的生产计划与作业控制系统，它们服务于共同的管理目标，即提高生产效率、减少库存费用和改善对用户的服务。同时，它们之间也存在明显的差异，各具有特点，适用于不同的生产环境。MRP（MRPⅡ）与 JIT 的主要区别和联系见表 7-1。

表 7-1　JIT 与 MRP（MRPⅡ）的区别和联系

项目	JIT	MRP（MRPⅡ）
加工环境	JIT 更适用于生产高度重复性产品的系统； JIT 的物料计划、能力计划、车间控制都可以由人工系统完成，不一定需要有计算机系统	MRP 不仅适用于批量生产，还适用于按用户订单生产、产品多变等不同的生产环境； MRP 以计算机为工具，需要一定的硬件、软件，投资费用高
管理范围	JIT 管理的范围比 MRP Ⅱ 小	MRP Ⅱ 管理的范围比 JIT 广，它能用于工具、维修等其他活动的物料需求，辅助财务计划； MRP Ⅱ 集成一个企业生产运作管理的许多功能，它能作为一个经营战略计划系统，也可作为一个生产控制系统使用
管理思想	JIT 起源于日本，日本企业认为库存是一种浪费，竭尽全力去降低库存	MRP 也很重视库存控制，防止产生不必要的多余库存。但认为零库存难以做到，必要的库存是一种保护措施，是维持均衡生产的一个重要因素
批量	仅生产需要的数量。对自制件与外购件都只下达最小的需要补充量	用某种公式来计算批量。一般对库存成本和生产准备成本加以折中考虑，用公式修正得到最佳批量
生产准备时间	使生产准备时间最短。要求最快地更换工卡具以对生产率的影响最小，或是备有已经完成生产准备的其他机床。迅速地更换工卡具以实现小批量生产，并允许频繁地生产不同的零件	生产准备时间不十分要紧，一般的目标是最大的输出，很少有与丰田同样的想法和作出同样的努力来达到快速更换工卡具
在制品库存	尽量减少在制品库存	需要保持必要的在制品库存。当上道工序发生问题时，在制品库存可保证连续的生产
供应商	将供应商视为合作者，是协同工作的一部分。把供应商看成是自己的扩展部分	认为自身与供应商是有矛盾的甲乙关系。一般都有多个供货来源，这是一种典型的在供应商之间的竞争过程中取利

续表

项目	JIT	MRP（MRP Ⅱ）
质量	废品为零。如果质量不是100%的合格，则生产就处于困难状态	允许一些废品
作用	JIT强调发挥工人的积极性与小组协助，JIT利用看板管理的"拉动"系统，不断促进作业人员降低在制品库存、缩短生产周期	MRP强调系统中各部门、各加工中心的计划与协调，要按作业计划完成作业，不鼓励提前完工

JIT 追求尽善尽美，比如在废品方面，追求零废品率；在库存方面，追求零库存。可以这样说，JIT 的目标是一种理想的境界。和 MRP Ⅱ 相比，后者更多地考虑了制造业的普遍情况，考虑了较多的不确定因素。JIT 是一种哲理，在许多方面都可以借鉴。在处理 MRP Ⅱ 和 JIT 这两个不同的理论体系方面，正确的态度是将两者结合起来，依靠 MRP Ⅱ 奠定基础，逐渐达到 JIT 追求的水平。

企业要想选择应用 JIT 或 MRP 系统，或将两个系统结合使用，首先需要考虑本企业生产运作过程的特点，根据其生产类型采用适宜的管理方法。目前一些企业管理专家试图吸收这两种系统的优点，构造更完善的系统。例如，日本雅玛哈摩托车公司建立的 Syncho MRP 和在美国出现的 Micro Kanban 就是这种努力的结果。Micro Kanban 是将看板引入已经实施的 MRP 生产管理系统中，用 MRP 计划采购、发出订单和交货；用微机看板系统产生生产看板和取货看板，进行现场作业控制。

自学指导

学习重点

1. JIT 的理念与目标

（1）JIT 的理念。只在需要的时候，按照所需要的数量，以完美的质量为顾客提供所需要的产品。

（2）JIT 的目标。JIT 的主要目的如下：只在需要时才存在库存；改进质量，实现零缺陷；通过减少准备时间、等候时间和批量来缩短交货时间；消除浪费；以最小成本完成任务。

2. JIT 的基本构成要素。基本构成要素之一：消除浪费；基本构成要素之二：全面质量；基本构成要素之三：人员素质准备。

（1）基本构成要素之一：全面质量。根据 JIT 生产方式的观念，浪费被定义为生产和服务过程中不对产品增添价值的任何活动行为或事物。

丰田公司识别和归纳了常见的 7 种形式的浪费，它们包括：过量生产造成的浪费；等候期间造成的浪费；运送造成的浪费；工艺过程不完善造成的浪费；库存积累造成的浪费；质量缺陷造成的浪费；缺乏整体性造成的浪费。

（2）基本构成要素之二：全面质量。就全面质量而言，值得重视的 6 个方面包括：企业高层管理、操作一体化、防止质量缺陷、产品质量检验、质量自我保障以及持续改进。

（3）基本构成要素之三：人员素质准备。就人员培训和素质提高而言，应予以重视的 6 个方面是：规章制度、灵活性、自主性、人力开发、工作环境以及创造性。

3. 看板

看板是一种在生产上实现 JIT 的方法。看板系统特别强调按计划执行，并减少生产准备时间和成本。在日文中，看板大致翻译为卡片、公告板或标记。看板的种类有许多种，常见的有如下几种形式。

（1）卡片。

（2）零件箱看板。

（3）指示灯或小圆球看板。

（4）新型电子化看板。

4. JIT 库存管理的效果*

（1）在 JIT 系统中，每次批量通常都很小。

（2）生产系统需要周密的计划和频繁地调整机器。

（3）系统必须运行平衡，因为任何短缺都会影响整个系统。

准时制意味着消除浪费，存货与生产同步，以及库存量很少。准时制的关键是进行小批量生产。减少批量大小可以对减少库存及其成本有很大帮助。库存减少之后，管理者就可以清除那些暴露出来的问题，然后进一步地削减库存，再清除下一级暴露出来的问题。最后，库存问题都完全不存在了。

学习难点

1. MRP 与 JIT 比较*

2. 结合实例进行分析看板管理的应用

3. 结合实例进行分析 JIT 是如何减少库存的

复习题

一、单项选择题（在备选答案中选择 1 个最佳答案，并把它的标号写在题后的括号内）

1. 根据 JIT 生产方式的观念，浪费被定义为生产和服务过程中（　　）。

(A) 不对产品增添价值的任何活动行为或事物　(B) 等候时间

(C) 运送环节　(D) 库存

2. 在 JIT 生产方式下，基于（　　）原理，生产指令只下达到最后一道工序。

(A) 零库存　(B) 需求拉动式

(C) 生产推动式　(D) 经济订货批量

二、多项选择题（在备选答案中有 2~5 个是正确的，将其全部选出并将它们的标

库存管理（一）（二）

号写在题后的括号内，错选或漏选均不给分）

1. JIT 的基本构成要素包括（ ）。
（A）改进与客户之间的关系　　　（B）消除浪费
（C）增加生产批量　　　　　　　（D）全面质量
（E）人员素质准备

2. 在日文中，看板大致翻译为卡片、公告板或标记。看板的种类有许多种，常见的形式有（ ）。
（A）指示灯　　　　　　　　　　（B）标准容器
（C）卡片　　　　　　　　　　　（D）零件箱看板
（E）小圆球看板

3. 在生产和服务过程中，一般都存在有许多浪费，它们包括（ ）。
（A）过量生产造成的浪费　　　　（B）等候期间造成的浪费
（C）库存积累造成的浪费　　　　（D）包装造成的浪费
（E）质量缺陷造成的浪费

三、简答题

1. JIT 的思想理念是什么？
2. JIT 生产方式追求的具体目标是什么？
3. JIT 的基本构成要素有哪些？
4. 看板管理的要点有哪些？
5. 试简述双卡片系统的运行过程。

四、案例分析题

江钻公司 JIT 生产方式下的物资供应

江钻股份有限公司从 1995 年开始在公司推行精益生产，经过多年的不懈追求，公司取得了令人瞩目的成就。"零库存"是 JIT 生产追求的目标之一，为实现原材料的"零库存"，公司采取了一系列的措施，并取得了可观的成效，但仍需根据目前公司的采购与供应现状，采取进一步的措施逼近"零库存"。

1. 采购与供应部门的职能

公司在 1998 年改制时对承担采购与供应的部门进行了重新整合，公司物资供应实行"归口管理、集中采购、统一储备"的管理体制，实行在公司副总经理领导下的部门负责制，由公司制造部全面负责物资供应管理工作。物资处归属于制造部，主要负责主要原材料、通用物资的采购及公司库存物资、废旧料管理，制造部设备处负责设备及备件的采购，制造部工程处负责有关专用工艺装备的采购，制造部成本中心负责采购资金管理，各用料单位设兼职材料员一名，负责各用料单位物资管理。

在精益生产方式下，物资供应工作的职能定位于：

（1）及时完成生产部门所需的原材料的采购供应工作，保证生产的顺利进行；

（2）加强成本控制，全面降低生产成本；

(3) 统一管理公司及各车间的仓库,做到全面控制;

(4) 推行降库、利库工作,减少资金占用;

(5) 为原材料的国产化提供必要信息;

(6) 对供应商进行质量控制,定期进行供应商评价与筛选工作,保证产品质量。

2. 公司所需物资的特点

由于江钻产品的特殊性,决定了公司所需物资的特殊性。

(1) 需要物资品种多,用量少。全年所需物资品种达数千种,大多数品种的采购量不大,如某配件月需求量为 0.1 万元,金刚石钻头、金刚石复合片所需物资的用量则更少。

(2) 技术要求高。公司所需物资除日常用的一些维修物资如日用电器、五金工具、汽配、管配、管阀等可以在市面上直接采购外,主要原材料、辅料、零配件必须按公司的企业标准去制作加工,一些主要原材料如钢材、焊材、粉料等的企业标准均高于国家标准,加工难度较大。如钻头专用钢材,F 钢厂于 1986 年试制合格,但至今没有能力转入正常生产渠道,仍由该厂的研究所组织生产供货,其他钢厂情况也大至如此。

(3) 专业性强。公司产品所用的主要材料、辅料、零配件等都是专用料,许多供应商在为公司开发研制出来产品以后,只能卖给同类产品的制造商,其他厂家基本上不用,通用性差。

(4) 供应渠道窄。目前公司的采购渠道大部分是在公司引进初期材料国产化时确定下来的,采购渠道的形成经过了试制、现场试用、公司试验、公司鉴定等一系列程序,如果频繁变更渠道,不仅周期长、费用高,而且产品质量得不到保障,所以公司供应商一直相对稳定。

3. 公司实行零库存管理

公司把零库存作为物资采购与供应工作追求的目标。零库存是物资的一种库存状态。它的结果大致可分为两种,即完全意义的零库存和理想状态的"零"库存。它的基本出发点是在确保生产需要的前提下,以市场为依托,通过充分利用企业现有物资资源和社会资源,合理配置资源,减少库存资金的占用,提高企业的经济效益,是一种最理想的物流管理方式。

库存具有保证生产正常进行和满足用户需求的调节功能,但库存过高,会占用企业大量的流动资金,增加生产成本;过低则会增加采购成本,影响生产的正常运行。在不确定的市场环境中,为解决好库存不足和库存过剩的矛盾,处理好物资的采购成本与库存成本的关系,确定哪些物资应该储备,哪些物资不应储备,公司目前采取了以下措施:

(1) 对于一次性使用的生产物资和工程材料,或货源充足、运输方便、通用性强、可随时购买的一些备件实行完全意义上的零库存。

(2) 对于市场上中、长线通用物资,由于需求量相对稳定,采购方便,采用定期订购的方式,只要在扎账时清点的库存为零即可。公司每月安排集中采购一次,月初购进、月末用完，使它们库存量在某一时点上保持零状态。通过集中采购，既可获得价格上的折扣，又可少占用资金。

（3）对于供需双方关系融洽、产品质量稳定、制造周期短的那些物资，公司通过代储代销方式，保持账面库存为零。即使用以后再办入库，账面库存为零。

（4）对于一些专用物资如专用钢材，其供求关系固定、需求量确定，由于这类物资货源较远，生产厂家少，制造周期长，可采用定量订购方式，只需保持库存量最小即可。公司根据年度生产经营计划，计算全年需要量，确定前置期、采购批量、订购点，视这个订购点为零，当实际库存即将接近这个订购点时考虑进货，使库存总量达到最小。

为实现零库存，公司制定了"零库存物资类别明细表"，如表7-2所示。

表7-2 "零库存"物资类别明细表

序号	大类名称	零库存品种	方式
1	钢材	金属制品中料盘及筐	当月进当月出
2	有色金属	维修用材	当批进当批出
3	木材及制品	维修用木材、木包装箱	当月进当月出
4	建筑材料	保温材料、石英沙、树脂沙、维修用建筑材料	当批进当批出
5	化工产品	总装专用清洗剂、镀银液、香蕉水等	代储代销
6	化学玻璃	全部	当月进当月出
7	橡胶及制品	三角皮带、汽车轮胎	当批进当批出
8	石油及制品	汽油、柴油	当月进当月出
9	包装物	纸箱	代储代销
10	轻纺产品	复印纸、打印纸	当月进当月出
11	石油专用工具	渗硼工具	代储代销

公司的具体的做法是：

（1）成立"零库存管理小组"，由物资处经理担任组长，抽调综合办公室、仓库管理办公室的人员组成，每月进行动态考核。

（2）对于零库存管理进行强行规定，把库存资金控制指标落实到每个物资分管人员的头上，对于没有完成任务的视情况不同给予不同的处罚。

（3）将表中列入的具体项目下库，由计划员和保管员进行控制。

（4）对于无法落实到具体项目的物资落实到大类，由计划员、保管员按定额指标控制。

（5）各计划采购人员建立各类物资采购周期账，以摸索物资采购供应规律，不断缩短物资采购供应周期，加速物资周转。

4. 厂内物流（配送制）的实施

从 1995 年开始，为适应公司提出的精益生产，物资处在各主要车间率先对常用料推行物资"驻屯制"，撤销了各车间的针线笸箩筐，在生产车间设驻屯供应点，随时为生产服务。到公司改制以后，除工艺装备车间外驻屯制已基本取消。取而代之的是实行了"厂内配送制"。

（1）物资配送供应的范围和对象。除了部分工具、量具、办公用品、劳保用品和计算器，以及设备维修配件、自制复合片、钻头毛坯、半成品和小零件等物资不实行配送外，其余物资实行配送供应。实行物资配送制所面向的对象主要是钻头生产主要车间：总装车间、牙轮车间、牙掌车间、热处理车间、粉末车间、金刚石钻头车间、金刚石制品车间。对其他部门实行物资领用制：由用料部门材料员直接到物资部门开单领料。

（2）物资配送供应和发放程序。用料单位设兼职材料员，由单位主管指定，并报物资处统一备案。各单位材料员负责本部门物资需用信息的收集、汇总，并落实需用物资的品名、规格型号、材质和需用时间，编制用料计划或领料申请，经单位主管签字后，分别报物资部门的主管计划人员。各采购部门的计划员负责公司内部用料信息的处理，在接到用料计划和信息时，逐项进行审核和库存平衡，落实物资资源，并负责制单配拨。

（3）实行物资配送制的物资发放程序。① 车间材料员收集和整理本部门的物资需求信息，落实物资需求的品种、时间和 TEAM 等，将物资需求信息分别反馈给各采购部门计划员。② 计划员根据车间物资需求信息制单配拨，给配送员（或保管员）下达物资配送指令。③ 配送员（或保管员）办理物资发料手续，按料单备料，并组织运输工具和装卸搬运，将物资配送到各生产车间。④ 车间材料员（或保管员）对物资进行清点与验收，在物资发料单上签字。⑤ 配送员（或保管员）将发料单中的"成本"联和"随货同行"联交车间核算和记账，其余联带回交保管员下账。⑥ 车间急用料或规格型号不清的物资，可由车间材料员和技术员直接到对口物资部门查询和领料，物资部门给予配合。⑦ 计划员采购的车间急用料，由计划员直接送到车间现场，然后补办发料手续。

（4）物资配送供应的服务质量要求。物资部门对供应的物资质量负责，物资供应人员在物资的采购、保管和配送供应全过程中，必须充分考虑到物资质量对生产质量的影响，贯彻"下一道工序就是顾客"的思想，满足产品的质量标准和用户的质量要求，让用户对物资的使用质量放心。

物资计划员负责对物资的使用质量状况进行跟踪服务，建立物资的质量档案，负责联系供应商做好物资的技术（售后）服务，对有质量问题的物资负责退换或索赔。

5. 效果

图 7-6 是江钻公司实行精益生产方式以来的降库情况。连续几年每年的降库幅度达到 10%。

库存管理（一）（二）

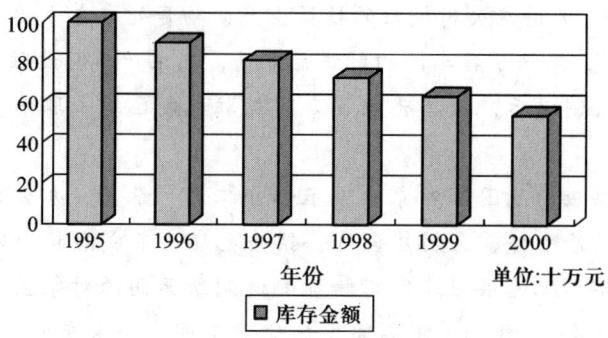

图 7-6　江钻公司的降库情况

（致谢：本案例的写作得到了江钻公司的大力支持与帮助，在此表示感谢。）

思考题：

1. 如何理解 JIT 生产对物资供应提出的新要求？
2. 如何理解 JIT 生产方式下的"零库存"？
3. 实现"零库存"的内外部条件是什么？
4. 实现"零库存"应注意的问题有哪些？
5. 根据目前的现状，应采取哪些措施进一步降低库存以逼近"零库存"？

第8章 生产过程中的物料控制

自学时数

5学时。

教师导学

本章主要涉及生产物料控制的有关内容。首先讲述了有关生产作业计划方面的内容，因为生产过程中的物料控制与生产作业计划密切相关；然后分析了生产物料控制的概念，生产物料控制所需的基础数据，生产物料控制的内容，以及生产物料控制的方法；最后分析了物资消耗定额的概念，限额发料的作用与依据，以及限额发料的组织方式。

在辅导过程中，应注意以下几个方面：

(1) 应注意作业计划的目标，在不同的目标下，可以得到不同的生产作业计划。

(2) 本章的学习重点是：生产作业计划的目标与影响因素，生产物料控制所需的基础数据*，生产过程中物料控制的方法*，作业排序规划，限额发料的作用与依据。

(3) 本章的学习难点是：评估排序规则的准则*、限额发料的组织方式*、限额发料执行情况的对比分析*。

案例 8-1

某企业推行半年限额发料为何没有效果？

某企业是一家汽车零部件企业，主要生产汽车底盘、车身类零部件，其客户是国内知名汽车整车厂。当前，整车价格与利润水平在持续下降，迫于竞争的压力整车厂不断向供应商转移经营风险和成本压力。作为汽车零部件供应商，为了消化成本压力，该企业推行了限额领料制度，但执行限额发料半年多效果却不尽如人意，问题出在哪儿呢？

在没有实行限额领料前，计划部门只要求车间到什么时间交多少货，车间自己计算用料数量，他们往往一次就把今后两三天的生产用料领出。实行限额领料后，计划部门按次日一天的生产任务备料，车间一次只能领当天的用料。这样，不可否认材料消耗得到了很大程度的控制，但生产中的质量异常等没有得到真实反映，产品合格率没有得到有效控制。这是因为：由于材料定额不准，车间每次生产后往往会有一些余料（比如辅料油漆），日积月累形成车间小仓库。遇到生产过程中出现不良需再投料时，车间就调用这个小仓库中的物料。车间小仓库库存变动频繁，计划部门不易掌握，全凭车间自己上报，这就成为一个黑洞，也是个管理盲点。车间上报的产品合格率、工时利用率都很高，而生产过程中出现的质量异常和追加投料却没有真实反映。即使上报，为了日后工作的配合，计划部门又不能每次都给予车间处罚。另外，计划部门要凭生产超领单和质保部的判定意见作出是否允许超额领料的意见，而质保部的判定意见总是显得很滞后，这在喷漆喷涂线表现得尤为突出。不良品处理有降级、返工和报废，如果需要返工，生产部让计划部安排返工计划，而计划部把返工计划排下去时又发现这批不良品不能返工，于是计划常常被推倒重来。

该企业面临的这些问题该如何解决呢？

第1节 作业计划与作业排序

生产过程中的物料控制与生产作业计划密切相关，为了更好地理解这一问题，本节详细阐述有关生产作业计划方面的内容。

一、作业计划的内容和目标

（一）作业计划的内容

生产作业计划的好坏会影响生产成本、生产能力的利用和向顾客的交货。物料需求计划提供每天哪些订单将要到达以及将要完成哪些生产任务（生产指令）。生产作业计划则是一个达到某些生产目标的时间表，主要内容包括如下几个方面：

① 确定订单的加工顺序，即对订单进行排序。
② 确定机器加工每个工件的开始时间和完成时间。
③ 情况变化时，对计划的调整或修改。

当作业进度计划制定不合理时，库存、验收、等待时间占总生产周期的95%，而真正有价值的加工时间只占5%，如图8-1所示。

但是，如果生产管理人员能够很好地制定作业计划，进行合理的作业排序，可以缩短大约75%的排队时间，使得生产过程中的物料得到很好的控制。

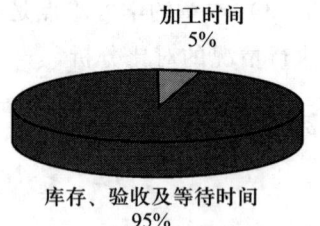

图8-1 作业等待时间占总生产周期的比例

（二）作业计划的目标

在不同的作业计划目标下，制定的作业计划是不同的。常见的制定作业计划的目标有：

① 根据顾客要求，按时完成作业加工，即延期交付最小。

② 在制品库存最小。
③ 反应时间最短。
④ 完成时间最小。
⑤ 全部时间最小。
⑥ 设备和劳动力利用率最大。
⑦ 空闲时间最小。
⑧ 作业延迟最小。

加工车间的作业计划，也叫做车间控制、生产控制或生产活动控制计划。

二、作业计划的影响因素

制定作业计划的影响因素主要有作业到达模式、设备的数量和种类、工人和机器的比例、作业的流动模式、分配作业的优先规则。

（一）作业到达模式

作业可能是成批量到达或者以某种统计分布的时间间隔到达。成批量到达属于静态模式，并不是指顾客同时下订单，它是指将一段时间的订单收集后，同时制定生产作业计划。如生产计划控制人员每周制定一次生产作业计划，只有在每周的订单全部收集齐后，在周五才开始制定下周的作业计划。动态模式是指订单到达时立刻安排生产加工。因为新到达的作业会影响生产设备，需要经常对生产作业计划进行调整。

（二）设备的数量和种类

设备的数量会明显地影响作业计划编制的难易程度。如果仅有 1 台设备或几台相同的设备（可看成一台设备），作业计划编制就较为简单。随着设备数量和种类的增加，作业计划编制就会越来越复杂。

（三）工人和设备的比例

设备的数量与种类越多，作业计划就越复杂。如果工人人数大于机器设备数，称为机器限制系统；如果工人人数小于机器设备数，则称为劳动限制系统，即将 1 个工人安排在几台机器设备上进行加工生产。

（四）作业的流动模式

作业的流动模式有流程式和随机式等多种类型。流程式是指所有作业（加工订单）从一台机器到下一台机器进行加工时，具有相同的加工工艺路线。如某生产班组接到 3 个加工订单，每个加工订单的加工工艺路线均为 A—B—C，即这些订单都是先在 A 设备上加工，然后在 B 设备上加工，最后到 C 设备上加工。

随机式（随机加工中心）是指从一台机器到下一台机器的加工路线是随机的。如某生产班组接到 3 个加工订单，订单 1 的加工路线为 A—B—C，订单 2 的加工路线为 B—A—C，订单 3 的加工路线为 A—C—B。

制定随机式的作业计划要比制定流程式的作业计划复杂。大多数的流动模式介于二者之间，加工路线既不完全相同，也不完全不同，可以知道从一台机器加工后转到下一台机器的概率。

(五)分配作业的优先规则

在设备上分配作业时,要按照一定的规则进行安排,这些规则称为排序规则或优先规则,根据优先规则决定作业加工顺序。这些优先规则有的非常简单,只根据一种数据进行作业排序,如处理时间、到期日或者订单到达时间。另外一些优先规则虽然也同样简单,但是可能需要较多的数据,例如关键率规则。还有一些优先规则,用于在一系列设备上安排生产作业计划,或者需要通过计算来确定加工顺序。

三、生产控制部门的责任*

制造企业通常都会有一个生产控制部门,其责任主要有如下几个方面。

(一)安排负荷

通过检查可供使用的物料、设备和工人的数量,将加工任务合理地分配给不同的作业工人或设备。物料需求计划(Material Requirements Planning,MRP)对可供使用的物料进行计划,能力计划将物料计划转化为对机器设备和工人的需要,以及确定资源是超负荷还是低于负荷。生产控制将作业分配给每台机器和工人,然后致力于使生产负荷趋于均衡化,使 MRP 计划的实施更为可行。

(二)排序

当车间接到加工订单后,生产管理人员需要对加工订单进行排序,为每台机器制定作业计划。订单的安排应该根据 MRP 的计划来进行。当需要将几个订单安排给同一机器设备时,需要确定订单的优先顺序,使工人知道应该先加工哪些订单。作业计划的内容说明各个机器设备的加工订单的顺序,这个顺序根据排序的规则来确定。一个简单的排序过程如图 8-2 所示。

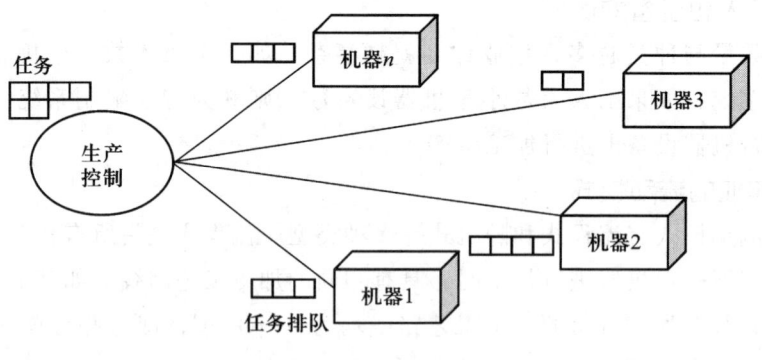

图 8-2 简单的排序过程

图 8-2 表明了一个简单的排序过程。在这一天的开始,排序者(即分派到这个部门的生产控制人员)对将要在各个机器设备上进行的作业进行选择和排序。排序者的决定必须基于以下几个方面:每个作业的操作和顺序要求,在每个机器设备上现有的

作业状态，每个机器设备前的作业队列，作业优先级、预计的今天晚些时候要分配的作业订单、资源能力（劳动力或者机器）。

为了有助于组织排序，排序者必须利用前一天的作业状态信息以及由生产控制中心、工艺技术等部门提供的外部信息。排序者还要和部门主管协商排序的可行性，尤其是对生产力的考虑和可能出现的瓶颈。排序的详细情况可以通过电脑终端发送列表，或者打印出来，或者通过张贴工作列表的方式传达给工人。

（三）控制

生产管理控制人员（生产调度）需要随时掌握每个作业的进度情况，直到作业完成。控制非常重要，因为生产系统发生变化时有时需要重新排序。除了及时收集数据以外，还需要使用甘特图和投入/产出控制图等技术来掌握并控制生产进度。

四、作业排序及其评估准则

当需要将一个以上的作业分配给同一台机器设备时，需要分配加工这些作业的顺序。决定作业优先顺序的过程叫排序，即确定工件在机器上的加工顺序。当 A 订单比 B 订单重要时，就优先安排 A 订单先加工。

下面讨论各种排序规则和评估排序规则的准则，对各种排序规则进行比较，并讨论如何进行成本控制使总加工成本最小。

（一）排序规则

可以根据许多不同的规则来确定订单在机器设备上的加工顺序。先来了解与排序有关的两个基本概念：工件等待和机器空闲。工件在某道工序完成后，下道工序的机器还加工其他工件，这时工件要等待一段时间才能开始加工，称为工件等待。机器已完成对某个工件的加工，后续加工工件还未到，这时机器空闲。

良好的排序就要使工件等待和机器空闲最小。常见的排序规则有先到先服务、最短加工时间、最早交货日期、关键率等。

1. 先到先服务（FCFS）

先到先服务（First Come First Served，FCFS）在服务业中也被称为先进先出（服务），它优先选择最早进入可排工序集合的工件，即加工的第一个订单是所有等待加工的订单中最早承接的。在服务业中，这一排序规则显得比较公平，因此在许多服务过程中常采用这一规则。

2. 最短加工时间（SPT）

最短加工时间（Shortest Processing Time，SPT），优先选择加工时间最短的工件，即加工的下一项作业是所有等待加工的订单中加工时间最短的作业。这一排序规则的结果是平均流程时间最短，在制品库存减少。

3. 最早交货日期（EDD）

最早交货日期（Earliest Due Date，EDD），优先选择工期最紧的工件，即加工的下一项作业是所有等待加工的订单中交货时间最早的作业。

4. 关键率（CR）

关键率（Critical Rate，CR），加工的下一项作业是在所有等待加工的作业中关键率最低的作业，即优先选择临界比（关键率）最小的工件。这里：

关键率（临界比 SCR）= 交货日期的时间/剩余加工所需的时间

CR>1.0 意味着作业进度较计划提前；

CR<1.0 意味着作业进度晚于计划；

CR=1.0 意味着作业进度与计划同步。

（二）评估排序规则的准则*

实际中的排序规则是很多的，在选择时应该选择哪一种规则呢？需要对排序结果进行比较，而比较就需要有评价的准则，常见的评价排序规则的准则有：

(1) 平均流程时间，即在每个车间作业任务的平均滞留时间。

(2) 系统中的平均任务数，即每天每个车间的平均任务数量。

(3) 平均任务延迟，即作业任务实际完成时间超过承诺完成时间的平均值。

(4) 调整成本，即在一组任务中完成所有机器调整的总成本。

例 8-1 某公司周一上班后陆续接到 5 个订单，各订单的加工时间与交货要求见表 8-1，怎样安排订单的作业顺序？

表 8-1　5 个用户的订单数据

任务	作业时间/天	交货期（当天算起）/天
A	3	5
B	4	6
C	2	7
D	6	9
E	1	2

(1) 按先到先服务（FCFS）规则进行排序。先到先服务就是加工的第一个订单是所有等待加工的订单中最早承接的。这样，加工订单的顺序为"A—B—C—D—E"。按先到先服务规则排序后的流程时间和延误的情况见表 8-2。

表 8-2　按先到先服务规则的排序情况

任务	作业时间（天）	交货期（当天算起）	流程时间/天	延误/天
A	3	5	3	0
B	4	6	7	1
C	2	7	9	2
D	6	9	15	6
E	1	2	16	14

平均流程时间 =（3+7+9+15+16）/5 = 50/5 = 10（天）

平均延误时间 =（0+1+2+6+14）/5 = 23/5 = 4.6（天）

(2) 按最短加工时间（SPT）规则进行排序，即优先选择加工时间最短的工件，这样，加工订单的顺序为"E—C—A—B—D"。按最短加工时间规则排序后的流程时间和延误的情况见表8-3。

表8-3 按最短加工时间规则的排序情况

任务	作业时间（天）	交货期（当天算起）	流程时间/天	延误/天
E	1	2	1	0
C	2	7	3	0
A	3	5	6	1
B	4	6	10	4
D	6	9	16	7

平均流程时间 =（1+3+6+10+16）/5 = 36/5 = 7.2（天）

平均延误时间 =（0+0+1+4+7）/5 = 12/5 = 2.4（天）

(3) 按最早交货日期（EDD）规则进行排序，优先选择交货时间最早的工件。这样，该加工订单的顺序为"E-A-B-C-D"。按最早交货日期规则排序后的流程时间和延误的情况见表8-4。

表8-4 按最早交货日期规则的排序情况

任务	作业时间（天）	交货期（当天算起）	流程时间/天	延误/天
E	1	2	1	0
A	3	5	4	0
B	4	6	8	2
C	2	7	10	3
D	6	9	16	7

平均流程时间 =（1+4+8+10+16）/5 = 39/5 = 7.8（天）

平均延误时间 =（0+0+2+3+7）/5 = 12/5 = 2.4（天）

当选用平均流程时间和平均延误时间作为评价的准则，很容易就判断出按"最短加工时间（SPT）"的规则安排订单的加工顺序最优。

第2节 生产物料控制

本节主要讨论有关生产物料控制的概念、生产物料控制活动以及生产物料控制所需的一些基础数据。

一、生产物料控制的概念

生产物料控制包括通过系统计划来控制物料的流动,以及从需求识别直到转化为最终产品交货的整个过程所有物料的控制。生产物料控制包括如下活动:确定需求、排产、物料的采购、存储和分发。

(一)确定需求

为了得到客户需求以确定生产量的大小,首先必须进行需求预测。有了需求预测就可以规划所需的人力、材料、资金、生产率和库存水平。需求预测非常重要,主要是预测企业在年度、季度和月度等期间内对所生产的产品的市场需求量。影响需求的因素主要有如下几个方面:

(1)产品需求方式。各种产品或服务有着各不相同的需求方式。对消费品的需求就不同于对工业用品的需求。在消费品的需求中,耐用品也不同于非耐用品。例如,对食品(如牛奶)的需求要比对电视机的需求预测容易。即使是同一产品,由于它处于生命周期的阶段不同,其市场需求量也不同,如成长期的销售增长率远远大于投入期的销售增长率;成熟期的市场需求相对稳定,且销售总量要大于其他各个阶段。

(2)工艺技术。工艺技术的革新往往能够猛烈地并且常常在相对短的时期内改变需求的方式。工艺技术的革新能够削弱甚至中断一项产品的使用,并且淘汰那些不适应这一变革的企业。例如,微型计算机的使用,确实消灭了活动计算尺的制造业。工艺技术进步是很难预言的,因为它经常是在与它不太相关的另一个工业和另一领域里创造出来的,而在它突然出现于市场之前,又总是以技术秘密的形式掩盖起来。

(3)经济与市场。如个人收入、利率、货币发行量、信贷政策以及一般商业活动等经济因素,对各种商品的需求会产生不同程度的影响。个人收入、货币供应量和商业活动越多,对商品和劳务的需求也会越大;利率与税收则起相反的作用,利率与税收越高,对商品和劳务的需求就会越低。此外,需求非常容易受到经济周期性波动的影响,在通货膨胀的情况下,或在经济衰退期间减少需求之后,通常会出现较高的需求。市场的所在地、结构、状况和行为在很大程度上可以决定需求的模式。企业认为它分享的市场越大,对需求的预测就会更正确,因为它可以对其竞争者施加影响,以维持或增大需求。对一项产品的需求,可能由于商标、价格、质量或销售地区不同而有所差异。在国内和国外市场之间、南方和北方市场之间,由于顾客对文化的偏好不同,需要使用不同的方式来估计需求。

(4)企业的政策与战略。上述几种因素都是影响需求的外部因素,除了这些外部因素外,企业的某些内部政策和战略决策也会对需求产生影响。诸如价格、广告、分销渠道和手段、市场对象、产品地位或市场份额等有关营销策略,对需求的方式都会产生较大影响。基于同样的原因,诸如质量标准、生产与交货率、技术设计以及信贷政策等方面的生产经营与金融政策,也对需求具有影响。

有关预测的方法参见本书第2章的内容。

（二）排产

排产即安排生产作业计划。有关生产作业计划的内容已在本章第 1 节中讨论过，在此就不再详述。

（三）物料的采购、存储和分发

由于原材料和外购件的价值占产品成本的比例相当大，采购活动就显得特别重要。采购活动的主要目标是：① 确定原材料和外购件的供应地区和供应商，对供应地区和供应商进行评价，并按企业的需要寻求新的供应商；② 同供应商建立良好的关系，保证供货质量、交货期和不合格品的退货和替换；③ 寻求新的原材料和产品以及供应商；④ 进行市场分析，随时掌握所需物资的价格和可获得性等。

物料存储的基本要求是摆放科学、数量准确、质量不变、消灭差错。

物料的分发即将生产车间所需的物料及时、迅速、准确地发放出去，是仓库为生产服务的一项重要工作。通常可以采用限额发料方式按生产需要进行物料的发放。

二、生产物料控制需要基础数据*

生产物料控制需要一些基础数据，如客户需求、物料需求、设备需求、劳动力需求、生产周期、库存订货提前期以及成本，这些数据用来制订生产作业计划以保证生产能满足客户的需求。

生产一旦开始，就需要更多的数据来确保生产的连续性，包括物料可获得性的不断更新、劳动力的变化、设备的停工期、产品规格的变化等。

（一）物料需求

根据客户需求完成所安排的生产计划，需要根据总生产进度计划中规定的最终产品的交货日期，规定必须完成各项作业的时间，编制所有较低层次零部件（构成最终产品的装配件、部件、零件）的物料需求及生产进度计划。对外计划各种零部件的采购时间与数量，对内确定生产部门应进行加工生产的时间和数量，这就是物料需求计划（即在本书第 6 章中讨论的 MRP）。当作业不能按时完成时，MRP 系统可通过重新计算，对采购和生产进度时间与数量加以调整，使各项作业的优先顺序符合实际情况。

（二）设备需求

在编制生产计划的过程中，要核对生产能力与生产计划任务是否相适应。如果生产能力小于生产计划，说明生产任务不能落实，要采取措施提高生产能力，或修改计划任务；如果生产能力等于生产任务，说明完成生产任务有保证；如果生产能力大于生产任务，说明有充分保证完成生产任务的能力，但提出了生产能力未能充分利用的问题。

（三）劳动力需求

劳动力也是生产计划的一个影响因素，现有劳动力数量、劳动力水平与各时期、各车间的生产任务是否相适应，将直接影响生产计划能否按期完成。企业应通过定编定岗，优化劳动组合，使各生产环节劳动力配备齐全且相对稳定。但在生产任务和技术条件发生变化时，劳动力的工种结构、技术等级水平结构等可能会出现不平衡状态。这时，企业应当采取改进劳动组织、适当调配人员、压缩工时定额以及提前做好劳动力的技术培训等措施，以满足生产任务和技术条件变化的要求。

（四）物资供应

在生产能力有保证的前提下，物资供应状况是制约生产计划能否实现的一个主要因素。由于产业结构不尽合理，将会导致物资短缺状况时有发生，特别是在经济高速增长时期，物资供应将面临很多问题。因此，企业在编制生产计划时，要充分考虑燃料（煤炭、石油等）、动力（水、电、风、气）、原材料等的供应条件。在物资供应方面，企业要根据市场情况，预测物资供应保证的可能程度。

（五）成本

除了上述的考虑因素以外，还必须考虑成本因素，主要包括：

① 正式人员的人工成本。包括正常工资和正式人员的各种福利待遇。

② 加班成本。加班工资通常是正常工资的 1.5~2 倍。

③ 聘用和解聘费用：当人手不足时需要聘用新人员，聘用费用包括招聘广告费用、面试费用、手续费用、新职工培训费用，以及新职工的不熟练引起的生产率下降、质量低下所带来的成本，等等。而当人手多余时则会解聘一些人员，解聘费用包括最后面谈费用和解聘津贴。当一个企业因为某些工作任务减少或取消而需裁减相应的熟练人员时，所发生的费用还包括长期的培训费用。

④ 库存成本（持有库存所发生的成本）：这是指随库存投资而变化的那些成本，其中包括资金占用成本、各种仓储成本（仓库费用、仓储管理人员费用等）、构成产品的自然和非自然损耗（丢失、失盗、侵蚀等）、保险费用等。

⑤ 订单积压成本和库存缺货成本。在订单积压的情况下，可能会发生合同延期罚款，还可能发生失去顾客的潜在机会成本。在某些情况下，订单是不允许被拖延的，在这种情况下，如果缺货将导致顾客到别处购买，而不会等待来货，这时，缺货成本还包括失去的销售利润和失去的信誉等机会损失。

三、生产物料控制内容与方法[*]

对生产物料的控制也就是对生产过程的控制。下面讨论生产作业控制以及用甘特图来控制生产过程。

（一）生产作业控制

生产作业控制包括下列内容：

（1）确定每个订单的优先权。即评估每个订单的相对重要性，目的是为了确定订单的加工顺序。

（2）向每个加工中心发出计划表。该计划表通知生产部门管理人员哪个机器设备需要加工哪些订单、它们的优先权以及每个订单的加工作业应该何时完成。

（3）随时更新在制品的加工情况。包括每个订单的位置和零部件的数量。同时还需要跟踪订单在机器设备之间的运动,了解每个加工步骤所需要的零部件的号码、废料的数量、需要重新加工的数量和短缺的零部件的数量。所有这些信息必须定期向有关部门报告。

(4) 对所有加工中心进行投入-产出控制。即比较到达机器设备作业的计划和实际的数量,离开机器设备作业的计划和实际的数量。根据这些信息,使生产调度人员能够对机器设备的能力和工作负荷进行管理。

(5) 评价加工中心的人工和机器的效率、利用情况和生产率。

生产计划人员进行这些控制工作,并将结果向生产运作管理人员报告,以便当订单可能延迟或机器设备的能力和负荷不相适应时,能够及时采取正确的措施。

(二) 甘特图

甘特图是利用作图的方法描述机器设备的作业计划和生产负荷的情况,如图 8-3 所示。图 8-3 中表述的是某车间的 5 台设备每周生产作业计划的完成情况。每周的生产作业计划描述了各作业的起始时间、处理时间和完成时间。

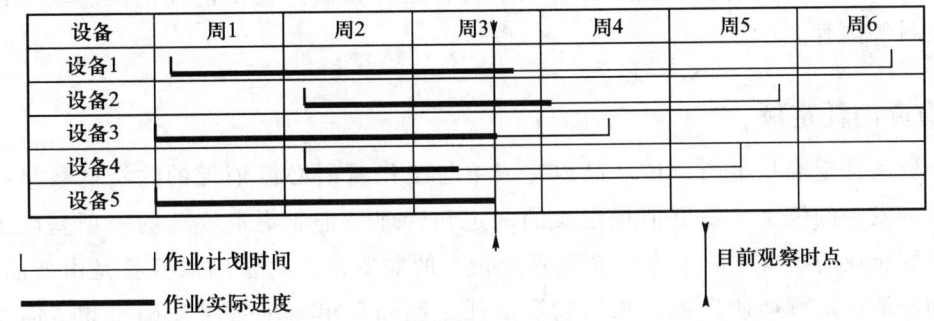

图 8-3 某车间的 5 台设备的甘特图

计划人员和管理者从甘特图上可以很容易地了解到机器设备生产作业计划的进展和完成情况。例如图 8-3 中显示观察时间是周 3 下午,设备 3 和设备 5 按时完成计划,而设备 1、设备 2 提前完成了任务,设备 4 则延误了几个小时。生产管理者可以根据这些信息采取行动对作业计划进行适当调整以保证计划按时完成。

生产过程的控制活动可用示意图来说明,如图 8-4 所示。

首先,生产管理部门将对一个工作中心(或一台设备)的输出进行监测,并将监测结果与计划比较。如果发现实际运行情况与计划有偏差,管理部门必须重新制订计划,并对该工作中心进行必要的干预,以保证新的计划能够得到认真的落实。但是,与新计划偏离的情况最终还会继续出现,新一轮的控制循环也将重新开始。

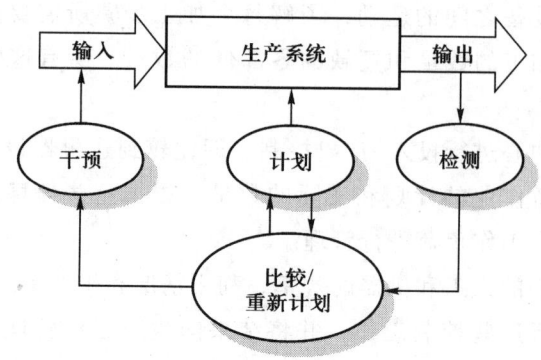

图 8-4 控制活动的示意图

第 3 节 限 额 发 料

限额发料可以说是从供应角度对生产物料进行控制,包括消耗定额的基本概念、限额发料等内容。

一、物资消耗定额

物资消耗定额是生产单位产品或完成单位工作量所必需消耗的物资的数量标准,它是限额发料的依据。物资消耗定额的制定和管理是企业物资管理的一项基础工作。要组织好企业的物资供应工作,就要弄清物资的需要量。物资的需要量是由产品的产量和物资消耗定额所决定的。根据物资消耗定额和订单需求量可以确定物资需要量,同时物资消耗定额也是计算产品成本的依据。

(一)材料消耗的构成

对于机械制造行业来说,物资的消耗主要是材料的消耗。材料消耗的构成包括以下三部分:

(1)构成产品或零件净重的材料消耗。这是材料的有效消耗部分。

(2)工艺性消耗。指产品或零件在加工过程中产生的消耗,如边角余料、切屑等。

(3)非工艺性消耗。包括由于供应条件的限制所造成的消耗和其他不正常的消耗。

(二)物资消耗定额的制定

物资消耗定额应该先进、合理。先进、合理的消耗定额是在保证产品质量的前提下大多数职工经过努力可以达到的消耗定额。

物资消耗定额可以分为工艺定额和供应定额。工艺定额包括产品或零件的净重和工艺性损耗。工艺定额通常由工艺部门制定。供应定额是在工艺定额的基础上加上一定比例的非工艺损耗构成。供应定额通常由供应部门制定。供应定额一般由工艺定额乘上一个比例系数来确定。比例系数同该种物资的供应条件有关,也和企业的管理水平有关。系数的确定一般是根据经验和当时的供应条件来确定的。工艺定额是物资消耗定额的基础，供应定额是核算材料需要量的依据。非工艺损耗应该尽量减少，但在一定的供应条件和管理水平下还难以避免。

1. 制定物资消耗定额的基本方法

不同行业产品对象和工艺方法差别很大，制定物资消耗定额的方法也就不同。不仅如此，主要材料和辅助材料的消耗定额的制定方法也不同，常见的方法有技术计算法、统计分析法以及经验估计法。

（1）技术计算法。对于机械加工企业，由设计人员按产品零件的形状、尺寸和材质计算出零件的净重。然后，由定额员按工艺文件确定工艺损耗部分，得出工艺定额。这种方法比较准确，但工作量大。对于产量较高或材料贵重的产品，通常采用这种方法。

（2）统计分析法。按以往同类产品的物资消耗的统计资料，考虑到当前产品的特点和技术条件的变化，经过类比来制定物资消耗定额。这种方法比第一种方法简单，但不够精确。在产品设计还未完成时，常常需要申报材料需要量，这时可以用这种方法作粗略估计。

（3）经验估计法。根据技术人员和工人的经验，经过分析来确定物资消耗定额。这种方法简单易行，但不精确。

2. 物资需要量的确定

确定物资需要量的方法有直接计算法和间接计算法两种。

（1）直接计算法。又称定额计算法，是用生产计划规定的产量乘以物资消耗定额，便得到该种物资的需要量。这种方法比较准确，应尽可能采用。但是，在编制物资采购计划时，企业的生产任务往往还没有最后确定，就不能采用直接计算法。

（2）间接计算法。又称比例计算法，是按一定的比例来估算某种物资的需要量。比如，每千元销售额的材料消耗量。

二、限额发料的作用、依据与流程

限额发料制是一种科学的发放制度。这种发料制能及时掌握物资的库存情况和车间的用料情况，加强了计划性，既有利于生产，又降低了消耗，节约了物资。物资的发放可以有送料和领料两种形式。送料是由仓库按用料单位的计划送料上门。领料是由用料单位到仓库自行提货。送料方式比较好，可以简化手续，减少领料时间，便于供应人员掌握生产情况，加强物资管理。

（一）限额供料的含义和作用

限额供料（或称限额发料）是指按材料消耗工艺定额、生产计划，以及企业生产过程中发生的消耗反馈数据组织供料。它的积极意义不仅仅是保障供给，更重要的是通过对物资投入量的控制实现供给的计划标准和效益标准。限额供料是企业物资供应管理的一个重要环节，是验证物资消耗定额是否先进合理的具体手段，是物资供应部门管供、管用、管节约的重要措施，其主要作用有如下几方面：

① 有助于进行经济核算，促进用料单位精打细算，合理使用材料，降低消耗，减

少浪费，节约物资。同时，能够克服用料无计划、管供不管用的偏向。

② 有助于建立健全供料核算的原始记录，借以监督与控制合理用料及非工艺性材料消耗，提高材料利用率，并为及时正确地编制物资供应计划和编报物资统计报表提供科学依据。

③ 有助于及时掌握物资的库存情况、生产车间用料情况和在制品情况，有效地做好生产前物资保障的准备工作，以利于及时满足生产的需要。

④ 实行限额供料，通过开展备（下）料核算，可以验证物资消耗定额的先进性、合理性和准确性，及时反映物资消耗定额制定上存在的问题，加强物资消耗定额的管理，促进生产工艺的改进和操作技术的提高。

（二）实行限额供料应具备的条件和依据

1. 实行限额供料应具备的条件

限额供料制度的推行，与企业各项管理工作有着广泛而密切的联系。一般来讲，为了使限额供料不流于形式，实行限额供料应具备如下条件：

（1）具有先进、合理和齐全的物资消耗定额。因为物资消耗定额是限额供料核算供应量的单耗标准，物资消耗定额的先进、合理和定额资料的齐全是实行限额供料制度的关键，故此要求在限额供料中不断对物资消耗定额进行考核和修改，使之达到先进、合理、齐全。

（2）实行集中下料。集中下料能更有效地进行限额供料。集中下料有利于采用切实有效的毛坯供料方式进行限额供料，有利于开展下料核算，有利于开展科学套裁，有利于增产节约。对企业的物资供应部门来讲，集中下料是一条通过管理手段改善物资使用效果的重要途径。

（3）建立必要的管理制度。主要应建立相应的岗位责任制度、在制品管理制度、废品管理制度、材料代用审批制度、确定残料标准及残余料保管制度等。

2. 限额供料的主要依据

（1）材料消耗工艺定额资料。材料消耗工艺定额要求先进、合理，资料要求齐全、完整。开展限额供料对机械加工件来说，主要的定额数据有净重、毛重、定额量、材料利用率以及其他有关的技术工艺标准，对钣金件来讲主要的定额数据有毛坯尺寸、材料定额、材料利用率等；对铸造生产来说主要的定额数据有铸件毛重、可回收率、不可回收率、配料比等；对辅助材料来讲主要是实物数量或相应折算的资金限额数量。

（2）生产计划资料。对限额供料有直接作用的生产计划资料包括：综合生产计划和生产作业计划；生产部门制定的各种合理的期量标准，如生产批量、生产间隔期、生产周期、在制品定额以及投料系数或称废品系数。

（3）实际生产消耗资料。主要包括产品完工动态表、在制品实际占有数量报表、废品报表、下料核算所取得的材料消耗分析报表，其他消耗报表等。

（三）限额供料的流程

限额供料的流程如图8-5与表8-5所示。

第 8 章 生产过程中的物料控制

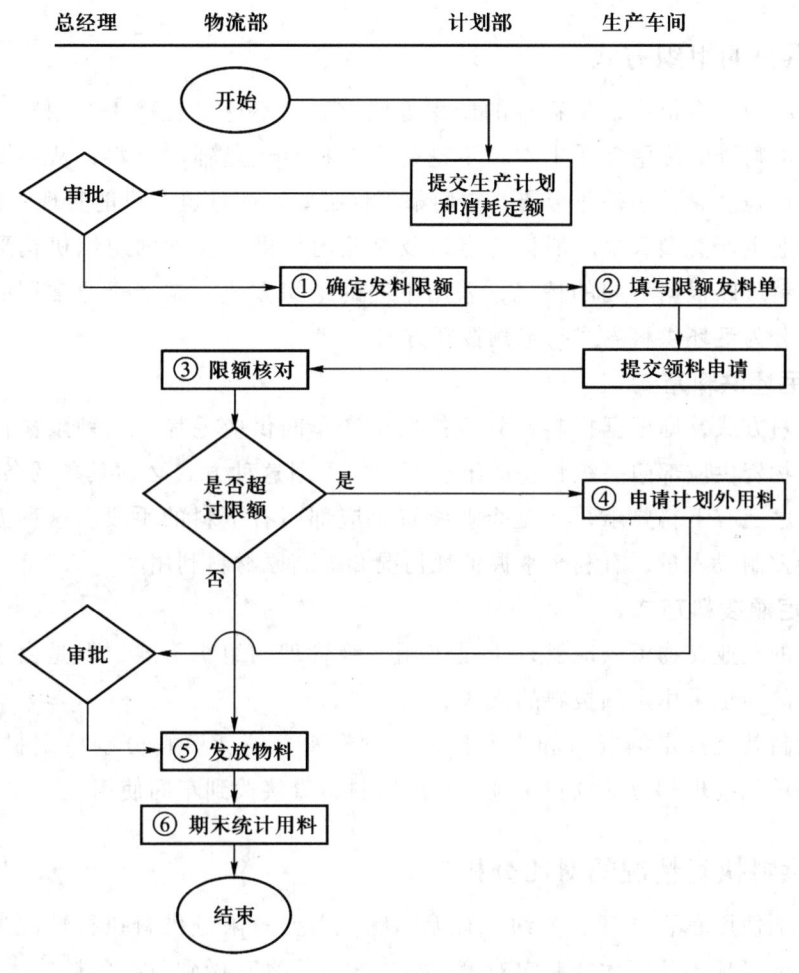

图 8-5 限额供料的流程

表 8-5 限额供料的流程说明表

任务概要	定额发料管理
节点控制	相关说明
①	物流部与计划部及生产车间按照生产计划和企业的生产消耗定额标准确定定额发料限额
②	生产车间按照生产需要填写定额领料单,通过定额领料单向物流部门提出领料申请
③	保管员核对生产车间定额领料表上的领料数量,看是否超过既定的领料限额
④	当领料数量超过领料定额时,生产车间提交计划外用料申请,该申请经过计划部和物流部审批后生效
⑤	保管员按照限额领料单发放物料,并在发放物料后根据领料单记账
⑥	在每个企业运营周期末,保管员根据领料单,核算各部门、车间的实际用料量,交财务部和生产部登账和备查

三、限额供料的组织方式*

限额供料的范围很广,从物资的使用方向上看,不论是直接生产用料,还是间接生产用料;从物资的使用性质上看,不论是主要材料还是辅助材料;从物资的自然属性上看,不论是金属,还是非金属,它们都不仅必要,而且也有可能实现限额供料。

由于企业生产类型、生产消耗特点以及企业内部供应管理的组织机构形式不相一致,限额供料可以根据不同的情况,采用不同的组织方式。制造企业常用的限额供料组织方式可分为毛坯供料方式与定额拨料方式。

(一)毛坯供料方式

毛坯供料方式,即根据投料计划直接向生产车间供应毛坯。这种限额供料的方式适合于企业物资供应部门一级管理的组织形式。采用这种方式必须具备的条件有两个:一是生产工序上有下料要求,二是企业物资供应部门有下料的手段。这种方式的好处是能够直接控制投入量,有利于掌握消耗情况和提高原材料利用率。

(二)定额拨料方式

虽然有的企业在物资供应管理上是采用一级管理的组织形式,但是由于不具备相应的条件,故而也采用定额拨料的方式。

定额拨料就是按定额资料和生产作业计划资料、消耗资料分别核定材料拨给量,由生产用料单位办理相应的领料手续,将所需材料直接拨到车间使用。

四、限额供料执行情况的对比分析*

原材料的使用是否合理、节约,有无问题,需要对限额供料执行情况进行检查与对比分析才能发现,从而才能制定对策并加以改进,真正做到节约用料。

限额供料执行效果如何,超消耗或降低消耗的原因何在,主要是通过对单位产品原材料实际消耗量(即实际单耗)与原材料消耗工艺定额理论单耗的对比分析得知。及时将信息反馈到有关职能部门,便于采取改进措施,使原材料消耗工艺定额经常保持先进、合理、准确的水平。当实际单耗与定额不符时可作如下分析:

(一)实际单耗大于定额时的原因分析

实际单耗大于定额时,如果制定的定额是准确的,就应从非工艺性损耗方面查找原因。可能的原因如下:

(1) 生产过程中的各种试验加大了材料的损耗。

(2) 供应条件不良增加了材料的损耗。

(3) 生产过程中废品量增大增加了材料消耗。

(二)实际单耗小于定额时的原因分析

实际单耗小于定额,一般有两种可能:一是材料定额偏大,二是在生产中有节约。定额偏大要及时进行修改,以加强管理,杜绝浪费。

若原定额是准确的,那就是由于采用某种能够节约物资的措施(采用新工艺、新技术,设计变动,管理水平提高等)而节约了原材料。为了巩固节约成果,要及时修改物资消耗定额,按新的消耗定额核算限额量进行限额供料。

案例 8-2

M 公司生产过程中的物料控制

M 公司是一家生产特种瓶盖的有限公司,该公司通过建立中转仓库收发管制程序,增强仓库和各车间数据的准确性,确保生产计划能有效执行。物料控制主要适用于组装车间、烫印车间、喷镀车间生产所需的材料进出库作业。

1. 各相关部门的职责权限

根据生产过程中的物料控制要求,主要涉及仓库、采购部、生产部门、品质部、工程技术部以及营销部等部门,各部门的职责权限如下:

仓库:① 负责各车间物料的入库/领料工作;② 负责生产计划和交货计划的更改;③ 与营销部沟通交付状况。

采购部:负责根据《物料需求计划》安排采购计划并跟进供应商生产所需物料及按期交付。

生产部门:① 负责编排本部门的每日生产作业计划/生产安排;② 负责按日生产计划进行生产。

品质部:配合生产计划,实施测量和监控生产活动的品质。

工艺技术部:负责工艺技术资料,如材料定额的编制与发放。

营销部:交付出现异常时,与客户进行沟通。

2. 物料控制的工作程序

(1) 生产通知

营销部将评审后的《客户订单》转给物控部;

物控部 PMC 员根据《客户订单》参考工艺技术部 BOM 表(物料清单)和其他标准性文件制作成《生产指令单》、《物料需求表》;

PMC 员把审核后的《物料需求表》交给采购部。

(2) 排产

物控部 PMC 员依据《总计划表》排出近 2~3 天的《日生产计划表》,把经审批后的《日生产计划表》/《生产指令单》发放至相关部门并跟进生产进度,以便各部门做好生产前准备工作。

(3) 生产物料控制跟踪

生产正常用料控制:① 物控部 PMC 员根据订单和 BOM 表确认库存(生产部+成品+半成品),制作《物料需求计划》/《生产指令单》并追料回厂;② 生产部物料员根据《生产指令单》相关指令数开《领料单》领料,开单需注明相关"指令单"号,实际领料数不能超过《生产指令单》数,仓库需严格控制。

超损耗补料控制:① 生产已领完相关《指令单》计划数量,要再次领料时,需开

《超领料申请单》交生产/物控经理/品质经理/总经办审批后方可到仓库补料。仓库以审批后的《超领料单》为依据发料，如无库存需立即通知相应PMC员。②物控部PMC员在确认此单时需确认相关库存是否够相应订单，再以相应《超领料单》为依据下《指令单》（需注明超领单号）和《物料需求计划表》补/订料生产。

来料不良补料控制：①如生产部门在生产时发现有来料不良物料需退前一工序部门或供应商时（品质确认），开《退料单》退料到相应仓库，并同时再开《领料单》（需注明相应退料单号）补领料。②仓库根据退料部门《退料单》开相应单据。

报废补料控制：①在生产时如有需报废之物料需开《报废单》申请，经生产/品质/物控/总经办/相关领导审批后方可报废，但需在单上注明"具体报废处理方式"。②物控部以审批后的《报废单》确认相关库存、并以相应《超领料单》为依据下《指令单》（需注明报废单号）和《物料需求计划表》补/订料生产。③生产部以审批后的《报废单》/《指令单》为依据开《领料单》并注明相关"报废单号/指令单号"领料。④仓库在发料时按相应有效单据指令发料。

(4) 生产计划控制跟踪

生产计划跟踪：①生产部门根据《日生产计划表》安排本部门的每日生产，并将每日生产情况进行统计向相关部门反馈。②各生产部门将本部门的生产完成情况按规定的时限要求提交相关部门，以便了解和跟踪生产进度，需要时物控部可对部分生产计划作出及时调整。③当出现不能按期交付的情况时，由物控部与营销部进行协调，必要时需提出由营销部协助与客户进行沟通。

生产计划的更改：①物控部PMC员需进行生产计划变更时，变动的部分由PMC员以书面联络形式或电话方式通知到相关部门，生产部门按最新变更要求组织生产和跟进进度。②生产部门若需变更生产计划时，必须事先提出申请，物控部根据当时的实际情况作出确认，确认后的生产结果在生产日报表中进行体现。

生产协调会（30分钟，每日上午10：00～10：30）：①由物控部经理主导，总经办临场，生产/品质/工程技术等其他相关人员参会。②会议内容：检讨前一日生产异常，确认原因及改善对策和责任人；明确当日生产之重点及相关计划；会议决策事项制作会议记录分发相关部门并存档。

自学指导

学习重点

1. 作业计划的目标与影响因素

(1) 作业计划的目标。制定生产作业计划的目标主要有：①根据顾客要求，按时完成作业加工，即延期交付最小；②在制品库存最小；③反应时间最短；④完成时间最小；⑤全部时间最小；⑥设备和劳动力利用率最大；⑦空闲时间最小；⑧作业延迟最小。

(2) 作业计划的影响因素。生产作业计划取决于以下几个方面的影响因素：①作业到达模式；② 设备的数量和种类；③ 工人和机器的比例；④ 作业的流动模式；⑤ 分配作业的优先规则。

2. 生产物料控制需要基础数据*、生产物料控制的方法*

（1）生产物料控制需要基础数据。如客户需求、物料需求、设备需求、劳动力需求、生产周期、库存订货提前期以及成本。这些数据用来制订生产计划以保证生产能满足客户的需求。生产一旦开始，就需要更多的数据来确保生产的连续性，包括物料可获得性的不断更新、劳动力的变化、设备的停工期、产品规格的变化等。

（2）生产物料控制的方法*。① 生产作业控制；② 甘特图。

3. 作业排序规则

（1）先到先服务（FCFS）。优先选择最早进入可排工序集合的工件，即加工的第一个订单是所有等待加工的订单中最早承接的。

（2）最短加工时间（SPT）。优先选择加工时间最短的工件，即加工的下一项作业是所有等待加工的订单中加工时间最短的作业。

（3）最早交货日期（EDD）。优先选择工期最紧的工件，即加工的下一项作业是所有等待加工的订单中交货时间最早的作业。

（4）关键率（CR）。加工的下一项作业是在所有等待加工的作业中关键率最低的作业，即优先选择临界比（关键率）最小的工件。这里关键率（临界比 SCR）= 交货日期的时间/剩余加工所需的时间。CR>1.0 意味着作业进度较计划提前；CR<1.0 意味着作业进度晚于计划；CR=1.0 意味着作业进度与计划同步。

4. 限额发料的作用与依据

（1）限额发料的作用。其主要作用有如下几方面：① 有助于进行经济核算，促进用料单位精打细算，合理使用材料，降低消耗，减少浪费，节约物资；② 有助于建立健全供料核算的原始记录；③ 有助于及时掌握物资的库存情况、生产车间用料情况和在制品情况；④ 实行限额供料，加强物资消耗定额的管理，促进生产工艺的改进和操作技术的提高。

（2）限额发料的依据。① 材料消耗工艺定额资料；② 生产计划资料；③ 实际生产消耗资料。

学习难点

1. 评估排序规则的准则应用*

常见的准则有：

（1）平均流程时间。在每个车间作业任务的平均滞留时间。

（2）系统中的平均任务数。每天每个车间的平均任务数量。

（3）平均任务延迟。作业任务实际完成时间超过承诺完成时间的平均值。

（4）调整成本。在一组任务中完成所有机器调整的总成本。

2. 限额发料的组织方式*：（1）毛坯供料方式；（2）定额拨料方式。

3. 限额供料执行情况的对比分析*：（1）实际单耗大于定额时的原因分析；（2）实

际单耗小于定额时的原因分析。

复习题

一、单项选择题（在备选答案中选择1个最佳答案，并把它的标号写在题后的括号内）

1. 在排序规则中，FCFS的中文含义为（　　）。
　　（A）先到先服务　　　　　　（B）关键率
　　（C）最早交货日期　　　　　（D）最短加工时间

2. 在排序规则中，EDD的中文含义为（　　）。
　　（A）先到先服务　　　　　　（B）关键率
　　（C）最早交货日期　　　　　（D）最短加工时间

3. 当接到顾客订单时，并不马上安排作业计划，而是等一段时间再安排这些攒在一起的订单，这种方式称为（　　）。
　　（A）成批量到达　　　　　　（B）以某种统计分布的时间间隔到达
　　（C）静态模式　　　　　　　（D）动态模式

二、多项选择题（在备选答案中有2~5个是正确的，将其全部选出并将它们的标号写在题后的括号内，错选或漏选均不给分）

1. 生产作业计划取决于以下几个方面的影响因素（　　）。
　　（A）作业到达模式　　　　　（B）设备的数量和种类
　　（C）工人和机器的比例　　　（D）作业的流动模式
　　（E）分配作业的优先规则

2. 限额发料（或称限额供料）是指按（　　）组织供料。
　　（A）材料消耗工艺定额　　　（B）生产计划资料
　　（C）数量　　　　　　　　　（D）质量
　　（E）企业生产过程中发生的消耗反馈数据

三、简答题

1. 说明物资消耗定额的构成和供应定额的含义。
2. 评估排序规则的准则有哪些？
3. 限额发料的组织方式有哪些？
4. 生产物料控制包括哪些内容？
5. 物资的消耗中材料消耗的构成有哪些？

四、论述题

1. 论述限额发料的作用与依据。
2. 如何进行限额供料执行情况的对比分析？

五、案例分析题

限额发料：武昌客车车辆段成本控制从"源头"抓起①

"据统计，今年一季度，各车间、班组材料成本费用均有节余，无一起超支现象发生……"

为进一步加强材料成本控制，提升物资供应管理水平，达到降低成本费用、提高经济效益的目的，武昌客车车辆段对成本管理进行"有权领料、限额发料、实时监控、刚性考核"，强化成本管理从"源头"抓起。

从年初开始，该段制定了详实的成本管理办法，积极组织各车间材料核算人员学习，并利用《班前五分钟》等内部刊物加大宣传力度，让广大职工深刻理解节约成本的重要性，树立强烈的"节支就是增效"的成本管理意识，促进职工珍惜成本、用好成本、节约成本。为随时掌握每月、季成本使用情况，确保成本不超支，该段各项成本管理实行科目负责制，明确科目负责人，对分管科目成本使用负全面责任，严格控制负责科目的费用不超支。同时，成本实行限额管理，按照"总量包干，一年不变，定额标准，自主安排，超支不补"的原则下达，分成年度限额、季度限额、月度限额；对成本管理进行效能监察，严格物资计划、采购、发料关，规范物资运作管理，对有回收价值的废旧料要实行交旧领新。另一方面，该段坚持眼睛向内，大力开展群众性小改小革、废旧物资再利用等活动，大力推行车辆配件集中修、换件修，完善检修规程，优化工艺流程，降低维修成本。

该段每月定期召开成本分析会，加大超罚节奖力度，"明码实价"分六个档次对当月成本超出或节余的部门进行相应的经济考核和奖励，激发车间、科室千方百计确保成本不超支的热情。

根据案例回答下列问题：

1. 武昌客车车辆段是如何实施限额发料的？
2. 本案例对你有何启示？

---

① 资料来源：武汉铁路局网站。

第 9 章 供应链中的库存管理与控制

自学时数

12 学时。

教师导学

本章主要关注的是库存如何通过供应链流动。考虑的方面则涉及一个公司如何在自己的地理区域内确定设施的位置,以及如何在自己的库存持有点之间分配这些库存。并从一个更为广的角度来考虑有关如何评估全球配送系统的一些想法,对库存和单位产品配送成本的影响,其中产品来自于集中制造点,与多国制造进行对比。

全球运作可能是业务发展的唯一源泉。但是要想成功,需要用全球视角来看需求和库存的状况。如果想要库存水平不断降低而服务水平维持现状或者能够提高,这些是必需的。

在自学辅导时,应注意以下几个方面:

(1) 供应链中的库存控制与单个企业的库存控制的重点是不同的,它强调供应链各环节的协作,通过对信息的共享来降低整个链条上的库存;

(2) 本章的重点为供应链的概念、牛鞭效应、供应商管理库存、配送网络的选址;

(3) 本章学习难点为均分法、供应链的全球化等。

案例 9-1

沃尔玛的供应链[①]

沃尔玛是美国著名的零售企业。1962 年,山姆·沃尔顿先生在美国中西部的本顿威尔小镇成立了"沃尔玛百货有限公司",以"售价最低"、"保证满意"的经营策略使成千上万的顾客蜂拥而至,获得了巨大成功。

对供销商和合作伙伴的管理是沃尔玛供应链中最为重要的环节。供应商参与了企业价值链的形成过程,对企业的经营效益有着举足轻重的影响。建立战略性合作伙伴

---

① 朱鼎臣. 沃尔玛供应链管理案例分析. 现代商业,2008 (35):37-38.

关系是供应链管理的重点，供应链管理的关键就在于供应链上下游企业的无缝连接与合作。而要做到与供应链上下游企业的密切合作，必须依赖强大的信息技术。

基于高效的信息技术系统，通过共同管理业务过程和共享信息，沃尔玛改善了自己和供应商的合作关系，提高了采购订单的计划性、市场预测的准确度、供应链运作效率和存货周转率，并最终实现了对上下游企业在供应链里的技术锁定。

在沃尔玛供应链管理中，完善的配送系统是其巨大的竞争优势。沃尔玛被称为零售配送革命的领袖，其独特的配送体系，大大降低了成本，加速了存货周转，成为"天天低价"的最有力的支持。沃尔玛补充存货的方法被称为"交叉装卸法"。这套"不停留送货"的供货系统共包括三大部分。首先，沃尔玛拥有最先进的卫星通信网络。通过这套卫星通信系统的应用，使配送中心、供应商及每一分店的每一销售点都能形成连线作业，在短短数小时内便可完成"填妥订单—各分店订单汇总—送出订单"的整个流程，大大提高了营业的高效性和准确性。其次，沃尔玛拥有高效率的配送中心。沃尔玛的供应商根据各分店的订单将货品送至沃尔玛的配送中心，配送中心则负责完成对商品的筛选、包装和分拣工作。最后，沃尔玛拥有迅速的运输系统。沃尔玛拥有30多个配送中心，2 000多辆运货卡车，保证进货从仓库到任何一家商店的时间不超过48小时，相对于其他同业商店平均每两周补货一次，沃尔玛可保证分店货架平均每周补两次。快速的送货，使沃尔玛各分店即使只维持极少存货也能保持正常销售，从而大大节省了存储空间和费用。由于这套快捷运输系统的有效运作，沃尔玛85%的商品通过自己的配送中心运输，而同时期凯马特只有5%，其结果是沃尔玛的销售成本因此低于同行业平均销售成本2%～3%，成为沃尔玛全年低价策略的坚实基石。

沃尔玛成功的经验告诉我们，在当今企业竞争日趋激烈的市场环境下，要获得持续的发展，必须重视对供应链及供应链中的库存管理。

第1节 供应链中的库存

供应链中的库存管理是从供应链角度对供应链各环节的库存进行管理。它对顾客服务水平以及因供应商而产生的相关成本都产生重大的影响。

一、供应链中的库存概述

（一）供应链的概念

供应链（Supply Chain，SC）的概念在20世纪80年代末提出，是由波特的价值链（Value Chain）理论发展而来。供应链是围绕核心企业，通过对信息流、物流、资金流的控制，从采购原材料开始，制成中间产品以及最终产品，最后由销售网络把产品送到消费者手中，并将供应商、制造商、分销商、零售商直到最终用户连成一个整体的功能网络结构模式，如图9-1所示。之所以称它为供应链是因为一个企业就是一个链上的节点，节点企业和节点企业之间的关系不仅是一种链上的需求和供应关系，而且是一种相互依存的互利关系。供应链上下环节之间的关系是合作伙伴关系而不仅仅是交易伙伴关系,供应链追求的是链上各环节之间的"双赢"或"多赢"。

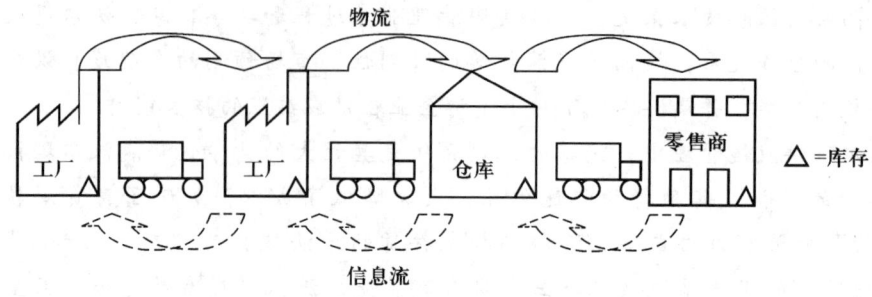

图 9-1 供应链示意图

近年来随着全球制造(Global Manufacturing)的出现,供应链管理在制造业管理中得到普遍应用,成为一种新的管理模式。国际上一些著名的企业如惠普公司、IBM 公司、DELL 计算机公司等在供应链实践中取得了巨大的成绩,使人们更加坚信供应链是 21 世纪企业适应全球竞争的一种有效途径,因而吸引了许多学者和企业界人士研究和实践供应链管理。

供应链涵盖了从供应商的供应商到客户的客户之间有关最终产品或服务的形成和交付有关的一切业务活动。供应链不仅包括制造商和零件/原材料供应商,也包括批发/分销商、零售商和客户本身。在一个组织内部,供应链涵盖了实现客户需求的所有职能,包括新产品开发、采购、生产、分销、财务和客户服务等。供应链是动态的,其中包含了信息产品和资金在供应链各组织之间的流动,供应链的每个组织环节执行不同的流程,与供应链的其他组织相互作用。

(二)供应链中的库存

库存是任何一个物流系统的重要组成部分。物流系统控制整个供应链的产品和材料的移动和存储。供应链中的库存是指供应链中的所有原材料、在制品和成品的库存。在供应链中,库存有许多种表现形式,正如图 9-1 中所示,库存分布在整个供应链中,从供应商、制造商、分销商直至零售商所持有的原材料、在制品,以及成品库存。库存管理水平将直接影响整个供应链是否能够实现其目标,因此库存的计划、管理和控制在供应链管理中是非常重要的。同时,库存又是一个重要的供应链驱动因素,改变库存策略能大大改变供应链的效率和响应速度。

二、利用库存获得竞争优势

(一)物流环境与竞争焦点

1. 物流环境

Internet、交互式 Web 应用以及电子商务的出现,将彻底改变我们的商业模式。企业面临缩短交货期、提高质量、改进服务和降低成本的压力,所有这些要求企业能对不断变化的市场作出快速反应,源源不断地开发出满足用户需求的产品以赢得竞争。因此,许多人认为,21 世纪的竞争不再是单个企业与单个企业之间的竞争,而是供应链与供应链之间的竞争。供应链之间的竞争意味着物流管理的焦点应该放在以下 4 个问题上:

(1) 缩短时间(Time Compression)。物流将在满足"快速反应"要求的系统中起到越来越重要的作用。缩短时间体现在时间与速度上,这已被作为竞争优势的主要来源。例如,缩短分销前置期、缩短订货时间、缩短物品开发时间等。企业仅重视产品的设计和制造的时间与速度,以减少新产品系列的推出时间,这已远远不够。快速、可靠的运输送货可以使企业减少备货时间或周转时间,从而减少库存成本。

(2) 客户服务期望(Customer Service Expectation)。客户能感受到服务质量最为重要,如客户期望准时、高质量、反应快速、更精确的提货和送货服务,又如提高订单完成率、缩短前置期、订货变得更加容易。

(3) 生产的全球化(Globalization of Manufacturing)。产品的生产是由分布在全球不同地点的生产企业共同完成的,例如,从发展中国家的生产厂商那里以超低成本价获得零配件。

(4) 供应商和客户的一体化(Integration of Suppliers and Customers)。生产厂与供应商一起参与制定生产计划,以便供应商能降低前置期、减少前置期的可变性和按订单生产产品以降低库存水平。

2. 竞争焦点

可以这样认为,20 世纪 60~70 年代竞争的焦点是成本的竞争,20 世纪 80 年代的竞争表现为质量与成本的竞争,20 世纪 90 年代的竞争是时间、服务水平、质量以及成本的竞争,现在的竞争是供应链与供应链之间的竞争。只有最大限度地消除供应链中的非增值活动、消除库存、降低成本、准时并足量配送和不在订货过程中失误的供应商才能立足于竞争中。

世界级公司可以全球性地管理库存,再加上交通基础设施的支持,可以隔天往世界各地进行配送,这将大大降低这些公司供应链中的库存。研究表明,那些连续有较好投资回报的公司,库存使用更加有效率,其库存周转速度在不断提高。下面通过表 9-1 来对公司 M 和公司 N 的有关数据进行比较说明。

表 9-1 M 公司和 N 公司的有关数据

		公司 M	公司 N
销售收入/百万元	A	250	300
销售费用/百万元	B	150	180
库存价值/百万元	C	11.5	20.5
库存周转次数=销售费用/库存价值	$D=B/C$	13	8.8
涵盖的周数=(1/库存周转次数)×52	$E=C/B×52$	4	6

注:这里的"销售费用"是指采购或者制造实际销售产品的直接费用。

从表 9-1 中数据可以看出，M 公司每年库存周转 13 次，即周转 1 次所需的时间为 4 周；而 N 公司每年库存周转 8.8 次，也就是说周转 1 次所需的时间为 6 周。如果 M 公司与 N 公司经营同类商品，则说明 M 公司的库存管理比 N 公司的库存管理要好。这可能是多方面因素造成的，例如，可能是预测不准确，导致过时库存的发生率很高；也可能是有许多地点拥有库存；也可能是产品范围比较宽；也有可能是以高的服务水平标准对待客户；或者可能是对输入物料和半成品控制很差，等等。

3. 库存管理系统面临的压力

由于物流环境变革与竞争焦点的转移，使得在供应链背景下库存管理系统面临越来越大的压力，这些压力主要表现在如下几个方面：

（1）降低库存、提高库存绩效。客户对服务、质量和多样性的要求将不会改变，从这个意义上讲库存管理人员所处的环境将不会变得比以前容易。库存管理人员必须直接面对这些问题，提高库存管理水平，改进库存管理过程，在满足顾客要求服务水平的前提下，降低库存以提高库存绩效。显然，在没有充分考虑物流系统费用的情况下是不能够作出库存管理决策的。

（2）高库存的压力。高库存可以给管理者带来方便，但许多问题都被高库存隐藏起来。生产部门比较喜欢大量的库存，因为这样可以保持生产的持续运转，并认为这样可以改进设备利用率和效率从而降低单位成本，但这些观念已面临挑战。

（3）降低库存水平的压力。包括：① 困难时期总是要厉行节约，必须以合适的方式降低库存；② 财务绩效可以通过降低运作资金和公司的投资回报这一类指标进行判断；③ 通过降低库存来减少库存持有成本从而提高整体利润，例如降低利率费用。

（二）发展集成供应链

供应链的集成，其实就是将上下游的企业有机地连在一起，形成同步的网络体系，使企业与其上下游之间建立有形或无形的联系，对市场需求作出快速反应（QR）。

将基本原料逐步转化为产成品的供应链传统上被认为是一系列不连续的操作，一般由不同的公司来完成，先生产如金属和塑料这样的原料，再生产零配件，然后是配件，最后是产成品。

供应链上的每个公司都在等候客户（供应链的下游）的订单。在这种情形下，这个供应链自始至终都是不确定的。这将意味着需要保持一定的库存以满足顾客的预期需求。在每个阶段都可能存在库存重复的现象。

有许多供应链存在重复库存时，这将意味着存在巨量的库存，每年的库存持有成本要占到 20% ~25%。重复库存减少了利润并占用了现金。

如何才能避免重复库存？在供应链中，一方面，物料、零配件和产成品"向下"流给最后的顾客。另一方面，相反的方向流动的是信息流，顾客需求是供应链中真正重要的唯一需求。如果那些来自最终顾客"真实的"需求信息在销售那一点能得到，那么就可以向上游生产的各阶段反馈信息，从而使对生产和采购需求的预测更加及时准确。随着不确定性的减少，库存也会相应减少。

将供应链视为一个集成的系统，这个集成的系统由一系列的"合作关系"组成，"合作关系"反映了公司开拓业务方式的变革，这个变革表明了供应商和客户之间不再只是竞争关系。供应商和客户一起分享信息能够产生"双赢"的结果。随着信息系统的集成和供应链伙伴之间彼此信任的加强，使得库存降低、损耗减少，同时服务水平得到进一步改进。

随着供应链集成度的提高，制造型企业也许能够消除大多数物料和半成品库存，不是通过将库存推给供应商，而是通过与供应商一起分享生产计划以便于在制造商需要时供应商就能够制造出来。这方面非常明显的例子是汽车装配厂，供应商借助信息系统可以直接将生产过程中所需的物料配送到车间的各个工位。对于主要的零配件，库存只有几个小时。

供应链的集成，改变了过去仅仅在供应链中将费用从一个口袋转移到另一个口袋的做法，它优化了整个供应链的执行，给最终客户提供了最优的价值。另外，它还多方位地影响了市场，改变了流通体系，大大提高了流通效率。

(三) 库存在顾客服务方面的作用

提供的服务越好，所需的库存量就越高，其对应的库存费用也越高。当现有的服务水平越高时，提高服务水平一个百分点的成本就越高，服务水平与库存量的关系见图9-2。

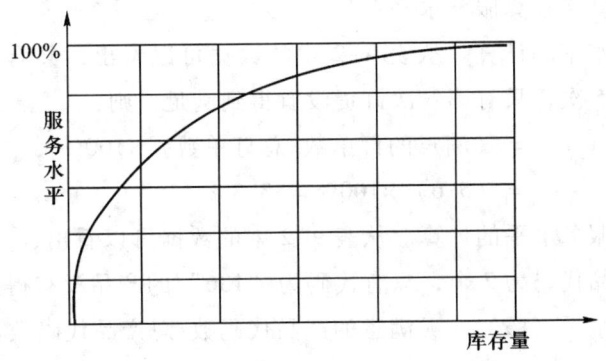

图9-2 服务水平与库存量的关系图

为了使服务水平提高一个百分点，库存量需要相应增加若干个百分点，具体增加多少，又依赖于供应前置期的可变性和顾客需求的可变性。

必须清楚地理解服务水平和库存成本之间的权衡。这是决定长期对客户服务水平变得更好或变得更差的重要判断要素。"变得更好或变得更差"对企业的不同部门意味着不同的结果。降低服务水平可以减少库存投资和改善资产的回收，但是这样做可能会导致整个市场份额的降低，进而使公司在长期发展中变得后劲不足。

常用的服务水平目标有两种基本形式：库存满足需求的百分比和库存满足订货的百分比。下面的例子说明了供应商是如何测量服务水平的（即客户是如何感知服务水平的）以及不同形式的度量产生的差别。

例 9-1 根据表 9-2 中的数据计算服务水平。

表 9-2 服务水平的计算

订单号	同线物品	产品代码	所需的单位	令人满意的单位
1	1	123	2	2
2	1	123	4	4
3	1	124	2	2
4	2	123	2	7
		126	2	2
5	2	128	2	2
		130	6	6
6	3	132	4	4
		134	10	10
		136	16	6
总计	10	8 种	50	40

下面从不同角度来计算服务水平：

（1）订货服务水平的计算。从表 9-2 中的数据可以看出，共有 6 次订货，而令人满意的订货次数为 5 次，只有第 6 次订货没有得到满足，则：

订货服务水平（%）=（满意的订单数/总订单数）×100%
　　　　　　　　=（5/6）×100% = 83.3%

（2）产品代码服务水平的计算。从表 9-2 中的数据可以看出，共有 8 个产品代码，而满足的订货的产品代码为 7 个，只有代码为"136"的产品没有得到满足，则：

产品代码服务水平（%）=（满意的产品代码数/总产品代码数）×100%
　　　　　　　　　　=（7/8）×100% = 87.5%

（3）同线产品服务水平的计算。

同线产品服务水平（%）=（满意的同线产品数/总同线产品数）×100%
　　　　　　　　　　=（9/10）×100% = 90.0%

（4）单位服务水平的计算。

单位服务水平（%）=（满意的单位数/总单位数）×100%
　　　　　　　　=（40/50）×100% = 80.0%

从上面的计算可以看出，不同的测量方法，计算出来的服务水平会有较大的差异。从满足产品种类来看，服务水平为 90%，即在订货产品中有 90% 的产品品种的服务水平达到了 100%；而从满足的需求量角度来看，服务水平只有 80%。

当物品组被给定一个多层服务目标时，能获得的最好度量就是与先前度量的可比较测量。然而库存系统服务水平的测量通常是基于单个物品进行计算的,用于整体管理目的时,通常用物品组的测量作为绩效评估的基础。

既然没有定义服务包的最佳方式,那么完成一些细节方面的控制是必要的,这些细节包括有意改变服务一方面,然后评估其对某可测变量的影响。

例如,许多顾客可能没有注意到95%和97%的服务水平之间的差别,实现这种改善所需要的库存投资可能远远高于顾客能够感受到的服务改善量。

还应该认识到,公司在实施原料和零配件的库存管理程序时必须考虑供应商的服务绩效,比如他们是否可靠,是否准确无误,是否容易打交道。

总之,供应链管理是在满足服务水平需要的同时,为了使得系统成本最小而采用的把供应商、制造商、仓库和商店有效地结合成一体来生产产品,并把正确数量的产品在正确的时间配送到正确地点的一套方法。

(四)库存在供应链中的作用

库存在供应链中的作用主要有以下几个方面:

(1) 缓冲供给和需求的不平衡。通过供应链中库存的缓冲作用来保证供给和需求的平衡。这样,由于库存的存在,在生产能力不足时即使顾客有需要也可以随时满足供货。

(2) 开拓市场。供应链中存在库存是为了有效地开拓市场。在某些情况下,限制产品的供应可以提高该产品的市场价格,这可以通过延缓产品生产和投放市场来实现。

(3) 保持生产系统的稳定性。供应链中存在库存与生产和劳动力的稳定性以及设施的有效使用密切相关。近年来制造技术有了很大的发展,可以成为减少缓冲库存的理由。但是仍有一些需要库存的情况存在,比如某些产品的季节性需求特征非常明显,如啤酒、空调设备等,这些产品可能在某个时间段的需求非常大,为了满足这种需求,企业需要在淡季多生产一些形成库存以满足旺季的市场需求。

(4) 实现规模效应,减少成本。供应链中存在库存还可以通过利用生产和销售过程中的经济规模来减少成本。

(5) 加快响应速度。在供应链中,库存对供应链中的物流时间也有显著影响。物流时间是指物料进入供应链到物料流出供应链所花费的时间。同时,库存对供应链产出(throughput)——产品销售给终端客户的速率,也有显著影响。持有库存,可以快速响应。在供应链中,库存和物流时间可以是同义的。因为减少供应链物流时间能产生很大效益,因此,应当采取措施,在不增加成本或不降低服务水平的同时减少必要的库存。

三、供应链中的生产库存*

(一)生产库存的地点

生产过程从物料和零部件的进货开始。这些物品要转换成可销售的最终产品,即人们能在商店就能买到的最终产品,或者是用来供给其他制造作业的主要零部件。这是一个增值的过程。

一旦物料投放到生产中，它们就成为了"半成品"，直到它们形成产成品到达产成品仓库。接收输入物料并将它们转换成产品的过程越快，被占用的现金就越少，投资的回报就越高，对市场需求变化的反应也越快。

如果一个公司实行按订单生产战略，那么采购、生产和销售可能有效地在一个过程中运行，如图9-3所示。

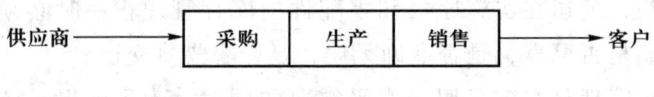

图9-3 从供应商到客户的过程

只要存在资源的有限性，就需要对资源进行优先排序，在不同的生产方式中，将出现不同的等待时间和批量存货。如果进一步分析物料在采购、生产和销售等不同部门的流动过程，那么在各流程之间就会出现分界线。为避免不确定性带来的影响，通常会保持一定的安全库存，这将导致安全库存的出现，如图9-4所示。

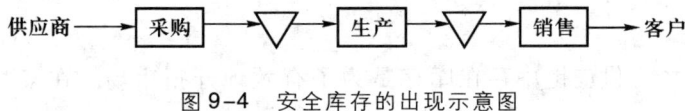

图9-4 安全库存的出现示意图

这样可以得到一个从供应商到客户这个过程的基本结构的示意图，见图9-5。

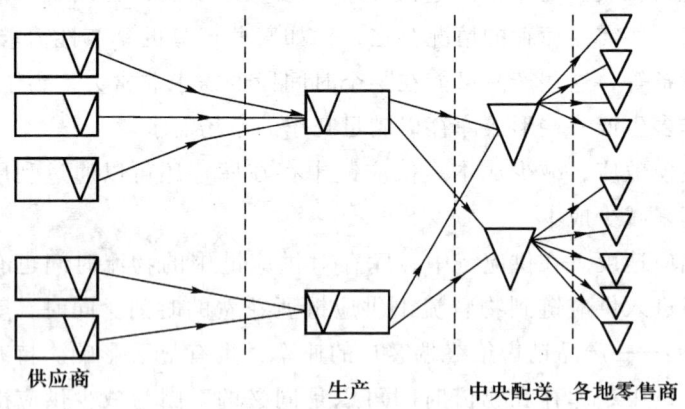

图9-5 从供应商到客户的基本结构的示意图

从供应商这方来看，库存是在生产流程的末端持有的（即供应商的产成品库存）。在生产阶段，要持有原材料的库存。上面图中垂直的虚线代表分界线，它代表物质所有权的转移。从供应商到客户的基本结构具有不同的结构类型，从集中结构到网络结构，再到分散结构。

随着生产过程中生产环节的数目、产品品种的数目和市场的增加，上述的基本结构可能变成一个复杂的结构。

下面对基本结构中单个流程作进一步的探讨。例如，有这样一个基本结构，其中的单个流程，如图 9-6 所示。

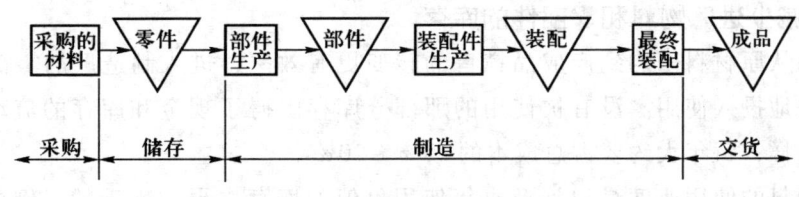

图 9-6　基本结构中的单个流程示意图

图 9-6 对应的基础结构以及产品结构如图 9-7 所示。

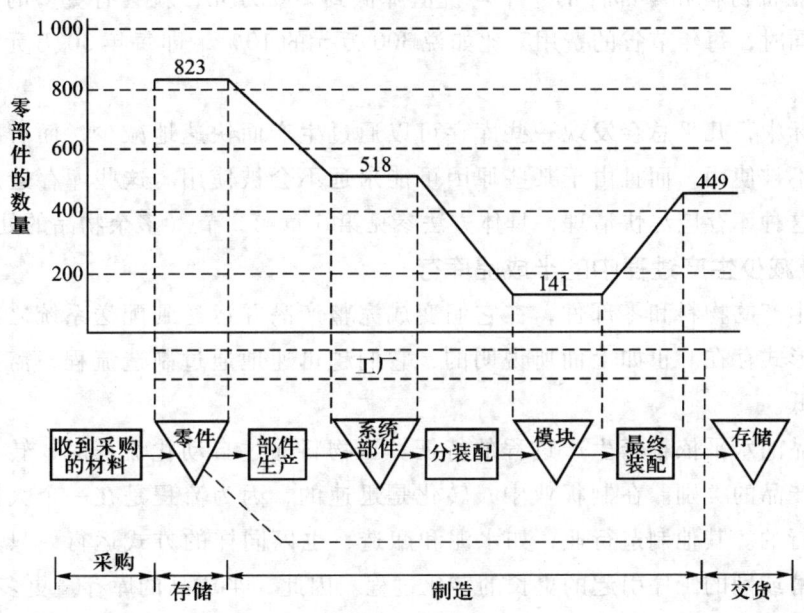

图 9-7　基础结构以及产品结构图

图 9-7 表明了随着生产过程的变化，相关变量的数目是如何变化的。

在这一过程中，只有实际加工过程是增值的。假定在一个生产多种产品的工厂，包括以下的信息：

从物料和零配件发放到工厂到开始批量的生产直到批量产品完成，这中间的平均时间是 3 周，即产品将在第 3 周末送往成品仓库。如果发放使用的零配件年价值达到 5 千万元，平均而言，每周 1 百万元。半成品的资金占用和管理费用每年 20%（与经济批量计算中的存储成本百分数是同样的概念）。

这就意味着，在任何时候价值 3 百万元的物料都以半成品的形式存在。它们可能在排队，或将以半成品的形式被存储，或者在加工中。

如果工厂前置期能够减少到1周，那么将减少价值2百万元的半成品，减少的现金最终会流回企业；生产系统能够快速对需求的改变作出回应，导致更好的服务水平以及可能使市场份额增加；生产和需求率的匹配更好。

（二）减少进厂物料和零部件的库存

为了使从原材料采购到产成品销售的转变更有效率，进入制造厂的零部件和物料应尽可能快地投入使用。没有被使用的那部分库存阻碍了现金和库存的流动，就如同待售成品一样，每年大约要占总成本的15%～20%。

输入物料的使用速度是以涉及每年使用价值的库存水平为基础的。例如，假定每年的产品价值为2 500万元，物料和零部件的平均价值为500万元，每年的有效周数为50周，则库存涵盖的周数＝（5/25）×50＝10周。

如果能将物料和零部件的年平均价值降低到200万元，就会有更多的现金用于其他方面。同时，每年节省的费用，比如说300万元的10%，即每年30万元，将会直接增加利润。

在实际中，几乎总会发现一些库存可以通过生产而快速地减少，而有些库存在很长时间内不被使用，而且由于某些原因可能永远不会被使用。这些库存造成了很大的浪费，对这种库存应尽快清理，具体方法参见第5章第3节（多余物品的处理）。

（三）减少生产过程中的半成品库存

用于生产的物料和零部件，在它们变成完整产品并运送到配送系统之前，都是以半成品的形式存在。正如上面所说明的，它们越迅速地通过制造流程，需要的半成品投资就越低。

半成品的水平依赖于生产过程的特征。当物料通过自动化流程时，转化所耗的时间取决于产品的类别。在制板业中，转化是迅速的，因为流程是在一个大的一体化工厂高速运行的。其他制造行业，如水泥和酿造，也以同样的方式运行，只不过需要由加热、发酵或别的工序引起的更长的转化过程。因此，半成品的库存量更多。

在连续化的制造业中，产品通过一系列的制造和装配程序不断增加，如汽车、个人电脑、家用电器以及电子零部件等。

零部件位于工作地点（加工的工位）时，这些零部件的库存越少，半成品的投资和所占的空间就越少。这些库存可以通过频繁配送来降低。

连续补货的过程在汽车装配厂是最复杂的。主要的零部件（例如座椅）将直接配送到装配线上将要被使用的地方，而且按它们将被使用的次序来实施配送。为了达到这个目标，供应商必须在临近需求点的地方生产或存储产品。在这种方式下，半成品可以保持非常低的库存水平。在任一时间点主要半成品的库存时间可能仅仅为8～10小时。

在那些产品品种多、以工艺化布局为特征的生产中，更倾向于增加持有半成品。根据预测需求"按库存生产"，或者根据已知订单"按订单生产"，或者两者结合起来，进行批量生产。

总之，半成品库存与生产方式有着密切的关系，因此，对于半成品库存的降低主要是通过改善生产方式以及生产过程中物料的流动方式来实现的。目前，有许多新型的生产方式可以解决半成品的库存问题。在本书中介绍的 JIT 生产方式就是减少半成品库存的很好的生产方式。当然，JIT 的使用也是有条件的，这在前面的章节中已经说明，这里就不再细谈。

四、牛鞭效应

最近几年，供应商和零售商已经注意到，尽管特定产品的顾客需求的变动并不大，但他们的供应链中的库存和延期交货水平却波动很大。

案例 9-2

宝洁公司（P&G）在研究"尿不湿"的市场需求时发现，该产品的零售数量相当稳定，波动性并不大。但在考察分销中心向它订货的情况时，却发现波动性明显增大，分销中心称他们是根据汇总销售商订货的需求量订货的。

宝洁公司进一步研究后发现，零售商往往根据对历史销量及现实销售情况的预测，确定一个较客观的订货量，但为了保证这个订货量是及时可得的，能够适应顾客需求增量的变化，他们通常会将预测订货量增大一些向批发商订货，批发商出于同样的考虑，也会在汇总零售商订货量的基础上再加一定增量向销售中心订货。

这样，虽然顾客需求量并没有大的波动，但经过零售商和批发商的订货后，订货量就一级级地放大了。这种现象是如何造成的，又如何避免？

在供应链的运作过程中，许多制造企业经常会发现这种商品的顾客需求较稳定，变化不大，但是上游供应商往往比下游供应商维持更高的库存水平。这种越往供应链上游走，需求波动程度越大的现象，正是供应链中的"牛鞭效应"（the bullwhip effect）。

导致供应链中库存增加的原因之一是他们还在用传统的基于再订货点或再订货间隔的补货系统。在零售业中，这将意味着只要零售商感觉到需求增加，不管是正确的还是错误的，就会从供应商（比如批发商）那里订货，从而库存增加。

如果批发商向零售商供货，而不是直接由供应商供货，那么批发商将会感觉到客户（零售商）需求的增加。反过来导致对分销商的需求增加，分销商又会增加对供应商的需求。在这种随着往供应链上游前进需求变动程度增大的现象称之为"牛鞭效应"或称"弗雷斯特效应"（forrester effect），这是由弗雷斯特（Jay Forrester）发现的。

通过下面的例子，从库存管理的角度来进一步分析牛鞭效应。

假设供应链是由生产厂、经销商、批发商和零售商构成的，在每个环节都存在安全库存，如图 9-8 所示。

当采用再订货点系统时，分析从零售商到批发商再到经销商最后再到生产厂的存货时间曲线。

库存管理（一）（二）

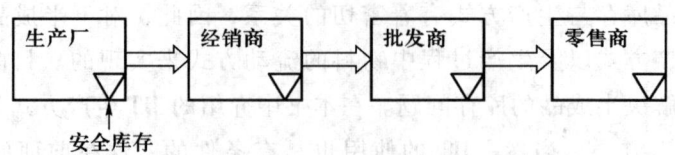

图 9-8　某供应链示意图

对于零售商来说，库存时间曲线说明零售商采用的是再订货点系统。实际出现的都是小需求，每一需求都会消耗一些库存水平，直到库存水平达到再订货水平。在这一点上，就会给批发商下一个订单。其库存曲线如图 9-9 所示。

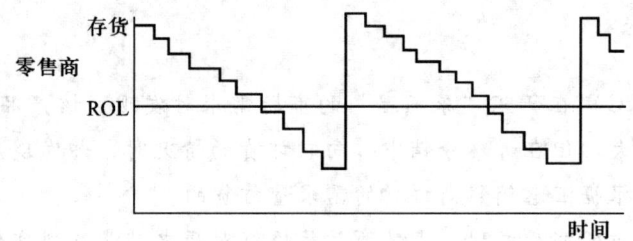

图 9-9　零售商的库存曲线

对于批发商来说，在收到零售商的第一张订单之前，存货将保持在一个不变的水平上。尽管存货已消耗掉了，但是库存水平仍没有达到再订货水平，所以在收到下一个订单之前，存货仍然保持不变。这次订单极大地消耗了库存，存货达到了再订货水平，此时，就会给经销商下一个订单。其库存曲线如图 9-10 所示。

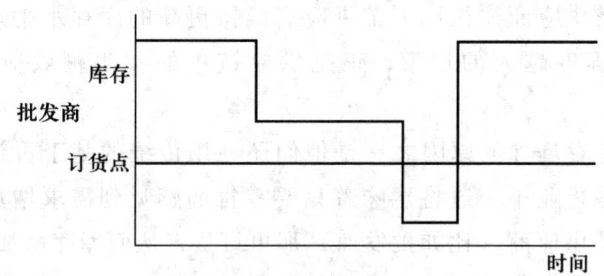

图 9-10　批发商的库存曲线

对于经销商来说，需求变得不那么频繁，但经常是"大批量"的。事实上，这使得一个快速移动的货物成了慢速移动的货物。其库存曲线如图 9-11 所示。

如果是以若干周为基础来管理存货，并且需求模式发生了改变，问题就更严重了。

假设，零售商要保留 2 周库存，目前需求是每周 100 件。如果现在需求增加 10 件，增到每周 110 件，那么零售商的库存如表 9-3 所示。

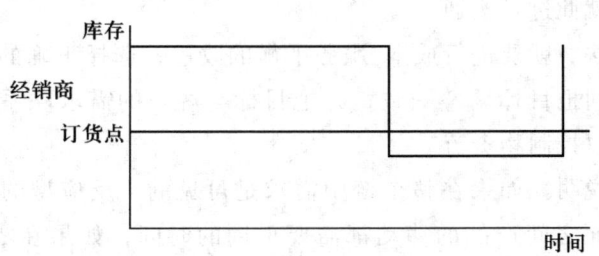

图 9-11　经销商的库存曲线

表 9-3　零售商的库存

	需求/周	要求的库存水平	目前库存
零售商	100	220	200

如果前置期是 1 周，零售商会订购 110 件以满足周需求，再加上 20 件将库存增加到要求的水平。这就会把一张 130 件的订单下到批发商那里。于是，批发商的库存就如表 9-4 所示。

表 9-4　批发商的库存

	需求/周	要求的库存水平	目前库存
批发商	130	260	200

结果，批发商要下的订单量是 190 件，130 件用来满足周需求，60 件用来增加库存。而经销商下的订单量是 370 件，190 件用来满足周需求，180 件用来增加库存。最后，工厂将下达生产指示，制造 910 件。

在零售层面上的需求变动在每一层面上都被放大了，最终在工厂层面上增加的额度可谓巨大。实际上，如果几家零售商从同一家批发商那里购买商品，这些波动就会被掩盖起来，因为在整个供应链中独立区分出特定的订单基本是不可能的。

牛鞭效应是由于不同水平的供应活动是相互独立的，当接收到订单时批发商就供货给零售商。那么需求纯粹是基于零售商的要求，而不是实际零售中的需求。在这种情形下，供应链网络中的每个层次的成员都独立于其他成员，对其活动进行全程管理。

对于通过再订购点控制供应链运作，影响其运作的最根本的问题是供应链是反应性的。在每一层面上，如果收到了一个订单，并且达到了存货水平再订购点，就会发生反应，形式是沿供应链向上给上游下一张采购单。这在整个链中形成了独立的需求。

这意味着，零售商决定了批发商的需求，而批发商决定了对经销商的需求，经销商又决定着对工厂的需求。这就形成了一种误导。但事实上是，消费者和消费者的购买率影响了各层面的需求，决定着供应链的真正需求。

在此强调的是，让整个供应链各环节都看到需求模式是多么重要。

除了需求数据外，另外还要从客户那里获得其他一些重要的数据，如交货日期、交付的可靠性、订单确认时间、调整订单的灵活性，所有这些都要在整个供应链中清楚地作出说明，并就此进行沟通。

要实现上述想法，就要进行成本/服务平衡的改进，选择正确的供应链结构。在各职能或者各公司之间把目标调整一致，并把目标与客户的需求联系在一起，同时提供一个整合的结构，以控制物资流。

继续用例子来说明。如果在整个链中需求是可见的，反应型的状态会转化为预测型。假设在每一层面之间产品的移动都需要1周的时间，如果在零售商这一层面上，要得到产品需要5周，那么在批发商层面上必定需要4周，经销商需要3周，在工厂层面上要得到产品需要2周。

这样的预测消除了不确定性，于是用来防止供需不确定性而保存的中间安全库存就可以取消了。其供应链的结构也发生了改变，如图9-12所示。

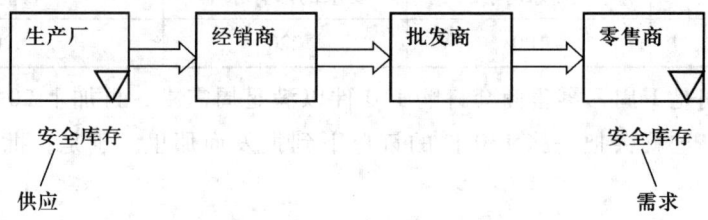

图9-12 改善的供应链结构

这里要注意的是，第一，供应链中仍然保留着两处安全存货。工厂的安全存货用来防止原材料供应的不确定性，保存安全存货的最好地方是链条的供应端。第二，零售商为防止顾客需求的不确定性，仍然保留着安全库存，保存这种库存的最佳处所是链条的需求端。

当这样的变化发生时，经销商和批发商的角色受到了挑战，他们很有可能会退出供应链。这时，供应链的结构又发生了改变，如图9-13所示。

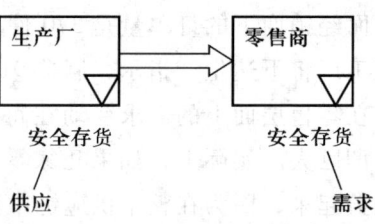

图9-13 进一步改善后的供应链

这些改善的结果是非常明显的：第一，这将极大地缩短前置期，并且在前置期的可靠性方面也会有所改进；第二，由于灵活性的增加，对变化的响应能力提高了；最后，成本也会有大幅降低。

第2节 VMI与JMI

一、供应商管理库存的含义

库存占用了大量的流动资金，影响着企业的资金运转效率，掩盖了企业的隐患。究竟什么才是合理的库存，怎样才能在较低库存的情况下保持企业的正常运作？供应商管理库存（Vender Managed Inventory，VMI）给我们带来了答案。

很久以来，库存是由库存拥有者管理的，即库存设置与管理是由同一组织完成的。这种库存管理模式并不总是最优的。例如，一个供应商用库存来应付不可预测的或某一用户不稳定的（这里的用户不是指最终用户，而是分销商或批发商）需求，用户也设立库存来应付不稳定的内部需求或供应链的不确定性。虽然供应链中每一个组织独立地寻求保护其各自在供应链的利益不受意外干扰是可以理解的，但这种各自设置库存的做法是不可取的，因为这样做的结果影响了供应链的优化运行。供应链的各个不同组织根据各自的需要独立运作，导致重复建立库存，因而无法达到供应链全局的最低成本，整个供应链系统的库存会随着供应链长度的增加而发生需求扭曲。供应商管理库存系统就能够突破传统的条块分割的库存管理模式，以系统的、集成的管理思想进行库存管理，使供应链系统能够获得同步化的运作。

VMI 是一种在供应链环境下的库存管理模式，是由供应商管理在用户处的库存，或者代表用户持有库存，当用户需要时就运送过去。无论采用哪种方式，用户都可以有效地获得库存。也就是说，VMI 是以供应商为中心，以双方最低成本为目标，在一个共同的框架协议下把下游企业的库存决策权代理给上游供应商，由供应商行使库存决策的权利，并通过对该框架协议经常性地监督和修改以实现持续改进。

VMI 对整个供应链的形成和发展都产生了影响。VMI 帮助供应商等上游企业通过信息手段掌握其下游客户的生产和库存信息，并对下游客户的库存调节作出快速反应，降低供需双方的库存成本。目前许多跨国巨头和国内知名制造企业都采用 VMI，并享受着由它带来的丰盛果实——提高库存周转率，降低库存成本，消灭库存冰山，实现供应链的整体优化。

众所周知，库存与服务水平总是相互矛盾的。提高顾客服务水平就需要更多的缓冲库存以减少缺货，提高准时交货率；而降低库存水平又会增加缺货的可能性，影响服务水平。早在 20 世纪 80 年代末，沃尔玛和宝洁就开始实施 VMI，但当时并未引起学术界和企业界的重视。随着产品寿命周期缩短，需求不确定性的加大，顾客对服务水平要求的不断提高，库存与服务水平的矛盾更加突出。同时，随着信息技术的发展，信息共享能力增强，信息成本下降，VMI 的优越性也逐步显现。

将供应商管理库存的理念用于不同的领域，就产生了适时配送（JITD）和有效顾客反应（ECR）这样的说法。实际上，适时配送（JITD）和有效顾客反应（ECR）与供应商管理库存系统（VMI）是同样的概念。在不同的领域，其叫法也不相同，如杂货与服装业趋向于使用 ECR 的概念，而汽车工业趋向于使用 VMI 和 JITD 的概念。

目前 VMI 主要应用于制造商与其分销商或代理商之间。制造商为了准确地掌握实际需求信息，将分销商的库存纳入自己的管理范围，通过库存信息间接地了解需求信息。在 VMI 中，由制造商确定产品的销售价格，并根据库存信息决定分销商的订货点及订货量，以此为主要依据，指导并安排自己的生产活动。

二、VMI 的原则和形式*

（一）VMI 的原则

VMI 是一种在用户和供应商之间的合作性策略，以对双方来说都是最低的成本优化产品的可获得性，在一个相互同意的目标框架下由供应商管理库存，这样的目标框架被经常性地监督和修正，以产生一种连续改进的环境。供应商管理库存策略的关键措施主要体现在如下几个原则中：

1. 合作精神（合作性原则）

在实施该策略时，相互信任与信息透明是很重要的，供应商和用户（零售商）都要有较好的合作精神，才能够相互保持较好的合作。

2. 使双方成本最小（互惠原则）

VMI 不是关于成本如何分配或谁来支付的问题，而是关于减少成本的问题。通过该策略使双方的成本都得到减少。

3. 框架协议（目标一致性原则）

双方都明白各自的责任，观念上达成一致的目标。如库存放在哪里，什么时候支付，是否要管理费，要花费多少等问题都要回答，并且体现在框架协议中。

4. 连续改进原则

使供需双方能共享利益和消除浪费。VMI 的主要思想是供应商在用户的允许下设立库存，确定库存水平和补给策略，拥有库存控制权。

精心设计与开发的 VMI 系统，不仅可以降低供应链的库存水平，降低成本。而且，用户外还可获得高水平的服务，改善资金流，与供应商共享需求变化的透明性和获得更高的用户信任度。

（二）VMI 的形式

VMI 有以下几种形式：

（1）供应商提供包括所有产品的软件进行存货决策，用户使用软件执行存货决策，用户拥有存货所有权，管理存货；

（2）供应商在用户的所在地，代表用户执行存货决策，管理存货，但是存货的所有权归用户所有；

（3）供应商在用户所在地，代表用户执行管理存货，拥有存货所有权；在这种情况下，供货商监控库存，在需要的时候及时补充库存。另外，供应商已经参与制定产品稳定可靠的采购战略。这种关系使双方有大量的业务往来。

（4）供应商不在用户的所在地，但是定期派人代表用户执行存货决策，管理存货，供应商拥有存货的所有权。

在 VMI 过程中供应商已知或估计数量，然后保存在以下的地点里：① 供应商自己的仓库里；② 专用的设施；③ 用户的仓库里。

货物只在用户需要的时候才获得，所以用户没有库存费用。

为了建立 VMI，用户必须考虑建立一个合适的外包战略。因为 VMI 将库存功能转移到供应商，一个有效率、有效益、可信赖的供应商是最重要的。库存外包通常取决于用户自己与供应商的关系，甚至与供应商集合的关系。

VMI 对供应商的服务提出了更高的要求。供应商的服务要根据用户的需求进行调整，一般包括供应商监控库存消耗量以确定用户需要多少库存，使库存数量充足。另外一点是供应商在用户处有一个代表来监控最终用户的消耗量，安排订货，进行接货，安排存储地点。另外，服务还包括 24 小时随时送货、质量检验、与库存条码建立电子数据交换连接等。

三、VMI 的实施[*]

（一）VMI 的实施方法

实施 VMI 策略，首先要改变订单的处理方式，建立基于标准的托付订单处理模式。首先，供应商和批发商一起确定供应商的订单业务处理过程所需要的信息和库存控制参数，然后建立一种订单的处理标准模式（如 EDI 标准报文），最后把订货、交货和票据处理各个业务功能集成在供应商一边。

库存状态透明性（对供应商）是实施供应商管理用户库存的关键。供应商能够随时跟踪和检查到销售商的库存状态，从而快速地响应市场的需求变化，对企业的生产（供应）状态作出相应的调整。为此需要建立一种能够使供应商和用户（分销、批发商）的库存信息系统透明连接的方法。

供应商管理库存的策略可以分如下几个步骤实施：

第一，建立顾客情报信息系统。要有效地管理销售库存，供应商必须能够获得顾客的有关信息。建立顾客信息库，供应商能够掌握需求变化的有关情况，把由批发商（分销商）进行的需求预测与分析功能集成到供应商的系统中来。

第二，建立销售网络管理系统。供应商要很好地管理库存，必须建立起完善的销售网络管理系统，保证自己的产品需求信息和物流畅通。为此，必须：① 保证自己产品条码的可读性和唯一性；② 解决产品分类、编码的标准化问题；③ 解决商品存储运输过程中的识别问题。

目前已有许多企业开始采用 MRP Ⅱ 或 ERP 企业资源计划系统，这些软件系统都集成了销售管理的功能。通过对这些功能的扩展，可以建立完善的销售网络管理系统。

第三，建立供应商与分销商（批发商）的合作框架协议。供应商和销售商（批发商）一起通过协商，确定处理订单的业务流程以及控制库存的有关参数（如再订货点、最低库存水平等）、库存信息的传递方式（如 EDI 或 Internet）等。

第四，组织机构的变革。这一点也很重要，因为 VMI 策略改变了供应商的组织模式。过去一般由会计经理处理与用户有关的事情，引入 VMI 策略后，订货部门多了一个新的职能。负责用户库存的控制、库存补给和服务水平。

一般来说，在以下的情况下适合实施 VMI 策略：零售商或批发商没有 IT 系统或基础设施来有效管理他们的库存；制造商实力雄厚并且比零售商市场信息量大；有较高的直接存储交货水平，因而制造商能够有效规划运输。

（二）VMI 的实施效果

1. 逼近零库存

VMI 不仅加快了整个供应链面对市场的回应时间，较早得知准确的市场销售信息，而且可以最大化地降低整个供应链的物流运作成本，即降低供应商与其下游企业因市场变化带来的不必要的库存，达到挖潜增效、开源节流的目的。对于制造商来说，VMI 允许制造商以互联网为工具远距离管理他们的库存，完成补货循环，将补货时间推迟到生产线所需要的最迟时刻。对于分销商和零售商来说，VMI 可以让其拥有少量的库存，甚至逼近零库存。

而供应商通过获取分销商和零售商的销售资料和库存量，再根据市场需求预测、补货方法和安全库存模式，可以有计划、快速地反映市场变化和消费者需求。VMI 系统主要可分成两个模块，一个是需求计划模块，可以产生准确的需求预测；另外一个是配送计划模块，可以根据客户实际订单、运送方式，产生出顾客满意度高且成本低的配送。

2. 规避风险

通过几年的实施，VMI 被证明是比较先进的库存管理办法。VMI 由上游企业拥有和管理库存，下游企业只需要帮助上游企业制订计划，从而使下游企业实现零库存，上游企业库存大幅度减小。

但 VMI 也表现出了一些局限性。首先表现在 VMI 中供应商和零售商协作水平有限；其次是 VMI 对于企业间的信任要求较高；第三是 VMI 中的框架协议虽然是双方协定，但供应商处于主导地位，决策过程中缺乏足够的协商，难免造成失误；最后是 VMI 的实施减少了库存总费用，但在 VMI 系统中，库存费用、运输费用和意外损失不是由用户承担，而是由供应商承担。由此可见，VMI 实际上是对传统库存控制策略进行"责任倒置"后的一种库存管理方法，这无疑加大了供应商的风险。

为了有效控制上述风险，VMI 在应用过程中要和其他先进的库存控制方法配合使用，比如联合库存管理、多级库存优化和控制等。联合管理库存（Jointly Managed Inventory，JMI）类似于 VMI，供需双方在共享库存信息的基础上，以消费者为中心，共同制定统一的生产计划与销售计划，将计划下达到各制造单元和销售单元执行。在计划执行的过程中，加强相互间的信息交换与协调。JMI 可以看作是 VMI 的进一步发展与深化，通过共享库存信息联合制订统一的计划，有利于改善供应链的运作效率，增强企业间的合作关系。

另外，上述的第二点和第三点主要是由人的因素造成的，建立良好的合作关系，制订合理的框架协议，才能够有效地避免它们所产生的风险。

整体而言，VMI 和传统模式的关键区别在于，供应商由原来努力将商品推销给分销商转变为努力地帮助分销商销售，供应商、零售商和分销商共同关注如何更有效地将更多的商品卖给最终消费者。VMI 的理念是正确的,但是由于种种因素,使其在应用的时候存在一定的风险。应用不当,VMI 确实很麻烦;应用合理,VMI 将有助于消灭库存冰山。

案例 9-3

雀巢和家乐福的 VMI[①]

雀巢公司为世界最大的食品公司,1867 年由瑞士人亨利·雀巢(Henri Nestle)设立,总部位于瑞士威伟市(Vevey)。经过上百年时间的扩张、并购、投资,雀巢奠定了自己在全球食品行业中的领军地位。台湾雀巢从 1999 年 10 月开始,积极与家乐福公司合作,建立 VMI 计划的整体运作机制,总目标是增加商品的供应率,降低家乐福库存天数,缩短订货前置时间以及降低双方物流作业成本。另外,雀巢也希望将新建立的模式扩展至其他销售渠道上加以运用,以加强掌控能力并获得更大规模效益,而家乐福也会与更多的重点供应商进行相关合作。

雀巢公司与家乐福公司在确立了亲密伙伴关系的基础上,采用各种信息技术,由雀巢为家乐福管理它所生产产品的库存(VMI)。雀巢为此专门引进了一套 VMI 信息管理系统,家乐福也及时为雀巢提供其产品销售的 POS 数据和库存情况,通过集成双方的管理信息系统,经由 Internet/EDI 交换信息,就能及时掌握客户的真实需求。

家乐福的订货业务情况为:每天 9:30 以前,家乐福把货物售出与现有库存的信息用电子形式传送给雀巢公司;在 9:30~10:30,雀巢公司将收到的数据合并至供应链管理 SCM 系统中,并产生预估的订货需求,系统将此需求量传输到后端的 APS/ERP 系统中,依实际库存量计算出可行的订货量,产生建议订单;在 10:30,雀巢公司再将该建议订单用电子形式传送给家乐福;然后在 10:30~11:00,家乐福公司确认订单并对数量与产品项目进行必要的修改之后回传至雀巢公司;最后在 11:00~11:30,雀巢公司依照确认后的订单进行拣货与出货,并按照订单规定的时间交货。这样,由于及时地共享了信息,上游供应商对下游客户的需求了如指掌。无需再放大订货量,有效地消除了牛鞭效应。

实施 VMI 的显著成果:雀巢对家乐福物流中心的产品到货率由原来的 80% 左右提升到 95%;家乐福物流中心对零售店面的产品到货率也由 70% 左右提升至 90% 左右,而且仍在继续改善中;库存天数由原来的 25 天左右下降至目标值以下;在订单修改率方面也由 60%~70% 的修改率下降至 10% 以下。

四、联合库存管理(JMI)

(一)联合库存管理的概念

近年来出现了一种新的供应链库存管理方法——联合库存管理。这种库存管理策

[①] 吴志华,储俊松. 合作降低库存——来自雀巢和家乐福实施供应商管理库存的启发. 市场周刊:新物流. 2007(7):34-35.

略打破了各自为政的库存管理模式,有效地控制了供应链的库存风险,是一种新的有代表性的库存管理思想。

所谓联合库存管理,是一种在 VMI 的基础上发展起来的上游企业和下游企业权利责任平衡和风险共担的库存管理模式。JMI 的基本表现形式见图 9-14。

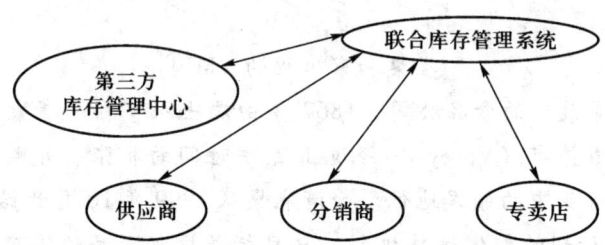

图 9-14 联合库存管理的基本表现形式

JMI 体现了战略供应商联盟的新型企业合作关系,强调了供应链企业之间双方的互利合作关系。JMI 是解决供应链系统中由于各节点企业的相互独立库存运作模式导致的需求放大现象,提高供应链的同步化程度的一种有效方法。JMI 强调供应链中各个节点同时参与,共同制订库存计划,使供应链过程中的每个库存管理者都从相互之间的协调性考虑,使供应链各个节点之间的库存管理者对需求的预期保持一致,从而消除了需求变异的放大现象。任何相邻节点需求的确定都是供需双方协调的结果,库存管理不再是各自为政的独立运作过程,而是供需连接的纽带和协调中心。

(二) JMI 的特点

1. JMI 的优点

(1) 简化了供应链库存管理运作程序。由于联合库存管理将传统的多级别、多库存点的库存管理模式转化成对核心制造企业的库存管理,核心企业通过对各种原材料和产成品实施有效控制,就能达到对整个供应链库存的优化管理,简化了供应链库存管理运作程序。

(2) 降低成本的同时提高了供应链的整体工作效率。在传统的库存管理模式下,供应链上各企业都设立自己的库存,随着核心企业的分厂数目增加,库存物资的运输路线将呈几何级数增加,而且重复交错,这显然会使物资的运输距离和在途车辆数目增加,其运输成本也会大大增加。联合库存可使供应链库存层次简化和运输路线得到优化。从供应链整体来看,联合库存管理减少了库存点和相应的库存设立费及仓储作业费,从而降低了供应链系统总的库存费用。

(3) 提高了供应链的稳定性。联合库存管理系统把供应链系统管理进一步集成为上游和下游两个协调管理中心,从而部分消除了由于供应链环节之间不确定性和需求信息扭曲现象导致的库存波动。通过协调管理中心,供需双方共享需求信息,因而提高了供应链的稳定性。

（4）提高了对核心企业的保障条件。供应商的库存直接存放在核心企业的仓库中，不但保障了核心企业原材料、零部件的供应，取用方便，而且核心企业可以统一调度、统一管理、统一进行库存控制，为核心企业快速高效地生产运作提供了强有力的保障条件。

（5）为其他科学的供应链物流管理如连续补充货物、快速反应、准时化供货等创造了条件。

2. JMI 的缺点

（1）建立和协调成本较高。

（2）企业合作联盟的建立较困难。

（3）建立的协调中心运作困难。

（4）联合库存的管理需要高度的监督。

（三）JMI 与 VMI 的区别

联合库存管理是解决供应链系统中由于各节点企业的相互独立库存运作模式导致的需求放大现象，提高供应链的同步化程度的一种有效方法。联合库存管理和 VMI 不同，它强调双方同时参与，共同制订库存计划，使供应链过程中的每个库存管理者（供应商、制造商、分销商）都从相互之间的协调性考虑，使供应链相邻的两个节点之间的库存管理者对需求的预期保持一致，从而消除了需求变异放大现象。任何相邻节点需求的确定都是供需双方协调的结果，库存管理不再是各自为政的独立运作过程，而是供需连接的纽带和协调中心。

第 3 节 供应链配送网络中的库存

一、配送网络的重要性及其选址

（一）配送网络的重要性

以核心企业为中心所构成的供应链，其物流网络可以通过区分公司与竞争者的服务水平而成为具有竞争优势的源泉。好的库存位置和好的库存管理能够获得较高的订单执行率和较短的前置期，而这个趋势已经成为减少一个网络中的配送地点数目。由于每个地点都可能有大量库存，因此，减少配送地点数目可以大大降低成本，每年可节省成本约 20% ~ 25%。例如，在英国，典型的零售商和酿造商的定点网络已经从 15 ~ 25 个减少 3 ~ 5 个仓库地点。

配送地点究竟多少是合适的？这需要对库存成本和仓库基础设施成本的节省量与运输成本的提高量来进行权衡。如果与运输成本相比产品价值很高，那么公司可能会用 1 ~ 3 个仓库来进行世界范围或者洲际范围的运营，同时满足下列因素：顾客订单总量的实时可见度、库存状况、明显的订单补货程度以及世界范围的包裹快递或托运。

趋向于减少库存地点数目的另外一个因素就是公司合并，这种模式近些年在英国的酿造工业发展很快。此外，当公司已经决定不再将配送体系的运营作为核心业务活动时，产品配送就外包给专业的第三方物流公司。出于第三方物流公司可能要服务此地点之外的许多客户，所以外包可以在总体上使设施数量减少很多。

（二）配送网络设计

配送网络设计是长期计划过程的一部分，因为对设计进行改变要花费时间和资源。当配送业务状况改变的时候，可能不得不重新设计网络，例如客户可能想要把交货地点转移到自己的销售中心以取代店铺交货。应当对配送网络不断进行审查，而结构的改变通常会对库存产生影响。

导致配送网络重新设计的因素包括以下几个方面：一是客户服务需求的改变，例如，计算机维护服务提供商提供维修服务的维修周期为4小时，出于这种需求的增长，需要在靠近客户的地点寻找关键性的区域，这个改变要求重新设计其主要网络，并重新评估持有库存量。如果供应商的地点（加工地点或者储存地点）非常接近工厂，就会支持车辆装配工厂的准时制生产模式。二是由于供应和客户位置的改变。例如，东欧正在对外开放，意味着配送网络将必须延伸到那里。同时，供应的日益全球化趋势也将改变网络结构。三是因为保持竞争优势的需要。例如，越来越多地使用空运。为了达到这个目标，库存可能不得不重新定位在航空货物运输中心。四是因为公司所有者的改变。例如零售商或者酿造商的合并就可能带来配送网络的改变和库存水平的显著下降。

以上因素的变化都会对库存产生影响，当配送地点减少则库存随之减少，而如果服务标准的提高要求持有库存更接近客户，则库存可能会增加。

（三）配送网络的选址*

1. 影响选址的因素

（1）支持运输和物流的基础设施。例如，对那些希望通过跨海隧道把不满一车的货物配送到欧洲大陆的英国制造商来说，选择一个与铁路相连的共享库存设施是有吸引力的。当产品有更高价值的时候，使用航空运输可能具有战略重要性。

（2）劳动力的可用性和适应性。一些地点出于接近顾客而特别具有吸引力。然而，别的公司很有可能已经在这个地点立足，并已经解决劳动力的雇佣和成本问题，而这又降低了该处的价值。

（3）激励的有效性。当地税收的免缴、失业人员的雇佣、固定设备的附加税收补贴，这些都可能对决策产生影响。要提醒的是，税收激励很可能是有时间限制的，所以这个地点必须从长期来看是可行的。

（4）供应商和客户的接近程度。对于一个制造企业来说，专业供应商在小区域内的可获得性是有吸引力的。在IT企业密集的地区可以见到这种情况，在一个计算机制造企业的周围可能聚积了很多主要零部件（机器底盘和机箱、硬盘、声卡等）供应商。

（5）公司偏好。例如，一个公司可能希望在一个已经有一些同类公司的区域，因为建在这样的地方就意味着能够进入现有市场。

（6）土地和建设开发成本。定位于现有业务区域可能会减少使用公用设施的成本。

土地和建设成本具有显著的地方和区域差异。当地的规划政策可能会阻碍在此建立设施，也许因为与其他相比，该设施不能产生足够多的新就业岗位。

2. 建模方法

（1）最优化法。这类模型运用复杂的数学手段如整数和线性设计，从大量的备选方案中选择一个最适合的解决方案。假设能提供输入数据，那么就能产生最好的解决方案。在网络设计上，可以根据一些限制因素（如工厂容量，客户需求，库存水平）应用线性规划来决定工厂的选址和配送设施。

（2）模拟法。模拟法的基础是设计一个模型，然后检测此模型随时间变化会有什么情况发生。这项技术能够运用在库存管理中。例如，将前置期和需求率的可变性进行模拟就可以对它们所提供的服务水平和再订货点进行检测。

常规模拟模型存在的局限之一是需要假设前置期"通常"分布在平均值周围。但在所有概率中，它们并不可能这样分布。可以将前置期变量的这种"非对称性"构造在基本的模拟模型中。

同样的技术还可以用于检测服务水平。在对慢速移动库存产品进行管理的过程中，服务水平是由不同的"订购"水平所决定的。

大的模拟模型可以用来设计完整的网络，而这就需要收集一些主要数据。它们不仅仅是为了得到最优解决方案，同时还提出了一些考虑了许多其他因素的可行性方案。

一些关于车辆同程安排的模拟模型软件包能用来安排每天的运输日程，可以作为一种网络计划模型。网络计划模型能用来确定地点、成本和资源需求（其中包括库存）。

（3）探索法。探索法建立的模型能涵盖一系列的模型需求，它为评估一系列容易开发和理解的替代方案提供了基础。但这种模型并不提供最优方案。一个探索式模型的例子就是"网格"（Grid）技术，描述如下：

这些模型的开发需要：一个模型概念来确定关键因素——成本，距离，产量，物料周转率等作业标准；一个模型结构来评估各种想法——典型的做法是使用电子数据表来测算距离、库存水平等；一个输入区，以一种容易修改的方式来定义关键变量；一个输出区，汇总输出的结果——把总成本分配给不同的运作领域如运输、库存持有成本等。

探索式模型（也叫重心法）的一个主要优势在于，它不是以"黑箱"方法为基础。这个模型的开发，利用的是比较简单的数学方法。出于采用管理人员比较熟悉的方式进行描述，所以非专业性的管理人员很容易理解。

重心法是一种数学方法，可用于确定新的设施选址，使得销售和运输总成本最低。该方法通过考虑产品市场的位置，各市场对产品的需求量（运输量）和相应的运输费用来确定最佳的配送中心的位置。

这类模型还可以用于检测新服务区的影响，很大的新需求量的出现可能会改变运输成本的平衡；检测所有配送点需求量改变的影响；检测增加或者减少供应源的影响；

检测运输成本改变的影响。

值得注意的是，这个模型也可以用来确定制造工厂的位置。

在这个例子中，三个"影响"可能代表该产品的三个主要组成部分。按质量计，输入量可能比要销售的输出量大很多，这是因为产品的加工转换过程中存在着大量损失。这反过来又会影响地点的选择。

这个模型使用了"成本/公吨·英里"的概念，即运输负荷量的概念。也就是将1公吨的产品移动1英里所花的成本。20公吨的产品移动100英里就是2 000公吨·英里。

由于运输费用受运量多少的影响，配送设施选址决策还必须考虑市场对产品的需求量。重心法假设运输费用与运输距离和运输量呈比例，则最佳选址的确定应能使新旧生产服务设施之间的加权运输距离最短，这里的权重是经各运输路径的运输量。为此，在二维坐标图上可计算和确定配送服务设施的最佳选址，即重心坐标，具体计算公式如下：

$$\begin{cases} C_x = \dfrac{\sum_{i=1}^{n} d_{ix} w_i}{\sum_{i=1}^{n} w_i} \\ C_y = \dfrac{\sum_{i=1}^{n} d_{iy} w_i}{\sum_{i=1}^{n} w_i} \end{cases} \quad (i=1, 2, \cdots, n) \qquad (9-1)$$

式中：

n——与新建设施相关联的原有设施的数目；

C_x——重心（新建设施位置）的 x 坐标；

C_y——重心（新建设施位置）的 y 坐标；

d_{ix}——原有设施 i 的 x 坐标；

d_{iy}——原有设施 i 的 y 坐标；

w_i——经由设施 i 的运输（需求）量。

例 9-2 下面用重心法来决定某个仓库的位置，这个仓库要从三个候选位置中挑选，而且必须为6个商务区提供服务。寻找最优化模型的标准就是运输成本。已知数据见表9-5。

表9-5 已知数据表

来源	每公吨英里的费用（a）	公吨（b）	横坐标（x）	纵坐标（y）
来源 A	0.90	500	700	1 125
来源 B	0.95	300	250	600

续表

	每公吨英里的费用（a）	公吨（b）	横坐标（x）	纵坐标（y）
来源 C	0.85	700	225	825
市场				
市场 M1	1.50	300	600	500
市场 M2	1.50	250	1 050	1 200
市场 M3	1.50	200	800	300
市场 M4	1.50	250	925	975
市场 M5	1.50	200	850	700
市场 M6	1.50	300	1 000	1 080

计算过程与结果见表 9-6。

表 9-6 计算过程与结果

	每公吨英里的费用（a）	公吨（b）	横坐标（x）	纵坐标（y）	横向的配送产品费用（a×b×x）	纵向的配送产品费用（a×b×y）	费用×公吨数（a×b）
来源							
来源 A	0.90	500	700	1 125	315 000	506 250	450
来源 B	0.95	300	250	600	71 250	171 000	285
来源 C	0.85	700	225	825	133 875	490 875	595
		1 500			520 125	1 168 125	1 330
市场							
市场 M1	1.50	300	600	500	270 000	225 000	450
市场 M2	1.50	250	1 050	1 200	393 750	450 000	375
市场 M3	1.50	200	800	300	240 000	90 000	300
市场 M4	1.50	250	925	975	346 875	365 625	375
市场 M5	1.50	200	850	700	255 000	210 000	300
市场 M6	1.50	300	1 000	1 080	450 000	486 000	450
		1 500			1 955 625	1 826 625	2 250

库存管理（一）（二）

续表

	每公吨英里的费用 (a)	公吨 (b)	横坐标 (x)	纵坐标 (y)	横向的配送产品费用 ($a \times b \times x$)	纵向的配送产品费用 ($a \times b \times y$)	费用×公吨数 ($a \times b$)
				分子	2 475 750	2 994 750	
				分母	3 580	3 580	
					—	—	
				网格值	692	837	

注：表中网格值=（分子/分母）。

表格中的计算与代入公式的计算结果是一样的，借助 Excel 表，用表格计算更为方便。计算结果的布局见图 9-15。

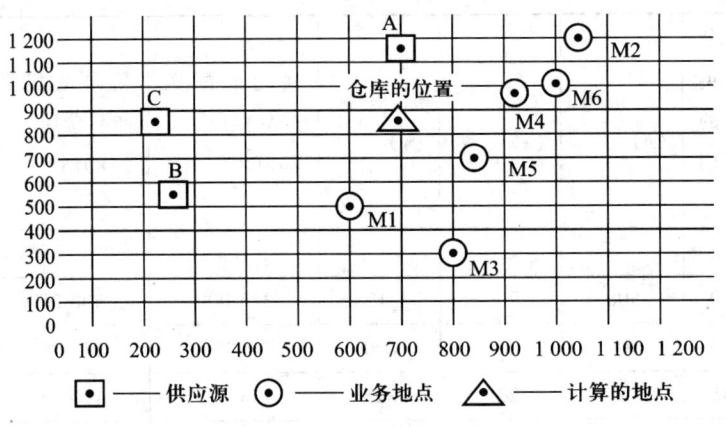

图 9-15 计算结果的布局

二、多重配送系统中的库存*

要为客户提供服务，库存也许不得不放置在邻近客户的地方，以便按照订单要求的前置期进行配送。公司对提供的产品范围进行检查时需要考虑下面几个方面：一是，所有的库存产品应该在所有的配送点持有吗？这将会引起慢速移动物品的库存升高。更加普遍的情况是在一个配送点持有"慢速移动"物品，并按照客户需求配送到离客户更近的配送点——服务水平可能不是很好，但已经"很不错了"。从库存投资方面看，这样做更多的资本得到了有效地运用；而从运输成本方面看，则有些不经济。二是，一些库存产品在所有的配送点都没有保存，仅仅在有需求时才采购和供应这些产品，这样可以吗？倘若供应商的前置期和销售前置期对客户都是可以接受的，那么可以选择不保存库存。

（一）配送网络

从单个集中化仓库（包含所有的产品范围）到多重梯形系统（如图 9-16 所示），其配送网络的范围是有所变化的。配送网络越大就越复杂，为了满足需求其所需的库存水平也就越高。

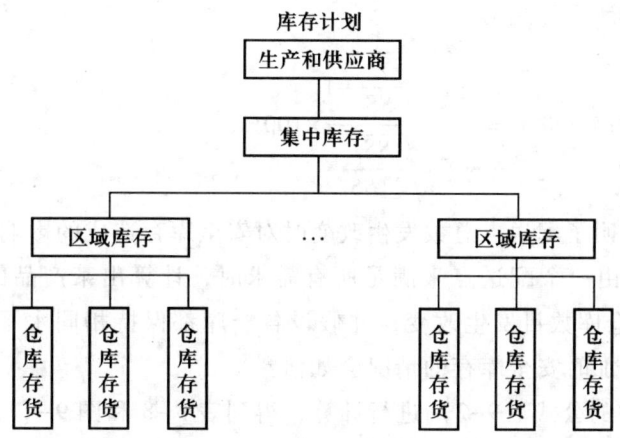

图 9-16　多重梯形配送网络系统

（二）水平网络

水平网络是指那些从仓库结构方面讲处于同一层面的所有仓库，例如次级（多点）配送作业所包含的所有仓库。安全库存和配送点总数之间的关系是基于所谓的"平方根法则"。这个法则规定安全库存水平（提供所需的服务水平）随配送点总数平方根的变化而变化。水平网络中安全库存的计算公式汇总于表 9-7。

表 9-7　水平网络中安全库存的计算公式

网络中的配送点	安全库存	备注
只有 1 个配送点（$i=1$）	SS	
平均分配给 n 仓库（$i=n$）时，每个仓库的安全库存	$SS \times \sqrt{n}$	(9-2)
按比例（$a_1 : a_2 : \cdots : a_n$）分配给 n 仓库时，第 i 仓库的安全库存	$a_i \times \sqrt{SS}$	(9-3)

注：表中 SS 代表安全库存，i 代表水平网络中仓库的个数。

从 n 个配送点（其需求比例为 $a_1 : a_2 : \cdots : a_n$）变为 m 个配送点，其需求比例为 $b_1 : b_2 : \cdots : b_m$ 时，安全库存增加比例的计算公式为：

$$\text{增加的安全库存}(\%) = \frac{\sum_{j=1}^{m} \sqrt{b_j} - \sum_{i=1}^{n} \sqrt{a_i}}{\sum_{i=1}^{n} \sqrt{a_i}} \times 100\% \tag{9-4}$$

式中：

a_i——原有网络中配送点之间需求的比例，$i=1, 2, \cdots, n$；

b_j——新网络中配送点之间需求的比例，$j=1, 2, \cdots, m$；

n——原有网络中配送点的个数；

m——新网络中配送点的个数。

从 n 个配送点（其需求量分别为 $SS_1, SS_2, \cdots, SS_n$）集中到 1 个配送点时，安全库存的减少比例的计算公式为：

$$减少的安全库存（\%）= \frac{\sum\sqrt{\frac{SS_i}{\sum SS_i}}-1}{\sum\sqrt{\frac{SS_i}{\sum SS_i}}} \times 100\% \tag{9-5}$$

下面的例子说明了配送点总数发生改变时对安全库存造成的影响。

例 9-3 假设由一个配送点来满足所有需求时，计算出某产品的安全库存水平为 3 885 个单位。若仓库数目发生改变，并假设各仓库都保持相同水平的安全库存的话，那么，仓库总数增加时安全库存的情况会如何？

利用表 9-6 中的公式（9-2）进行计算，得到表 9-8 和图 9-17，它说明了安全库存是如何随着仓库总数的增加而增加的。

表 9-8 计算结果

仓库总数/n	因子	平均安全库存	改变量/%
1	1	3 885	
2	1.41	5 494	141
3	1.73	6 729	173
4	2	7 770	200
5	2.24	8 687	224
10	3.16	12 285	316
15	3.87	15 047	387
20	4.47	17 374	447
25	5	19 425	500

对仓库网络中安全库存产生的影响进行评估，可以用下列模型。这个模型要计算 n 个仓库中每个仓库的安全库存，其计算基础是需求变化和服务水平。假设前置期是一个期间，那么安全库存就可以用"标准方差×服务水平因子×前置期的平方根"来计算。

例 9-4 已知表 9-9 中的数据，当仓库 1 与仓库 2 合并到 1 个配送点时，计算安全库存量是多少？

分别对 2 个仓库进行计算，计算出的安全库存分别为 9.7 和 14.9，若合并到 1 个配送点时，安全库存则为 18.4，比 2 个配送点时要少。其计算过程及结果见表 9-10、图 9-18。

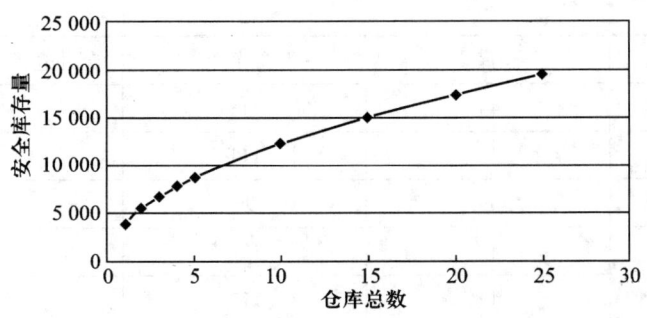

图 9-17 安全库存随仓库总数的变化趋势图

表 9-9 仓库 1 与仓库 2 的有关需求数据

周期	仓库 1	仓库 2
1	35	117
2	47	108
3	53	123
4	43	114
5	39	116
6	36	124
7	43	119
8	44	118
9	45	111
10	39	96
11	41	120
12	44	117

表 9-10 将仓库 1 与仓库 2 合并后安全库存的变化情况

周期	仓库 1	仓库 2	合并仓库 1 与仓库 2（总量）
1	35	117	152
2	47	108	155
3	53	123	176
4	43	114	157
5	39	116	155
6	36	124	160
7	43	119	162

续表

周期	仓库1	仓库2	合并仓库1与仓库2（总量）
8	44	118	162
9	45	111	156
10	39	96	135
11	41	120	161
12	44	117	161
—	—	—	—
总量	509	1 383	1 892
平均量	42.42	115.25	157.67
标准方差	4.72	7.25	8.97
服务水平因子	2.05	2.05	2.05
安全库存	9.7	14.9	18.4
两个配送点使用的安全库存总量			18.4

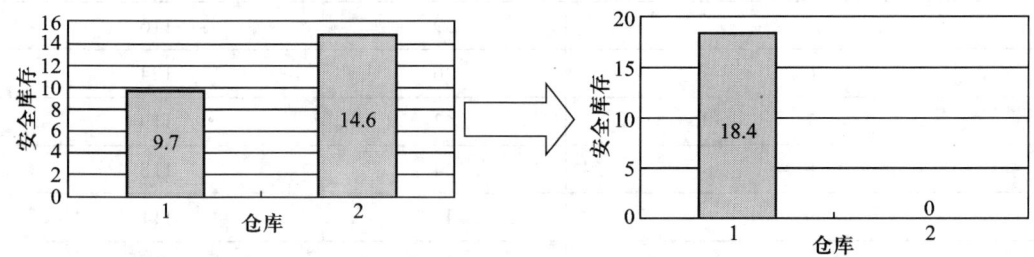

图9-18 将仓库1与仓库2合并后安全库存的变化

这个模型比平方根法则有一个优势，那就是它更加满意地处理了每个配送点的需求变化，而这是决定安全库存需求的主要因素。

（三）垂直网络

垂直网络结构没有水平网络结构类似的计划基础。使用传统的库存管理方法，通常可以在每个水平上防止供需的不确定性，最终库存有所增加，即使使用配送需求计划（DRP）方法来处理这个问题可能还有一段很长的路要走。

使用静态模型或者模拟模型对系统流程进行模拟，可以得出所有库存持有地点所需的库存水平。

三、均分法*

均分法也称为公平份额分配法（Fair Share Allocation），它是一种简化的存货管理计划方法，用以向每一个配送设施提供公平的或"公平份额"的可得存货，这些可得存货来自诸如工厂仓库之类的共同货源。图 9-19 说明了由 1 个共同工厂仓库向 3 个配送中心提供服务的网络结构、当前库存水平和日常需求量的情况。

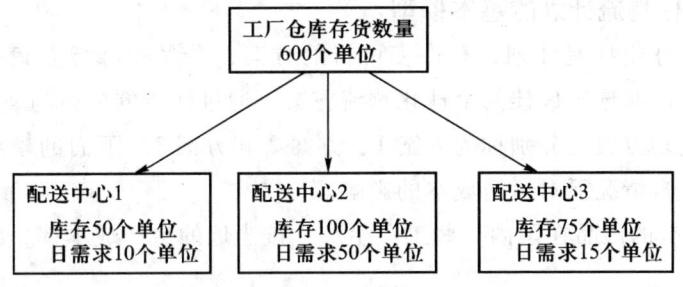

图 9-19 公平份额分配

利用公平份额分配规则，库存计划者就可以确定库存的数量，该数量能够向每一个配送中心分配来自工厂仓库的可得存货。为说明本例子，假定在工厂仓库保留 100 个单位的存货是合乎需要的，因此，500 个单位是可得的分配数。

用于确定供给天数的计算公式如下：

$$DS = \frac{A_j + \sum_{j=1}^{n} I_j}{\sum_{j=1}^{n} D_j} \tag{9-6}$$

式中：

DS——配送中心订货的共同供给天数；

A_j——从工厂仓库分配给配送中心 j 的存货单位数；

I_j——用单位数表示的配送中心 j 的存货；

D_j——配送中心 j 的日需求量。

分配给每个配送中心的数量由下式确定：

$$A_j = (DS - I_j / D_j) \times D_j$$

式中符号含义同上。

虽然公平份额分配可以在多个地点协调存货，但它并没有考虑各地点的特殊因素，诸如完成周期、经济订货批量或安全储备需要等方面的差异。因此，公平份额分配方法在管理多阶段存货方面受到了限制。

配送计划和均分法描述了合理使用库存网络的方法。这些方法增加了逐步减少库存（前置期）的可能性，这可以通过削减网络、提高预测质量和更加合理、可靠地设置库存点来实现。

四、全球化物流的评估*

如果一个制造商能够在一个加工点满足世界范围内对某一产品或者零配件的需求，那么其规模经济将是非常显著的，以至于值得承担将产品运送到实际使用地而产生的额外运输成本和在途库存持有成本。是否实施全球化,公司必须进行收益与成本的评估。下面介绍全球化物流评估的模型。

(一) 全球化物流计划的基本模型

对于实施全球化物流计划,有许多可行的方案,在多种可行方案中,需要进行详细的成本分析,以便选出最佳的全球化物流方案。通过初步的分析与研究,制订出了3个全球化物流计划方案,分别称为方案1、方案2和方案3。下面的模型说明了3个备选物流系统在各自情况下对运送成本的影响。

方案1:所有的产品在国内一些工厂生产,按当地的生产成本率,并且用当地的配送体系运送。

方案2:所有的产品在A国的某工厂生产,由于集中生产实现了一定的规模经济,因此加工成本对所有国家都一样,产品则通过每个国家的国内仓库来配送。

方案3:所有产品在一个地方生产,并通过紧挨工厂的主要仓库直接运送到客户那里。

在进行分析之前,需要一些基本的成本数据。需要注意的是:

① 当所有生产是在A国的时候,每个产品成本是10元(实现了规模经济)。

② 当每个国家做其自己的国内需求时,成本是变化的,并且所有情况下都高于10元(即使是在A国),原因在于不再有规模经济(需求总量被分解了)。

③ 同样,运送和销售成本在不同的方案中也是不同的。在A国(方案1)的情景下,配送成本是每单位产品1元,在欧洲国家是每单位产品1.5元。

④ 在方案2中,产品在一个地方生产(在A国),并且运送到每个国家的仓库中,然后就可以通过当地的运输体系进行运送。不同国家的运送成本是不同的。

⑤ 在方案3中,产品直接从工厂运送到客户,无需在每个国家搬运和储存。

⑥ 不论在哪里持有库存,年持有成本百分比为20%。在这个模型中,库存持有成本是在安全库存的基础上测算的,因为平均循环库存已经假定为方案1,方案2和方案3是一样的。

已知的成本数据见表9-11。

表9-11 各种成本数据

	A国家	B国家	C国家	D国家	E国家
当所有产品在A国生产的每箱产品成本	10.00	10.00	10.00	10.00	10.00
当所有产品在每个国家生产的每箱生产成本	10.10	10.20	10.40	10.30	10.20
方案1:从国内工厂配送的成本	1.00	1.00	1.50	1.00	1.50

续表

	A 国家	B 国家	C 国家	D 国家	E 国家
方案 2：从国内仓库分销，从 A 国中心工厂配送的成本	1.00	3.00	3.50	3.00	4.50
方案 3：直接从 A 国的中央工厂配送的成本	1.00	2.50	3.00	2.50	3.50
持有成本是安全库存的20%					

下面利用表格评估各方案。

方案 1 的评估过程如表 9-12 所示。

表 9-12 方案 1 的评估过程表

方案 1：当由 5 个独立的国内公司生产时，每箱产品的总配送成本（估计值）

国家	年销售量/百万箱*	生产成本/(元·箱)**	国内配送成本/箱	国内生产时的总配送成本	前置期/周	需求的标准方差***	安全库存****	持有成本（20%）/(元·年)
A	5	10.1	1.00	55 500 000	1	30 000	90 000	181 800
B	5	10.2	1.00	56 000 000	1	30 000	90 000	183 600
C	5	10.4	1.50	59 500 000	1	30 000	90 000	187 200
D	10	10.2	1.00	112 000 000	1	60 000	180 000	367 200
E	20	10.3	1.50	236 000 000	1	120 000	360 000	741 600
总计	45			519 000 000			810 000	1 661 400

成本汇总——国内生产

	£
把持有成本排除在外的配送成本	519 000 000
持有成本	1 661 400
总配送成本	520 661 400
每箱产品的平均成本	11.57

* 每周的需求＝年度需求/50

** 国内生产时的成本：所有来源于国内的输入值

*** 平均值和标准方差之间的推测关系＝0.30 按照国内计算

**** 基于（3 倍的标准方差×（0.30×每周的平均需求量）×前置期的平方根）

对于方案 1：

所有国家的配送成本＝∑年销售量×（单位生产成本+单位配送成本）＝519 000 000

需求的标准方差＝周平均值×0.30＝（年销售量/50）×0.30

安全库存：假设在补货期间，需要3个标准方差涵盖需求的不确定性。则：

安全库存 = 标准方差 × 3 × 前置期的平方根

总库存持有成本 = ∑安全库存 × 每箱生产成本 × 20% = 1 661 400

把持有成本排除在外的配送成本（所有国家的配送成本）= 519 000 000

总配送成本 = 总库存持有成本 + 把持有成本排除在外的配送成本
          = 1 661 400 + 519 000 000 = 520 661 400

每箱产品的平均成本 = 520 661 400/45 000 000 = 11.57

按照相同的程序对方案2进行评估。一些不同点在于：

① 因为生产在A国集中进行，所以每箱产品的制造成本对所有国家都是相同的。

② 方案2的配送成本比方案1的高，除A国之外（配送成本没有变化）。因为配送成本包括把产品从单一的制造厂运输到所有其他的国家（从B到E）的运输成本。

③ 每个配送地点的前置期不同，反映了从制造厂到每个国家的转运次数不同。

④ 如果集中生产，安全库存反映前置期将更长。

⑤ 安全库存水平越高，前置期越长。

⑥ 需求的标准方差与方案1相同，因为库存的管理是基于国内而不是全球。

⑦ 每箱产品的平均配送成本升至13.56元，尽管集中生产使每箱产品的制造成本有所降低，但每箱产品的配送成本变得更高。

表9-13 方案2的评估过程表

方案2：当由一个地点生产并负责向全球仓库配送时，每箱产品的总配送成本（估计值）

国家	每年的销售量/百万箱*	每箱成本（国内生产）**	每箱产品的全球配送成本	全球生产时的总配送成本	前置期/周	需求的标准方差***	安全库存****	持有成本（20%）/（元·年）
A	5	10	1.00	55 000 000	1	30 000	90 000	180 000
B	5	10	3.00	65 000 000	2	30 000	127 279	254 558
C	5	10	3.50	67 500 000	3	30 000	155 885	311 769
D	10	10	3.00	130 000 000	4	60 000	360 000	720 000
E	20	10	4.50	290 000 000	4	120 000	720 000	1 440 000
总计	45			607 500 000			1 453 164	2 906 328

成本汇总——国内生产

	£
把持有成本排除在外的配送成本	607 500 000
持有成本	2 906 328
总配送成本	610 406 328

| | 每箱产品的平均成本 | 13.56 | | | |

* 每周的需求＝年度需求/50

** 当由一个地点集中生产时的每箱生产成本

*** 平均值和标准方差之间的推测关系＝0.30

**** 基于（3倍的标准方差×（0.30×每周的平均需求量）×前置期的平方根）

表 9-14 方案3的评估过程表

方案3：在一个地方集中生产并直接将产品配送在B，C，D，E国的客户

国家	每年的销售量/百万箱*	每箱成本（国内生产）**	每箱产品的全球配送成本	全球生产时的配送成本总量	前置期/周	需求的标准方差***	各个方案中的安全库存****	持有成本(20%)/(元·年)
A	5	10	1.00	55 000 000	1	25 000	75 000	150 000
B	5	10	2.50	62 500 000	1	25 000	75 000	150 000
C	5	10	3.00	65 000 000	1	25 000	75 000	150 000
D	10	10	2.50	125 000 000	1	50 000	150 000	300 000
E	20	10	3.50	270 000 000	1	100 000	300 000	600 000
总计	45			577 500 000			675 000	1 350 000

成本汇总——国内生产

	£
把持有成本排除在外的配送成本	577 500 000
持有成本	1 350 000
总配送成本	578 850 000
每箱产品的平均成本	12.86

* 每周的需求＝年度需求/50

** 当由一个地点集中生产时的每箱生产成本

*** 平均值和标准方差之间的推测关系＝0.25

**** 基于（3倍的标准方差×（0.30×每周的平均需求量）×前置期的平方根）

对3个方案进行汇总分析，汇总表见表9-15。

表 9-15　3 个方案的评估汇总表　　　　　　　　　　　单位：元

	把持有成本排除在外的配送成本	持有成本	总配送成本	每箱产品的平均成本
方案 1	519 000 000	1 661 400	520 661 400	11.57
方案 2	607 500 000	2 906 328	610 406 328	13.56
方案 3	577 500 000	1 350 000	578 850 000	12.86

结果：显然方案 1 的成本最低。

（二）模型应用的有关问题

这个模型指出：这个基本模型为结构性问题提出了一些解决问题的方法和见解，即什么是需要理解和解决的关键问题？如果要选择全球性的解决方案，那么可能会有较大的营销问题；成本差额需要再次检查，等等；不能机械地认为依靠单一的全球物料来源进行集中生产，同时依靠规模经济来确保成本的节省，这样就能够达到每单位产品最低的总配送成本；如果集中生产的成本差额十分大，那么有可能抵消运输和营销的劣势。

上面的模型可以很容易进行延伸和修正：可以加入更多的国家；可以改善配送成本的计算方法，例如将运输要素中的搬运和保管分离开来。可以增加具有不同生产和运输成本结构的产品；可以计算每个方案下的循环库存水平，在现有的状况下，此模型假定所有的配送点都是频繁补货的，以至于假定循环库存量在所有方案中都是一样的；增加进货原料和半成品的投资可能会改变现有的平衡。如果选择集中生产，那么这实质上影响了总平衡。

自学指导

学习重点

1. 牛鞭效应

如果批发商向零售商供货，而不是直接由供应商供货，那么批发商将会感觉到客户（零售商）需求的增加。反过来导致对分销商的需求增加，分销商又会增加对供应商的需求。在这种随着往供应链上游需求变动程度增大的现象称为"牛鞭效应"或称"弗雷斯特效应"。

2. 供应链中的生产库存[*]

（1）生产库存的地点。

（2）减少进厂物料和零部件的库存。

（3）减少生产过程中的半成品库存。

（4）大规模定制在降低库存中的作用。

3. VMI 的原则和形式[*]

（1）供应商管理库存的原则：① 合作精神（合作性原则）。② 使双方成本最小

（互惠原则）。③ 框架协议（目标一致性原则）。④ 连续改进原则。

（2）供应商管理库存的形式：① 供应商自己的仓库里；② 专用的设施；③ 用户的仓库里。

4. 联合库存管理（JMI）

所谓联合库存管理是一种在 VMI 的基础上发展起来的上游企业和下游企业权利责任平衡和风险共担的库存管理模式。

5. 均分法

均分法也称为公平份额分配法，它是一种简化的存货管理计划方法，用以向每一个配送设施提供公平的或"公平份额"的可得存货，这些可得存货来自诸如工厂仓库之类的共同货源。

学习难点

1. VMI 的实施*

（1）VMI 的实施方法；（2）VMI 的实施效果：逼近零库存；规避风险。

2. 配送网络的选址*

（1）影响选址的因素：支持运输和物流的基础设施、劳动力的可用性和适应性、激励的有效性、供应商和客户的接近程度、公司偏好、土地和建设开发成本等；（2）建模方法：常用的建模方法有最优化法、模拟法和探索法。

3. 多重配送系统中的库存*

水平网络是指那些从仓库结构方面讲处于同一层面的所有仓库，水平网络中安全库存的计算公式如下：

（1）只有 1 个配送点（$i=1$），安全库存$=SS$。

（2）平均分配给 n 个仓库（$i=n$）时，每个仓库的安全库存$=SS\times\sqrt{n}$。

（3）按比例（$a_1:a_2:\cdots:a_n$）分配给 n 个仓库时，第 i 个仓库的安全库存$=a_i\times\sqrt{SS}$。

（4）从 n 个配送点，其需求比例为 $a_1:a_2:\cdots:a_n$，变为 m 个配送点，其需求比例为 $b_1:b_2:\cdots:b_m$ 时，安全库存增加比例的计算公式为：

$$增加的安全库存（\%）= \frac{\sum_{j=1}^{m}\sqrt{b_j} - \sum_{i=1}^{n}\sqrt{a_i}}{\sum_{i=1}^{n}\sqrt{a_i}} \times 100\% \qquad (9-7)$$

式中：

a_i——原有网络中配送点之间需求的比例，$i=1, 2, \cdots, n$；

b_j——新网络中配送点之间需求的比例，$j=1, 2, \cdots, m$；

n——原有网络中配送点的个数；

m——新网络中配送点的个数。

（5）从 n 个配送点，其需求量分别为 $SS_1, SS_2, \cdots, SS_n$，集中到 1 个配送点时，安全库存的减少比例的计算公式为：

$$减少的安全库存（\%） = \frac{\sum\sqrt{\frac{SS_i}{\sum SS_i}} - 1}{\sum\sqrt{\frac{SS_i}{\sum SS_i}}} \times 100\% \qquad (9\text{-}8)$$

复习题

一、多项选择题（在备选答案中有2~5个是正确的，将其全部选出并将它们的标号写在题后的括号内，错选或漏选均不给分）

1. 供应商管理库存的形式有（　　）。
   A. 离用户近的供应商自己的仓库里　　B. 专用的设施
   C. 用户的仓库里　　D. 在供应商处的供应商自己的仓库里
   E. 以上均可以

2. 供应商管理库存的原则有（　　）。
   A. 合作精神（合作性原则）　　B. 连续改进原则
   C. 使双方成本最小（互惠原则）　　D. 框架协议（目标一致性原则）
   E. 自己利益最大化原则

3. 导致物流网络重新设置的因素有（　　）。
   A. 客户服务需求的改变　　B. 保持竞争优势的需要
   C. 供应商和客户位置的改变　　D. 原网络毁坏
   E. 公司所有者的改变

二、简答题

1. 供应链中库存的作用有哪些？
2. 简要说明VMI的目标是什么？
3. 影响配送网络选址的因素是什么？
4. 简要说明供应链中的库存位置。
5. 简述全球化对库存管理的影响。

三、计算题

用重心法来决定某个仓库的位置，这个仓库要从3个候选位置中挑选，而且必须为6个商务区提供服务。寻找最优化模型的标准就是运输成本。已知数据见表9-5。

四、案例分析题

美的的供应商管理库存[①]

在广东地区，美的近期正在悄悄地为终端经销商安装金算盘财务进销存软件。这是美的日益浮出水面的"业务链条前移"策略：实现"供应商管理库存"（以下简称VMI）中的一个步骤。

[①] 资料来源：http://hi.baidu.com/chaoqunliu/item/9aed2aca0908f4d497445250

零库存梦想

美的虽多年名列空调产业的"三甲"之位，但是不无一朝城门失守之忧。近年来，在降低市场费用、裁员、压低采购价格等方面，美的频繁变招，其路数始终围绕着成本与效率。在供应链这条维系着空调企业的生死线上，美的更是动作不断。据业内统计数据，全国厂商估计有700万台空调库存。长期以来，美的空调一直自认成绩不错，但是依然有最少5~7天的零部件库存和几十万台的成品库存。在强敌如云的市场中，这一数字仍然不能让美的满意。相对其他产业的优秀标杆们，这一存货水准甚至有些让其"汗颜"。

例如，在厦门设厂的戴尔，自身并没有零部件仓库和成品仓库。零部件实行供应商管理库存（VMI）；成品则完全是订单式的，用户下单，戴尔就组织送货。而实行VMI的，并不仅仅限于戴尔等国际大企业，海尔等国内家电公司已先饮头啖汤。

有了戴尔的标杆和海尔的压力，美的也开始导入供应商管理库存（VMI）。美的作为供应链里的"链主"（核心企业），供应商则追求及时供货（JIT）。

对于美的来说，较为稳定的供应商共有300多家，零配件（出口、内销产品）加起来一共有三万多种。但是，60%的供应商是在美的总部顺德周围，还有部分供应商是车程三天以内的地方，如广东的清远一带。因此，只有15%的供应商距离美的较远。在这个现有的供应链之上，美的实现VMI的难度并不大。

对于这15%的远程供应商，美的在顺德总部建立了很多仓库，然后把仓库分成很多片。运输距离长（运货时间3~5天的）的外地供应商一般都会在美的的这个仓库里租赁一片区（仓库所有权归美的），并把零配件放到片区里面储备。

在美的需要用到这些零配件的时候，就会通知供应商，然后进行资金划拨、取货等工作。这时，零配件的产权才由供应商转移到美的手上——在此之前，所有的库存成本都由供应商承担。

此外，美的在其应用的ERP（企业资源管理）基础上与供应商建立了直接的交货平台。供应商在自己的办公地点就能看到美的的订单内容：品种、型号、数量和交货时间等。供应商不用再安装一整套ERP系统，而是通过互联网（Web）的方式，登录到美的公司的页面上。

实施VMI后，供应商不需要像以前一样疲于应付美的的订单，而是做一些适当的库存即可。美的有比较强的ERP系统，可以提前预告供货的情况，告诉供应商需要的品种和数量。供应商不用备很多货，一般满足3天的需求即可。

实施VMI的当年，美的的零部件年库存周转率就上升到70~80次，零部件库存也由原来的平均5~7天存货水平大幅降低为3天左右，而且这3天的库存也是由供应商管理并承担相应成本。

库存周转率提高一次，可以直接为美的空调节省超过两千万元人民币的费用。库存周转率提高后，一系列相关的财务"风向标"也随之"由阴转晴"，让美的"欣喜不已"；资金占用降低、资金利用效率提高、资金风险下降、库存成本直线下降——近一年来，美的的材料成本大幅下降。

目前美的空调成品的年库存周转率大约接近10次，而美的的短期目标是将成品空调的库存周转率再提高1.5~2次。

思考题：

1. 根据案例分析美的是如何实施 VMI 的？
2. 案例对你有何启示？

第10章 库存绩效与标杆管理

自学时数

10学时。

教师导学

本章主要介绍了对于库存管理工作的绩效评价,标杆管理的概念,通过变革改善库存绩效等内容。以上内容需要大家很好地理解及掌握,能够对实际案例作出分析。本章重点在于对库存管理工作的绩效评价及掌握标杆管理的概念,构建科学合理的库存绩效评价指标体系。

在自学辅导时,应注意以下几个方面:

(1) 对库存管理工作的绩效可以从不同的方面给予评价,建立相应的评价指标;

(2) 标杆管理的目的是找出本企业与标杆企业的差距,制定有针对性的改进措施。

(3) 库存绩效改善需要多方面的努力,让学员明白管理技巧、团队、人力资源等问题与绩效改善的关系。

第1节 库存绩效评价

企业经营绩效评价,指的是对企业一定经营期间的资产运营、财务效益、资本保值增值等经营成果进行真实、客观、公正的综合评判。正确评价企业经营业绩和衡量企业经营者的工作成绩已成为企业管理的重要内容。人们从事各项管理工作,都希望用较少的投入取得较大的成果,对于库存管理来说也是如此。因此,需要对库存管理工作进行必要的评价和考核。由于库存管理工作涉及的内容繁多,这就使得对库存管理绩效的考核复杂化,全面科学地评价库存管理绩效是一件非常重要的事情。

一、绩效评价指标及评价原则

(一) 绩效评价指标的概念

绩效评价是指运用一定的评价方法、量化指标及评价标准,对评价对象实现其职能所确定的绩效目标的实现程度所作的综合性评价。

绩效评价指标是由一系列相关指标组成的反映评价对象各方面绩效的评价指标集。它是实施绩效评价的基础，任何评价行为都要依据一定的指标。库存绩效取决于诸多因素，具有综合性特征。一般情况下，单一的指标难以全面反映库存绩效，因而实施绩效评价必须构建一个反映库存绩效各个侧面的由一系列相关指标组成的评价指标集。

合理的绩效指标集应满足下列要求：

① 符合绩效评价目的和评价内容的要求。选取的指标应具有明确的经济含义，能够从不同侧面反映库存绩效的实质，指标集从整体上能够涵盖绩效评价内容的所有方面。

② 在指标集中各项指标相互间具有较高的独立性。指标之间若存在较大的相关性，必然造成指标内容所反映的信息重叠。

③ 信息的冗余度低。较高的信息冗余会导致评价对象之间差异显示不灵敏。

（二）绩效评价应遵循的原则

随着库存管理理论的不断发展和供应链实践的不断深入，客观上要求建立与之相适应的库存绩效评价方法，并确定相应的绩效评价指标，以科学客观地反映其运营情况与管理水平。库存绩效评价指标有其自身的特点，在制订库存绩效评价指标时应遵循如下原则：

① 科学性。科学性原则要求所设计的库存绩效评价指标体系能够客观地、如实地反映库存管理的所有环节和活动要素，指标要能反映库存绩效的整体情况，而不仅仅是反映单个环节或活动要素的绩效情况。

② 可行性。可行性原则要求所设计的库存绩效评价指标便于管理人员掌握和运用，数据容易获得，便于统计计算，便于分析比较。

③ 协调性。协调性原则要求在对关键绩效指标进行重点分析的基础上，注重各项指标之间相互协调，不能相互矛盾和重复。

④ 可比性。在对指标的分析过程中很重要的是对指标加以比较，如实际完成与计划相比、现在与过去相比、与同行相比等，所以可比性原则要求指标在期间、内容等方面一致，使指标具有可比性。

⑤ 稳定性。稳定性原则要求指标一旦确定之后，应在一定时期内保持相对稳定，不宜经常变动，频繁修改。在执行一段时间后，经过总结再逐步改进和完善。

二、库存绩效评价指标体系

库存管理的绩效如何，库存控制是否达到了目标，这些都需要用一定的指标来衡量。通过建立绩效指标来衡量库存管理功能的有效性。衡量库存管理绩效需要许多基础数据，而使用企业资源计划（ERP）和库存管理软件可以收集和处理这些相关数据。

根据业务性质和行业领域的不同，不同的企业可能使用不同的库存绩效指标。库存绩效指标应该总是围绕企业整体战略目标和近期目标来设定。常见的库存绩效指标包括财务指标、运作指标以及营销指标，如表 10-1 所示。

表 10-1　常见的绩效指标

指标类型	说明
财务指标	库存对收益和损失的反映，包括采购价格变动分析 库存总投资 相对于预算的绩效情况 已销库存费用和持有库存费用
运作指标	库存周转率 服务水平 库存准确率 采购物品质量 相对于目标的绩效情况
营销指标	库存可用性、缺货、订单丢失和备份订单 服务和保修费用 库存中的过时物品 销售预测准确性

在衡量库存管理工作的绩效时，应构建科学的库存绩效评价指标体系，将财务指标与运作指标以及营销指标结合，定性指标与定量指标结合，选取的指标能够反映整个库存管理工作的流程中各环节的绩效情况。实际工作中常用的指标如下：

（一）库存周转率

库存周转率是衡量库存控制有效性的一个指标，它反映了满足用户需求的经济性。它将投入在库存上的资金数量与该资金的使用联系起来，所以该指标衡量了总库存投资的有效性，而不是仅仅衡量单个的库存项目。

库存周转率的计算方法是，将一段时间里的全部消耗量（销售金额）除以该时间里的平均库存价值。关键是度量库存在一年里的周转次数。

库存周转率可用下式表示：

$$库存周转率 = \frac{年销售额}{年平均库存金额} \tag{10-1}$$

由于库存功能不同、业务类型不同和比率的计算方法不同，周转率也不同。因此，库存周转率还可以细分为零售业的库存周转率、制造业的库存周转率、原材料库存周转率。零售业的库存周转率是总销售额除以总库存金额，而制造业是用销售的物品费用除以总库存金额，其计算公式如下：

$$零售业的库存周转率 = \frac{总销售额}{总库存金额} \tag{10-2}$$

$$制造业的库存周转率 = \frac{销售物品金额}{总库存金额} \tag{10-3}$$

$$原材料库存周转率 = \frac{原材料消耗金额}{原材料平均库存值} \qquad (10-4)$$

式中，平均库存值指全部库存物品的价值之和，一般来说是指某一时间段内（而不是某一时刻）库存所占用的资金。另外，上面每一式的分子分母的数值均应指相同时间段内的数值。

例如某公司在2011年一季度的销售物料成本为200万元，其季度初的库存价值为30万元，该季度底的库存价值为50万元，那么其库存周转率为200/［(30+50)/2］=5次，相当于该企业用平均40万的现金在一个季度里周转了5次。

库存周转越快表明库存管理的效率越高。反过来，库存周转慢意味着库存占用资金量大，保管等各种费用也大。库存周转率对企业经营中至关重要的资金周转率指标也有很大的影响。但究竟库存周转率多大为最好是难以一概而论的，很多北美制造业企业为1年6～7次；而有些日本企业可达1年40次之多。通过减少低消耗率和低价值的物品的订货次数，增加高价值物品的订货次数，EOQ经常可以提高整体库存周转率。

（二）服务水平

服务水平或需求满意是衡量在用户需要时库存可获得性的指标。表10-1中的服务水平对于不同的行业与服务有不同的理解和定义，如：① 零售企业用客户服务（企业的最终客户）水平来衡量其服务水平；② 制造业用设备操作水平、生产服务水平（依靠库存供应的设备或生产保持运行的时间）来衡量其服务水平；③ 仓储企业常用用户服务（库存项目对用户需求满足的供货数量）水平来衡量其服务水平。

服务水平高当然更好一些，但要考虑库存费用。服务水平或需求满意是通过由库存满足的用户需求的数量来计算的，表示为占所有总需求数量的比例。要提高用户的满意度，就要提高库存，应当调节需求满意度与库存需求之间的平衡。

衡量服务水平的常用指标如下：

① 订货或运输（或立即从库存中取出）是否按计划进行。
② 由于物料或零部件的短缺而造成的闲置生产时间。
③ 缺货的可能性。
④ 收货时拒绝收货的比率。
⑤ 在生产中部件或原材料拒绝收货的比率。
⑥ 在特定时间内没有动用库存的比率。
⑦ 库存满足需求的比率。
⑧ 库存与目标库存的比较。
⑨ 多余库存的数量。
⑩ 用户抱怨的次数。

（三）出入库服务（管理）水平

1. 出库率（rate of delivery）

出库率是实际出库量（数量、重量、金额）与计划出库量的比率。其计算公式为：

$$出库率（\%）= \frac{每月实际出库量}{每月计划出库量} \times 100\%$$

此值随每月的计划出库量而异。计划数量少时，出库率往往远远超过100%；当计划数量多时，出库率往往大大低于100%，这样的值都不能说是好的。但是，计划值较恰当时，出库率为100%是好的。出库率反映出库作业的状态，是一个重要的指标。

2. 供给率（rate of supply）

供给率表示库存物品对用户需求满足的程度，即用户服务水平，是供给量（数量、重量、金额）与要求量（数量、重量、金额）的比值。供给率可根据不同物资种类、不同要求单位以及全月合计数量等进行计算。一般的计算公式为：

$$供给率（\%）= \frac{实际出库量}{要求出库量} \times 100\%$$

这个值不管库存中物资种类、需求单位、全月合计数量如何，都以100%为好。统计资料表明，在期限允许范围内供给率一般在75%~90%之间。

3. 及时发放率（rate of prompt delivery）

及时发放率是衡量库存准确率的指标之一，指要求从仓库出库交给对方的物资数量与能够及时予以发放物资数量的比率。

这里的及时界限，可以把即时、即日、2日以内或3日内等看成是及时，一般由企业确定。其计算公式为：

$$及时发放率（\%）= \frac{实际及时出库的数量}{要求及时出库的数量} \times 100\%$$

及时发放率以100%为最好。实际上多数为60%，其次为80%，极少能达到100%。

4. 综合发放率（rate of perfect delivery）

综合发放率是指每月实际发放的物资数量（件数、重量、金额）与本月要求发放物资数量的比率。其计算公式为：

$$综合发放率（\%）= \frac{每月实际出库量}{每月要求出库量} \times 100\%$$

综合发放率也是越接近100%越好。

5. 收发差错率

收发差错率也是衡量库存准确率的指标之一，是指物资种类、质量、数量、重量、金额、时刻、时期、发货目的地等出入库时发生差错的数量占总出入库量的比率。收发差错率反映物资在收发过程中的差错情况，误发率多数按旬或按月计算。按月计算的公式为：

$$收发差错率（\%）= \frac{计划期内发生收发差错的物资量}{计划期内仓库的进出总量} \times 100\%$$

式中的差错量应该是由于验收不严、复核不够而造成错发错收的物资总量，一般以每笔收发业务为计算单位，其值最好为0%。

6. 账卡物相符率

账卡物相符率反映仓储记账、料卡、实物三者相符的情况。其计算公式为：

$$账卡物相符率（\%）=\left(1-\frac{账卡物不符项数}{库存物资总项数}\right)\times100\%$$

账卡物相符率也是越接近100%越好。

（四）库存管理方面的指标

1. 物资吞吐量和库存量

物资吞吐量也称为周转量，是指计划期内仓库进出库物资数量的总和。计划期可分为年、季或月。物资吞吐量通常以实物指标"吨"（机电产品可按规定折算为吨）来表示。其计算公式为：

计划期内物资吞吐量＝计划期内物资总进库量＋计划期内物资总出库量

物资吞吐量指标反映仓库的工作强度，相当于工业企业的产量指标，有时也称其为仓库的产量指标，它影响和决定着其他指标。因此，物资吞吐量在仓储经济技术指标中占主要地位。通过实际完成的吞吐量与上期对比，可以了解到仓储工作强度的增减情况，找出物资周转规律，并弄清在库房面积、设备和劳动力等一定的条件下仓库的吞吐能力和潜力的大小。

库存量是指计划期内的平均库存量，它反映了仓库的平均储存水平。其计量单位为吨，计算公式为：

$$月平均库存量=\frac{月初库存量+月末库存量}{2}$$

$$年平均库存量=\frac{各月平均库存量之和}{12}$$

2. 平均保管周期

平均保管周期是指平均一批物资在库保管时间的长短。它反映了保管工作量和强度的大小。保管时间越长，要求保管的条件越高，维护保养的工作量越大，反之越小。同时它也反映了物资周转的快慢。其计算公式为：

$$平均保管周期=\frac{计划期天数}{计划期内物资周转次数}$$

$$物资周转次数=\frac{计划期内物资出库总量}{同期物资平均库存量}$$

当出库任务不均衡时，上式中的分子可用计划期内吞吐量的平均值计算。在一般情况下库存物资周转速度与出库量成正比，与库存量成反比。

3. 物资完好保管率

物资完好保管率反映物资经过保管后的完好情况。可由数量完好率、品种完好率及质量完好率来衡量，它们的计算公式分别为：

$$数量完好率（\%）=\frac{计划期内保管后完好物资总量}{计划期内入库保管的物资总量}\times100\%$$

$$品种完好率（\%） = \frac{计划期内入库的物资品种数 - 物资品种混淆数}{计划期内入库保管的物资品种数} \times 100\%$$

$$质量完好率（\%） = \frac{计划期内保管后完好的物资总值}{计划期内入库保管的物资总值} \times 100\%$$

4. 仓库利用率

仓库利用率是仓库在面积、容积等方面的有效利用程度的指标，反映仓库能力的利用情况以及仓库规划水平的高低。具体包括仓库有效面积利用率、有效仓容利用率。仓库有效面积利用率的计算公式为：

$$仓库有效面积利用率（\%） = \frac{仓库实际使用面积（平方米）}{仓库内有效面积（平方米）} \times 100\%$$

这个值随着物资的接收量、保管量、发放量、物资的性质、保管的设备、物资的放置方法、搬运设备、物资的处理方法、通路的布置方法、搬运手段、库存管理方法等而异。根据以往的统计数据确定出其理想值，见表10-2。表中的理想值是很难达到的。因为在计算时有效面积包括通路面积，而使用面积则不包括通路面积。一般情况下，仓库通路所占面积比率为20%~70%。从有效面积利用率可以看出仓库工作人员的业务水平。

表10-2 仓库有效面积利用率的理想值

仓库内状态	理想值
仓库管理水平高	70%
仓库管理水平中等	60%
仓库管理水平低	50%

仓库有效容积利用率是指实际使用容积与仓库内有效容积的比率。通路所占的容积包括在有效容积之内，但使用容积则不包括通路容积，仅计算放置物资的容积。其计算公式为：

$$仓库有效容积利用率（\%） = \frac{仓库使用容积}{仓库内有效容积} \times 100\%$$

这个值在与上述仓库有效面积利用率相同的各种条件下也有所不同。其理想值如表10-3所示。

表10-3 仓库有效容积利用率的理想值

仓库内状态	理想值
仓库管理水平高	50%~60%
仓库管理水平中等	30%~40%
仓库管理水平低	15%~20%

仓库有效容积利用率要达到50%或60%是比较困难的。这是因为仓库中的通路占用了很多面积，这在容积上也反映出来。因此，通路的布置方法就左右着有效容积利

用率。在仓库容积效率方面，能否提高库内有效容积利用率最终将表现仓库工作人员的业务水平高低。

（五）综合管理方面的指标

1. 质量保证率

质量保证率反映了仓库部门保证物资原有质量的水平，一般可按下式计算：

$$质量保证率（\%）= \frac{无质量事故的出库量}{出库量} \times 100\%$$

质量保证率的理想值是100%，但是像综合管理工作效率一样，它不是仓库部门单独可以提高的，其高低要受到其他各种管理方法和诸多条件的影响。

2. 安全率

这个指标反映仓储作业的安全程度。在仓库中是以发生劳动事故的件数来评价安全率的。其计算公式为：

$$安全率（\%）= \frac{无事故天数}{作业天数} \times 100\%$$

3. 仓储成本

它是指在一定时间内（月、季、年）仓库储存保管每吨物资的费用支出，是反映仓库生产经营活动的综合指标。其计算公式为：

$$仓储成本 = \frac{计划期内仓库的全部费用支出}{计划期内的保管总量}$$

或以仓储费用率来表示：

$$仓储费用率（\%）= \frac{计划期内仓库的全部费用支出}{计划期内库存物资收发总额/2} \times 100\%$$

式中，仓库的全部费用支出包括物资进出库费、仓库动力费、照明费、燃料费、仓库固定资产折旧及修理费、维护保养物资所需的辅助材料费、办公用品费、差旅费、职工工资及其他费用等。

4. 仓库的全员劳动生产率

它反映了仓库全体人员平均每人完成的物资吞吐量。其计算公式为：

$$全员劳动生产率 = \frac{实际完成的仓库物资吞吐量}{仓库在册职工总数}$$

5. 资金利润率指标

资金利润率指标包括全部资金利润率、固定资金利润率和流动资金利润率3个指标。其计算公式分别为：

$$全部资金利润率（\%）= \frac{利润}{固定资产平均占用 + 流动资金平均占用} \times 100\%$$

$$固定资金利润率（\%）= \frac{利润}{固定资金平均占用} \times 100\%$$

$$流动资金利润率（\%）= \frac{利润}{流动资金平均占用} \times 100\%$$

全部资金利用率是利润总额与仓库平均占用的固定资金和流动资金的比率。它反映仓库在经营活动中占用的资金和实现的利润之间的比例关系。这个指标的特点是既从劳动耗费又从劳动占用来反映经营成果。这是由于利润本身已经是收入减去成本后的余额，代表社会必要劳动耗费与仓库个别劳动耗费的对比结果，因而可以直接代表经营成果。利润的增减，既表示成本的降或升，又表示仓库经营成果的大小。而将利润指标再同仓库占用的资金对比，确定等量资金提供的利润额，即每占用1元资金实现的利润。所以，这一指标能反映仓库对资金利用的不同水平。

上述经济技术指标按其性质来分，也可分为数量指标和质量指标两大类。数量指标是表示计划期内仓库生产经营活动各个方面应达到的数量，它通常以绝对值表示，如物资吞吐量、库存量、仓储成本等。质量指标是表示计划期内仓库生产经营活动各个方面在质量上应达到的要求，它通常以相对数（比例、比率、百分数）来表示，如库存物资周转率、物资完好率、仓库利用率、劳动生产率等。

指标体系中的数量指标与质量指标是相互联系、相互制约的。达不到数量指标，也就谈不上质量指标。在计划管理过程中应同时注意这两类指标，不能有所偏废。

在库存绩效指标体系中，各个指标从不同方面和角度反映了仓库生产经营活动的效果，但每个指标因其地位和作用不同，有些指标只能反映一些局部情况，有些指标是综合指标，能反映经济效果。例如，利润指标、资金利润指标，它们既是经营成果指标，也是生产经营过程中劳动耗费指标。又如劳动生产率指标，它既能反映劳动耗费的经济效果，又能反映生产经营管理水平。因此，资金利润率和劳动生产率指标被认为是两个能较好地评价经济效果的综合指标。

（六）对工作量的监控

库存管理者需要对工作人员的工作量进行记录和监控，以确保人员安排和工作都与库存管理目标一致。这些记录和监控系统可能包括独立部门或小组的目标或标准，如确定的交易时间、订货时间。

典型的工作量指标包括：

① 发货量。

② 配送量。

③ 所处理的可修理件。

④ 盘点。

⑤ 更换。

⑥ 订货次数。

⑦ 交易价值。

案例 10-1

峰达公司的库存绩效

峰达是一家工业企业，对库存管理绩效的评价通过计算相关指标的方式来评价。企业评价库存管理绩效通常通过计算库存商品周转天数，同上年实际水平比较，看看库存商品周转速度是否加快。这样评价无疑不会有什么不好，但它忽略了客观标准的比较。因此，应结合企业实际，站在整个工业企业的平均水平上来评价库存商品管理的绩效。

峰达工厂 2010 年产成品存货周转一次需要 25 天，则产成品存货周转率为 14.4 次（360÷25）。峰达工厂 2010 年产成品存货周转速度是快还是慢，这不仅要同该厂上年实际数据相互比较，更重要的是要同全国工业企业平均水平相互比较。

根据 2004—2009 年统计数据，全国规模以上工业企业产成品周转天数累计平均为 20.4 天，产成品周转率为 17.7 次，见表 10-4。

表 10-4　全国规模以上工业企业产成品周转速度计算表[①]

项目	2004 年	2005 年	2006 年	2007 年	2008 年	2009 年	六年累计	每年递增
1. 年末产成品/亿元	10 292.5	12 265.6	14 523.8	18 335.3	23 113.5	23 636.3	102 167.0	18.1%
2. 主营业务成本/亿元	157 072	207 324	261 975	328 195.5	411 430.4	440 526.9	1 806 523.1	22.9%
3. 产成品周转天数=平均产成品×360÷2	21.2[②]	19.6	18.4	18.0	18.1	19.1	20.4	—
4. 产成品周转率/次=360÷3	17	18.4	19.6	20.0	19.9	18.8	17.7	—

注：以上引用数据来源于 2005—2010 年各年《中国统计摘要》，其中，2007 年、2008 年、2009 年产成品金额为 11 月末数据，主营业务成本据 1 至 11 月数据推算为全年数据；2003 年末产成品为 8 172.4 亿元；② =（8 172.4+10 292.5）÷2×360÷157 071.6=21.2（天），其余年度计算类推。

峰达工厂 2010 年产成品存货天数为 25 天，比全国工业企业六年平均周转天数 20.4 天慢 4.6 天，说明峰达工厂库存商品管理还有改进的空间。

---

① 陆川. 论工业企业库存商品管理绩效的评价. 会计之友. 2011（18）：104-105.

第 2 节 标杆管理

一、标杆管理概述

标杆管理（Benchmarking）又称基准管理，是一种先进而有效的管理理论和管理方法，起源于 20 世纪 70 年代末 80 年代初美国学习日本的运动中。20 世纪 70 年代末，一直保持着世界复印机市场实际垄断地位的施乐公司遇到了来自国内外特别是日本竞争者的全方位挑战，如佳能、NEC 等公司。当时日本的企业正在复印机行业中占有重要的地位，其高质量、低价格的产品使施乐的市场占有率在几年的时间里从 49% 减到 22%[①]。为了迎接挑战，施乐公司的高层经理们提出了若干提高质量和生产率的计划，其中之一就是标杆管理。

施乐公司的标杆管理，通过全方位的集中分析比较，找出了与 NEC、佳能等主要竞争对手的差距，全面调整战略、战术，改进业务流程，并很快取得了成效。从此，标杆管理在全世界迅速推广开来，包括杜邦、通用、美孚石油、IBM 和柯达等国际著名公司纷纷效仿。

（一）标杆管理的定义

在北美，"标杆管理"这个术语是由施乐（Xerox）公司定义的。施乐公司将标杆管理定义为："一种将产品、服务和实践与最强大的竞争对手或行业内领导者相比较的持续的流程。"其核心是向业内或其他行业最优秀的企业学习。也就是说，标杆管理是指企业将自己的产品、服务和经营管理方式同行业内或其他行业的领袖企业进行比较和衡量，并在此基础上进行的一种持续不断的学习过程。学习的对象可以是行业中的强手，也可以是本企业内的先进单位，从而提高自身产品质量和经营管理水平，增强企业竞争力。简而言之，标杆管理就是"找出差距，制定目标，对照基准点，学习无止境"。

标杆管理按行业最佳实践和最佳流程来计划和建立，以获得极具竞争力的绩效。应用标杆管理有一系列的目标，其中包括：评估组织绩效、设定流程改进的优先次序以及寻求某个特定商业领域的改善，如客户服务、订货管理、需求预测等。

标杆管理注重的是发展最佳实践，而不是解决某一个特定问题，因此，重点应放在长期持续改善上。标杆管理的焦点是组织的流程，而不是对绩效的数字化评估。也就是说，在标杆管理中组织和实施活动比对比更为重要。另外，在实施标杆管理时，企业必须愿意接受其他公司能在某些方面比自己做得好这一事实。这曾是一些大公司学习的一个沉痛教训。有些公司仅仅注重产品比较，而忽略了竞争优势的其他方面。当竞争产品在功能特征上相似时，其他方面变得十分重要，如产品可获得性、售后服

---

① 唐纳德 J. 鲍尔索克斯，戴维 J. 克劳斯著. 物流管理供应链过程一体化，林国龙，宋柏，沙梅译. 机械工业出版社，1998.8：521.

务、技术指导等。

标杆管理可建立组织内部最佳规范,在许多大公司(特别是通过盈利成长起来的公司)里各部门流程可能迥然不同,找出"最佳",再应用到整个团体以增强竞争力,简化公司运作。

标杆管理站在全行业甚至更广阔的全球视野上寻找基准,突破了企业的职能分工界限和企业性质与行业局限,重视实际经验,强调具体的环节、界面和流程,因而更具有特色。标杆管理与企业再造、战略联盟一起并称为20世纪90年代三大管理方法。

标杆管理的显著特征是向业内或业外的最优企业学习。学习是手段,超越才是目的。通过学习,企业重新思考、定位、改进经营实践,不断完善自己,创造自己的最佳业绩,这实际上就是模仿创新的过程。

(二)标杆管理在改善绩效过程中的重要性

标杆管理是竞争分析过程的一部分,但是它涉及范围很宽,不仅仅包括产品和服务的比较,还包括管理和业务流程的比较,如库存管理、订货管理系统的绩效以及其他许多方面。

目前,标杆管理已经成熟,可以作为检测和改善公司竞争力的一种有效手段,并被世界许多大公司所采用,如美国AT&T、IBM、柯达、杜邦及摩托罗拉等许多公司都把标杆管理作为重要的工具。

标杆管理方式有各种各样的类型,但它们都建立在以下基础上:确定需要进行标杆管理的对象,寻找合适的标杆管理伙伴,揭示"最优者"是怎样取得成果的以及如何将这些知识运用于自己的公司或组织。

在实施标杆管理时,选择的学习对象并不局限于同类企业,可以是在其他行业中的一些业务流程中表现卓越的任何公司。实行标杆管理是一项非常细致的工作,需要深入探究如何完成和改善业务过程,它涉及公司各层面的流程。同时,标杆管理也是变化管理(the management of change)的一个重要工具。

标杆管理的最大回报通常是来自对业务的更深理解和对持续改进的不断追求。施乐公司在实施标杆管理时,通过全方位的集中分析比较,弄清了这些公司(如佳能、NEC等)的运作机理,找出了与佳能等主要对手的差距,全面调整了经营战略、战术,改进了业务流程,很快收到了成效,把失去的市场份额重新夺了回来。施乐公司在提高交付订货的工作水平和处理低值物品浪费大的问题上,同样应用标杆管理方法,以交付速度比施乐快3倍的比恩公司为标杆,并选择14个经营同类产品的公司逐一考察,找出了问题的症结并采取措施,使仓储成本下降了10%,年节省低值品费用数千万美元[①]。

经验表明,当对一家公司或它所在的行业之外的公司观察时,标杆管理是改革的一个重要动力,从而它也是制订物流战略的一个重要因素。标杆管理可以使一个企业

---

① 陈黎萍. 标杆管理:21世纪企业必修课. http://www.china-norm.com/research/index.htm

经常判断哪些环节经历了"最佳实践",并为管理过程提供实际的视角和连续的"点子流",用来从根本上重新设计流程,重组商业网络,甚至改换业务领域以达到改进绩效的目的。

一些应用标杆管理的公司发现标杆管理已经成为公司管理文化无孔不入的要素。例如,施乐公司曾经仅仅从产品比较来解释它的对手在小型复印机上的优势,但后来对日本多个行业里的几家顶尖制造商进行更广泛深入的调查,从而引起施乐公司管理供应商和开发新产品方式的根本变化,这些是它竞争力增强的重要原因。

(三) 常见的标杆管理方法

常见的标杆管理方法有 4 种,即竞争者标杆管理、过程标杆管理、客户标杆管理以及财务标杆管理。

(1) 竞争者标杆管理(Competitor benchmarking)。即以竞争对象为基准的标杆管理。通常在同一行业内,根据几家提供相似产品或服务的公司中的佼佼者设定标杆绩效。竞争者标杆管理的目标是与有着相同市场的企业在产品、服务和工作流程等方面的绩效与实践相互比较,直接面对竞争者。这类标杆管理的实施较困难,原因在于除了公共领域的信息容易接近外,其他关于竞争企业的信息不易获得。

(2) 过程标杆管理(Process benchmarking)。也称为流程标杆管理,是以最佳工作流程为基准实施的标杆管理。流程标杆管理针对的是类似的工作流程,而不是某项业务与操作职能或实践。由承担可比较业务流程(如采购或销售)的组织者设立标杆,他们通常属不同行业。这类标杆管理可以跨越不同类组织,它一般要求企业对整个工作流程和操作有很详细的了解。虽然流程标杆管理被认为有效,但也很难实施。

(3) 客户标杆管理(Customer benchmarking)。标杆就是顾客的期望值。

(4) 财务标杆管理(Financial benchmarking)。以标准财务比率(可从公开账目上得知)测评的杰出组织的绩效为标杆。

每个企业应仔细评价自己的方方面面,开始实施标杆管理过程的唯一有效方法就是首先确定是为财务需要还是为满足顾客的需要。任何类型的标杆管理,如果能正确地应用,都将使企业受益。

(四) 标杆管理的收益

实施标杆管理的主要收益有:

(1) 实施标杆管理要对一个组织内部的规范和操作进行细致观察和研究,可以更深入地了解公司的运作情况。

(2) 通过标杆管理的实施与最佳者的对比分析,可以确定关键成功因素和关键绩效指标(KPI)。

(3) 通过比较相似问题的不同解决方法,从他人的经历中学习。

(4) 通过挑战有关绩效、效能、效率及改进潜力等方面的传统观念,标杆管理能促进组织改革。

(5) 可以确认并采用最佳流程,而且避免了"重复别人探索过程"的不确定性及时间、金钱的花费。

（6）它可以作为一种激发组织中各层次人员创造力的一种方法。

（7）标杆管理可增加员工在改进过程中的主人翁意识，因为他们大量参与了标杆管理体系的引入。

（8）由于标杆管理不仅仅关注公司内部，它还可以引起或增加顾客的注意。

标杆管理之所以能引起各大企业的如此重视并风靡于世界，其根本原因在于它能给企业带来巨大的实效。标杆管理为企业提供了一种可行、可信的奋斗目标，以及追求不断改进的思路，是发现新目标以及寻求如何实现这一目标的一种手段和工具，具有合理性和可操作性。

（1）标杆管理是评估企业绩效的工具。标杆管理是一种辨识世界上最好的企业实践和认真学习的过程。通过辨识最佳绩效及其实践途径，企业可以明确本企业所处的地位以及需要改进的地方，从而制订适合本企业自身特点的有效的改进方案和发展战略。

（2）标杆管理是企业持续改进的工具。研究表明，标杆管理可以帮助企业节省30%~40%的开支，为企业建立一种动态测量各部门投入和产出现状及目标的方法，达到持续改进薄弱环节的目的。

（3）标杆管理是企业提高绩效的工具。通过标杆管理找出差距，制订改善目标，并通过持续的改善，不断提高企业的绩效。企业要想知道其他企业为什么或者是怎么样做得比自己好的，就必然要遵循标杆管理的概念和方法。

（4）标杆管理是制订企业战略的工具。竞争者可能维持某种现状，通过标杆管理，企业有可能发现和应用适合本企业的新战略，超越竞争者。

（5）标杆管理是企业增进学习的工具。标杆管理的另一个重要因素是，企业可以通过实施标杆管理方法，克服不足，增进学习，使企业成为学习型组织。树立基准，可以帮助企业员工增强信心，相信本企业还有更好的竞争手段。

（6）标杆管理是企业增长潜力的工具。标杆管理通过改善业务流程而有助于增强竞争优势，改善业务流程是为了赶上或超越选定领域的"最佳"（best in class）绩效。经过一段时间的运作，任何企业都有可能将注意力集中于寻求增长的内在潜力上，形成固定的企业文化。通过对各类标杆企业的比较，不断追踪把握外部环境的发展变化，从而能更好地满足最终用户的需要。

二、标杆管理流程

标杆管理的规划实施有一整套逻辑严密的实施阶段，大体可分为以下4个阶段：

（一）什么过程需要标杆管理

这是标杆管理的第一阶段，这个阶段的主要内容是决定向标杆学习什么与组成标杆管理小组（团队）。

1. 决定向标杆学习什么即确认标杆管理的目标，是标杆管理流程的第一阶段

在这一阶段主要界定标杆学习的明确主题。任何供应链中的活动和流程是非常多的，不可能同时对它们确立标杆，必须确定哪些活动和流程（如成本减少、库存投资、订货流程等）能产生最大收益，然后再确定学习、比较和改善的优先顺序。这是标杆管理项目的基础。在实施标杆管理的过程中，首先，要坚持系统优化的思想，不是追求企业某个局部的优化，而是要着眼于企业总体的最优。其次，要制定有效的实践准则，以避免实施中的盲目性。

一旦知道标杆学习的主题和需求以后，就可以确认并争取需要的资源（例如时间、资金、人员），成功地完成标杆学习的调查工作。必须把标杆管理项目的意见写下来，把程序制成表。业务流程包括输入、处理、输出、反馈意见以及确认结果，如图10-1所示。图10-1中：

输入——服务/产品由外部供应；

处理——由行动步骤组成；

步骤——可能是对"产品询价的回答"，也可能是"决定价格和对客户的回应"；

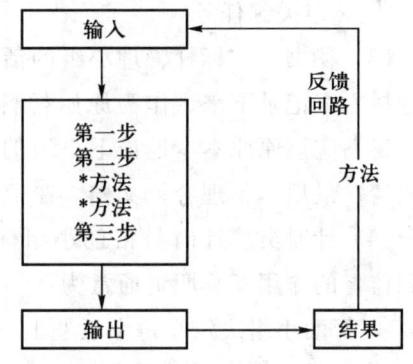

图 10-1　业务流程图

输出——是该过程的结果，如完成产品咨询或完成第 20 周需求预测；

结果——可能是"98%地履行交货"，或者是"预测精确度达到 85%"，或者是"技术咨询平均回应时间 4 小时"；

反馈——系统绩效报告，可能改善输入质量。

很多可能的"结果"都涉及客户服务、成本、产品质量、订单履行、新产品开发、投资回报、生产率等，其中最具优先地位的方面将成为标杆管理的候选项。这些"结果"（如客户服务、资产回报率）是多个环节共同作用的结果，单个环节可能对之没有明显的影响。

2. 组成标杆管理小组（学习团队）

虽然个人也可以向标杆学习，但大多数标杆学习是团队行动。挑选、训练及管理标杆小组（学习团队）是流程的第二阶段。

首先，将组织中来自各领域的员工召集起来，组成管理标杆小组；其次，通过小组找出问题并研究对策。标杆管理小组可能面临着各种各样的问题，如服务差、产品研发周期长、对需求变化反应迟钝，等；再次，使用帕累托（Pareto）分析，确定解决这些问题的优先次序；最后，小组一起研究改进流程，解决问题。

标杆管理小组中的成员各有明确的角色和责任。小组也可引进专案管理工具，以确保每位参与者都清楚自己的任务，而且团队要制订出重要的阶段目标。

标杆管理小组一般由以下成员组成：领导、流程指导员、秘书以及记时员。

（1）领导。领导的作用是引导小组，保证实现目标。其作用具体为：

① 寻求信息和观点，鼓励小组讨论；

② 使小组聚焦主要任务；

③ 概括重要观点;
④ 鼓励成员提出观点;
⑤ 促成相关意见一致。

(2) 流程指导员。他是标杆管理流程的"专家",确保小组遵守标杆管理流程。流程指导员在标杆管理小组中的作用是:
① 建议合适的标杆管理工具;
② 提出各种收集和分析数据的方法;
③ 通过提问,确定小组是否可以进入标杆管理流程的下一个阶段;
④ 确定关键任务。

(3) 秘书。在标杆管理小组的活动过程中,必须把小组提出的想法、决定、可能的选择方案记录下来,作为原始材料保存,这也就是标杆管理小组中秘书的职责。首先,秘书应该原原本本地记下小组的期望,而不是翻译;其次,寻求针对观点的解释和澄清;最后,整理会议文档。在记录时可采用速记的方式,以提高工作效率。

(4) 计时员。计时员帮助小组确定讨论问题的优先次序,并让小组遵守时间表,起到监督的作用。其职责通常为:
① 帮助小组决定在每个话题上所应花费的时间;
② 引导大家遵照时间表;
③ 报告是否超时;
④ 根据讨论的情况,协助重新分配时间。

(二) 选定标杆学习伙伴

第二阶段需要选定标杆学习伙伴(即谁做得最好),确定比较目标。比较目标就是能够为公司提供值得借鉴价值的公司或个人,可能比较目标的规模不一定与自己的公司相似,但它应该在标杆比较方面是世界一流的领袖企业,即最佳者。当个人或团队对别的公司,特别是其他行业的公司了解有限时,找出伙伴中潜在的"最佳"是相当困难的。选定的标杆学习伙伴可以是内部标杆学习伙伴,或者是外部标杆学习伙伴。

1. 内部标杆学习伙伴

标杆管理(学习)伙伴可以在组织内部,也可以在外部。在不同商业领域、不同国家有分支的大型跨国公司里,宜采用内部标杆管理。如一些工厂的标杆管理遵守日程表的情况比其他厂好得多。比较公司内各流程发现所在的市场是完全不同的,或集团内有些公司的订单管理系统特别有效,因而生产日程更加稳定。

如果你在自己的部门里对库存实施标杆管理,其他有相似需求模式和销量的部门每年可能有很高的库存周转率,并且销售和仓储成本得到控制,这是如何取得的呢?他们设定库存参数的程序是怎样的?可以把这些看作是需求模式不同吗?

2. 外部标杆学习伙伴

外部标杆学习伙伴是那些致力于持续改进的其他组织。这些伙伴们为了获得双方组织的共同改进,应该在流程和活动等方面交换信息。他们可以通过现有标杆管理网络或行业协会来选择。不管选择什么流程，需要考虑以下因素：

① 需要与竞争者接洽吗？如果那样，怎样处理机密性问题？他们具有明显优势的活动和操作流程吗？如果仅仅是观察同类公司，那么视野将不够开阔。

② 那些"最佳"组织很容易确认吗？提供什么样的诱因让他们合作呢？例如，对他们的订货处理系统作出评判很容易吗？

③ 对主要流程的检查需要多少标杆伙伴？

④ 哪些组织有相似的需求或操作流程，且可能已经开发出处理这些更好的流程？

⑤ 怎样照顾到伙伴间兴趣不同的问题？你可能对它们的库存系统感兴趣，而他们对你的产品开发感兴趣，你必须考虑到你的流程中可能没有一个是他们感兴趣的。

3. 寻找标杆管理伙伴的优先次序

在寻找标杆管理伙伴的过程中，其优先次序应该是：

① 先在一个大的组织内部寻找，如多家制造或库存持有的地点。

② 被认为处于行业领导地位的外部公司。如被认为是有良好的仓库管理系统的外部公司——他们被称为"行业领先者"。

③ 竞争对手。这适宜在技术领域采用，如机器装配时间、JIT 等。标杆管理"俱乐部"是此类技术标杆管理的载体。比如，这曾经在英国的制药业中应用过。

（三）收集及分析资料

第三阶段是通过收集与分析资料。分析最佳实践和寻找标杆是一项比较繁琐的工作，但对标杆管理的成效非常关键。在这个流程阶段，标杆小组必须选择明确的搜集资料的方法，而负责搜集资料的人必须对这些方法很熟悉。标杆小组在联络标杆伙伴之后，依据既定的规范搜集资料，然后再将资料摘要分析。接下来是依据最初的顾客需求，分析标杆学习资讯，从而提出行动建议。

出于保密需要，或者是由于伙伴中的"最佳"缺乏提供资料的动机，资料收集可能存在一定的障碍。

如果有一个潜在标杆伙伴的名单，就需要作一些调查，资料可来自：

① 公司内的技术资料。

② 行业出版物。

③ 专业杂志。有关物流的有《聚焦》、《欧洲物流》，有关物料搬运的有《物料搬运消息》等。

④ 公开账目。它显示了库存、周转额、员工数等信息，这些可提供标杆管理比率。例如，研究表明，制造公司中的长期利润与库存周转有很强的相关性，这种比率可从公开账目中计算出来。

⑤ 书籍及出版物。如《业务流程再造》、《哈佛商业评论》等。

许多上述出版物中含有与实际情况相关的案例，它们是收集观点信息非常好的渠道。

另外一个信息来源渠道可能是有关某行业的常识，如某一公司是配送可靠度或 OTIF 履行订单的"标杆"。除此之外还有以下信息来源渠道：

① 专业组织，如英国皇家物流与运输学会。
② 特殊利益集团。
③ 咨询公司。
④ 公认的行业专家。
⑤ 互联网。
⑥ 行业博览会。

标杆小组必须留出一些时间参与研究，如果找到一个优秀的标杆组织（它可能是自己公司的一部分），那么你的时间就花得值。

（四）评价与提高

这一阶段是通过对比分析绩效差距，对现有流程作出评价，制订目标，实施改进（这也是实施标杆管理的关键）。影响这个阶段的因素，是顾客的需求及标杆学习资讯的用途。团队可能采取的行动有很多种，从制作一份报告或发表成果，到提出一套建议，甚至根据调查搜集到的资讯具体落实一些变革。

绩效差距（Performance Gap）

通过上述的分析研究，可能表明你的公司和标杆公司之间存在差距，差距的大小可用下列公式进行计算：

$$差距 = 1 - \frac{你的绩效}{标杆绩效}$$

例 10-1 根据表 10-5 中的数据，将你公司物流人员学习"物流"课程与标杆公司作比较。

表 10-5 学习"物流"课程人员的情况

	你公司	标杆
现在	17%	24%
两年前	15%	18%

$$现在差距 = 1 - 17/24 = 29\%$$
$$两年前差距 = 1 - 15/18 = 17\%$$

如图 10-2 所示，差距从两年前的 17% 变为现在的 29%，这表明差距拉大了。

在现有流程中，可能有一些不尽如人意的地方（不管是外在或内在的）会令客户失望，如对客户咨询的非标准产品或服务处理时间太长，以致让对手抢走业务。初步分析发现，原因可能是处理客户咨询的责任划分不清。

（1）对流程的分析常用流程图，并且将流程图建档，这是因为：
① 流程图以简洁的形式描述流程，关键要素一目了然。
② 通过流程图可以清楚地确认关键界面。如你的物流职能和客户之间的关键界面。
③ 可以显示出薄弱环节，这是潜在的失败原因。
④ 有助于与其他公司的流程进行比较，如比较订单处理系统。

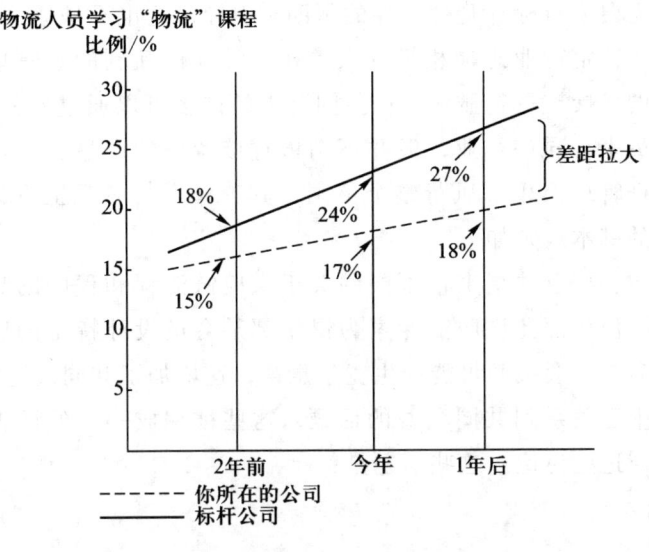

图 10-2 差距示意图

⑤ 流程图的直观性有助于标杆管理小组内部讨论。

（2）制作流程图的过程一般包括以下几个步骤：

① 在不同的纸上写下每项任务。

② 流程重组——识别平行流程。

③ 说明输入量，如来自其他流程的信息。

④ 确定决策点。

⑤ 确定引起客户不满意的薄弱环节。

⑥ 讨论流程图并确认它如实反映了流程。

⑦ 加上连接线、箭头。

⑧ 重新画图。

⑨ 让标杆管理小组之外的人确认它如实代表了该流程。

在这个阶段也要确认接下来是否有必要采取哪些步骤或适当的后续活动，如有必要，可以建议标杆学习活动继续下去。实施标杆管理不能一蹴而就，而是一个长期、渐进的过程。每次学完后，都有一项重要的后续工作，这就是重新检查和审视标杆研究的假设、标杆管理的目标和实际效果，分析差距，为下一轮改进打下基础。

管理的精髓在于创造一种环境，使组织中的人员能够按组织远景目标工作，并自觉学习和变革，以实现组织的目标。标杆管理往往涉及业务流程的重组，会改变一些人的行为方式，碰到员工思想上的阻力。企业要创造适合自己的业务流程和管理制度，赶上甚至超过标杆对象。

三、标杆管理俱乐部

在系统、组织、程序和设备方面实施改革以取得标杆绩效。这个过程可能不是一帆风顺的，可能需要来自标杆管理伙伴的帮助和引导，这也不是唾手可得的。

如果来自某一特定行业志趣相投的人，在一种互信互利的氛围里组建论坛，那会有助于标杆管理的发展。资料显示，这些问题中的许多可以通过标杆管理俱乐部解决。在俱乐部里，成员来自同一行业，但并不销售直接竞争的产品。一个典型的实例就是英国的制药业标杆管理俱乐部风行整个英国，其工作人员参观工厂，举办演讲、研讨班。最初，他们的基本规则如下：

快速比较绩效，可以共享来自不同的关于供应链流程和程序的观点。对话机会应确保有效的比较。俱乐部允许职能专家为俱乐部某会员设计特定的标杆管理，这样可以节约整体资源需求。会员间可能产生竞争意识，这增加了共同改进的意愿。

最初兴趣集中于关系到共同利益的话题，这些被编成一般的调查问卷，调查问卷要求所有成员参与这些讨论。这些话题是：

① 遵守时间表。
② 库存周转率。
③ 生产能力利用系数。
④ 过渡时间。
⑤ 制造频率。
⑥ 制造前置期。

上述问卷中还常包括以下典型问题：

① 近似比较——缺少数据可得性，特别是在转换期内。
② 劳动和设备利用率的评价方式各异，很难比较。

考虑到比较数据问题，是否认为最初的作业是有益的？各参与成员关于标杆管理的评论可能包括：

① 我发现我们有一个超负荷的生产线。
② 与其他公司比较，遵守时间表是一个问题。
③ 它使我能够集中注意力确定我们的真实能力。
④ 我们已缩短内部前置期30%，但我们按期履单状况并没有改善。
⑤ 我们能够增加混和能力30%，并减少内部前置期两天。

该小组随后考虑的问题可能有：

① 能力计划和管理。
② 前置期缩减。
③ 无纸电子制造执行系统。
④ 组织设计和再设计。
⑤ 供应商伙伴关系与成套供应。

总之，在某一特定领域里，俱乐部是一种共享观点、以求改进的场所，人们通过集会、调查、现场访问以优化操作流程。

四、供应链标杆管理*

(一) 供应链标杆管理概述

标杆管理开始是基于竞争对手间产品质量和功能比较而发展形成的,它的目的是取得竞争优势。经过一段时间后,该方法可延伸到服务领域如维护、管理流程、销售及客户服务。

最初,标杆管理重点关注竞争者的能力。人们认识到,在业务流程中,为取得优异的绩效,可能有必要使用完全不同业务领域的公司作标杆,例如,某行业人员在开发分销网络或在将他们的供应商融入他们的进货物流流程方面具有卓越的能力。

标杆,可应用于供应链活动,此时标杆包括的内容如表10-6所示。

表10-6 供应链活动中的标杆

标杆	库存领域意义
资产回报	每单位销售额对应高水平的库存,要与一个经营相似产品的公司比较,看他们是怎样很好地管理他们的库存的
供应链总成本	包括库存投资、存储、管理和订单处理等费用。库存太多导致库存持有成本和管理费用的增加
现金物流周期	周期越短,供应链中库存越少
按订单配送履行率	高水平的客户服务,无返工,无待发货成本
顾客咨询反应时间	重复订货可能性大,有更大的市场份额
保修成本,退货率	退货少,等待维修的物品少,低返工和低待发货成本
预测精确度	降低存货安全性需求
生产力利用率	平衡使用生产力,尽量减少混乱,低半成品库存,专心管理制造瓶颈
制造的前置期	短的前置期降低安全库存需求,很短的前置期可进行大规模定制——按订单生产,无需产成品库存
半成品库存	缩短制造的整个时间以降低半成品水平,降低半成品库存的投资,改善客户服务,提高"增值"时间的比例,这些时间对客户是有价值的
遵守时间表	保持配送承诺——更好地为客户服务,没有出现过量生产导致的过量库存
供应链前置期	短的原材料采购前置期减少了库存水平,与供应商的生产时间表良好配合,还可以减少物料和零配件的库存水平
供应的库存保持时间(天)	减少供应或生产前置期,就减少了库存需要覆盖的天数;少量、频繁的"准时"配送。在一些生产中,库存时间以小时计
货物过时、废弃	存货降价甚至完全失去价值是预测不当,或是大批量生产的反映

对你的公司所在的供应链实施标杆管理需要用上述标准判断绩效优异的公司及其他与你所在行业密切相关的公司。可以通过出版物如年度财务报告,另外还可以通过

参与标杆管理俱乐部——特定利益群体，或寻找标杆管理伙伴，必要的话，可以用来自另一商业领域的公司来判断绩效情况。

这些方面的缺陷来自不良流程。流程改进和管制是物流标杆管理的基本观点。正如用假冒元件无法制造优质产品一样，你无法在供应链的末端将"质量"塞进去。供应链流程（其中许多包含库存因素）必须在监控下从头到尾逐渐地、持续地得到改善。

（二）标杆管理供应链伙伴

以供应商为输入，以分销商为输出的供应链，其物流绩效对整个公司的绩效至关重要。因此，要实施标杆管理。我们的供应商与其他公司一样优秀吗？如果采购和服务费用是我们年销售成本的60%~70%，我们要确保自己知道他们的表现优劣。

客户也一样，如果我们的产品由分销商出售，我们就要确保没有因他们在库存管理方面的拙劣表现而失去顾客——他们是否因缺货而让顾客买我们竞争对手的产品呢？对我们产品的咨询和特殊要求，他们是否因反应迟钝而使我们失去市场份额？他们是否足够了解我们的产品？这些都是标杆管理可以应用的方面。

当我们供应大的零售商时，他们将我们产品的促销和管理做得是不是很好？一个零售商可以及时补货，而另一个却表现不佳，导致销量和市场份额减少。一句话，供应商、销售商/客户是否尽职尽责地降低了我们产品送往最终消费者手中的费用？

供应商、分销商标杆管理中应阐述的问题包括：

① 在改进质量、前置期的可靠性、产品可得性方面，他们都愿意合作，谁最乐意合作？其他人怎样？

② 他们致力于不断进步的程度有多大？就提供给我们未来新思想（更好的物料、新工艺流程、新产品构想）而言，谁是最佳供应商？其他人呢？

③ 最佳供应商对减少前置期的贡献有多大？其他供应商对此无兴趣吗？

④ 我们的供应商是否采用标杆管理，这可反映他们是否致力于不断进步？

⑤ 供应商及客户的员工对质量、服务和成本关心的程度有多大？

⑥ 我们的最佳供应商和客户与我们沟通是否良好？例如，关于供应问题，或产品促销计划。

因为标杆管理必须有选择地进行，就需要确定各个环节的优先顺序——具有最重要的战略意义的环节将被优先考虑。例如，如果一个企业想通过提供重要客户更短的前置期来获得增长，那么供应商绩效的改进将是最重要的。

（三）关键绩效指标

对物流和供应链标杆管理的深入研究表明，一些关键绩效标准需要连续监控。关键绩效指标集中在几个真正重要的数字上。

物流流程标杆管理在任何一个再造设计中都是至关重要的第一步。虽然标杆管理经常与别的、企业外的"最佳"组织比较，它也是供内部使用的有效工具。发展一系列相关联的、可执行的绩效标准应当是物流改进计划的优先议题。认识到"怎样评价，怎样管理"后，许多公司在寻求发展合适的物流绩效指标，以确保能发现降低成本的机会，确定能改进竞争优势和建立供应链的流程。

五、成功的标杆管理对企业的基本要求

标杆管理需要企业内部各方面的参与协作。管理者应该有充分的信心达到标杆目标。充分的计划、培训和部门之间的广泛交流是标杆管理有效执行的重要方面，另外，标杆管理是一门应用学科，通过书本和课堂难以掌握，必须要实践。要实践，失误就不可避免，但是一些无谓失误应该尽量避免。

下列几条是成功的标杆管理活动对现代企业的基本要求：

（1）高层管理人员的兴趣与支持；
（2）对企业运作和改进要求的充分了解；
（3）接受新观念改变陈旧思维方式的坦诚态度；
（4）愿意与合作者分享信息；
（5）致力于持续的标杆管理；
（6）有能力把企业运作与战略目标紧密结合起来；
（7）能将财务和非财务信息集成供管理层和员工使用的信息；
（8）有致力于与顾客要求相关的核心职能改善的能力；
（9）追求高附加价值；
（10）避免讨论定价或竞争性敏感成本等方面的内容；
（11）不要向竞争者索要敏感数据；
（12）未经许可，不要分享所有者信息；
（13）选择一个无偏见的第三者在不公开企业名称的情况下来集成和提供竞争性数据；
（14）不要基于标杆数据向外界贬低竞争者的商务活动。

总之，标杆管理通过降低成本，用高水平的服务水平有别于其他公司，从而对增强竞争优势作出重大贡献。这反过来有助于获得更高的、稳定的利润。标杆管理是一个需要关注细节和需要大量的时间和经费的过程。世界一流公司的领导者使用它作为他们不断改进计划的一部分。但它并非仅仅能使用于大公司。企业要生存，要获得竞争能力，就要全面实施标杆管理。标杆管理的总体目标是帮助企业获得世界一流的竞争能力。

第3节　通过变革改善库存绩效[*]

一、新环境中的人力资源

（一）顾客满意标准

可以将当代物流战略描述为"顾客满意度最大化，物流资金及运营成本最小化"。前面已经了解了有关服务水平的概念，顾客满意度与之类似，也是评价顾客满意的一个标准。

定义顾客满意标准的方法有多种：

一种典型的标准是：百分之百地完成已订货的产成品配送。然而，这需要大量半成品及产成品库存和大量的物流人力投入。

一个更加现实的标准是：在特定时间内百分之百地履行订货配送，即有一个由供应商提出的比较切合实际的订单履行前置期，这样可能满足"准时制"（JIT）制造，及库存持有成本和物流人力成本最小化。但这种做法在市场中可能没有竞争力。

一个相对差一些但更加常用的标准就是：100%的顾客满意度为"先配送订单中每一产品的大部分，短期内通过生产或采购来完成剩余部分"。这对顾客是一个"极度担心"的情形，而由此引起的短期订单可能导致双方成本都增加。

还有一种标准是：以可比较的标杆竞争者的前置期为参考基础。该标准需要定期监测竞争者的配送绩效、系统化的需求预测和内部物流周期的最小化。这就需要较高水平的专业人员才能实现所确定的顾客满意标准。

（二）沟通能力和人际关系技巧

不管采取哪种顾客满意标准定义，与客户建立更加紧密的关系都是非常重要且有价值的，它需要特别强调物流人员的沟通能力和人际关系技巧的重要性，它对物流人员尤其是库存管理人员提出了更高的要求。

一般说来，沟通能力指沟通者所具备的能胜任沟通工作的优良主观条件。简言之，人际沟通的能力指一个人与他人有效地沟通信息的能力，包括外在技巧和内在动因。其中，恰如其分和沟通效益是人们判断沟通能力的基本尺度。恰如其分，指沟通行为符合沟通情境和彼此相互关系的标准或期望；沟通效益，指沟通活动在功能上达到了预期的目标，或者满足了沟通者的需要。

从表面上来看，沟通能力似乎就是一种能说会道的能力。实际上它包罗了一个从穿衣打扮到言谈举止等一切行为的能力。一个具有良好沟通能力的人，他可以充分发挥自己所拥有的专业知识及专业能力，并能给对方留下"我最棒"、"我能行"的深刻印象。

基本的人际关系技巧主要有：

（1）不要批评、指责或抱怨别人。

（2）看到别人的优点，给予真挚诚恳的赞赏。

（3）激发别人内心强烈渴望的需求。

（4）学会倾听，不要打断人们的谈话，问对方感兴趣的问题。

总之，新环境中的人力资源更加重视库存管理人员的沟通能力和搞好与客户的人际关系，"以人为本"，重视客户的特点和感受。

（三）让员工接受变革

所有有活力的企业和组织面对外部和内部压力都要不断实施变革。很有活力的企业会预料到变革的需要并提前作出调整，没有活力的企业经常遭遇突发事件的冲击，对更深远的变革变得越来越脆弱，从而不能经受变革。

1. 变革的阻力

对于员工来说,他们很可能会阻碍变革,这是很正常的,特别是在希望他们承担更多的职责,适应全新工作环境的时候。图10-3列举了员工可能的行为,特别是在变革前没有足够的咨询和参与讨论的情况下。

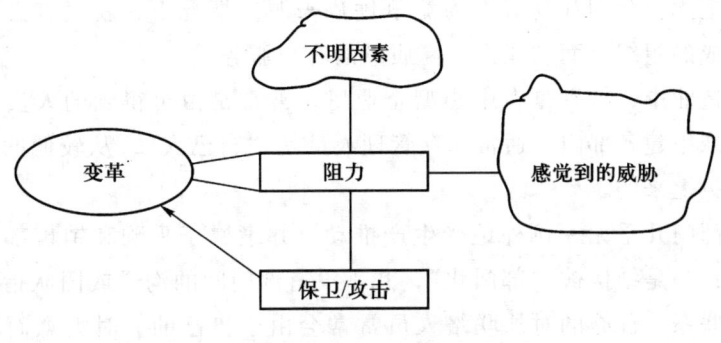

图10-3 变革的阻力

这些行为模式可以通过精心转换计划来不断修正,而转换计划应密切关注激励因素和其他人力资源标准。例如,可以建立有效的沟通机制,使变革有规律地进行,也就是给员工提供向管理层反馈问题、意见和建议的机会;可以发布关于公司发展规划或改善工作安全性方面的好消息,为员工指出新环境下的机会和利益。

当重组和缩小规模时,裁员就成为不可避免的,这时组织就要重新部署人力计划,或(在可能时)提供职业介绍服务。如果职位合并,将引起工作量加大或内容增多,就需要发布关于报酬方面的好消息,以作为补偿。

2. 让员工接受变革

变革很少是一帆风顺的,除了财务和其他资源的限制外,还不可避免地受到大部分员工的阻力。通常这是员工察觉到不安全的结果,可以想象,如果一个公司董事会决定从常用的"依库存而生产"战略转向"准时制"生产,这会对物流部门有何影响。想象如果一个公司董事会决定采用ISO 9000质量标准,这就需要确认所有采购的物料和零配件的质量是否达标,它会带来什么影响。这些典型的改变对公司健康发展是有益的,甚至是必需的变革,但可能很难让习惯于舒适的传统工作方式的员工接受这种变革。

但是,有一些模块化的手段可用来简化和缩短变革过程,主要方法可分两类。一类是激励因素,这些因素是和财务无关的,包括组织中的职位变动,更高的工作热情,更大的价值认可及职务发展机会。另一类是待遇因素,待遇改善来自职位的提升,工作内容增加引起的工资提高以及员工因工作弹性和更好绩效而得到的奖金。

二、有效物流部门的组织

(一) 传统物流部门组织的不足

在任何有活力的企业中,其公司目标、市场营销目标和财务目标都会推动物流组织的发展。在把库存管理和物流作为竞争优势来源的情况下,就很有必要建立一个由复合型人才构成的组织,而它能提供高质量的客户服务。

在传统制造业中,特别是在中小型企业里,常常是由可得到的人员而不是由组织所需要的人员来组建各部门。通常库存管理人员是"自己人",从较低的生产职位或办事人员中被提拔上来的。

库存职能部门几乎无一例外地受生产推动,并隶属于采购和销售部门。这种组织存在以下不足:一是结构被"部门化",几乎没有部门间的沟通或团队指导;二是与客户间没有正式联系。优秀的对外联络人员常常会由于自己的一时大意而不能与客户建立正式的联系,但这却不是必然发生的;三是没有足够的技能来满足新兴的、更复杂的控制系统的需要;四是员工对其行为很少负有责任,"主人翁精神"几乎不存在。

(二) 组织目标应与顾客满意相一致

当确定组织及其下层机构的目标时,就有必要保持对整个业务的前景规划。在一些情况下组织已经成功地获得有效物流管理所需要的技能,这在很大程度上取决于所挑选的人员及他们在不同岗位上工作的意愿。然而,竞争的压力和精简的人力预算使库存管理组织有迥然不同的模式。因此,更可能出现如图10-4所示的结构图。

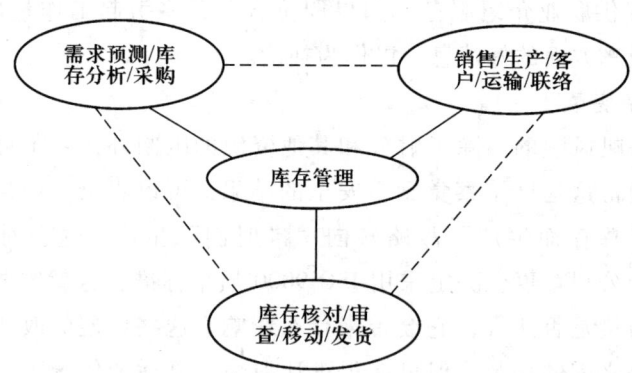

图10-4 以客户为中心的库存管理运作

在这种情况下,库存管理就完全融入到客户服务过程中,它要求的是数量较少但是只有多功能的部门。这个部门在一个柔性的、彼此合作的情况下,其运行将更加有效。这种结构证明:库存管理的作用在本质上是"协助",团队成员将有更强的主人翁意识和更好的发展机会。

(三) 学习型组织

一个学习型组织是有活力的,对变化反应灵敏,不容易受突发事件冲击。一个非学习型组织则是静态的，拒绝变革，因而总是很脆弱的。一个学习型组织将对外部和内部压力产生反应（不是反抗），取得必要的技能和知识以在每个新环境中都能生存和发展。

学习包括培训和训练，但实际上，培训和训练都不能保证学习这种行为的发生，学习效率的一个基本要素是学习动机。

三、团队对库存绩效的好处

团队的定义是"执行共同的目标、绩效标准以及实现方法的技能相互补充的人群，它们接受彼此的责任"（Katzenbach & Smith，哈佛商学院）。

团队比相同数量单独工作的员工能产生更好的绩效。这个特征可以被确认为"协同性"，它的好处获得了广泛的称赞，这可以通过团队的有效运作来实现。显然，团队成员间必须有相当程度的相关性或相互依赖性，而不是为了方便管理只是简单地将几个毫无关系的、互不相关的工作人员集中到一起就可称作"团队"。

（一）单职能团队

这种团队的职能限制得很窄，如库存管理中的"仓库理货员团队"。这种团队"有严重的局限性"，虽然这些团队会与其他部门如生产或销售部门联系，但流程改进的范围及机会很有限。

（二）多职能团队

这种团队的职责范围包括一系列与流程相关的职能，除了多职能，它必须是多技能的，这种多职能团队为"极富潜力的团队"，因为它有"很宽范围的力量"。它将理想的多职能团队描述为专心于"适地工作流"（In-place Work Flow），即团队围绕着流程的工作流来组建。在这种库存管理背景下（这里的库存可能意味着半成品），这样的团队能很快地生产出产品，从而产生很好的"现金物流循环"。

通常一个多职能团队在分销过程中，往往通过适地工作来组建，成员包括仓库理货员、送货员、装卸工、司机。在这种情况下，团队能够改进几个相关活动的绩效，如井然有序的装车、卸货，以及通过优化运输路线来提高准时配送率。

在中小型企业里，一个多职能团队可能围绕整个库存管理流程组建。

（三）假团队、潜在团队和真团队

假团队（Pseudo Team）是指那些看起来像一个团队在发挥作用，但实际与团队目标相比，它只取得了很低的绩效。这可能是团队学习过程中的暂时情况，但也可能因为存在不完善的团队组织结构，或缺少改进绩效的动机而长期存在。

潜在团队（Potential Team）在实现目标方面有一些改善。真团队经过很短的发展周期就可以获得很高的绩效。见图10-5。

描述一个成功团队的特点，应该以改善物流绩效的组织重构为基础。成功团队可能有以下良好特征：整个团队工作良好并且目标一致；成员间极少相互影响和冲突；成员同甘共苦；成员对他们的工作有兴趣，并且很投入；成员同心协力；成员能相互

库存管理（一）（二）

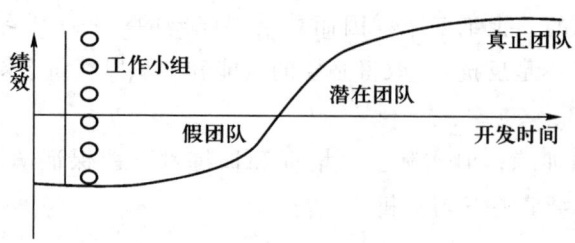

图 10-5　团队绩效曲线

弥补不足；成员工作有目标并且积极性很高；他们彼此信任，当然也信任他们的领导；团队通常有良好的引导；绩效比相同数量的员工单独工作的绩效高。

个案分析

案例材料

美孚公司成功的标杆管理

2000 年，埃克森美孚公司全年销售额为 2 320 亿美元，位居全球 500 强第一。人均产值为 193 万美元，约为中国石化集团的 50 倍。埃克森美孚公司在全球 120 多个国家销售其燃料油和化工产品，在约 200 个国家销售润滑油，在大约 50 个国家有勘探或生产作业。埃克森 1997 年以 828 亿美元收购美孚石油公司，使埃克森美孚成为全球最大的石油天然气公司。此前美孚石油就因为其卓越的管理成为石油行业的佼佼者，1992 年美孚石油实行的标杆管理措施无疑给美孚以致今天的埃克森美孚注入强大的活力。

1992 年，美孚石油是一个每年有 670 亿美元收入的公司，年初的一个调查让公司决定对自身的服务进行变革。当时美孚公司询问了服务站的 4 000 位顾客什么对他们是重要的，结果得到了一个令人震惊的数据，仅有 20% 的被调查者认为价格是最重要的，其余的 80% 想要三件同样的东西：能提供帮助的友好的员工、快捷的服务和对他们的消费忠诚给予一些认可。

根据这一发现，美孚开始考虑如何改造其遍布全美的 8 000 个加油站，讨论的结果是实施标杆管理。公司由不同部门人员组建了 3 个团队，分别以速度（经营）、微笑（客户服务）、安抚（顾客忠诚度）命名，以通过对最佳实践进行研究作为公司的标杆，努力使客户体会到加油也是愉快的体验。微笑团队将以提供优异的客户服务著称的公司为标杆，速度团队将以提供快速传递著称的公司为标杆，安抚团队将以致力于客户忠诚著称的公司为标杆。

速度小组找到了 Penske，它在印地（Indy）强中以快捷方便的加油站服务而闻名。你可以想象得到，在印地（Indy）500 强比赛中看到的景象，驾驶员偶尔需要停靠，他需要尽可能快地上下车。速度小组仔细观察了 Penske 在比赛中如何为通过快速通道的赛车加油：这个团队身着统一的制服，分工细致，配合默契。美孚的速度小组还了解到，Penske 的成功部分归于电子头套耳机的使用，它使每个小组成员能及时地与同事联系。

速度小组提出了几个有效的改革措施，首先是在加油站的外线上修建他们的停靠点，设立快速通道，供紧急加油使用；让加油站员工佩带耳机，形成一个团队，使安全岛与便利店可以保持沟通，及时为顾客提供诸如汽水一类的商品；服务人员身着统一的制服，给顾客一个专业加油站的印象。"他们总把我们误认为是管理人员，因为我们看上去非常专业。"服务员阿尔比·达第茨说。

微笑小组考察了丽嘉-卡尔顿宾馆的各个服务环节，以找出该饭店是如何获得不寻常的顾客满意度的。丽嘉-卡尔顿宾馆对所有新员工进行了广泛的指导和培训。员工们深深地铭记：自己的使命就是照顾客人，使客人舒适。他们希望尽可能地提供最好的个人服务。观察一天之后，小组的斯威尼说："丽嘉的确独一无二，因为我们在现场学习过程中实际上都变成了其中的一部分。在休息时，我准备帮助某位入住旅客提包，我实际上活在他们的信条中。这就是我们真正要应用到自己的业务中的东西，那种在公司里，你能很好地服务你的客户而带来的自豪，就是丽嘉真正给我们的魔力。在我们的服务站，没有任何理由可以解释为什么我们不能有同样的自豪，不能有与丽嘉-卡尔顿酒店一样的客户服务现象。"

微笑小组发现，美孚同样可以通过建立员工导向的价值观，以及通过各种培训来实现自己的目标。"在顾客准备驶进的时候，我已经为他准备好了汽水和薯片，有时我在油泵旁边，准备好高级无铅汽油在那儿等着，他们都很高兴——因为你记住了他们的名字。"现在身为友好服务人员的达第茨说。

安抚小组最后到"家庭仓库"去查明该店为何有如此多的回头客。美孚的格顿从家庭仓库公司学到，公司中最重要的人是直接与客户打交道的人。没有致力于工作的员工，你就不可能得到终身客户。这意味着要把时间和精力投入到如何雇佣和训练员工上。而在美孚公司，那些销售公司产品、与客户打交道的一线员工传统上被认为是公司里最无足轻重的人。

安抚小组的调查改变了公司的观念，现在领导者认为自己的角色就是支持这些一线员工，使他们能够把出色的服务和微笑传递给公司的客户，传递到公司以外。

美孚提炼了他们的研究结果，并形成了一个新的加油站概念——"友好服务"。美孚在佛罗里达的 80 个服务站开展了这一试验。"友好服务"与其传统的服务模式大不相同。希望得到全方位服务的顾客，一到加油站，迎接他的是服务员真诚的微笑与问候。所有服务员都穿着整洁的制服，打着领带，配有电子头套耳机，以便能及时地将顾客的需求传递到便利店的出纳那里。希望得到快速服务的顾客可以开进站外的特设通道中，只需要几分钟，就可以完成洗车和收费的全部流程。

美孚公司由总部人员和一线人员组成了叫做 SWAT 的实施团队，花了 9 个月的时间来建构和测试维持"友好服务"的系统。"友好服务"的初期回报是令人振奋的，加油站的平均年收入增长了 10%。

分析

本案例材料涵盖了以下知识点：

1. 什么过程需要标杆管理。发现标杆管理的领域是一个重要的创新，美孚公司在合适的领域采取了标杆管理，取得了显著成效。只有关注客户，关注客户想要什么，关注客户需要什么，并考虑公司如何满足这些需要，才能发现这个领域，标杆管理才能发挥出最大的效能。

2. 选定标杆学习伙伴。在寻找标杆方面，关键是将视野拓宽到你的公司和你的行业之外。实际上，你的视野离开你的公司和行业越远，就越有可能取得突破性的进展。这种跳出圈子实施标杆管理的方法，不仅让你具有迎接竞争的能力，而且让你的竞争力得到跳跃式的提高。

3. 收集及分析数据。美孚公司不仅识别出了客户关心的关键领域，他们还创造性地看待那些必须做好这些事的公司。许多人认为你必须去公司总部才能真正确定标杆。在美孚的例子中可以看到，最值得去的地方，特别是在谈论客户满意度时，就是客户与一线员工直接打交道的地方。在每一个现场操作实例中你都可以看出他们的步骤，观察他们的态度，并且通常可以学到许多关于如何处理事情的创造性的方法。

4. 评价与提高。美孚公司通过对比、分析绩效差距，对现有流程进行评价，制定目标实施改进，美孚提炼了他们的研究结果，并形成了一个新的加油站概念，最终在提高公司效益方面发挥了巨大的作用。

自学指导

学习重点

1. 库存绩效评价指标体系的构成

财务指标，运作指标，营销指标。

2. 链标杆管理

标杆管理是指企业将自己的产品、服务和经营管理方式同行业内或其他行业的领袖企业进行比较和衡量，并在此基础上进行的一种持续不断的学习过程。学习的对象可以是行业中的强手，也可以是本企业内的先进单位，从而提高自身产品质量和经营管理水平，增强企业竞争力。简而言之就是，"找出差距，制定目标，对照基准点，学习无止境"。常见标杆管理方法有4种，即竞争者标杆管理、过程标杆管理、客户标杆管理以及财务标杆管理。

3. 供应链标杆管理

供应链活动中的标杆见表10-6。

4. 库存流程再造中的人力资源问题*

① 流程再造：流程再造主要关注的是"机构"的变化，而有效的变革需要所有员工的合作和支持，因此激励因素对良好的职能变革计划同样很重要。

② 变革的阻力：对于员工来说，他们很可能会阻碍变革，这是很正常的，特别是

在希望他们承担更多的职责，适应全新工作环境的时候。

③ 让员工接受变革：变革很少是一帆风顺的，除了财务和其他资源的限制外，还不可避免地会受到大部分员工的阻力。

学习难点

1. 构建一个绩效评价指标体系
2. 成功的标杆管理对企业的基本要求

下列几条是成功的标杆管理活动对现代企业的基本要求：

（1）高层管理人员的兴趣与支持；
（2）对企业运作和改进要求的充分了解；
（3）接受新观念改变陈旧思维方式的坦诚态度；
（4）愿意与合作者分享信息；
（5）致力于持续的标杆管理；
（6）有能力把企业运作与战略目标紧密结合起来；
（7）能将财务和非财务信息集成供管理层和员工使用的信息；
（8）有致力于改善与顾客要求相关的核心职能的能力；
（9）追求高附加价值；
（10）避免讨论定价或竞争性敏感成本等方面的内容；
（11）不要向竞争者索要敏感数据；
（12）未经许可，不要分享所有者信息；
（13）选择一个无偏见的第三者在不公开企业名称的情况下来集成和提供竞争性数据；
（14）不要基于标杆数据向外界贬低竞争者的商务活动。

3. 有关的管理技巧*

（1）业务或技术需要；
（2）人际关系或人际交往的需要。

4. 团队对库存绩效的好处*

（1）团队的形式：单职能团队、多职能团队、假团队、潜在团队和真团队。

（2）成功的团队可能有以下良好特征：整个团队工作良好并且目标一致；成员间极少相互影响和冲突；成员同甘共苦；成员对他们的工作有兴趣，并且很投入；成员同心协力；成员能相互弥补不足；成员工作有目标，并且积极性很高；他们彼此信任，当然也信任他们的领导；团队通常有良好的引导；绩效比相同数量的员工单独工作的绩效还高。

复习题

一、多项选择题（在备选答案中有 2~5 个是正确的，将其全部选出并将它们的标号写在题后的括号内，错选或漏选均不给分）

1. 评价供应链绩效应遵循的原则为（　　）。

（A）应突出重点，要重点分析关键绩效指标

（B）在衡量供应链绩效时，要采用能反映供应链业务流程的绩效指标体系

（C）在衡量供应链绩效时，指标要能反映整条供应链的运营情况，而不仅仅是反映单个节点企业的运营情况

（D）在衡量供应链绩效时，应尽可能采用实时分析与评价的方法。因为能反映供应链实时运营的信息要比事后分析有价值得多

（E）在衡量供应链绩效时，要采用能反映供应商、制造商及用户之间关系的绩效评价指标。

2. 库存绩效评价指标体系中的库存周转率可用下列公式（　　）表示。

（A）库存周转率 = $\dfrac{\text{年销售额}}{\text{年平均库存量}}$

（B）零售业的库存周转率 = $\dfrac{\text{库存金额}}{\text{总库存金额}}$

（C）制造业的库存周转率 = $\dfrac{\text{销售物品金额}}{\text{总库存金额}}$

（D）原材料库存周转率 = $\dfrac{\text{材料消耗额}}{\text{原材料平均库存值}}$

（E）原材料库存周转率 = $\dfrac{\text{原材料消耗额}}{\text{原材料平均库存值}}$

3. 服务水平或需求满意是衡量在用户需要时库存可获得性的指标。下面哪些指标可用来衡量服务水平？（　　）

（A）订货或运输（或立即从库存中取出）是否按计划进行

（B）由于物料或零部件的短缺而造成的闲置生产时间

（C）缺货的可能性

（D）收货时拒绝收货（质量）的比率

（E）生产中部件或原材料拒绝收货的比率

二、简答题

1. 库存周转量的定义是什么？怎样计算？
2. 列举可能在衡量服务水平过程中使用的统计指标。
3. 标杆管理的概念是什么？
4. 简述常见的标杆管理方法。
5. 在变革中领导的作用是什么？
6. 供应链企业激励机制的主要内容是什么？

参 考 文 献

[1] 唐纳德 J. 鲍尔索克斯，等著．物流管理［M］．林国龙等译．北京：机械工业出版社，1998.

[2] 丁慧平．现代生产运作管理［M］．2 版．北京：中国铁道出版社，2008.

[3] 刘丽文．生产与运作管理［M］．3 版．北京：清华大学出版社，2008.

[4] 陈荣秋．生产计划与控制［M］．武汉：华中理工大学出版社，1995.

[5] 陈荣秋，马士华．生产与运作管理［M］．北京：高等教育出版社，1999.

[6] Jay Heizer, Barry Render. 生产与作业管理教程［M］．北京：华夏出版社，1999.

[7] Nigel Slack, Stuart Chambers, Robert Johnston. 运作管理［M］．李志宏译．昆明：云南大学出版社，2002.

[8] Richard B. Chase, Nicholas J. Aquilano, F. Robert Jacobs. 生产与运作管理：制造与服务［M］．8 版．宋国防，等译．北京：机械工业出版社，1999.

[9] 周鸿．ERP 原理、设计、实施［M］．北京：电子工业出版社，2002.

[10] 李必强．现代生产管理的理论与方法［M］．武汉：华中理工大学出版社，1991.

[11] 马士华，林勇，陈志祥．供应链管理［M］．北京：机械工业出版社，2000.

[12] 汪星明，施礼明．现代生产管理［M］．北京：中国人民大学出版社，1995.

[13] 黄宪律，刘福广．生产运营管理［M］．合肥：安徽人民出版社，2002.

[14] 张莉．ABC 分析法在库存管理中的应用［J］．中国物流与采购，2003（10）：47.

[15] 张丽锋．供应商管理库存（VMI）：消灭库存冰山［J］．互联网周刊，2004-09-20.

[16] 赵启兰，刘宏志．生产计划与供应链中的库存管理［M］．北京：电子工业出版社，2003.

[17] 赵启兰．企业物流管理［M］．北京：机械工业出版社，2005.

[18] 赵启兰．精益生产方式下企业物流管理初探［J］．［香港］：LOGISTICS，2003-7/8.4.

[19] 赵启兰．供应链管理与物资供应整合［J］．中国物资流通，2000（7）．

[20] 赵启兰．JIT 生产方式下企业物流管理的整合［J］．中国物流与采购，2002（10）．

[21] 兰洪杰，施先亮，赵启兰．供应链与企业物流管理［M］．北京：清华大学出版

参考文献

社，2004.

[22] 肖艳，赵启兰. 供应链管理环境下的物流管理[J]. 中国流通经济，1995（5）.

[23] 王静，赵启兰. 信息与供应链的稳定性[J]. 中国物流与采购，2003（14）.

[24] 秦弘，赵启兰. 企业物流及其发展趋势[J]. 中国物流与采购，2003（22）.

[25] 韩彬. 库存管理[J]. 家电科技，2003（7）.

[26] William J. Stevenson. Production/Operations Management[M]. 4th ed. Prentice Hall, Inc.，1993.

[27] 凌大荣等. 集成供应链管理系统的研究发展趋势[J]. 物流技术，1999（2）.

[28] 郭沁汾，李树森. 国内企业的MRP Ⅱ之路[J]. 计算机世界，1998-03-09（H11）.

[29] 覃征. 电子商务导论[M]. 北京：人民邮电出版社，2000.

[30] 王泽彬，李大威. 电子商务时代企业ERP系统的建设[J]. 中国软科学，2000（6）：90-93.

[31] 陈兵兵. MRP Ⅱ/ERP发展的回顾与思考[J]. 计算机世界，1999-8-13.

[32] 马士华. 实现制造业企业管理软件变革的思考[J]. 高技术通讯，1999（11）：59-62.

[33] 张后启. 企业管理软件的发展里程[J]. 计算机世界，1998-06-11.

[34] Ming Ling Chuang, Wade H. Shaw. Distinguishing the Critical Success Factors Between E-Commerce, Enterprise Resource Planning, and Supply Chain Management[J]. Engineering Management Society, Proceedings of 2000 IEEE：596-601.

[35] 向盛斌. 逆向物流与环境保护[J]. 物流技术，2001（1）：44-45.

[36] 唐纳德 J. 鲍尔索克斯，戴维 J. 克劳斯著. 大学物流管理供应链过程一体化[M]. 林国龙，宋柏，沙梅译. 北京：机械工业出版社，1998.

[37] 詹姆士 R. 斯托克等. 战略物流管理[M]. 北京：中国财政经济出版社，2003.

[38] 张成海. 供应链管理技术与方法[M]. 北京：清华大学出版社，2002.

后　　记

　　经全国高等教育自学考试指导委员会同意，由经济管理类专业委员会负责高等教育自学考试经济管理类专业教材的审定工作。

　　《库存管理（一）（二）》自学考试教材由北京交通大学经济管理学院赵启兰教授、刘宏志教授担任主编。全书由赵启兰教授修改定稿。

　　参加本教材审稿讨论会并提出修改意见的有中国人民大学商学院宋远方教授、姚建明副教授，中国交通运输协会人力资源中心王增东总经理，在此一并表示感谢。

全国高等教育自学考试指导委员会
经济管理类专业委员会
2012 年 8 月

▶ 库存管理(一)(二)考试大纲

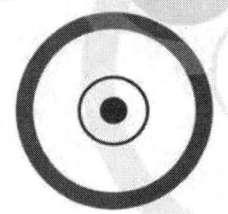

库存管理(一)(二)考试大纲

- Ⅰ. 课程性质与课程目标
- Ⅱ. 有关说明与实施要求
- Ⅲ. 课程内容与考核目标
- Ⅳ. 题型示例与参考答案

Ⅰ. 课程性质与课程目标

一、课程性质

"库存管理（一）（二）"课程是全国高等教育自学考试中物流管理专业（专科、独立本科段）的专业课之一，也是中国物流职业经理资格证书之中级证书选考课四选二及初级证书选考课四选一的专业课。该课程是专门为学习此证书和该专业的学员设计的，也是为培养物流管理人员的库存管理理论知识与实践技能的物流管理人员而专门设立的。本课程介绍的内容将在教材各章节中详细阐述。

本课程的教学内容旨在帮助物流管理者在当今全球经济一体化的进程中，正确认识库存管理在企业经营中的重要地位，是为帮助考生学习和培养在21世纪的现代物流服务中如何对库存进行有效管理与控制，学会正确处理库存与服务水平之间的关系，掌握在满足客户服务水平的前提下，合理控制库存水平，为企业降低库存成本所必需的基本理论知识和应用能力。通过学习取得最终资格认证的考生将被认为具备所需的知识和技能，可以更好地从事或胜任现代物流与供应链管理或职业经理人的工作。

二、课程目标

通过本课程的学习，帮助考生系统掌握库存管理的核心知识和技能。

1. 帮助考生掌握独立需求库存管理的知识和技能，主要包括：库存管理的基本理论，需求预测的技术与方法，各种库存控制系统及其特点，库存控制的定量分析方法与模型，库存管理的有关问题等内容。

2. 帮助考生掌握相关需求库存管理的知识和技能，主要包括：相关需求库存概念，MRP、MRPⅡ与ERP中的库存管理，JIT及其库存管理，生产过程中的物料控制。

3. 帮助考生掌握供应链中的库存管理与绩效方面的知识和技能，主要包括：供应链中的库存管理，库存绩效与标杆管理。

4. 为进一步学习物流管理知识及技能打下基础。

Ⅱ. 有关说明与实施要求

本大纲是根据专业考试计划的要求，结合自学考试的特点，规定课程内容与考核目标并使考核要求具体化的文件；是个人自学、社会助学、考试命题以及编写教材和自学辅导书的依据。为了使大纲的规定得到贯彻和落实，现将有关问题作如下说明，并提出具体实施要求。

一、大纲与教材的关系

课程考试大纲是进行学习和考核的依据。教材体现了这门课程的基本内容与范围，教材的内容是对大纲所规定的课程知识和内容的扩展与发挥。课程内容在教材中可以体现一定的深度或难度，但在大纲中对考核的要求一定要适当。

大纲与教材所体现的课程内容应基本一致；教材应涵盖大纲全部的课程内容和考核知识点，并在此基础上进行拓展和深化。（注：如果教材是推荐选用的，其中有的内容与大纲要求不一致的地方，应以大纲规定为准。）

二、关于考核目标的说明

该课程的考核目的在于检验考生掌握本课程的基本知识情况和运用所学方法解决库存管理中实际问题的能力。

学习本课程应具备高等数学、物流基础等基础知识。

本大纲在考核目标中，按照识记、领会、简单应用和综合应用四个层次规定其应达到的能力层次要求。四个能力层次是递进关系，各能力层次的含义是：

识记（Ⅰ）：要求考生能够识别和记忆本课程中有关库存管理概念及库存管理与控制方法的主要内容，并能够根据考核的不同要求，进行正确的表述、选择和判断。

领会（Ⅱ）：要求考生能够领悟和理解本课程中有关库存管理的基本概念、基本原理和基本方法，掌握有关概念、原理、方法的区别与联系，并能根据不同的考核要求对库存管理问题进行逻辑推理、分析和计算，进行正确的判断、解释和说明。

简单应用（Ⅲ）：要求考生能够运用库存管理的基本概念、基本原理和基本方法中的少量知识点，分析和解决一般的库存管理的理论问题或实际问题，得出正确的结论或作出正确的判断。

综合应用（Ⅳ）：要求考生在简单应用的基础上，运用学过的本课程规定的多个知识点，综合分析和解决稍复杂的理论和实际问题，并得出解决问题的综合方案。

三、关于自学要求和自学方法的指导

　　本大纲的课程基本要求是依据专业考试计划和专业培养目标而确定的。课程基本要求明确了课程的基本内容，以及对基本内容掌握的程度。基本要求中的知识点构成了课程内容的主体部分。因此，课程基本内容掌握程度、课程考核知识点是高等教育自学考试考核的主要内容。

　　为有效地指导个人自学和社会助学，本大纲已指明了课程的重点和难点，在章节的基本要求中一般也指明了章节内容的重点和难点。

　　本课程共 5+5 学分。

四、关于考试命题的若干规定

1. 考试要求

　　本课程考试采用闭卷考试方式，考试的时间为 150 分钟，试卷总分为 100 分，60 分为及格。

2. 考核范围

　　本大纲各章所规定的基本要求、知识点及知识点下的知识细目都属于考核的内容。着重考核自学者对基本概念、基本知识和基本理论是否了解或掌握，对基本方法是否会用或熟练。

3. 试卷分数比例

　　试卷中对不同能力层次要求的分数比例大致为：识记占 20%，领会占 30%～40%，简单应用占 30%，综合应用占 10%～20%。

4. 试卷难度

　　试题的难易程度与能力层次有一定的联系，但二者不是等同的概念。在各个能力层次中对于不同的考生都存在着不同的难度。试卷中试题的难度可分为：易、较易、较难和难四个等级。每份试卷中不同难度试题的分数比例一般为 2∶3∶3∶2。

5. 试卷题型

　　课程考试命题的主要题型一般有：单项选择题（四选一）、多项选择题（五选多）、简答题、问答题、计算题、应用题、论述题、案例分析题等。在命题工作中必须按照本课程大纲中规定的题型命题，考试试卷使用的题型可以略少，但不超出大纲中对题型的规定。

Ⅲ. 课程内容与考核目标

第1章 库存管理概述

一、学习目的和要求

通过对本章的学习，应对库存管理涉及的内容有一个整体的概念，掌握有关库存管理的基本概念；库存分类与库存成本；库存管理的主要内容。

本章学习重点：库存的定义，库存的作用，库存的弊端，库存成本的构成，库存管理与控制问题分类（单周期与多周期库存；独立需求与相关需求库存；确定型与随机型库存*），库存控制系统要素。

本章学习难点：库存成本的构成，库存系统的性质，库存管理与控制问题分类（单周期与多周期库存；独立需求与相关需求库存；确定型与随机型库存*），库存控制系统要素，库存时间曲线，库存控制基本决策，影响库存控制决策的因素。

二、考核知识点表

所在节	考核知识点		重点、难点标注	适用范围	备注
	内　容	要求			
第1节 库存管理的基本概念	库存理论的产生与发展	识记			
	库存的定义	领会	重点		
	库存的作用				
	库存的弊端*			仅限本科	
	库存管理的基本目标	简单应用	难点		

续表

所在节	考核知识点		要求	重点、难点标注	适用范围	备注
	内　容					
第2节 库存分类与库存成本	不同企业中的库存问题		识记			
	库存成本的构成	购入成本	领会	重点、难点		
		订货成本（或称订货费用）				
		储存（保管）成本				
		缺货成本*			仅限本科	
	库存的分类：① 按其在生产过程和配送过程中所处的状态分类；② 按库存的作用分类		简单应用	重点		
第3节 库存管理的主要内容	库存系统的性质*：① 需求；② 补充订货（或补充生产）；③ 约束		识记		仅限本科	
	库存管理与控制问题分类	单周期与多周期库存	领会	重点、难点		
		独立需求库存与相关需求库存*			仅限本科	
		确定型与随机型库存*			仅限本科	
	库存控制系统要素*：① 仓库所在的地理位置；② 订货批次和订货数量；③ 运输；④ 信息；⑤ 管理				仅限本科	
	库存管理的过程	确定需求——需求识别与需求预测	简单应用	难点		
		存货识别与编码*			仅限本科	
		订购批量与订购时间的确定				
		服务水平与安全库存				
		采购提前期管理				
	库存管理与控制的意义					
	库存时间曲线*		综合应用	难点	仅限本科	
	库存控制基本决策					
	影响库存控制决策的因素*					

注：大纲中加 * 内容只限本科生掌握，未加 * 内容为专科和本科必修内容。

第2章　库存需求预测

一、学习目的和要求

做好库存管理与控制需要掌握常用的预测方法。通过学习本章内容使读者对常用的预测方法有一个较全面的了解。

本章学习重点：定量预测的常用方法，即简单平均、加权平均、简单移动平均，加权移动平均，指数平滑*，线性回归分析。

本章学习难点：加权移动平均，指数平滑，线性回归分析。

二、考核知识点表

所在节	考核知识点 内容		要求	重点、难点标注	适用范围	备注
第 1 节 预测	预测及其分类		识记			
	影响需求预测的因素		领会			
	预测步骤及应注意的问题					
	需求的性质		简单应用			
第 2 节 定性预测方法	市场调查		识记			
	小组共识		领会			
	历史类比					
	德尔菲法		简单应用			
第 3 节 定量预测方法	预测模型与技术*		识记		仅限本科	
	季节性预测*				仅限本科	
	线性回归分析*			重点、难点	仅限本科	
	时间序列分析法	简单平均法	简单应用	重点		
		加权平均法		重点		
		简单移动平均法		重点		
		加权移动平均法*		重点、难点	仅限本科	
		指数平滑法*	综合应用	重点、难点	仅限本科	
第 4 节 预测监控	产生误差的原因		领会			
	误差精度测量	平均误差	简单应用			
		平均绝对误差				
		相对误差平均值*				
		相对误差绝对值平均值*			仅限本科	
		均方差*				
		标准差*				
	预测模型误差监控*				仅限本科	

第3章 库存控制模型

一、学习目的和要求

本章主要阐述有关库存控制模型方面的内容,在库存管理课程中起着承上启下的作用,为学员学习后续的有关库存控制的定量方法奠定一定的基础。

本章学习重点:定量订货系统模型,定期订货系统、最大最小系统。

本章学习难点:随机库存系统和一次性订货量系统。

二、考核知识点表

所在节	考核知识点 内 容	要求	重点、难点标注	适用范围	备注
第1节 定量订货系统	定量订货系统的应用范围*	识记		仅限本科	
	定量订货系统的运行机制	领会			
	定量订货系统模型	简单应用	重点		
第2节 定期订货系统	定期订货系统的应用环境	识记			
	定期订货系统的运行机制	领会			
	定期订货系统模型	简单应用	重点		
	最大最小系统*		重点	仅限本科	
	不同库存系统的比较*	综合应用		仅限本科	
第3节 随机型库存控制系统*	随机型库存控制系统假设条件	识记		仅限本科	
	描述需求函数的常用概率分布		难点		
	随机型库存系统模型	领会	难点		
	随机型库存系统的特点				
第4节 一次性订货量系统*	一次性订货量系统的应用范围	识记		仅限本科	
	一次性订货量系统的分类	领会	难点		
	一次性订货量系统的特点				

第4章 库存控制决策的定量分析

一、学习目的和要求

本章内容主要是库存控制决策的定量分析方法,包括:ABC 分类,经济订购批量,经济订货间隔期，安全库存与订货点以及一次性订货量的确定。

本章学习重点：ABC 分类的基本原理、ABC 分类的依据，单项物品的经济订货量（EOQ），单项物品的经济订货间隔期，安全库存量的确定，订货点的确定。

本章学习难点：ABC 分类的应用，考虑价格折扣的经济订货批量，多项物品的经济订购量，一次性订货量。

二、考核知识点表

所在节	考核知识点		重点、难点标注	适用范围	备注
	内容	要求			
第 1 节 ABC 分类法	ABC 分类的概念	识记			
	ABC 分类步骤	领会	重点		
	ABC 分类的应用*	简单应用	重点、难点	仅限本科	
第 2 节 经济订货量	经济订货批量的概念	领会			
	单项物品的经济订货量（EOQ）	简单应用	重点		
	保存地点数量变化对经济订货批量的影响*		重点	仅限本科	
	考虑价格折扣的经济订货批量*	综合应用	难点	仅限本科	
第 3 节 经济订货间隔期	经济订货间隔期的概念	领会			
	基本经济订货间隔	简单应用	重点		
	多项物品的经济间隔期*	综合应用	难点	仅限本科	
第 4 节 安全库存与订货点	安全库存、再订货点、服务水平	识记			
	正态分布*			仅限本科	
	安全库存及其作用	领会			
	安全库存的确定*	简单应用	重点	仅限本科	
	订货点的确定 连续检查系统的再订货点的计算	综合应用	重点		
	定期检查系统订货点的确定*			仅限本科	
第 5 节 一次性订货量*	一次性订货量系统的基本概念	识记			
	一次性订货量系统的特点	领会			
	已知需求量与可变前置时间的一次性订货量决策*	简单应用	难点	仅限本科	
	已知前置时间与可变需求量的一次性订货量决策：期望值法*、边际分析法*	综合应用			

第5章 库存管理的相关问题

一、学习目的和要求

本章涉及的内容有：新设备的备件库存管理的基本问题，多余物品的管理，库存精度与循环盘点等。

本章学习重点：新设备备件库存特点以及备件库存的确定，多余物品的识别，降低库存的途径，循环盘点频率的确定与评估精度。

本章学习难点：多余物品的识别与处理，"浴盆曲线"的概念与应用。

二、考核知识点表

所在节	考核知识点 内　容	要求	重点、难点标注	适用范围	备注
第1节 新设备备件的库存管理	备件的库存管理	识记			
	新设备备件库存特点	领会	重点		
	新设备备件库存的确定*	简单应用		仅限本科	
	"浴盆曲线"*	综合应用	重点、难点	仅限本科	
第2节 多余物品的处理	多余物品	识记			
	多余物品的识别	领会	重点、难点		
	如何降低库存	综合应用	重点		
第3节 库存精度与循环盘点	库存精度	识记			
	评估精确度	领会	重点		
	循环盘点检查精度* 循环盘点频率的确定	简单应用	重点	仅限本科	
	循环盘点检查精度* 循环检查的步骤	简单应用	重点	仅限本科	
	循环盘点检查精度* 循环盘点对账	综合应用	重点	仅限本科	

第6章 相关需求的库存管理

一、学习目的和要求

本章涉及的内容有：相关需求，MRP概述，MRP系统中的订货批量，MRPⅡ，ERP等。

本章学习重点：MRP的基本原理，MRPⅡ的特点，MRP系统的计算与应用，MRP系统中的订货批量等。

本章学习难点：MRP 系统中的 EOQ 的计算等。

二、考核知识点表

所在节	考核知识点 内容	要求	重点、难点标注	适用范围	备注
第1节 MRP 概述	相关需求与独立需求	识记			
	MRP 的概念	识记			
	MRP 能够用在哪里	识记			
	MRP 的产生与发展	识记			
	MRP 的基本原理	领会	重点		
第2节 MRP 系统的计算过程及订货批量	MRP 系统的计算	识记	重点		
	MRP 中的订货批量的概念*	识记		仅限本科	
	影响 MRP 计划过程的因素*	领会		仅限本科	
	MRP 系统中的 EOQ 计算* —— 按需确定批量法	简单应用	重点、难点	仅限本科	
	MRP 系统中的 EOQ 计算* —— 经济订购批量法	简单应用	重点、难点	仅限本科	
	MRP 系统中的 EOQ 计算* —— 最小总成本法	简单应用	重点、难点	仅限本科	
	MRP 系统中的 EOQ 计算* —— 最小单位成本法	简单应用	重点、难点	仅限本科	
	MRP 的计算与应用 —— 单层产品的 MRP 的计算与应用	综合应用	重点、难点		
	MRP 的计算与应用 —— 较为复杂产品的 MRP 的计算与应用*	综合应用	重点、难点	仅限本科	
	MRP 的计算与应用 —— 涉及多个产品的 MRP 的计算与应用	综合应用		仅限本科	
第3节 MRP 的发展—— MRPⅡ、ERP	MRPⅡ 的概念	识记			
	MRPⅡ 的结构及功能*	领会		仅限本科	
	MRPⅡ 的特点*	领会	重点	仅限本科	
	分析 MRPⅡ 与 MRP 不同	简单应用			
	ERP —— 概念	识记			
	ERP —— ERP 的提出*	识记		仅限本科	
	ERP —— ERP 的发展*	识记		仅限本科	
	ERP 的基本原理与功能*	领会		仅限本科	
	MRP、MRPⅡ、ERP 之间的发展关系	综合应用			
	ERP 系统如何有利于提高库存管理*	综合应用		仅限本科	

第7章 JIT及其库存管理

一、学习目的和要求

JIT 起源于生产领域，随着其应用领域的不断拓展，目前已应用于采购、配送等领域。通过本章的学习掌握 JIT 的产生、原理、基本构成要素，看板管理、JIT 库存管理的效果，并能够将 MRP 与 JIT 比较，综合应用 JIT 减少库存。

本章学习重点：JIT 的理念与目标，JIT 的基本构成要素，看板管理及应用，JIT 库存管理的效果。

本章学习难点：MRP 与 JIT 比较，看板管理的应用，JIT 库存管理的效果。

二、考核知识点表

所在节	考核知识点		要求	重点、难点标注	适用范围	备注
	内 容					
第1节 JIT概述	JIT 的提出		识记			
	JIT 的理念		领会	重点		
	JIT 的目标					
第2节 JIT 的基本构成要素	JIT 的基本构成要素概念		识记			
	JIT 中浪费的概念		领会			
	常见的 7 种形式的浪费					
	全面质量的基本内容					
	人员素质准备的基本内容					
	如何消除浪费		简单应用			
	JIT 的基本构成要素		综合应用	重点		
第3节 JIT 库存	看板管理	看板的种类及其形式	识记			
		看板管理运行步骤	领会	重点		
		看板管理的功能和作用				
		看板管理运行规则*			仅限本科	
	看板管理的应用		简单应用	重点、难点		
	JIT 库存管理的效果*				仅限本科	
	MRP 与 JIT 比较*		综合应用	重点、难点	仅限本科	

第8章 生产过程中的物料控制

一、学习目的和要求

本章主要涉及生产物料控制的有关内容。生产过程中的物料控制与生产作业计划密切相关,要求掌握生产物料控制的概念,生产物料控制需要基础数据,生产物料控制的内容以及生产物料控制的方法;掌握物资消耗定额的概念,限额发料的作用与依据,以及限额发料的组织方式。

本章学习重点:作业计划的目标与影响因素,生产物料控制需要基础数据、生产物料控制的内容,排序规则与应用,限额发料的作用与依据、限额发料的组织方式。

本章学习难点:评估排序规则的准则的应用,限额发料的组织方式,限额供料执行情况的对比分析。

二、考核知识点表

所在节	考核知识点 内容	要求	重点、难点标注	适用范围	备注
第1节 作业计划与作业排序	作业计划的概念	识记			
	生产控制部门的责任*	识记		仅限本科	
	作业计划的目标	领会	重点		
	作业计划的限制因素	领会			
	作业计划的影响因素	领会	重点		
	排序规则与应用	综合应用	重点、难点		
	评估排序规则的准则*	综合应用	难点	仅限本科	
第2节 生产物料控制	生产物料控制的概念	识记			
	生产物料控制需要基础数据*	领会	重点	仅限本科	
	生产物料控制的内容*	领会	重点		
	生产物料控制的方法*	简单应用			
第3节 限额发料	物资消耗定额	识记			
	限额发料的作用、依据与流程	领会	重点		
	限额发料的组织方式*	简单应用	重点	仅限本科	
	限额供料执行情况的对比分析*	简单应用			

第9章 供应链中的库存管理与控制

一、学习目的和要求

通过本章学习，掌握供应链中的库存，VMI 与 JMI，配送网络中的库存与配送计划（DRP），供应链中的库存管理的发展。

本章学习重点：牛鞭效应，供应链中的生产库存，VMI 的原则和形式，联合库存管理（JMI），DRP 的优点与局限性，均分法。

本章学习难点：VMI 的实施，配送网络的选址，多重配送系统中的库存，配送计划（DRP）。

二、考核知识点表

所在节	考核知识点		要求	重点、难点标注	适用范围	备注
	内容					
第1节 供应链中的库存	供应链的概念		识记			
	供应链中的库存					
	供应链中库存的作用					
	利用库存获得竞争优势		领会			
	牛鞭效应			重点		
	供应链中的生产库存*	生产库存的地点	简单应用	重点	仅限本科	
		减少进厂物料和零部件的库存				
		减少生产过程中的半成品库存	综合应用			
第2节 VMI 与 JMI	供货商管理库存的含义		识记			
	VMI 的原则和形式*		领会	重点	仅限本科	
	联合库存管理（JMI）					
	VMI 的实施*		综合应用	难点	仅限本科	
第3节 供应链配送网络中的库存	配送网络的重要性及其选址	配送网络的重要性	识记			
		配送网络设计				
		配送网络的选址*	领会	难点	仅限本科	
	多重配送系统中的库存*					
	配送计划（DRP）			重点、难点		
	均分法*		简单应用	重点	仅限本科	
	全球化物流的评估*		简单应用			

313

第10章 库存绩效与标杆管理

一、学习目的和要求

通过本章学习,掌握库存管理的绩效评价,标杆管理的概念,通过变革改善库存绩效等内容,能够对实际案例作出分析。

本章学习重点:库存绩效评价指标体系的构成,标杆管理,供应链标杆管理,库存流程再造中的人力资源问题等。

本章学习难点:构建一个绩效评价指标体系,成功的标杆管理对企业的基本要求,有关的管理技巧,团队对库存绩效的好处。

二、考核知识点表

所在节	考核知识点 内容	要求	重点、难点标注	适用范围	备注
第1节 库存绩效评价	绩效评价指标及评价原则	识记			
	库存绩效评价指标体系	领会	重点		
	库存绩效评价指标体系的应用	综合应用	难点		
第2节 标杆管理	标杆管理的定义	识记			
	标杆管理在改善绩效过程中的重要性				
	常见的标杆管理方法	领会	重点		
	标杆管理收益				
	标杆管理流程				
	标杆管理俱乐部				
	供应链标杆管理* 标杆管理供应链伙伴	简单应用	重点	仅限本科	
	关键绩效指标				
	成功的标杆管理对企业的基本要求	综合应用	难点		
第3节 通过变革改善库存绩效*	新环境中的人力资源	识记		仅限本科	
	有效物流部门的组织	领会			
	团队对库存绩效的好处	综合应用	难点		

Ⅳ. 题型示例与参考答案

题 型 示 例

一、单项选择题

下列各题 A、B、C、D 四个选项中，只有一个选项是正确的。请将正确选项的序号填写在题后括号内。

1. 库存按目的分类不包括（　　）。
   （A）经常性库存　　　　　　（B）安全库存
   （C）成品库存　　　　　　　（D）季节性库存

2. 下面哪个预测模型不属于定性预测方法？（　　）
   （A）德尔菲法　　　　　　　（B）一般预测
   （C）投入/产出　　　　　　（D）市场调研

二、多项选择题

在备选答案中至少有两个是正确的，将其全部选出并将它们的标号写在题后的括号内，错选或漏选均不给分。

库存控制的基本决策主要包括以下内容（　　）。
（A）确定相邻两次订货的间隔时间　　（B）确定每次订货的订货批量
（C）确定每次订货的提前期　　　　　（D）确定库存满足供货的服务率
（E）确定供应商的供货能力

三、简答题

库存的基本功能是什么？

四、问答题与计算题

1. 具有何种特点的物资可以考虑采用周期检查控制方式实行库存控制？

2. 某企业每年需要耗用 10 000 件某种物资，现已知该物资的单价为 40 元，同时已知每次的订货成本为 20 元，每件物资的年存储费率为 25%，一年工作 50 周，订货提前期为 1 周。

   求：（1）经济订货批量是多少？

（2）一年应该订几次货？

（3）订货点的库存储备量为多少？

五、案例分析题

A是美国最大的连锁零售集团之一，从20世纪80年代起，A集团从一个规模非常有限的区域性企业快速成长为一个超级跨国集团，创造了一个令人称奇的经济奇迹。

A集团的成功，与其独特的供应链体系有着不可分割的密切联系。首先，A集团建立了实时监控销售的POS系统，管理者可以在任何时刻准确地掌握整个集团的所有销售细节，并据此全盘优化订货。其次，A集团建立了自己的运输网络，可以快速地将订到的货物送往遍布世界各地的沃尔玛大型超市，由于货源补充迅速，A集团对少量销售不畅的库存物资采用退货或者减价销售的方式快速消化库存，保证整个集团的物资库存处于一个很低的水平。

由于采用了上述措施，A集团的运营成本远远低于同等规模的其他连锁零售集团，因而可以采用低价销售的方式吸引更多的顾客，销售额增长迅速。进入90年代，A集团开始打入中国市场，建立了当时深圳最大的超级市场，并逐渐将业务扩张到上海、大连、北京等城市。目前，A集团已经成为近年世界500强中成长最迅速的企业之一。

问题：

（1）A集团库存控制的主导思想是什么？

（2）大型连锁商业企业降低库存量，必然会得到利润增加的结果吗？为什么？

参考答案

一、单项选择题

答案：1. C 2. C

二、多项选择题

答案：ABCD

三、简答题

答案要点：

- 保证各环节的独立性；
- 适应市场的需求变化；
- 增强生产计划工作的灵活性；
- 增强企业抵御原材料市场变化的能力；
- 达到经济订货规模。

四、问答题与计算题

1. 答案要点（略）

2. 解：

（1）$EOQ = 200$（件）

（2）50

（3）200

五、案例分析题

答案要点（略）